# 现代国家建设研究

王浦劬 主编

Study of
Building the Modern State

## 图书在版编目(CIP)数据

现代国家建设研究 / 王浦劬主编. -- 北京：北京大学出版社，2024.10.
ISBN 978-7-301-35345-5

I. D614

中国国家版本馆 CIP 数据核字第 2024XD8805 号

| | |
|---|---|
| 书　　　名 | 现代国家建设研究<br>XIANDAI GUOJIA JIANSHE YANJIU |
| 著作责任者 | 王浦劬　主编 |
| 责 任 编 辑 | 贺怡敏　陈相宜 |
| 标 准 书 号 | ISBN 978-7-301-35345-5 |
| 出 版 发 行 | 北京大学出版社 |
| 地　　　址 | 北京市海淀区成府路 205 号　100871 |
| 网　　　址 | http://www.pup.cn |
| 新 浪 微 博 | @北京大学出版社　　@未名社科-北大图书 |
| 微信公众号 | 北京大学出版社　　北大出版社社科图书 |
| 电 子 邮 箱 | 编辑部 ss@pup.cn　　总编室 zpup@pup.cn |
| 电　　　话 | 邮购部 010-62752015　　发行部 010-62750672<br>编辑部 010-62753121 |
| 印 刷 者 | 北京鑫海金澳胶印有限公司 |
| 经 销 者 | 新华书店<br>720 毫米×1020 毫米　16 开本　23.75 印张　320 千字<br>2024 年 10 月第 1 版　2024 年 10 月第 1 次印刷 |
| 定　　　价 | 99.00 元 |

未经许可，不得以任何方式复制或抄袭本书之部分或全部内容。
**版权所有，侵权必究**
举报电话：010-62752024　电子邮箱：fd@pup.cn
图书如有印装质量问题，请与出版部联系，电话：010-62756370

# 深入研究阐释习近平总书记关于中国式现代化的重要论述（代序）

北京大学现代化研究中心课题组*

  以中国式现代化全面推进强国建设、民族复兴伟业，是新时代新征程党和国家的中心任务，是新时代最大的政治。党的十八大以来，习近平总书记围绕建设什么样的社会主义现代化强国、怎样建设社会主义现代化强国的时代主题发表了一系列重要论述，提出了一系列具有原创性的新理念新思想新论断，以新时代社会主要矛盾分析为逻辑起点，以人的全面发展为根本目标，深刻阐明了中国式现代化的生成逻辑、历史方位、理论涵义、实践要求、哲学意蕴和重大意义，使中国式现代化更加清晰、更加科学、更加可感可行。深入研究习近平总书记关于中国式现代化的重要论述，科学准确把握中国式现代化的历史逻辑、理论逻辑、实践逻辑和发展逻辑，对于新时代新征程深刻理解习近平新时代中国特色社会主义思想，准确把握党和国家的中心任务，全面推进中华民族伟大复兴事业，具有重要的理论与实践意义。

---

  * 课题组主持人：王浦劬（北京大学国家治理研究院院长、北京大学习近平新时代中国特色社会主义思想研究院院长、北京大学博雅讲席教授）。课题组成员：尹俊（北京大学习近平新时代中国特色社会主义思想研究院研究员）、刘蓝予（北京大学习近平新时代中国特色社会主义思想研究院研究员）、何贝（北京大学习近平新时代中国特色社会主义思想研究院博士研究生）、谷韶阳（北京大学习近平新时代中国特色社会主义思想研究院博士研究生）、罗列（北京大学习近平新时代中国特色社会主义思想研究院博士研究生）、魏东捷（北京大学习近平新时代中国特色社会主义思想研究院博士研究生）。

## 中国式现代化的生成逻辑

习近平总书记关于中国式现代化的重要论述从理论、文化、实践、时代等方面深刻阐释了中国式现代化的生成逻辑。

中国式现代化是马克思主义中国化时代化的重大创新。马克思主义创始人深刻阐发了资本主义现代化的特殊规律和社会主义现代化的必然规律,为无产阶级的解放和人的全面发展提供了理论指南。中国共产党人以马克思主义为指导,紧密联系中国实际,不断深化对于选择什么样的现代化道路和如何实现现代化等重大问题的认识,开辟了现代化理论创新的中国境界。中国特色社会主义进入新时代,习近平总书记提出了"中国式现代化"这一重大概念,并开拓性地构建了中国式现代化的理论体系,是马克思主义中国化时代化的重大创新。

中国式现代化是马克思主义基本原理同中华优秀传统文化相结合的重要产物。中华优秀传统文化塑造了中国式现代化的文化特色,为中国式现代化提供了历史底蕴和深层基础。在现代化的实践中,马克思主义激活了中华优秀传统文化,催生了中华文明的现代形态,同时中华优秀传统文化也涵养了马克思主义,充实了马克思主义的文化生命,推动了马克思主义中国化时代化。

中国式现代化是中国共产党和中国人民长期实践探索的伟大成果。党团结带领人民遵循马克思主义揭示的无产阶级和人的全面发展的历史规律,对中国式现代化进行了艰辛而伟大的探索,新民主主义革命时期的伟大成就为实现现代化创造了根本社会条件,社会主义革命和建设时期的伟大成就为现代化建设确立了根本政治前提和制度基础,为现代化建设提供了宝贵经验、理论准备、物质基础,改革开放和社会主义现代化建设新时期的伟大成就为中国式现代化提供了充满新的活力的体制保证和快速发展的物质条件。习近平新时代中国特色社会主义思想的创立,为中国式现代化提供了根本遵循,党为深入推进中国式现代化形成的一系列战略、方略,为中国式现代化提供了更为完善的制度保证、更为坚实的物质基础、更为主动的精神力量。

中国式现代化是中国共产党人因应中国和世界发展变化的战略选择。党的十八大以来,中国共产党统筹中华民族伟大复兴战略全局和世界百年未有之大变局,准确把握我国社会主要矛盾变化带来的新特征新要求,清醒认识错综复杂的国际环境带来的新矛盾新挑战,深刻掌握国内国际环境形势的变化规律,成功推进和拓展了中国式现代化。

## 中国式现代化的历史定位

中国式现代化是近现代中国社会内外部矛盾长期运动和发展的必然结果,是中国共产党团结带领人民艰辛坚韧探索社会主义发展,实现中华民族伟大复兴和人的全面发展之道的赓续开拓,是发展中的中国基于本国国情发展现代化的独特开创,也是中华传统文明在现代化进程中获得新文明形态的涅槃重生。因此,中国式现代化具有特定的历史方位。从人类社会现代化发展史来看,中国式现代化是后发型现代化国家、发展中国家走向现代化的新道路。从社会主义发展史来看,中国式现代化是中国特色社会主义现代化,是社会主义初级阶段现代化的新拓展。从中华民族复兴发展史来看,中国式现代化是中国共产党团结带领人民以现代化推进中华民族伟大复兴的新启航。从人类文明发展史来看,中国式现代化是人类文明和中华文明的新形态。文明的进步和发展,本质上是人的发展。一部人类文明发展史,实则是人自身的发展史。

## 中国式现代化的理论涵义

习近平总书记关于中国式现代化的重要论述,以人的全面解放和发展为根本目标,以中国社会主要矛盾分析为逻辑起点,以中国式现代化的中国特色为实证支撑,以中国式现代化的本质要求和重大原则为规范内容,以中国式现代化的目标任务为发展方向,以中国式现代化的独特观念为思想灵魂,贯穿着辩证唯物主义和历史唯物主义的基本立场、观点和方法,映射着中华文明和人民实践的智慧光芒,视野广阔、主题宏大、内涵深刻、逻辑严整、体系完备,是新时代新征程推进中国式现代化的根本遵循。

中国式现代化的根本性质、突出特征、本质要求与重大原则、目标任务与发展指向构筑了中国式现代化的要义。中国式现代化的根本性质是中国共产党领导的社会主义现代化。中国式现代化的突出特征表现为:中国式现代化是人口规模巨大的现代化,是全体人民共同富裕的现代化,是物质文明和精神文明相协调的现代化,是人与自然和谐共生的现代化,是走和平发展道路的现代化。中国式现代化的本质要求是:坚持中国共产党领导,坚持中国特色社会主义,实现高质量发展,发展全过程人民民主,丰富人民精神世界,实现全体人民共同富裕,促进人与自然和谐共生,推动构建人类命运共同体,创造人类文明新形态。为了实现这些本质要求,中国式现代化坚持和贯彻的重大原则是:坚持和加强党的全面领导,坚持中国特色社会主义道路,坚持以人民为中心的发展思想,坚持深化改革开放,坚持发扬斗争精神。

实现人的现代化是贯穿中国式现代化的历史、理论和实践的逻辑主线和本质规定。在社会主义初级阶段,建设中国特色社会主义的总任务是实现社会主义现代化和中华民族伟大复兴。围绕社会主义初级阶段的总任务,中国共产党科学分析不同时期我国社会的主要矛盾,因时因势提出了现代化建设的阶段性目标和任务。中国式现代化蕴含的独特世界观、价值观、历史观、文明观、民主观、生态观等及其伟大实践,本质上是对人与其存在和发展的世界之间关系的认知,是对社会主义社会主要矛盾及其解决方案的反映,是实现人的全面发展的思想观念的结晶荟萃,是对世界现代化理论和实践的重大创新。

### 新时代推进和拓展中国式现代化的实践要求

中国式现代化是新时代中国经济、法治、社会、文化、生态文明建设的全面发展形态,是新时代中国内政外交的治国理政深化实践形态,本质上是解决社会主要矛盾、实现人的全面发展的现实路径,是发展中和行动中的马克思主义。新时代新征程,必须在已有基础上继续前进,大力推进和拓展中国式现代化。新时代拓展中国式现代化要牢牢把握习近平新时代中国特色社会主义思想这一根本遵循,统筹推进"五位一体"总体布局,协调推进"四个全面"战略布局,坚持推进党和国家主导的发展规划,坚持和完善中国特色社会主义制度和国家治理体系,辩证处理顶层设计与实践探索、战略与策略、守正与创新、活力与秩序、自立自强与对外开放、发展与保护等一系列重大关系。

### 中国式现代化的哲学意蕴

习近平总书记关于中国式现代化的重要论述贯穿着辩证唯物主义和历史唯物主义的立场观点方法,从辩证唯物论、认识论、方法论、价值论等方面深刻阐明了中国式现代化的哲学意蕴,其中贯穿着人民至上、自信自立、守正创新、问题导向、系统思维和胸怀天下的立场观点和方法。

在中国式现代化建设实践中贯彻辩证唯物论,最重要的是实事求是,一切从客观实际出发,必须基于中国国情推进现代化建设,必须毫不放松理想信念教育,用富有时代气息的中国精神凝聚中国力量。

中国式现代化体现了思想认识与实践发展辩证互动的过程,对中国式现代化的认识是从实践形成的感性认识到思维的理性认识的飞跃,而关于中国式现代化的中国特色、本质要求、重大原则和战略部署,则是推进和拓展中国式现代化的深刻认识和顶层设计,是从理性认识回归和验证于实践的进一步的认识飞跃。

运用唯物辩证法推进中国式现代化,必须始终坚持问题导向,深刻把握现代化发展的一般规律和特殊规律、现代化发展中传统与现代之间的同一性和对立性、现代化发展中的主要矛盾和矛盾的主要方面。

中国式现代化以人民为价值本位，以全体人民的共同富裕和全面发展为价值标尺，以全体人民的获得感、幸福感和安全感为评估标准，坚持以人民为中心的价值立场，并把这一立场内嵌于社会主义核心价值观和全人类共同价值等价值理念，充分汲取中华文明等人类一切优秀文明成果，把实现全体人民的自由而全面的发展作为终极价值目标。

**中国式现代化的重大意义**

习近平总书记关于中国式现代化的重要论述，从多重维度深刻阐明了中国式现代化对中国、对世界的重大意义。

中国式现代化为正确解决社会主义社会主要矛盾，建设社会主义现代化强国提供了方向指引、思想遵循、物质基础、制度保证和精神力量。中国式现代化的推进和拓展，使得中华民族伟大复兴展现出前所未有的光明前景，使得中国人民展现出意气风发的精神面貌。

放眼世界，中国式现代化为世界现代化理论与实践创新作出了重大贡献，为推动构建人类命运共同体贡献了中国智慧和中国力量，为人类文明创造了新形态。中国式现代化作为科学社会主义的最新重大成果，发展了马克思主义关于现代化的理论认识，丰富了社会主义现代化实践。中国式现代化是以人民为中心的现代化，把增进人民福祉、促进人的全面发展作为出发点和落脚点，以人民至上超越资本至上，以共同富裕超越两极分化，以和合共生超越弱肉强食，以和平发展超越霸道强权，为人类社会现代化和人的全面发展贡献了全新的现代化发展哲学和发展模式，从理论和实践上实现了对西方现代化的超越。中国式现代化引导发展中国家要结合自身经济发展水平、历史传统、文化基础等本国国情推进本国现代化建设，为发展中国家走向现代化提供了全新的选择和认识启示，提供了具体的现实参照与有益经验。

面对世界百年未有之大变局,中国式现代化不仅以责任担当和实际行动将人类命运共同体的蓝图付诸实施,而且为各国携手共建人类命运共同体提供了价值指向和中国方案,努力促进世界和平与发展。

中国式现代化是物质文明、政治文明、精神文明、社会文明、生态文明协调发展的社会主义文明新形态,通过汲取一切人类文明有益成果,推动了中华民族现代文明形态的建设,发展形成了中华民族现代文明形态。随着中国式现代化的深入推进,中华文明将不断焕发出新的时代光彩,为人类文明进步作出更大贡献,为人类的解放和全面发展开辟全新和辉煌的前景。

# 目　录

## 上　编

**人类文明形态的变革与创新　/ 丰子义　　003**
　　一、人类文明新形态：从发展到文明的重大提升　　003
　　二、人类文明新形态对世界文明的影响　　007
　　三、人类文明新形态对中国现代化的影响　　018

**中国式现代化的探索、内涵和价值　/ 张占斌　　024**
　　一、中国式现代化百年探索的宝贵经验和历史贡献　　024
　　二、新时代中国式现代化的深刻内涵和重要特征　　034
　　三、新时代中国式现代化的总体目标和重大意义　　040

**论中国式现代化的鲜明特色、内在逻辑和核心要素　/ 包心鉴　　043**
　　一、中国式现代化的形成历程和坚实基础　　044
　　二、中国式现代化的鲜明特色和内在逻辑　　047
　　三、中国式现代化的战略步骤和关键时期　　052
　　四、中国式现代化的重大原则和核心要素　　055

**论中国式现代化的基本立足点　/ 王均伟　　061**
　　一、以中国式现代化全面推进中华民族伟大复兴　　061
　　二、中国式现代化立足于中国的基本国情　　064
　　三、中国式现代化立足于中华优秀传统文化　　069
　　四、中国式现代化立足于中国共产党的初心使命　　072

## 中国式现代化新道路的独特创造　/ 孙熙国　陈绍辉　　076
一、西方式现代化的理论误区、历史作用及其局限性　　077
二、中国式现代化新道路是对资本主义现代化的历史超越　　079
三、中国式现代化新道路是中华优秀传统文化的时代性创新　　083

## 中国式现代化的"强国逻辑"　/ 韩庆祥　张　健　　086
一、强国逻辑的基本内容：全面建成社会主义现代化强国→实现中华民族伟大复兴→为人类谋进步、为世界谋大同、为人类实现现代化提供新选择→创造人类文明新形态　　087
二、强国逻辑的现实指称：国家强大、中华民族为人类作出更大贡献、科学社会主义在21世纪的中国焕发出强大生机活力　　091
三、强国逻辑的历史意蕴：世界力量中心的转移与21世纪马克思主义的崛起　　095

## 论中国式现代化的精神动力　/ 沈湘平　　100
一、现代化精神动力问题的百年寻解　　100
二、增强精神动力是中国式现代化的本质规定和现实要求　　108
三、中国式现代化精神动力的"中国特色"　　114
四、把握好增强中国式现代化精神动力的辩证关系　　120

## 以中国式现代化推进中华民族伟大复兴　/ 陈　理　　124
一、以中国式现代化推进中华民族伟大复兴，必须始终坚持从中国实际出发　　124
二、以中国式现代化推进中华民族伟大复兴，必须始终坚持党的全面领导　　126

三、以中国式现代化推进中华民族伟大复兴,必须始终
坚持以人民为中心　　131

四、以中国式现代化推进中华民族伟大复兴,必须始终
坚持中国特色社会主义道路　　136

五、以中国式现代化推进中华民族伟大复兴,必须始终
坚持胸怀天下、统筹国内国际两个大局　　138

### 共时与历时辩证结合的中国式现代化　/ 刘方喜　　143
一、中国式现代化与大文化观、大历史观　　145
二、社会主义与资本主义:世界现代化双线升降格局　　149
三、世界社会主义进步大势与中国式现代化　　155

### 中国式现代化道路的丰富内涵和世界意义　/ 黄一兵　　163
一、中国共产党对中国式现代化道路的百年探索　　163
二、中国式现代化道路的丰富内涵　　166
三、中国式现代化道路的世界意义　　170

# 下　编

### 中国共产党的领导力与中国现代化　/ 燕继荣　　175
一、现代化与政党政治　　178
二、中国现代化的政治动力　　182
三、中国共产党的领导力　　187
四、结　论　　190

### 新时代发展全过程人民民主的底层逻辑　/ 程竹汝　　191
一、实体范畴:人民与中国共产党　　192
二、关系范畴:党的全面领导与人民最广泛参与　　196

三、实践范畴：党的路线方针政策与民主的两种基本形式　200
四、结　语　204

**新时代的中国行政管理制度创新研究　／高小平　206**
一、行政管理制度创新是国家治理现代化的推动力　206
二、行政管理制度的持续创新加速国家治理现代化步伐　209
三、行政管理制度创新提升制度供给能力　215
四、行政管理制度创新的三重逻辑与"放管服"改革　218

**中国式现代化进程中经济基本面长期趋势分析　／董志勇　224**
一、引　言　224
二、中国经济基本面长期向好的事实分析　226
三、新时代中国经济基本面的典型特征与历史逻辑　230
四、中国经济基本面长期向好的内在根源　238
五、未来我国持续优化经济基本面的政策导向　241

**中华优秀传统文化的现代化路径　／樊宪雷　244**
一、文化现代化是中国共产党百年征程中的不懈追求　245
二、优秀传统文化为中华文化现代化提供了丰富精神滋养　250
三、创造性转化和创新性发展是推进文化现代化的必然
要求　255

**新时代立法的价值取向与实现路径　／杨春福　261**
一、立法的价值取向：以人民为中心　261
二、坚持党的领导　264
三、坚持全过程人民民主　268
四、坚持科学立法、民主立法和依法立法　272
五、坚持马克思主义中国化"两个结合"的立法方法论　276
六、坚持处理好改革和法治的辩证关系　279

## 共同富裕的理论逻辑与实践思路 / 尹　俊　秦子忠　281
一、引　言　281
二、中国提出共同富裕的历史背景　285
三、中国走向共同富裕的理论逻辑　288
四、中国贫富差距形成的多重原因　293
五、共同富裕的参数体系及实践思路探讨　295

## 缩小居民收入差距　扎实推进共同富裕 / 龚六堂　302
一、当前我国居民收入增长的主要趋势　304
二、当前我国居民收入分配的重点难点问题　307
三、造成当前我国居民收入差距的原因分析　311
四、居民收入差距加大的不利影响　316
五、缩小收入差距、实现共同富裕的政策路径　319

## 中国农业现代化：时代背景、目标定位与策略选择 / 罗必良　325
一、中国农业现代化的时代背景　326
二、中国农业现代化的目标定位　329
三、中国农业现代化的主张与探索　334
四、在新发展格局下推进中国农业现代化　341

## 美好生活与国家现代化建设论 / 项久雨　345
一、美好生活与国家现代化建设的命题阐释　346
二、美好生活与国家现代化建设的价值尺度　353
三、美好生活与国家现代化建设的必由之路　357

## 后　记　363

# 上 编

# 人类文明形态的变革与创新

丰子义[*]

中国的发展不仅创造了中国式现代化新道路,而且创造了人类文明新形态。从新道路开创出新形态,这是重要的历史跃迁,是中国发展的巨大成就和对世界文明的重大贡献。人类文明新形态的形成,对于中国社会主义现代化的全面建设和人类文明的合理推进,具有重要的引领作用和深远的历史意义。

## 一、人类文明新形态:从发展到文明的重大提升

任何社会的发展,总是与特定的文明联系在一起的。社会发展并不是一个纯客体的运动,而是人的活动的产物。只要是人的活动,就有文化和文明参与其中。就其性质来说,文化和文明是人的对象性活动的结果,是人的创造物。而文化和文明一经创造出来,又会对社会发展和人的发展产生重要影响,以至于社会发展和人的发展成为文化的创造物。正如蓝德曼所说,"我们是文化的生产者。但我们也是文

---

[*] 丰子义,北京大学哲学系教授、中国特色社会主义理论体系研究中心研究员。

化的创造物"①。对于文化对人和社会的"强制性"影响,有学者讲得更加明确,我们身处某种文化时"并不老是感到文化强制的力量,这是因为我们通常总是与文化所要求的行为和思想模式保持着一致。然而,当我们真的试图反抗文化强制时,它的力量就会明显地体现出来了"②。文明往往成为社会发展深层次的内容,不同社会的发展有着不同的文明底色。历史上,人类先后经历了原始文明、农业文明、工业文明以及正在出现的后工业文明,这些不同的文明就标示着不同的社会发展阶段。总体来说,文明与社会发展的关系主要从两方面体现出来:一方面,文明是社会发展的重要成果,无论是物质财富的创造,还是精神财富以及各种社会财富的创造,都是文明成果的具体表现。社会财富的创造程度和社会发展的水平,最鲜明地反映出社会文明程度的高低。另一方面,文明又是社会发展的内在机理。文明渗透于、体现于社会生活的方方面面,常常作为一种深层的、机理性的内容制约和影响着社会生活。文明之所以能够成为这种内在的、机理性的"存在",就在于它是在历史中长期积淀形成并被社会群体所认可和遵守的行为模式,是社会生活和社会运行的某种标准规则,它往往以一种内在方式潜移默化地发挥作用。文明与社会发展就是在这样的互动中前行的。

近代以来,现代化成为人类社会发展的主旋律,同时成为人类文明进步的主要标志。在经历了中世纪的长期统治和缓慢发展之后,众多国家开启了现代化的进程,力求从传统社会迈向现代社会,实现现代化。现代化是人类社会发展的一次巨大转型,也是人类文明发展方式的一次重大转换,这两个过程是内在结合在一起的。作为一种发展大潮,现代化伴随现代文明的兴起而逐渐发展,体现在社会生活、社会领域的各个方面,以集中的方式反映和体现了人类文明进步的成果,

---

① 〔德〕M. 蓝德曼:《哲学人类学》,彭富春译,北京:中国工人出版社 1988 年版,第 264 页。
② 〔美〕C. 恩伯、M. 恩伯:《文化的变异:现代文化人类学通论》,杜杉杉译,沈阳:辽宁人民出版社 1988 年版,第 37 页。

因而是现代文明进步的表现形式。现代化的各个方面及其发展,均内含现代文明,是现代文明的充分展示。概括说来,现代化的文明内涵及其展开,在经济上表现为工业文明代替传统文明,凸显科学技术和现代生产方式在生产发展中的重要作用,突出市场经济在经济发展中的核心地位;在政治上主要表现为民主化与法治化,强调用民主主义取代封建专制、以法治取代人治;在思想观念上主要表现为启蒙、理性,用理性、主体性来对抗宗教统治,用科学来对抗蒙昧。正是这些文明的出现,形成了史无前例的现代化。西方的现代化实际上是在工业革命、宗教改革、文艺复兴、资产阶级革命等共同推动下形成的,是这些力量综合作用的结果。而现代文明之所以能够兴起与发展,又是近代以来出现的现代化运动推动的。现代文明所确立的各种理念,并不是纯粹观念自身发展的产物,而是由现代化运动所提出的客观要求决定的。因为要启动现代化进程,首要的任务是摆脱宗教统治的束缚,铲除封建专制制度的障碍,这就必然要以理性的确立为突破口,冲决思想牢笼,突出人的主体性和自我意识,尔后以此为先导,在政治上提出民主、自由、人权等新的要求和主张。在思想、政治束缚解除之后,牢固确立与市场经济相适应的观念、规则便成为经济发展的客观要求,在经济上以至整个社会生活中实现广泛的自由、平等便势在必然。马克思指出:"作为在法律的、政治的和社会的关系上发展了的东西,自由和平等不过是另一次方上的再生产物而已。"①这里所讲的"另一次方",就是指经济上的平等、自由在政治、社会领域中的放大与扩展。显然,现代文明的基本理念、主张是由现代市场经济推动形成的。由此可见,现代化与文明始终相互交织、融为一体,二者在互动中不断发展。

在现代化发展过程中,每个国家的历史文化和具体情况不同,所形成的发展道路也各不相同。独特的道路体现着独特的文明。百年

---

① 《马克思恩格斯全集》第 31 卷,北京:人民出版社 1998 年版,第 362 页。

来,中国的发展创造了举世瞩目的伟大奇迹,成功地走出了一条中国式现代化新道路。这条新道路内涵深刻丰富,就其基本特征而言,正如习近平总书记所概括的那样,即"我国现代化是人口规模巨大的现代化,是全体人民共同富裕的现代化,是物质文明和精神文明相协调的现代化,是人与自然和谐共生的现代化,是走和平发展道路的现代化"①。这一概括深刻揭示了中国式现代化的性质、特征、规模、目标、路径与方式,是对中国式现代化的总体把握。这条新道路不仅彰显了中国自身特有的文明,而且开创了人类文明新形态。从"新道路"开创出"新形态",是从发展到文明的重大提升,突破了原有的"发展"和"现代化"视界,将中国式现代化提升到新的文明高度。这样的提升,使中国式现代化有了更为厚重的文明意涵,凸显了人类进步的意义。中国式现代化新道路的"新",不仅在于它是有别于其他国家发展道路的独特道路——每个国家都有可能形成自己的道路,而且在于它是现代化的成功探索,给世界上那些希望加快现代化进程的发展中国家提供了全新的选择;不仅在于它包含着文明,而且在于它创造了一种新的文明形态,为人类文明发展展示了光明前景。

人类文明新形态的内涵丰富而深刻。首先,"新形态"意味着对中国道路所蕴含的文明的总体概括。作为一种新的文明形态,不限于某些文明因素,也不限于某些领域,更不限于某些可以量化的指标,而是对文明的整体观照。"新形态"是由社会各个领域、各个层面的文明共同构成的。从宏观上来讲,新形态是由中国特色社会主义的道路、理论、制度、文化所形成的文明构成的,是由经济、政治、文化等社会领域的文明构成的,是这些不同文明的耦合。如同社会形态标志着一定的社会性质、一定的历史发展阶段一样,人类文明新形态也标志着特定的文明性质、特定的文明发展阶段,在人类文明发展史上有其独特的地位和影响。其次,"新形态"意味着文明新范式的形成。"范式"是

---

① 习近平:《把握新发展阶段,贯彻新发展理念,构建新发展格局》,《求是》2021年第9期,第7—8页。

科学研究和理论研究常常使用的一个概念,这一概念也可运用于对"新形态"的理解。范式通常指某种理论体系的基本观点、基本规则、基本方法和基本解释框架,它为人们普遍接受,并对理论研究产生重大影响。尽管文明的范式是由各种要素构成的,但最为重要的是其中的"文化精神",它是一定文明的灵魂,决定着文明的内在本质。人类文明新形态是一种新的文明范式,它以自己特有的理念、精神、价值、规范、追求形成了独特的文明,开创了一种崭新的文明范式。这种文明范式也是由多种文明因素构成的,但具有决定性意义的是其中的中国精神和社会主义核心价值观,由此形成了与其他文明形态的本质区别。"新形态"是中国"文化精神"的对象化存在,文化精神在这种对象化的存在中被铸成为"形态"。最后,"新形态"意味着文明仍在不断发展、壮大的过程之中。真正的文明总是活的,是随实践的发展而发展的。正是不断的探索、创新,才赋予文明以新的生机活力。中国的发展无疑创造了人类文明新形态,但这种创造不是"完成时",而是"进行时"。中国的发展鲜明地显示了现代化和文明的巨大成就,但其现代化和文明还有待进一步发展完善。例如,制度文明需要继续加强建设,恰如邓小平所说,"巩固和发展社会主义制度,还需要一个很长的历史阶段,需要我们几代人、十几代人,甚至几十代人坚持不懈地努力奋斗"①。总体来看,"新形态"的寓意是深刻的,是对人类文明新的伟大创造。

## 二、人类文明新形态对世界文明的影响

中国式现代化是在遵循世界现代化发展一般规律的前提下,紧密结合本国实际形成和发展起来的。相应地,由此开创的人类文明新形态,既遵循人类文明发展的一般规律,又是一种独特的文明创造。因

---

① 《邓小平文选》第 3 卷,北京:人民出版社 1993 年版,第 379—380 页。

此,中国创造的文明新形态本身就是人类文明发展大道上的产物,它始终没有离开这一大道;但是,"新形态"一经形成,又反过来对人类文明的发展产生重大影响,这种影响主要体现在对人类文明的推进与引领上。

### (一) 人类文明新形态扩展了原有的人类文明

文明是人类在实践活动中所创造出来的各种积极成果。尽管每个国家的文化与文明各不相同,但其总是包含着某些关于人类生存和发展的共同认知、理解和精神追求,因而又具有明显的共通性。不论哪个国家的文化与文明,作为人所特有的把握世界的方式,都要遵循同样的规律,因而具有普遍性。这种普遍性或世界性源于社会实践的普遍性品格。人类社会实践所包含的矛盾及其解决方式往往具有普遍性,其活动的结果就形成了具有人类性的文明成果。经过长期的历史积累,人类社会便形成了特有的文明。在人类文明发展过程中,每一个国家都参与其中,都有自己的贡献。中国创造的人类文明新形态也是如此。它并不是外在于人类文明发展的总体过程和一般规律的,而是在吸收借鉴世界文明成果的基础上,加入了新的创造、发明,从而为人类文明开辟了一条新路,作出了新的贡献。中国式现代化新道路各种"新"之所在,就是新文明的集中体现,就是对人类文明新的贡献。

中国创造的文明"新形态"大大扩展了原有的人类文明。首先是赋予原有文明以新的内涵。如中国在其现代化推进过程中所积极倡导的和而不同、相互尊重、公平正义、合作共赢、持久和平、普遍安全、共同繁荣、开放包容等理念和价值观念,为人类文明增添了新的内涵,明显提高了文明程度。又如民主制,过去在西方国家的影响下,主要将其理解为选举制、代议制、多党制等,而中国在政治文明的探索过程中,对民主制作出了新的理解与创造。中国通过一系列法律和制度安排,将民主选举、民主协商、民主决策、民主管理、民主监督各个环节有机地连在一起,形成一个完整的链条,全过程、全方位地体现了人民民主。其次是对原有文明予以新的改造。同样是标识人类文明的一些基本范畴,因其新的理论阐释和具体改造,其内容得到明显提升。如社会主义核心价值观的大部分范畴,就其称谓来说,都不是新范畴,但在继承人类文明成果的基础上,经过中国特色社会主义理论的诠释,又具有了全新的内容。这些新的内容不仅反映了中国特色,更为重要的是提升了人类文明水平。再次是创造了新的文明形式,拓展了原有文明。现代化的探索过程,同时也是新文明的创造过程,许多文明创造的历史意义是重大而深远的。如社会主义市场经济的确立,就是如此。在经济发展史上,从来没有过把社会主义和市场经济成功结合的先例。按照以往的理解,市场经济是和资本主义联系在一起的,计划经济是和社会主义联系在一起的,市场经济和社会主义是两种完全不同的体制、机制。中国特色社会主义破除了这种教条,通过不断的探索,最终成功地实现了社会主义和市场经济的结合。这样的文明创造,拓展和深化了制度文明,为人类社会发展开辟了新的道路。

## (二) 人类文明新形态改变了人类文明的格局

长期以来,由不平等的世界政治经济格局所决定,世界文明格局也是不平等的。当年马克思和恩格斯在《共产党宣言》中就曾经作过描述,认为世界总的形势是未开化和半开化的国家从属于文明的国家,农民的民族从属于资产阶级的民族,东方从属于西方。① 这三个"从属于",实际上是当时世界文明格局的真实写照。现在,这种格局正在由中国的和平崛起所改变。伴随中国的快速发展,中国与世界的关系开始出现新的调整,人类文明的格局正在发生重大变化。1853 年马克思曾在《纽约每日论坛报》上发表评论文章《中国革命和欧洲革命》,用"两极相联"的观点阐述了中国与欧洲的关系。他提到,在黑格尔看来,"'两极相联'这个朴素的谚语是一个伟大而不可移易地适

---

① 《马克思恩格斯选集》第 1 卷,北京:人民出版社 2012 年版,第 405 页。

用于生活一切方面的真理,是哲学家所离不开的定理,就像天文学家离不开开普勒的定律或牛顿的伟大发现一样",而后他指出"中国革命对文明世界很可能发生的影响却是这个原则的一个明显例证"。① 虽然马克思当时谈的是中国太平天国革命对世界的影响,但是,这个预测和判断对于看待今天的中国对世界的影响,仍然具有重要意义。

就今天世界的总体状况而言,虽然"西强东弱"的格局没有根本改变,但随着中国的发展,世界格局正在出现新的调整和变化。中国的发展,明显增强了自己的实力和国际竞争能力,改变了原有的国际力量对比,打破了"一家独霸"的局面;中国的发展,有效遏制了西方霸权势力的野蛮扩张,中国成为维护世界和平的巨大力量;中国的发展,使得今天的中国日益走向世界舞台的中央,拥有了更多的话语权、参与权,不再是处于世界体系边缘的旁观者和国际秩序的被动接受者,而是积极的参与者、建设者、引领者,为人类社会发展进步带来了新的力量和生机;中国的发展,也为世界社会主义的振兴提供了强大动力和希望,其发展成就极大地重塑了社会主义形象,使世界社会主义迎来了新的发展前景。所有这些,都增强和发展了人类文明。

值得特别指出的是,中国的发展带来了中华文明的伟大复兴,而中华文明的复兴改变了世界文明的生态。中国是一个有着5000多年历史的文明古国,为人类文明进步作出了不可磨灭的贡献。但自近代以来,中国的文化和文明蒙受了极大的屈辱。中国现代化的成功开创,改变了中华文化的命运,使中华优秀传统文化显示了独特的价值和魅力,在世界文化舞台上重放异彩。随着经济贸易的不断扩大和对外开放的深入发展,中华优秀传统文化也正在逐步走向世界,中华文明迎来了复兴的机遇。这是世界文明生态的一次重大转变。中华文明的重新崛起,改变了人类制度、文化发展的原有方向与顺序。近代以来,主要大国的崛起,都是西方世界不同国家的叠变更替,尽管崛起

---

① 《马克思恩格斯选集》第 1 卷,第 778 页。

的方式和后果不同,但都延续的是西方的制度和文化,即一个大国的崛起,带来的只是权力的重新分配、领土和势力范围的重新划分,而其制度与文化并没有根本触动。而中国的崛起与之全然不同,它代表的是一种新的制度与文化,改写了世界文明版图,因而明显扩大了中国制度、文化的影响。

中华文明崛起的方式是特殊的。它靠的不是资本、不是霸权,而是中国共产党领导人民的伟大实践基础上的道义力量、价值力量、感染力量和影响力量。这种崛起的方式本身就是文明的表现,代表了一种新型文明、先进文明。从文明的发展趋向来看,总是文明战胜野蛮、较高的文明战胜较低的文明,这是"一条永恒的历史规律"[1]。既然这是一条规律,那么,代表先进文明的中华文明,必然是人类文明发展的趋势和方向。人类文明的发展只能是趋向于先进的文明,人类文明的格局总是会逐渐趋向合理。

### (三) 人类文明新形态拓展了人类文明发展的道路

就现代化进程而言,欧美国家起步最早,在后来的发展中,这些国家凭借其早发优势和话语霸权,将其发展道路普遍化、模式化,以致"西方化"成为"现代化"的代名词。正如有的学者所说,经典现代化理论"从西方社会的一般形象中获得'现代性'的属性,然后又把这些属性的获得设想为现代化的标准。……现代化理论家试图把历史上产生于西方社会的特殊价值观和制度普遍化"[2]。按照这样的标准,现代化就是西方化。中国式现代化打破了西方模式的神话。在其发展过程中,中国既坚持社会主义的基本原则,又坚持"走自己的路",改革创新开拓发展,逐渐形成了独具特色的现代化道路,并且获得了巨大成功。中国的发展,"向世界说明了一个道理:治理一个国家,推动

---

[1] 《马克思恩格斯选集》第 1 卷,第 857 页。

[2] 〔美〕西里尔·E. 布莱克编:《比较现代化》,杨豫、陈祖洲译,上海:上海译文出版社 1996 年版,第 103—104 页。

一个国家实现现代化,并不只有西方制度模式这一条道,各国完全可以走出自己的道路来。可以说,我们用事实宣告了'历史终结论'的破产,宣告了各国最终都要以西方制度模式为归宿的单线式历史观的破产"①。特别是近年来国际金融危机和新冠疫情的暴发,进一步彰显了中国道路的独特价值。金融危机成为检验不同社会制度、发展模式的试金石。2008年爆发于美国的金融危机横行全球之时,中国以其制度优势,迅速采取一整套措施,成功应对金融危机冲击,成为拉动世界经济复苏的重要引擎。对于中国在金融危机中的出色表现,国际社会给予高度评价,中国道路也由此格外受到关注。近年突发的世界性新冠疫情,更是凸显了两种社会制度的差异,彰显了中国制度、中国道路的优势和价值。

现代化道路的差异就是文明形态的差异。中国的发展既遵循了人类文明的一般规律,又是对人类文明发展的新探索、新创造,其发展的历史逻辑内在地包含着特有的文明逻辑。在现实发展过程中,这种文明逻辑体现为文明发展道路。因文明逻辑又是通过各个文明环节及其联系方式体现出来的,故文明的特点和贡献表现在各个方面。

中国道路的开创,为发展中国家走向现代化提供了新的示范和选择。尽快实现现代化,是众多发展中国家追求的发展目标。但是,发展中国家的现代化一直颇为艰难。由于发展中国家的现代化是后发性的,所遇到的问题是特殊而复杂的。与西方发达国家相比,发展中国家发展的背景不同、在世界体系中所处的位置不同、发展的起点不同、发展的推进方式不同、发展的逻辑不同,因而所遇到的矛盾、问题也不同。这些矛盾、问题之所以是特殊的,就在于各种矛盾、问题大都具有"悖论"的性质,其复杂程度格外突出。能否有效地解决这些矛盾,事关现代化的成败。对于这些矛盾的解决,既无先例可循,也无现成的理论可查,只能依靠不断探索。中国道路以自己成功的实践,起

---

① 《习近平关于社会主义政治建设论述摘编》,北京:中央文献出版社2017年版,第7页。

到了重大的示范作用。这一道路所显示的意义不仅仅在于中国社会发展取得了巨大成就,更重要的在于,使世界看到了走向现代化的道路不是只有西方一种选择,而是可以有多种选择,"条条大路通罗马"。每个国家都有自主选择的权利,都可以根据本国的实际选择适合自己的发展道路。

### (四)人类文明新形态导引了人类文明的走向

随着全球化的深入发展,各国之间的联系日益紧密,科学技术和经济发展的步伐不断加快,人类文明成果空前繁荣,人类文明确实发展到了历史最高水平。但与此同时,人类面临的危机和挑战也层出不穷:地区冲突与战乱不断,冷战思维和强权政治阴魂不散,单边主义、霸权主义横行,恐怖主义、极端主义不断蔓延……人类进入了一个风险时代。人类何去何从?世人深表忧虑。面对这样的时代现实,中国旗帜鲜明地提出构建"人类命运共同体"。人类命运共同体以人类为主体,以命运与共为核心理念,以合作共赢为价值旨归,为人类文明发展指明了方向。它所指引的方向就在于:损人利己、以邻为壑从来不是一个文明走向强盛的选项,只能是这个文明走向衰落的信号;弱肉强食、零和博弈不再是文明发展的人间正道,合作共赢、共同发展才是人类文明的最终出路。这就是人类文明新形态显示的强烈信号。

人类命运共同体作为一种新的文明理念,突出体现为两种基本观念:一是共同利益观。全球化使各个国家的经济连为一体,日益形成一个利益链条,每个国家都是这个链条上的一环。任何一环出了问题,都有可能引起全球利益链条的障碍与中断,最后伤害的不是某一个国家,而是所有国家,因而全球的利益也就是各国自己的利益。任何国家要想发展,必须也让别人发展;要想自己活得好,必须也让别人活得好。这就要求确立共同利益观,正确看待民族利益与全球利益,在相互协调中实现每个国家的利益。因此,习近平总书记强调,"每个国家都有发展权利,同时都应该在更加广阔的层面考虑自身利益,不能以损害其他国家利益为代价"①。二是共同价值观。既然人类命运共同体是一个利益共同体,那就必然会形成一个价值共同体。价值不过是利益的文化表达,共同的利益必然会形成越来越多的价值共识或共同价值。因此,习近平主席在2015年9月28日出席第70届联合国大会一般性辩论时明确指出:"和平、发展、公平、正义、民主、自由,是全人类的共同价值,也是联合国的崇高目标。"②这种共同价值立足于人类道义制高点,既为人类命运共同体建设提供了基本遵循,也为人类发展提供了价值指引。要构建人类命运共同体,必须树立这样的共同价值观。现在世界各国的发展是一荣俱荣、一损俱损,国家之间的零和思维必须终结,不能只追求你少我多、损人利己,更不能搞你输我赢、一家通吃。只有义利兼顾,才能义利兼得。在相互尊重、公平正义、合作共赢中推进各国社会发展和人的发展,方是人间正道。

  人类命运共同体不只是一种理念,而且要体现为实际行动。为此,中国积极倡导和推动全球治理。当今的现实是,现行全球治理体系已经远远跟不上时代发展的需要,变革全球治理体系,推动全球治理体系朝着更加公正合理有效的方向发展,成为世界各国的普遍需求。当今社会也是风险社会,要应对各种安全问题、防范各种风险,必须加强全球治理。要实现有效的全球治理,关键是要以平等为基础,以开放为导向,以合作为动力,以共享为目标,建立合理的国际机制、国际规则、国际秩序。只有这样,才能真正实现全球正义。中国是全球治理体系的积极参与者、建设者、贡献者,积极发掘中华文明中有效的治理理念、处世之道,努力为完善全球治理贡献中国智慧、中国力量,推动全球治理更合理地发展。所有这些,正是人类文明新形态的重要体现。

---

① 习近平:《共担时代责任,共促全球发展》,《求是》2020年第24期,第8页。
② 《习近平谈治国理政》第2卷,北京:外文出版社2017年版,第522页。

## （五）人类文明新形态给人类文明发展注入了新的动力

人类文明的发展，并不是像自然界演化那样自然而然进行的，而是人能动创造的结果。离开了人的创造，人类文明也就失去了活力和动力，文明也将趋于枯竭。因此，文明不是固化的，而是流动的；不是指向过去，而是指向现在和未来。也就是说，真正的文明不仅仅是考古学意义上的文明，而且是存在于当下并对现实与未来产生重大影响的文明。这就要求不断增强文明的活力，使文明能够不断发展创新。人类文明新形态为人类文明的发展注入了新的动力，加速了人类文明发展的进程。

人类文明可以有不同层次的划分和体现，但最为基础、最为重要的是满足人的基本物质生活需要，保障人的正常生存发展。摆脱贫困、改善生活条件，这是世界性难题，也是人类发展的最大难题。正如《人类减贫的中国实践》白皮书所说："贫困是人类社会的顽疾，是全世界面临的共同挑战。贫困及其伴生的饥饿、疾病、社会冲突等一系列难题，严重阻碍人类对美好生活的追求。消除贫困是人类梦寐以求的理想，人类发展史就是与贫困不懈斗争的历史。"[①]党的十八大以来，中国组织实施了人类历史上规模空前、力度最大、惠及人口最多的脱贫攻坚战，使占世界人口近五分之一的中国全面消除了绝对贫困，提前10年实现了联合国《2030年可持续发展议程》的减贫目标。这不仅是中华民族发展史上具有里程碑意义的大事件，也是人类减贫史乃至人类发展史上的大事件，为全球减贫事业和人类发展作出了重大贡献。这一大事件和重大贡献对于人类文明发展来说，足以载入人类社会发展史册。

"一带一路"倡议和建设，也是中国为人类文明发展注入的一大动力。中国在历史上早有丝绸之路。在新的历史条件下，中国提出"一

---

① 中华人民共和国国务院新闻办公室：《人类减贫的中国实践》，北京：人民出版社2021年版，第1页。

带一路"倡议,就是继承和发扬丝绸之路精神,把中国发展和共建国家以及世界其他国家的发展结合起来,把中国梦同其他国家人民的美好梦想结合起来,赋予古代丝绸之路这一文明成果以全新的时代内涵。"一带一路"所要开创的,是和平之路、繁荣之路、开放之路、创新之路、文明之路,因而顺应时代要求和各国加快发展的愿望,反映了人类文明进步的潮流。"一带一路"合作倡议自提出以来,受到国际社会广泛关注,共建国家积极响应。"一带一路"建设从倡议到实践、从愿景到行动,合作伙伴越来越多,影响力和号召力越来越大,为构建人类命运共同体、推动人类文明繁荣发展发挥了重大作用。

由于中国深度参与全球化,所以,中国式现代化和人类文明新形态通过各种机制和规则的确立、各种功能的发挥,为人类文明的发展增添了动力。尽管文明的道路不是平坦的,但文明新形态的推动会加快文明的进程。目前,全球发展的现实是:"新冠肺炎疫情全球大流行使这个大变局加速变化,保护主义、单边主义上升,世界经济低迷,全球产业链供应链因非经济因素而面临冲击,国际经济、科技、文化、安全、政治等格局都在发生深刻调整,世界进入动荡变革期。"①这样的发展现实,必然造成世界发展、人类文明发展的动力不足。也正是基于这样的现实,人类迫切需要文明新形态的参与和推动。

### (六) 人类文明新形态重塑了人类文明发展的方式

人类文明是随着人类交往的扩大而形成、发展起来的。正是在不断交往的过程中,文明才具有了"人类"性和"普遍"性。尤其是近代以来,随着民族历史向世界历史的转变,文明日益成为"世界历史性的存在"②,普遍交往成为文明发展的一个内在要求和内在规定。而且,普遍交往对于文明的传承和发展也至关重要,正如马克思和恩格斯在《德意志意识形态》中所说,"某一个地域创造出来的生产力,特别是

---

① 习近平:《在经济社会领域专家座谈会上的讲话》,《人民日报》2020 年 8 月 25 日第 2 版。
② 《马克思恩格斯选集》第 1 卷,第 167 页。

发明,在往后的发展中是否会失传,完全取决于交往扩展的情况。当交往只限于毗邻地区的时候,每一种发明在每一个地域都必须单独进行;一些纯粹偶然的事件,例如蛮族的入侵,甚至是通常的战争,都足以使一个具有发达生产力和有高度需求的国家陷入一切都必须从头开始的境地"①。正因为文明是在交往交流中生成、发展和延续的,所以,必须加强文明的交往交流,这是文明发展的规律。

交往的前提是要相互尊重、平等对待。面对多元文明,是敌视对立还是相互尊重?中国的响亮回答是:"文明交流互鉴应该是对等的、平等的,应该是多元的、多向的,而不应该是强制的、强迫的,不应该是单一的、单向的。"②不同的文明之所以应当相互尊重、平等对待,根本原因在于每一种文明都扎根于自己的生存土壤,凝聚着一个国家、民族的智慧和精神,都有自己存在的价值。文明的多样性,"就如同自然界物种的多样性一样,一同构成我们这个星球的生命本源"③。用相互尊重来代替相互敌视,用文明交流来代替文明隔绝,这就是"新形态"的基本主张和鲜明立场。

"新形态"不仅重塑了文明间的关系,而且重塑了人类文明发展的方式。这就是加强交流互鉴。不是用对抗、冲突的方式,而是用交流互鉴的方式来促进人类文明的发展。从历史的角度来看,中华文明就是这样发展起来的,"从历史上的佛教东传、'伊儒会通',到近代以来的'西学东渐'、新文化运动、马克思主义和社会主义思想传入中国,再到改革开放以来全方位对外开放,中华文明始终在兼收并蓄中历久弥新"④。正因为如此,习近平总书记特别强调:"对人类社会创造的各种文明,无论是古代的中华文明、希腊文明、罗马文明、埃及文明、两河文明、印度文明等,还是现在的亚洲文明、非洲文明、欧洲文明、美洲文

---

① 《马克思恩格斯选集》第 1 卷,第 187—188 页。
② 《习近平谈治国理政》第 3 卷,北京:外文出版社 2020 年版,第 469—470 页。
③ 《习近平谈治国理政》第 2 卷,第 464 页。
④ 《习近平谈治国理政》第 3 卷,第 471 页。

明、大洋洲文明等,我们都应该采取学习借鉴的态度,都应该积极吸纳其中的有益成分,使人类创造的一切文明中的优秀文化基因与当代文化相适应、与现代社会相协调,把跨越时空、超越国度、富有永恒魅力、具有当代价值的优秀文化精神弘扬起来。"① 事实上,中国特色社会主义的许多创造,是文明交流融合的产物。如中国特色社会主义国家制度和法律制度,就是"植根于中华民族5000多年文明史所积淀的深厚历史文化传统,吸收借鉴了人类制度文明有益成果,经过了长期实践检验","是人类制度文明史上的伟大创造"。② 又如社会主义核心价值观,"既体现了社会主义本质要求,继承了中华优秀传统文化,也吸收了世界文明有益成果,体现了时代精神"③。

## 三、人类文明新形态对中国现代化的影响

中国创造的人类文明新形态不是孤立发展的,而是与中国式现代化融为一体协同推进的,二者相生相随、彼此促进。因此,要推进中国式现代化和文明建设进程,一方面需要加强对现代化经验的总结,发展、完善"新形态",另一方面又要用"新形态"来引领现代化。对于中国的未来发展和全面建设社会主义现代化强国来说,后者尤为重要。

在全面建成小康社会、实现第一个百年奋斗目标之后,中国已开启全面建设社会主义现代化国家新征程。那么,全面建设社会主义现代化国家之路究竟怎么走? 这是一个大工程,需要各方面共同发力,其中非常重要的一个方面,就是加强人类文明新形态的引领。这种引领虽然是潜移默化的,但又是影响巨大的。依据现代化的需求和"新形态"自身的性质、特点,重点是要加强以下方面的引领。

---

① 习近平:《在纪念孔子诞辰2565周年国际学术研讨会暨国际儒学联合会第五届会员大会开幕会上的讲话》,《人民日报》2014年9月25日第2版。
② 习近平:《坚持、完善和发展中国特色社会主义国家制度与法律制度》,《求是》2019年第23期,第6、4页。
③ 《习近平谈治国理政》第1卷,北京:外文出版社2018年版,第169页。

一是理念的引领。每一时代都有自己的发展理念。不同社会之所以有不同的发展,很大程度上是由不同的理念造成的。如近代以来的西方社会发展之所以有别于中世纪,重要原因之一就是不同的理念。中世纪的神学理念曾经使整个社会生活置于封建蒙昧状态,因而导致上千年的社会发展停滞;近代以来理性观念的确立和弘扬,则创建了一种新的文明,使社会生活充满了生机活力,欧洲社会由此迈入现代化行列。因此,推进发展,不能仅仅满足于具体对策的研究,同时必须对发展理念予以高度关注。只有理念上明确、对路,才能有发展上的合理推进。

"新形态"在理念上的突出贡献是提出了"新发展理念"。新发展理念是在总结人类文明发展一般规律和世界各国发展经验教训的基础上,依据本国的实际发展情况形成的,它既体现了现代化发展必须遵守的基本原则,又反映了本国发展的内在要求。就总体状况而言,中国发展取得的成就是有目共睹的,但存在的问题也是明显的:发展不平衡不充分的一些突出问题尚未解决,发展质量和效益还不高,创新能力还不强,生态环境保护任重道远,民生领域还有不少短板,城乡区域发展和收入分配差距依然较大,群众在就业、教育、医疗、居住、养老等方面面临不少难题,等等。新发展理念就是针对这些问题提出的。新发展理念所包含的创新、协调、绿色、开放、共享发展理念,科学回答了关于发展的目的、动力、方式、路径等的一系列理论和实践问题,阐明了新时代发展的政治立场、价值导向、发展模式、发展道路等重大原则问题,因而具有很强的战略性、纲领性、引领性。

新发展理念所显示的文明是多方面的,在对待各种关系、各个方面都体现了新文明形态的性质和特点。如在人与自然关系问题上,绿色发展理念重点突出的是"生命共同体"理念,而"生命共同体"既是对人与自然关系的新概括,又是关于生态文明的新认识。它的文明性贡献在于把人与自然的关系从"生产"视界推进到"生命"视界,从"生命"的意义和价值来理解和把握人与自然的关系。从以往的"对象性"关系,进展到"生命体"内部的关系,这是研究范式的一大转换,也是文明的一大提升。新发展理念在对待其他关系方面也是如此。由此可见,新发展理念从多维视角对发展内涵作了新的富有时代特点的全方位拓展,把发展的思想和观念提升到新的高度,因而具有重大的引领作用。

二是价值的引领。文明是一个体系,价值观在其中起着支配和统摄的作用。无论是价值目标、价值追求,还是价值标准、价值选择,都是文明的明显体现,特别是价值目标和价值追求,直接涉及文明的基本性质和具体运作。"新形态"对现代化的引领,最为重要的是它的价值引领。"新形态"的价值指向是鲜明的人民立场,一切以人民为中心,这是中国式现代化建设的根本出发点和落脚点。

在不同类型的文明中,现代化的追求不同、目的不同。在西方文明发展过程中,资本始终是整个社会依以旋转的轴心,故现代化只能以资本为中心,现代化的目的就是追求资本利益最大化,资本至上成为基本的价值准则。而中国式现代化始终坚持的是以人民为中心,追求的是人民的根本利益。因此,在现代化的推进过程中,突出人民主体地位,把实现好、维护好、发展好最广大人民根本利益放在首位,依靠人民创造历史伟业。这样的现代化,充分体现了人的全面发展、社会全面进步的价值意蕴。

增进人民福祉,促进人的全面发展,关键是要促进共同富裕。这是社会主义的本质要求,也是"新形态"的价值追求。改革开放伊始,中国共产党就总结正反两方面经验,强调贫穷不是社会主义,社会主义的本质,就是解放生产力、发展生产力,消灭剥削,消除两极分化,最终达到共同富裕。正是按照这样的价值指向,中国发展追求的是全体人民通过辛勤劳动,不断创造出更多更好的物质财富和精神财富,在此基础上,依据公平正义的原则共同分享社会发展成果,共同走上富裕幸福之路。在共同富裕的道路上,首先是打赢脱贫攻坚战、全面建成小康社会,而后又适时提出,要在新的征程上使"全体人民共同富裕取得更为明显的实质性进展",在改善人民生活方面"扎实推动共同富裕"。① 所有这些,都充分体现了人类文明新形态的价值立场和文明指向,对全面建设现代化必然产生重大影响。

三是目标的引领。在唯物史观的视野中,文明是和"进步"联系在一起的,文明就意味着进步。中国式现代化目标的设计和确立充分体现了这样的文明。今天,我们已经实现了第一个百年奋斗目标,开始向第二个百年奋斗目标进军,即到 2035 年基本实现社会主义现代化,到 21 世纪中叶把我国全面建成社会主义现代化强国。中国式现代化目标的特点,首先是突出了"全面"。我们追求的现代化不是单纯的经济的现代化,而是社会的全面现代化;我们要建设的文明,不是单纯的物质文明,而是包括物质文明、政治文明、精神文明、社会文明、生态文明在内的"五位一体"的文明。"社会全面进步"内涵在这里得到了具体体现。其次,突出了"协调"。现代化越是突出全面,就越是要求协调,因为现代化的各个方面都是相互联系、相互制约的,任何一方的发展都离不开其他各方的支撑、配合。因此,在发展中实现动态平衡,这是现代化发展的客观要求。最后,突出了"提升"。从中等发达水平的现代化国家发展到综合国力和国际影响力领先的社会主义现代化强国,这不仅是量的提高,更是质的提升或质的飞跃。"强国"从多重维度显示了现代化"强"的内涵与特征,将现代化提升到一个新的高度。所有这些都是文明的体现,也是对现代化发展的要求。

"新形态"在现代化目标上的引领,特别体现为"美好生活"的感召。现代化固然可以体现于社会生活的各个方面,但最终还是要落脚到人们"美好生活"的实现。在新的历史条件下,伴随社会主要矛盾的转化,中国共产党明确地提出"美好生活"的命题,并将满足人民对美好生活的需要写在党的旗帜上、定位于党的奋斗目标上。这是美好生活从"自发"到"自觉"的理论飞跃。之所以是一种飞跃,就在于不是

---

① 习近平:《扎实推动共同富裕》,《求是》2021 年第 20 期,第 4—5 页。

把"美好生活"作为一个日常用语来使用,而是作为一个严谨的理论命题提出来;美好生活不仅是民众愿望、追求的一般表达,更是这种愿望、追求在党的纲领、目标上的一大升华。因此,"美好生活"的提出,体现出中国共产党高度的理论自觉。美好生活的实现,既需要对其准确的理解和把握,又需要现代化的合理推进,因而其所显示的文明导向是非常鲜明的。

四是发展方式的引领。历经多年的改革发展,中国进入了新发展阶段。新发展阶段与以往阶段最大的不同,就是主题的转变,即由过去的高速发展变为高质量发展。之所以要转向高质量发展,主要原因就在于,面对人口、资源、环境等方面越来越大的压力,拼投资、拼资源、拼环境的老路已经走不通了。新路何在?就在于创新,就在于从以要素驱动和投资规模驱动发展为主转向以创新驱动发展为主。为此,近年来,中国在发展方式上特别突出创新这一"第一动力",并将创新与否与文明兴衰联系在一起。从历史上看,创新与文明确实密切相关。如"罗马帝国、波斯帝国、阿拉伯帝国、奥斯曼帝国等之所以最终走向衰败,除了政治、军事、地缘上的因素外,创新不足是重要原因。近代以来,英国、德国、美国等国家的先后崛起,一个重要原因在于抓住了科技革命带来的机遇"[1]。实践一再表明,创新意识对于现代化的推进至关重要。对于中国这样具有古老文明的发展中大国来说,确立创新意识尤其重要。因此,要真正推进现代化的快速发展,必须强化创新意识,使创新成为全社会的行为。

"新形态"的一个显著特征,就是突出创新。"新形态"本身就是创新的产物。没有创新,也就不会有人类文明新形态。实际上,"新形态"没有任何先例可循,是中国共产党领导人民根据中国现代化发展的实际情况自主探索、自主创新的结晶。在发展理念方面,之所以要把创新排在第一位,就是因为创新关乎国家的前途命运。习近平总书

---

[1] 《求是》杂志编辑部:《发展理念的一场深刻革命》,《求是》2019年第10期,第20页。

记曾用《荷马史诗》中"阿喀琉斯之踵"这一典故以及大量历史事例，阐明创新对于国家和民族前途命运的决定性意义，强调创新能力不强是我国这个经济大块头的"阿喀琉斯之踵"，抓住了创新，就抓住了牵动经济社会发展全局的"牛鼻子"。"抓创新就是抓发展，谋创新就是谋未来。"①在未来的发展征程中，要全面建设社会主义现代化强国，必须依靠创新这一"第一动力"，让创新领跑现代化。这也正是人类文明新形态给我们的重要启示。

（原载《国家现代化建设研究》2022 年第 2 期）

---

① 习近平:《深入理解新发展理念》,《求是》2019 年第 10 期,第 6 页。

# 中国式现代化的探索、内涵和价值[*]

## 张占斌[**]

党的十八大以来习近平总书记关于中国式现代化的一系列重要论述,阐明了中国式现代化道路的丰富内涵,揭示了中国式现代化的重要特征,确立了中国式现代化的发展阶段与总体目标。党的十九届六中全会通过的《中共中央关于党的百年奋斗重大成就和历史经验的决议》(以下简称《决议》)系统总结了党领导人民进行中国式现代化探索的历史贡献和宝贵经验,深刻阐述了推进中国式现代化的深刻内涵和重要意义。习近平总书记的重要论述和党的十九届六中全会通过的《决议》,对于我们深入学习习近平新时代中国特色社会主义思想,增强中国式现代化创造人类文明新形态的自信和自觉,继续推进中国式现代化历史进程,具有重要指导意义。

## 一、中国式现代化百年探索的宝贵经验和历史贡献

习近平总书记指出:"18世纪出现了蒸汽机等重大发明,成就了

---

[*] 基金项目:国家社会科学基金重大项目"开启全面建设社会主义现代化国家新征程研究"(项目编号:21ZDA001);国家社会科学基金重点项目"新时代中国特色社会主义政治经济学创新发展研究"(项目编号:21AKS014)。

[**] 张占斌,全国政协委员,中共中央党校(国家行政学院)马克思主义学院院长、教授。

第一次工业革命,开启了人类社会现代化历程。"① 现代化是一个世界现象,是一种文明进步,是一个发展目标追求。从世界范围来看,现代化体现为各国追赶、达到和保持世界发展前沿水平的行为与过程,是一个涵盖科技革命、经济发展和制度变革,从传统农业社会向现代工业社会、信息社会转型的全球性变革发展的过程,是人类文明的一种深刻变化和系统变迁。② 现代化虽然起源于西方国家,但并不是西方国家经济社会发展的专利。以实现工业化为主要标志的现代化,第二次世界大战后已扩展到广大发展中国家,成为主权独立后国家重建的共同取向和主题,是近代以来世界各国孜孜以求的发展目标,也是人类文明进步的显著标志。

现代化是一个社会历史范畴,随着时代和社会历史条件的变化,现代化的内涵和特征也不断拓展和深化。自从以工业化为核心的现代化产生以来,世界各国各民族因处于不同历史时期,具有不同社会环境,对现代化的理解并不相同,追求现代化的目标也各有特色,因此,现代化的道路和内容又是多样的。多年来,国内外诸多学者不断展开对现代化的研究,形成了经典现代化理论、后现代化理论和新现代化理论等成果,究其根本,实际上就是用资本主义方式还是社会主义方式实现现代化的问题。所有这些成果,都为中国式现代化的探索提供了借鉴和启示。

实现中国式现代化是中国共产党人持续奋斗的理想。一百年来,党领导人民进行中国式现代化的探索,积累了宝贵的历史经验,使得中国式现代化和中华民族伟大复兴展现出前所未有的光明前景,创造了人类文明新形态。中国式现代化涵盖经济、政治、文化、社会、生态各个领域,包括物质和精神、教育和科技、国家制度和治理体系等各个

---

① 习近平:《为建设世界科技强国而奋斗——在全国科技创新大会、两院院士大会、中国科协第九次全国代表大会上的讲话》,《人民日报》2016 年 6 月 1 日第 2 版。

② 参见何传启:《如何成为一个现代化国家》,北京:北京大学出版社 2017 年版;何传启:《中国现代化报告 2014~2015——工业现代化研究》,北京:北京大学出版社 2015 年版;何传启:《现代化科学领导干部读本:现代化 100 问》,北京:人民日报出版社 2019 年版。

层面,是国家制度和治理体系根本区别于资本主义的中国特色的社会主义现代化。在党的十九届六中全会通过的《决议》中,以习近平同志为主要代表的中国共产党人对中国共产党百年奋斗的历史经验和历史意义所作的深刻总结和阐述,实际上也是对百年中国式现代化探索经验和意义的深刻总结和阐述。

### (一) 中国式现代化百年探索的主要历史经验

一是坚持党的领导。中国共产党是中国式现代化的领导力量。中国的现代化被动地开启于近代鸦片战争。中国共产党的诞生,使得中国现代化从"被动的现代化"转变为"自主的现代化"。新中国成立后中国式现代化真正展开,取得今天的巨大成就,最根本的原因是有中国共产党的坚强领导。历史和现实都证明,没有中国共产党,就没有新中国,就没有中国式现代化,就没有中华民族伟大复兴。因此,党对中国现代化历史进程的领导,是中国式现代化的最大特色。

二是坚持人民至上。人民至上是中国式现代化的价值追求。实现中国式现代化,就是为人民谋幸福、为民族谋复兴,这是党领导现代化建设的出发点和落脚点。江山就是人民,人民就是江山。打江山守江山,都是为了人民。人民是党执政兴国、推进中国式现代化的最大底气。同时,人民是中国式现代化的依靠力量,是中国式现代化最深厚的力量源泉。党的最大政治优势是密切联系群众,党致力于中国式现代化,代表着中国最广大人民的根本利益,这是党推进中国式现代化立于不败之地的根本所在。

三是坚持理论创新。理论创新是中国式现代化的思想路径。党之所以能够团结带领人民完成艰巨任务,不断推进中国式现代化,根本原因在于坚持解放思想、实事求是、与时俱进、求真务实,不搞本本主义、教条主义,坚持把马克思主义基本原理同中国具体实际相结合、同中华优秀传统文化相结合,坚持实践是检验真理的唯一标准,坚持一切从实际出发,以我们正在做的事情为中心,及时回答中国之问、世界之问、时代之问、人民之问,不断推进马克思主义中国化时代化。

四是坚持独立自主。独立自主是中国式现代化的精神之魂。独立自主是立党立国的重要原则,也是推进中国式现代化的精神遵循。走中国式现代化道路,必须坚持独立自主开拓前进道路,坚持国家和民族发展的主体性,坚持中国的事情必须由中国人民自己作主。同时,注重在开放中学习吸纳国际先进技术和经验。既不闭门造车,也不邯郸学步,而是在独立自主中海纳百川,锻造自立自强的真本色和真功夫,执着地把原始创新的品质发扬光大。

五是坚持中国道路。中国特色社会主义道路是中国式现代化的康庄大道。从根本上讲,中国式现代化就是中国式现代化道路。[①] 党在百年现代化探索中坚持从中国国情出发,探索并形成了符合中国实际的社会主义现代化道路。既不走封闭僵化的老路,也不走改旗易帜的邪路,不盲从、不做附庸,坚持党的基本理论、基本路线和基本方略不动摇,坚定不移走以经济建设为中心的中国式现代化道路。这是一条党和人民在付出巨大牺牲和进行艰辛探索后,通过改革开放创造出来的中国特色社会主义道路,这是创造人民美好生活、实现中华民族伟大复兴的康庄大道和现实路径。

六是坚持胸怀天下。胸怀天下体现中国式现代化的人类关怀。大道之行,天下为公。党和人民在百年中国式现代化探索中深刻认识到,中国要为人类作出较大贡献,要彰显大国的责任担当。党始终以全球意识和世界眼光关注人类前途命运,从人类发展大潮流、世界变化大格局、中国发展大历史出发,正确认识和处理同外部世界的关系。中国式现代化的推进,坚持开放合作,坚持互利共赢,不搞零和博弈,坚持主持公道、伸张正义,站在历史正确的一边,站在人类进

---

① 从严格意义上讲,"中国式现代化"包含道路、理论、制度和文化,不能完全等同于"中国式现代化道路",也就是说,中国式现代化比中国式现代化道路内涵要宽。但学术界、理论界有时也将两者等同、混用,在这种情况下,中国式现代化道路实际上也包含道路、理论、制度和文化内容。

步的一边。

七是坚持开拓创新。开拓创新是中国式现代化的不竭动力。实现中国式现代化伟大事业的过程充满艰难险阻,需要艰苦奋斗,需要开拓创新。一百年来,党领导人民推进中国式现代化,披荆斩棘、锐意进取,不断推进理论创新、实践创新、制度创新、文化创新以及其他各方面创新,特别是通过改革开放,敢为天下先,大胆试大胆闯,走出了一条前人没有走过的路,解决了十几亿人的温饱问题,总体上实现小康,并把解决人民日益增长的美好生活需要和不平衡不充分的发展之间的矛盾提上现代化建设的日程。

八是坚持敢于斗争。敢于斗争是中国式现代化的力量源泉。敢于斗争、敢于胜利,是党和人民不可战胜的强大精神力量。党和人民推进中国式现代化取得的一切成就,不是天上掉下来的,不是别人恩赐的,而是通过不断斗争、敢于胜利获得的。在百年中国式现代化的艰辛探索中,党和人民发扬斗争精神,敢于斗争、善于斗争,迎难而上、不怕牺牲,百折不挠、抢抓机遇,对看准的、认定的事业前仆后继、不懈奋斗。

九是坚持统一战线。统一战线是中国式现代化的重要法宝。团结奋斗是党和人民推进中国式现代化的重要法宝和精神标识。团结就是力量,奋斗开创未来。党在推进中国式现代化进程中始终坚持大团结大联合,努力寻求最大公约数、画出最大同心圆,铸牢中华民族共同体意识,促进政党关系、民族关系、宗教关系、阶层关系、海内外同胞关系和谐,最大限度凝聚起共同奋斗的力量。

十是坚持自我革命。自我革命是中国式现代化的强大支撑。党的伟大不在于不犯错误,而在于敢于直面问题,勇于自我革命。这是党永葆青春活力的时代密码,也是其区别于其他政党的显著标志。先进的马克思主义政党是在不断自我革命中淬炼而成的。党历经百年沧桑更加充满活力,除了有人民监督,还有自我革命,其奥秘就在于始终坚持真理、修正错误。党把人民监督和自我革命结合起来为不断推进中国式现代化提供了强大支撑。

上述这些宝贵经验是党和人民共同创造的精神财富,有很多是付出巨大牺牲得到的,需要倍加珍惜、长期坚持,并在新时代中国式现代化实践中不断丰富和发展。

### (二)中国式现代化百年探索的主要历史贡献

中国共产党推进中国式现代化的百年艰辛探索所取得的历史经验,是我们接续前行、全面建设社会主义现代化国家的精神力量和宝贵财富,同时也彰显了党推进中国式现代化的时代价值、世界意义和历史贡献。

第一,中国共产党对中国式现代化的百年探索,极大地焕发了近代以来救亡图存、振兴中华的民族精神,从根本上改变了中国人民的前途命运。鸦片战争之后,中国被动卷入西方主导的现代世界体系,饱受屈辱的中国人民开始了苦苦寻求现代化的历程。在旧中国,中国人民深受帝国主义、封建主义和官僚资本主义的压迫,内忧外患给中国社会造成了极其严重的破坏。洋务运动失败了,孙中山的建国方略搁置了,多少仁人志士抱恨终天,西方式现代化道路难以走通。中国共产党成立后,团结带领人民担负起了推进中国式现代化的历史重任,中国人民的精神由被动转为主动,中国的现代化也由被动转为主动,开启了中国式现代化的探索。经过28年的新民主主义革命,推翻了三座大山、建立了新中国,中国人民彻底摆脱了被欺负、被压迫、被奴役的命运,成为国家、社会和自己命运的主人。新中国的成立,为中国式现代化打开了前进通道,奠定了根本政治前提和制度基础。改革开放和社会主义现代化建设新时期,为中国式现代化提供了充满新的活力的体制保证和快速发展的物质条件。党的十八大以来,党团结带领人民创造的新时代坚持和发展中国特色社会主义的伟大成就,为中国式现代化提供了更为完善的制度保证、更为坚实的物质基础、更为主动的精神力量。今天,中国人民掌握着自己的命运,更加自信、自立、自强,更有志气、骨气、底气,在历史进程中积累的强大能量不断释放出来,焕发出前所未有的历史主动精神、历史创造精神,努力书写新时代中国式现代化建设新篇章。

第二,中国共产党对中国式现代化的百年探索,开辟了实现中华民族伟大复兴的正确道路,创造了从站起来、富起来向强起来迈进的发展奇迹。近代以来,创造了灿烂文明的中华民族遭遇文明难以赓续的深重危机,呈现在世界面前的是一派衰败凋零的景象。中国共产党成立以来,坚持用马克思主义立场、观点和方法解决中国的实际问题,肩负实现国家现代化的历史责任。早在新民主主义革命时期,以毛泽东同志为主要代表的中国共产党人深入思考中国的现代化问题,提出了要"解决建立独立的完整的工业体系"①的问题。毛泽东同志在党的七届二中全会报告中提出"使中国稳步地由农业国转变为工业国,把中国建设成一个伟大的社会主义国家"②的目标。新中国成立后,中国共产党是中国式现代化的领导者和实践者。1954年,党中央初步提出了"四个现代化"的目标。后来把"四个现代化"确定为实现工业、农业、国防和科学技术现代化,即使是在"文化大革命"时期,党仍重申这个目标。从新中国成立到改革开放,国家现代化探索遭遇过严重挫折,影响了应有的发展进度,但仍然取得了不少成就。党的十一届三中全会作出把工作重点转移到社会主义现代化建设上来的重大决定。以邓小平同志为主要代表的中国共产党人旗帜鲜明地提出"走中国特色社会主义道路"的重大命题,强调以经济建设为中心、解放和发展社会生产力,创造性地使用"小康社会"这个重大概念,首次提出了"中国式的现代化"。以江泽民同志为主要代表的中国共产党人和以胡锦涛同志为主要代表的中国共产党人继续探索和发展中国特色社会主义,推进改革开放和社会主义现代化建设,在实践中进一步丰富发展了中国式现代化的道路、战略和目标。党的十八大以来,以习

---

① 《毛泽东选集》第 4 卷,北京:人民出版社 1991 年版,第 1433 页。
② 同上书,第 1437 页。

近平同志为核心的党中央团结带领人民开创中国特色社会主义新时代,实现了全面建成小康社会的第一个百年奋斗目标,开启了全面建成社会主义现代化强国的第二个百年奋斗目标新征程。从"四个现代化"战略目标,到"五位一体"总体布局,体现了党对中国式现代化目标的追求和对中国式现代化建设内涵认识的深化。从"两步走"到"三步走"再到新"两步走",彰显了党对实现中国式现代化的初心和坚持。中国从积贫积弱、一穷二白到全面小康、繁荣富强,从被动挨打、饱受欺凌到独立自主、坚定自信,从落后时代到赶上时代再到引领时代,中国式现代化的道路越走越宽广,创造了经济快速发展和社会长期稳定两大奇迹,迎来了从站起来、富起来到强起来的伟大飞跃。

第三,中国共产党对中国式现代化的百年探索,展现了马克思主义与中国具体实际、中华优秀传统文化相结合的强大生命力,推动了马克思主义中国化时代化。马克思主义揭示了人类社会发展规律,是认识世界、改造世界的科学真理。以马克思主义为理论指导的中国共产党人,坚持把马克思主义写在自己的旗帜上,在推进中国式现代化的历史进程中坚持和发展马克思主义,不断推进马克思主义中国化时代化,用博大胸怀吸收人类创造的一切优秀文明成果。同时,坚持把马克思主义与中国具体实际、中华优秀传统文化相结合,用马克思主义中国化的科学理论引领中国式现代化的实践。习近平总书记特别强调指出:"中国共产党为什么能,中国特色社会主义为什么好,归根到底是因为马克思主义行!"①马克思主义为中国式现代化指明了前进方向和奋斗路径,那就是中国式现代化必须坚持中国共产党领导,发挥党的领导的巨大优势;必须体现人民立场,坚持以人民为中心;必须解放和发展生产力,消灭剥削,消除两极分化;必须把握好公平和效率的关系,在高质量发展中扎实推动共同富裕;等等。马克思主义的科学性和真理性在中国式现代化的历史进程中得到充分检验,马克思

---

① 习近平:《在庆祝中国共产党成立 100 周年大会上的讲话》,北京:人民出版社 2021 年版,第 13 页。

主义的人民性和实践性在中国式现代化的历史进程中得到充分贯彻,马克思主义的开放性和时代性在中国式现代化的历史进程中得到充分彰显。马克思主义中国化时代化不断取得成功,中国式现代化不断取得新成就,使马克思主义和中国式现代化以崭新形象展现在世界上,为马克思主义和中国式现代化赢得了巨大的声誉,也使世界范围内社会主义和资本主义两种意识形态、两种社会制度的历史演进及其较量发生了有利于社会主义的重大转变。

第四,中国共产党对中国式现代化的百年探索,历史性地创造了人类文明新形态,拓展了发展中国家走向现代化的途径和选择。迄今为止,世界各国实现现代化有两条不同的道路:资本主义现代化道路和社会主义现代化道路。中国式现代化既是对中国现代化建设经验的深刻总结,也是对苏联东欧国家现代化教训的深入剖析,还是对西方现代化道路的深刻反思与超越。1840年鸦片战争以来的历史充分证明,资本主义现代化道路在半殖民地半封建社会的中国根本走不通。新中国成立之后,到底选择什么样的现代化道路,是一个非常重大的理论问题和现实问题。起初,我们学习借鉴苏联经验,这就使得苏联的现代化历程一度深刻影响中国的现代化建设道路与方式。但是,中国共产党人在探索中发现,苏联式的传统计划经济体制不能很好地解放和发展生产力,也很难更好地改善人民生活。基于对苏联和东欧国家现代化教训的反思,毛泽东、邓小平、江泽民、胡锦涛、习近平等中国共产党领导人都强调"走自己的路"的重要性。不走苏联的现代化老路,是不是要走西方的现代化之路呢?一般而言,西方现代化道路就是资本主义现代化道路,本质上是以资本为中心的现代化、两极分化的现代化、物质主义膨胀的现代化、对外扩张掠夺的现代化。正是基于对西方现代化道路弊病和危害的认识,党和人民坚定地坚持走中国特色社会主义道路,走中国式现代化道路。习近平总书记就此深刻指出:"推动一个国家实现现代化,并不只有西方制度模式这一条道,各国完全可以走出自己的道路来。"①改革开放以后,党带领人民建设社会主义市场经济,以实际行动表明,我们既不走西方的资本主义道路,也不走计划经济的老路。党领导人民成功走出中国式现代化道路,创造了人类文明新形态,深刻影响了世界历史进程,拓展了发展中国家走向现代化的途径,给世界上那些既希望加快发展又希望保持自身独立性的国家和民族提供了全新选择。中国式现代化创造的人类文明新形态,深刻体现了现代化发展的规律性和多样性、普遍性和特殊性的统一,深化了我们对社会主义建设规律和人类社会发展规律的认识,对中国发展、世界前景与人类命运具有深刻的影响和意义。

第五,中国共产党对中国式现代化的百年探索,锻造了走在时代前列的中国共产党,使中国式现代化有了强大的领导力量和主心骨。党成立时只有50多名党员,今天已成为拥有9500多万名党员、领导着14亿多人口大国、具有重大全球影响力的世界第一大执政党。使党从小到大、由弱到强,持续焕发青春和斗志的根本原因就在于,"一百年来,党坚持性质宗旨,坚持理想信念,坚守初心使命,勇于自我革命,在生死斗争和艰苦奋斗中经受住各种风险考验、付出巨大牺牲,锤炼出鲜明政治品格,形成了以伟大建党精神为源头的精神谱系,保持了党的先进性和纯洁性,党的执政能力和领导水平不断提高"②。需要强调指出的是,党在探索现代化的进程中找到了一条符合中国国情、符合中国实际、符合中国人民需求的现代化发展道路,这就使马克思主义的理论指导作用得到充分发挥,使中华民族的优秀传统文化、红色文化、先进文化得以滋养神州大地,使党在推进中国式现代化的事业中不断发展壮大。也就是说,党把理论优势、实践优势、价值优势和道义优势有机结合为一体,才取得中国式现代化的巨大成就,才使得中国式现代化具有更值得期待的未来。

---

① 《习近平关于社会主义政治建设论述摘编》,北京:中央文献出版社2017年版,第7页。
② 《中共中央关于党的百年奋斗重大成就和历史经验的决议》,北京:人民出版社2021年版,第64—65页。

## 二、新时代中国式现代化的深刻内涵和重要特征

党的十八大以来,新时代的中国站在了发展新起点上。以习近平同志为核心的党中央在深刻把握我国发展新的历史方位的基础上,明确提出"我国社会主要矛盾已经转化为人民日益增长的美好生活需要和不平衡不充分的发展之间的矛盾"①。解决这个矛盾是新时代现代化建设的主要任务。习近平总书记立足历史性变革和历史性成就,对中国式现代化发展作出了新的理论概括,揭示了中国式现代化的深刻内涵和重要特征。

### (一) 中国式现代化的深刻内涵

2013年9月,习近平总书记在党的十八届中央政治局第九次集体学习时指出:"我国现代化同西方发达国家有很大不同。西方发达国家是一个'串联式'的发展过程,工业化、城镇化、农业现代化、信息化顺序发展,发展到目前水平用了二百多年时间。我们要后来居上,把'失去的二百年'找回来,决定了我国发展必然是一个'并联式'的过程,工业化、信息化、城镇化、农业现代化是叠加发展的。"②这是习近平担任总书记后第一次系统论述中国现代化发展问题,其中蕴含着深刻的思想内涵。2018年4月,习近平总书记在博鳌亚洲论坛年会开幕式上发表主旨演讲,强调指出:"中国人民的成功实践昭示世人,通向现代化的道路不止一条,只要找准正确方向、驰而不息,条条大路通罗马。"③由此强调了现代化和人类文明形态多种多样的重要思想。2021年1月,习近平总书记在省部级主要领导干部学习贯彻党的十九

---

① 《中国共产党第十九次全国代表大会文件汇编》,北京:人民出版社2017年版,第9页。
② 《习近平关于科技创新论述摘编》,北京:中央文献出版社2016年版,第24—25页。
③ 习近平:《开放共创繁荣 创新引领未来——在博鳌亚洲论坛2018年年会开幕式上的主旨演讲》,《人民日报》2018年4月11日第3版。

届五中全会精神专题研讨班上强调,"我们的任务是全面建设社会主义现代化国家,当然我们建设的现代化必须是具有中国特色、符合中国实际的"①。同年7月1日,在庆祝中国共产党成立100周年大会上的讲话中,习近平总书记指出:"我们坚持和发展中国特色社会主义,推动物质文明、政治文明、精神文明、社会文明、生态文明协调发展,创造了中国式现代化新道路,创造了人类文明新形态。"②党的十九届六中全会通过的《决议》再次强调,"党领导人民成功走出中国式现代化道路,创造了人类文明新形态,拓展了发展中国家走向现代化的途径"③。

习近平总书记关于"中国式现代化"和"中国式现代化道路"的重要论述,深刻阐明了中国式现代化的丰富内涵,强调中国式现代化坚持人民至上和以人民为中心的发展,将实现共同富裕和推动人的全面发展置于核心地位,以社会主义为根本属性,坚持中国共产党的领导,坚持走中国特色社会主义道路,坚持独立自主、自立自强,坚持"五位一体"总体布局,以实现中华民族伟大复兴为主题,突破并超越了西方现代化以资本为中心的根本逻辑,突破并超越了苏联的单一公有制和计划经济模式,走出了一条有中国特色的社会主义现代化新道路。

第一,中国式现代化是大国变强国、实现中华民族伟大复兴的现代化。中国式现代化是在中国这块古老而又崭新的大地上的现代化,是近代以来中华民族孜孜以求的梦想。中国追求现代化的道路与救亡图存相重合、与民族复兴相一致,是从站起来到富起来再到强起来,从大国迈向强国的现代化,是走向中华民族伟大复兴的现代化道路。如同习近平总书记在庆祝中国共产党成立100周年大会上所作讲话中强调的那样:"中国共产党团结带领中国人民进行的一切奋斗、一切

---

① 习近平:《把握新发展阶段,贯彻新发展理念,构建新发展格局》,《求是》2021年第9期,第7页。

② 习近平:《在庆祝中国共产党成立100周年大会上的讲话》,第13—14页。

③ 《中共中央关于党的百年奋斗重大成就和历史经验的决议》,第64页。

牺牲、一切创造,归结起来就是一个主题:实现中华民族伟大复兴。"①可以说,中国式现代化的主题和奋斗方向,就是实现中华民族伟大复兴。

第二,中国式现代化是坚持中国特色、走社会主义道路的现代化。习近平总书记指出:"独特的文化传统,独特的历史命运,独特的基本国情,注定了我们必然要走适合自己特点的发展道路。"②中国式现代化是在中国共产党的领导下,坚持走中国特色社会主义道路的现代化。中国式现代化的社会主义属性,决定了它必然坚持人民至上的根本立场,解放、发展和保护生产力,不断促进人的全面发展,实现全体人民共同富裕。

第三,中国式现代化是坚持独立自主、自立自强的现代化。中国式现代化坚持立足中国国情和历史文化传统,自力更生、开拓创新、不懈探索,是高度自主而不是照搬他人的现代化,是自立自强而不是依附他人的现代化。改革开放以来,中国形成了公有制为主体、多种所有制经济共同发展,按劳分配为主体、多种分配方式并存,社会主义市场经济体制等社会主义基本经济制度,建立了工业化、信息化、城镇化、农业现代化同步发展的现代化经济体系,并致力于构建以国内大循环为主体、国内国际双循环相互促进的新发展格局,更加注重自主创新,把科技自立自强作为国家发展的战略支撑。

第四,中国式现代化是后发赶超、"叠加并联"型的现代化。中国式现代化是后发的发展中国家赶超发达国家的现代化,用几十年时间走完了发达国家几百年走过的工业化历程;是新型工业化、信息化、城镇化、农业现代化叠加发展的"并联式"现代化,表现为时间跨度的急剧压缩和不同时期发展任务的叠加。中国式现代化充分发挥了社会主义能够集中力量办大事办好事的制度优势,控制风险和矛盾的积累

---

① 习近平:《在庆祝中国共产党成立100周年大会上的讲话》,第3页。
② 《习近平谈治国理政》第1卷,北京:外文出版社2018年版,第156页。

和叠加,减少并联式现代化发展过程中产生的问题,向历史交出了一份优异的答卷。

第五,中国式现代化是统筹协调、全面高质量发展的现代化。中国式现代化强调发展的统筹协调和高质量,是各领域全面发展、社会全面进步的现代化。中国式现代化坚持"五位一体"总体布局和"四个全面"战略布局,贯彻落实新发展理念,推动物质文明、政治文明、精神文明、社会文明、生态文明协调发展,推动实现人的全面发展和社会全面进步。

第六,中国式现代化是促进人的全面发展、社会全面进步的现代化。马克思主义对未来社会的崇高理想就是实现人的全面发展。当然,这需要分阶段逐步实现。在现代化进程中,人既是实践主体,也是价值主体,更是终极目的。中国式现代化的核心在于人的全面发展,这体现在把保障和改善民生放在突出位置,不断健全基本公共服务体系,努力办好人民满意的教育,推动实现高质量就业,千方百计增加居民收入,统筹推进城乡社会保障体系,提高人民健康水平和生活质量,开发民智、培育造就优秀人才,不断提高人的思想道德素质和科学文化素质。

### (二)中国式现代化的重要特征

2020年10月,习近平总书记在党的十九届五中全会第二次全体会议上发表讲话,强调我国建设社会主义现代化具有许多重要特征。"我国现代化是人口规模巨大的现代化,是全体人民共同富裕的现代化,是物质文明和精神文明相协调的现代化,是人与自然和谐共生的现代化,是走和平发展道路的现代化。"[①]中国式现代化既有各国现代化的共同特征,更有基于我国国情的中国特色。

第一,中国式现代化是党的领导、人民当家作主和依法治国有机

---

[①] 习近平:《把握新发展阶段,贯彻新发展理念,构建新发展格局》,第7—8页。

统一的现代化。坚持党的领导、人民当家作主和依法治国有机统一,是建设和发展社会主义民主政治的历史使命,是推进国家治理体系和治理能力现代化的时代任务,是不断完善和发展中国特色社会主义制度、实现社会主义现代化的必然要求。其中,党的领导是中国特色社会主义的最本质特征和中国特色社会主义制度的最大优势,也是中国式现代化有别于西方现代化的最重要特征。党的领导、人民当家作主和依法治国三者统一于中国式现代化的伟大实践中。

第二,中国式现代化是人口规模、经济总量和市场空间巨大的现代化。中国拥有14亿多人口,比目前进入现代化行列的西方国家人口总和还多。纵观世界现代化历史,从来没有一个国家像中国这样在人口规模如此巨大的条件下实现现代化。中国的现代化立足国内巨大市场的潜力,构建新发展格局,打造具有全球影响力的超大规模市场。在这样一个世界上从未有过的超大人口和经济规模的国家实现现代化,是一个世界性和世纪性的难题。实现中国式现代化,将改写现代化的世界版图,创造人类历史的奇迹。

第三,中国式现代化是全体人民共同奋斗、逐步走向共同富裕的现代化。习近平总书记强调,"坚持发展为了人民、发展依靠人民、发展成果由人民共享"[①]。这既是现代社会健康发展的本质要求,也是中国式现代化实践探索取得的宝贵经验。共同富裕是社会主义的本质要求,是以人民为中心的发展思想的真实体现,也是中国式现代化的重要特征。只有依靠全体人民的共同奋斗,推动经济社会高质量发展,人民生活质量不断提高,才能形成强大动力推动经济社会全面进步,真正实现社会主义现代化的远景目标,走向共同富裕。

第四,中国式现代化是物质文明和精神文明协调发展可持续的现代化。中国式现代化极大地解放和发展生产力,实现经济高质量发

---

[①] 《中国共产党第十八届中央委员会第五次全体会议文件汇编》,北京:人民出版社2015年版,第32页。

展,物质产品极大丰富,满足全体人民高品质、个性化、全面发展的需求,同时又推进社会精神生产和精神生活的高度发展,使得中华优秀传统文化、红色文化和先进文化得以发扬光大,教育、科学、文化空前发达,人们思想、政治、道德水平更加提高。避免西方物质主义膨胀的弊病,创造出新的生产方式和生活方式。概言之,中国式现代化既强调人与物的关系,促进物的全面丰富和人的全面发展,又突出人与人的关系,特别强调在马克思主义指导下,牢牢把握意识形态工作领导权,培育和践行社会主义核心价值观,加强思想道德建设,繁荣发展社会主义文艺,推动文化事业发展,铸就中华文化新辉煌。

第五,中国式现代化是人与自然环境和谐友好、共存共生的现代化。自然界是社会生产力的重要基础和来源,"绿水青山就是金山银山",保护生态环境就是保护生产力,改善生态环境就是发展生产力。中国式现代化不是单向征服自然的现代化,不是破坏和污染环境的现代化,不是无节制消耗资源的现代化,而是充分体现资源节约、环境友好、绿色、低碳、可持续发展的现代化。因此,中国式现代化把生态文明建设融入中国经济社会发展的各方面和全过程,扎实推进并逐步实现碳达峰、碳中和,努力实现人与自然和谐共生,建设生态文明的美丽中国,为推动全球绿色发展作出贡献。

第六,中国式现代化是走和平、开放、合作、共同发展道路的现代化。与欧美一些老牌资本主义国家实现现代化的道路不同,中国式现代化不靠发动战争、不靠殖民掠夺、不靠欺小凌弱,而是坚持走和平发展的道路,为世界谋大同,推动构建人类命运共同体。中国式现代化是包容互鉴、和平发展而不是封闭排他、国强必霸的现代化。中国始终是全球和平和人类命运共同体的维护者、全世界发展的贡献者和全人类利益的捍卫者。因此,中国式现代化具有鲜明的开放性、包容性和强大的感召力、感化力。

## 三、新时代中国式现代化的总体目标和重大意义

习近平总书记在庆祝中国共产党成立100周年大会上发表讲话指出:"我们实现了第一个百年奋斗目标,在中华大地上全面建成了小康社会,历史性地解决了绝对贫困问题,正在意气风发向着全面建成社会主义现代化强国的第二个百年奋斗目标迈进。"① 全面建成社会主义现代化强国是党和人民第二个百年奋斗目标,也是中国式现代化的总体目标。坚持中国式现代化的前进方向,实现到21世纪中叶建成富强民主文明和谐美丽的社会主义现代化强国的总体目标,是党和人民的庄严使命,也是新的赶考,具有重大的历史意义和现实意义。

第一,全面建成社会主义现代化强国,为在全面建成小康社会基础上继续前行、确保如期实现第二个百年奋斗目标和中华民族伟大复兴指明了前进方向。建设现代化国家,是近代以来中国社会发展的一条主线;实现中华民族伟大复兴,是中华民族近代以来最伟大的梦想。新中国成立以来特别是改革开放以来,经过几代人的接续奋斗,以中国式现代化推进实现中华民族伟大复兴,已经取得了举世瞩目的成就。中国特色社会主义进入新时代,我们比历史上任何时期都更接近、更有信心和更有能力实现中华民族伟大复兴的目标。全面建成小康社会取得决定性胜利,中华民族伟大复兴又向前迈出了关键一步,社会主义中国以更加雄伟的身姿屹立于世界东方。在实现第一个百年奋斗目标之后,乘势而上开启全面建设社会主义现代化国家新征程、向全面建成社会主义现代化强国第二个百年奋斗目标进军,实现了中国式现代化理论和实践的新飞跃。这在我国发展进程中具有里程碑意义,必将创造大国跨越"中等收入陷阱"的发展奇迹,创造使全世界迈入现代化的人口翻番的发展奇迹,推动现代化建设走在世界前

---

① 习近平:《在庆祝中国共产党成立100周年大会上的讲话》,第2页。

列,推动中华民族伟大复兴历史进程实现巨大跨越。

第二,全面建成社会主义现代化强国,为坚持以人民为中心、实现全体人民共同富裕和社会全面进步、彰显党的初心使命和提升社会主义制度优越性开拓了新前景。现代化代表着先进生产力的价值追求。实现共同富裕是几代中国共产党人接续奋斗的动力源泉。党的十八大以来,以习近平同志为核心的党中央坚持以人民为中心的发展思想,把脱贫攻坚作为重中之重,持续实施精准扶贫,完成了消除绝对贫困的艰巨任务,为全体人民共同富裕和社会全面进步打下了坚实基础。在此基础上,全面建设和建成社会主义现代化强国,把促进全体人民共同富裕、人的全面发展和社会全面进步摆在更加重要的位置,将更加彰显中国特色社会主义的制度优势,更加彰显富强民主文明和谐美丽的社会主义现代化强国的人民性,在更高程度上和更大范围内体现社会主义的本质。

第三,全面建成社会主义现代化强国,将对坚持和发展马克思主义、加强和巩固马克思主义政党、推动世界社会主义发展产生积极影响。20世纪80—90年代东欧剧变和苏联解体,使世界社会主义运动一度陷入低谷。一些人甚至认为资本主义与社会主义两种意识形态、两种社会制度的竞争已经以资本主义的全面胜利而告终,宣称这是"历史的终结"。中国共产党人团结带领人民顶住压力、保持定力,坚持高举中国特色社会主义伟大旗帜,坚持走自己的现代化道路,创造了中国经济社会发展的奇迹,为社会主义事业带来了曙光和希望。中国是当今世界最大的社会主义国家,中国共产党是世界上人数最多的马克思主义政党,在国际共产主义运动和世界社会主义运动中居于举足轻重的地位,中国式现代化道路对世界社会主义的走向和世界马克思主义政党的建设有着直接影响。因此,中国式现代化建设及其成就,尤其是全面建成社会主义现代化强国,必将开辟马克思主义、科学社会主义发展的新境界,使中国成为世界社会主义的中流砥柱,推动世界社会主义事业发展进入新阶段。

第四，全面建成社会主义现代化强国，将进一步为发展中国家现代化建设提供中国方案，为推动世界和平与发展、构建人类命运共同体作出中国贡献。基于西方国家现代化历史实践产生的形形色色的现代化理论，以西方国家为中心，话语权长期为西方国家所垄断。中国共产党人创造性地把马克思主义基本原理同中国具体实际相结合、同中华优秀传统文化相结合，坚持和发展中国特色社会主义，打破了西方现代化的"普世之规"，走出了一条与资本主义现代化迥异的社会主义现代化之路。这一创举使世界现代化道路和现代化模式由单数变为复数，重构了世界现代化理论谱系，推动了人类文明多样化发展，因而更具魅力。中国胸怀天下和海纳百川的全面建设社会主义现代化国家的实践，将产生深远的世界影响，极大拓展发展中国家走向现代化的途径。同时，中国式现代化不仅将实现中国自身的繁荣发展，也将在全球经济发展中发挥"压舱石""稳定器"的重要作用，推动世界格局和力量对比向着更有利于维护世界和平、安全与稳定，更有利于加快构建人类命运共同体的方向发展，为人类社会发展进步作出更大的贡献。

（原载《国家现代化建设研究》2022 年第 2 期）

# 论中国式现代化的鲜明特色、内在逻辑和核心要素

包心鉴[*]

党的二十大报告高瞻远瞩地擘画了全面建设社会主义现代化国家、全面推进中华民族伟大复兴的宏伟蓝图,明确指出:"从现在起,中国共产党的中心任务就是团结带领全国各族人民全面建成社会主义现代化强国、实现第二个百年奋斗目标,以中国式现代化全面推进中华民族伟大复兴。"[①]中国式现代化,是中国共产党为中国人民谋幸福、为中华民族谋复兴而长期奋斗的伟大成果,是在新中国成立特别是改革开放以来长期探索和实践的基础上,经过党的十八大以来在理论和实践上的一系列创新突破所形成的伟大成果。党的二十大报告对中国式现代化的鲜明特色、本质要求和重大原则作出深刻阐发,揭示了中国式现代化的内在逻辑和基本规律,彰显了新时代中国共产党人在探索全面建成社会主义现代化强国基本规律进程中所特有的政治智慧和使命担当。

---

[*] 包心鉴,山东大学马克思主义学院特聘教授,山东省习近平新时代中国特色社会主义思想研究中心特邀研究员。

[①] 习近平:《高举中国特色社会主义伟大旗帜 为全面建设社会主义现代化国家而团结奋斗——在中国共产党第二十次全国代表大会上的报告》,北京:人民出版社2022年版,第21页。

## 一、中国式现代化的形成历程和坚实基础

中华民族是世界上伟大的民族,有着五千多年源远流长的文明发展史,曾长期走在世界发展进步的前列,为人类文明进步作出了不可磨灭的贡献。然而,1840年鸦片战争以后,由于帝国主义列强的野蛮入侵和封建统治阶级的腐败无能,中华民族遭受了前所未有的劫难,被西方现代化大潮远远抛在时代之后。自此,谋求国家强盛、实现民族复兴就成为饱经苦难的中华民族和中国人民孜孜以求的伟大梦想和奋斗目标,无数仁人志士、英雄儿女为实现这一梦想和目标前赴后继、上下求索。但不论是太平天国运动、洋务运动、戊戌变法,还是辛亥革命,无不以失败而告终。新文化运动唤醒了一部分知识分子对民主和科学的企盼,但也不过是旧中国黑暗苍穹上一颗闪亮而短暂的流星。只有中国共产党的成立,才使中华民族在苦难中看到了希望;只有中国共产党领导人民进行的不懈奋斗,才使中国现代化由梦想变为现实。1917年,俄国十月革命一声炮响,给中国送来了马克思列宁主义。在中国人民和中华民族的伟大觉醒中,在马克思列宁主义同中国工人运动的紧密结合中,1921年,中国共产党应运而生。这一开天辟地的大事变,"深刻改变了近代以后中华民族发展的方向和进程,深刻改变了中国人民和中华民族的前途和命运,深刻改变了世界发展的趋势和格局"[①]。中国共产党一经诞生,就把为中国人民谋幸福、为中华民族谋复兴确立为自己的初心使命,团结带领人民矢志不渝为实现国家强盛、民族复兴而不懈奋斗。经过28年浴血奋斗,党领导人民夺取了新民主主义革命的伟大胜利,建立了人民当家作主的新中国,实现了民族独立、人民解放,为探索社会主义现代化道路创造了根本前提。新中国成立不久,党就领导人民开始了中国现代化理论与实践的探

---

[①] 习近平:《在庆祝中国共产党成立100周年大会上的讲话》,北京:人民出版社2021年版,第3页。

索,几十年来一以贯之,彰显了中国共产党人艰辛探索中国现代化建设规律进程中所具有的坚定信念、所锻造的强大能力和所付出的不懈努力。

以毛泽东同志为主要代表的中国共产党人,自力更生、发愤图强,以极大的热情和坚韧的毅力探索中国现代化建设道路和基本规律问题,明确提出并坚定实施"四个现代化"伟大纲领,并以此作为"建设一个伟大的社会主义国家"①的总体战略,开辟了依托社会主义制度和独立自主力量实现中国现代化的新纪元。即使在"文化大革命"的动乱年代,在毛泽东的坚定支持下,1975年1月周恩来在四届人大一次会议上作了以"四个现代化"为纲领的政府工作报告,为"十年内乱"中的中国带来了重新走上社会主义现代化道路的希望。

以邓小平同志为主要代表的中国共产党人,解放思想、锐意进取,明确提出并奋力实现"中国式的现代化"战略构想,开辟了通过改革开放和"三步走"战略实现中国现代化的新时期。1978年12月召开的党的十一届三中全会,拉开了我国改革开放的帷幕,也开始了我国现代化道路的新探索。1979年12月6日,邓小平在会见日本首相大平正芳时明确指出:"我们要实现的四个现代化,是中国式的四个现代化……是'小康之家'。"②在后来的一系列重要谈话中,邓小平系统阐释了"中国式的现代化"的战略构想,形成了深刻彰显"中华民族雄心壮志"的著名"三步走"战略。

以习近平同志为主要代表的新时代中国共产党人,自信自强、守正创新,在长期探索和实践的基础上,明确提出"五位一体"总体布局和"四个全面"战略布局,确定全面建设社会主义现代化国家的伟大战略,成功推进和拓展了中国式现代化。

党的十八大以来,以习近平同志为核心的党中央在领导新时代中国特色社会主义伟大实践中,采取一系列战略性举措,推进一系列变

---

① 《毛泽东文集》第6卷,北京:人民出版社1999年版,第329页。
② 《邓小平文选》第2卷,北京:人民出版社1994年版,第237页。

革性实践,实现一系列突破性进展,取得一系列标志性成果,经受住了来自政治、经济、意识形态、自然界等方面的风险挑战考验,推动党和国家事业取得历史性成就、发生历史性变革,推动我国迈上了全面建设社会主义现代化国家新征程。新时代十年的伟大变革,在党史、新中国史、改革开放史、社会主义发展史、中华民族发展史上具有里程碑意义,为成功拓展和全面推进中国式现代化创造了有利条件和坚实基础。

从党史看,新时代十年,是矢志不渝践行初心使命的十年。十年的奋斗,有力地增强了党对社会主义现代化建设的领导。十年来,坚持和加强党的全面领导,从制度上解决党的领导弱化、虚化、淡化、边缘化的问题,"中央八项规定"的持续发力、激浊扬清,反腐败斗争取得压倒性胜利并全面巩固,从根本上扭转管党治党宽松软状况,一个百年大党刀刃向内、自我革命,坚守初心宗旨,重整行装再出发。党的政治领导力、思想引领力、群众组织力、社会号召力显著增强,党同人民群众的血肉联系愈益紧密,党领导全国人民应对各种风险考验和全面建设社会主义现代化国家的地位和作用更加强化。

从新中国史看,新时代十年,是中国人民和中华民族由站起来、富起来走向强起来跨越式发展的十年,为全面建设社会主义现代化国家奠定了坚实基础。中国走向强起来,是各领域各方面都强起来,党和国家的一系列强国战略及其显著成就,使我国实现了从赶上时代到引领时代的伟大跨越。在全面建成小康社会的基础上,我国发展进入新阶段,开启了全面建设社会主义现代化国家新征程。

从改革开放史看,新时代十年,是全面深化改革不断向广度和深度进军的十年,为全面建成社会主义现代化强国提供了更为完善的制度保证。从党的十八届三中全会到十九届三中、四中全会,改革由局部探索、破冰突围到系统集成、全面深化,我国制度优势正在全方位地转化为治理效能,有力激发了全党全社会建设社会主义现代化国家、实现中华民族伟大复兴的历史主动精神。中国改革开放的大门越开越大,形成更大范围、更宽领域、更深层次对外开放格局,在百年未有之大变局和纷繁复杂的国际形势下创造了全面建设社会主义现代化国家的发展机遇和有利条件。

从社会主义发展史看,新时代十年,是不断开创马克思主义中国化时代化新境界、创造性地坚持和发展科学社会主义的十年,为全面建设社会主义现代化国家提供了巨大的真理力量。从空想到科学、从理论到实践、从一国到多国,世界社会主义已走过了五百多年的历程。新时代中国特色社会主义的蓬勃发展,更加充分地展现出社会主义制度的巨大优越性和强大生命力。习近平新时代中国特色社会主义思想所蕴含的世界观和方法论,所贯通的立场、观点和方法,深刻回答了中国特色社会主义面对的时代之问、世界之问、人民之问、实践之问,以全新的视野深化了对共产党执政规律、社会主义建设规律和人类社会发展规律的认识,为科学社会主义在21世纪的中国充满生机活力的发展作出了历史性贡献,为全面建设社会主义现代化国家提供了科学指导。

从中华民族发展史看,新时代十年,是中华民族伟大复兴进入不可逆转的历史进程的十年,为全面建设社会主义现代化国家增添了强大动力。经过长期努力,尤其是新时代十年的不懈奋斗,我国全面建成小康社会,向着全面建成社会主义现代化强国、实现中华民族伟大复兴迈出了关键一步。新时代十年的伟大变革深刻说明:中国的发展进步牢牢掌握在中国人民自己手中;中国特色社会主义是实现中华民族伟大复兴的必由之路;以中国式现代化全面推进中华民族伟大复兴,是人民的希望、时代的选择,是实践的结论、历史的自信。

## 二、中国式现代化的鲜明特色和内在逻辑

现代化是18世纪工业革命的产物,是人类社会的发展趋势和美好目标。世界现代化历史进程表明,世界上不存在定于一尊的现代化

模式,各国历史不同、国情不同,现代化道路的选择也各不相同。实践证明,那种把"现代化"等同于"西方化",把美国等西方国家的现代化模式当成圭臬而盲目照抄照搬的做法,是不可能成功的,最终只能牺牲本国人民的利益。在建设现代化国家的问题上,中国共产党历来主张,必须坚持自力更生的方针,坚定不移地走自己的道路。在党的二十大报告中,习近平总书记进一步明确强调:"中国式现代化,是中国共产党领导的社会主义现代化,既有各国现代化的共同特征,更有基于自己国情的中国特色。"①党的二十大报告从五个方面系统阐明了中国式现代化的中国特色,坚持了党长期探索和实践现代化的一贯主张,彰显了以习近平同志为主要代表的新时代中国共产党人,在创新性探索中国式现代化道路过程中所具有的实事求是精神和历史主动担当。

第一,中国式现代化是人口规模巨大的现代化。中国有 14 亿多人口,规模超过世界现有发达国家人口的总和,为现代化建设提供了充裕的人力资源。但要使 14 亿多人整体迈进现代化社会,其艰巨性和复杂性前所未有,其发展途径和推进方式必须也必然要具备自己的特点,绝不可盲目照搬其他国家走过的现代化道路。习近平总书记在党的二十大报告中特别强调,在现代化道路的选择和推进实践中,我们必须"保持历史耐心",既不要因循守旧,也不要好高骛远,必须"坚持稳中求进、循序渐进、持续推进"。②

第二,中国式现代化是全体人民共同富裕的现代化。共同富裕是社会主义的本质特征,是中国特色社会主义的本质要求。党的十八大以来,中国共产党坚定推进和拓展中国式现代化,就是要在全面建成小康社会的基础上逐步实现全体人民共同富裕。党的十九大以来,习近平总书记对什么是共同富裕、怎样实现共同富裕这一历史性课题进

---

① 习近平:《高举中国特色社会主义伟大旗帜 为全面建设社会主义现代化国家而团结奋斗——在中国共产党第二十次全国代表大会上的报告》,第 22 页。

② 同上。

行深入探索,提出了一系列新理念新思想新战略。党的二十大报告进一步强调,共同富裕是一个长期的历史过程,要"把实现人民对美好生活的向往作为现代化建设的出发点和落脚点,着力维护和促进社会公平正义,着力促进全体人民共同富裕,坚决防止两极分化"①。

第三,中国式现代化是物质文明和精神文明相协调的现代化。我们党在领导社会主义建设尤其是改革开放中深刻认识到,物质贫困不是社会主义,精神贫乏也不是社会主义,只有物质文明和精神文明两手一起抓,两个文明都搞好,才是真正的中国特色社会主义。党的十八大以来,习近平总书记把精神文明建设提到十分重要的位置。在新时代新征程上,既要坚定不移地把发展作为党执政兴国的第一要务,促进经济高质量发展,不断厚植现代化的物质基础,不断夯实人民幸福生活的物质条件,又要坚定不移地加强全社会的精神文明建设,大力发展社会主义先进文化,加强理想信念教育,传承中华文明,从而促进物质的全面丰富和人的全面发展,全面建成社会主义现代化强国。

第四,中国式现代化是人与自然和谐共生的现代化。人与自然是生命共同体,正确认识和处理人与自然的关系,尊重自然、爱护环境,历来是人类文明进步的重要标志,"生态文明是人类社会进步的重大成果"②。党的十八大以来,以习近平同志为核心的党中央把生态文明建设提到更加突出的位置,采取了一系列重大措施,形成了"五位一体"总体布局。在全面建设社会主义现代化国家新征程上,我们必须更加重视人与自然的和谐共生,坚定不移走生产发展、生活富裕、生态良好的文明发展道路,实现中华民族永续发展。

第五,中国式现代化是走和平发展道路的现代化。资本主义现代化伴随着战争和殖民掠夺,奉行国强必霸的逻辑,充满血腥和罪恶。

---

① 习近平:《高举中国特色社会主义伟大旗帜 为全面建设社会主义现代化国家而团结奋斗——在中国共产党第二十次全国代表大会上的报告》,第22页。

② 《习近平关于社会主义生态文明建设论述摘编》,北京:中央文献出版社2017年版,第6页。

我国社会主义现代化是对西方现代化老路、邪路的本质性超越,是一条和平发展、合作共赢、有利于构建人类命运共同体的现代化道路。习近平总书记提出的"以文明交流超越文明隔阂,以文明互鉴超越文明冲突,以文明共存超越文明优越"①的"大文明观",赋予中国式现代化以深刻的时代内涵。高举和平、发展、合作、共赢的旗帜,始终站在历史正确的一边,始终站在人类文明进步的一边,在坚定维护世界和平与发展中谋求自身发展,又以自身发展更好地维护世界和平与发展,这既是中国式现代化的本质特征,也是中国式现代化的必由之路。

中国式现代化的鲜明特色深刻表明,中国共产党领导的社会主义现代化,既是人类现代化历史进程的重要组成部分,具有各国现代化的共同特征,遵循人类社会发展的普遍规律,同时又具有自己的特殊规律,遵循自己所特有的内在逻辑。在现代化道路的选择和实践上,必须保持高度的清醒和自觉,绝不能重蹈西方现代化的覆辙,陷入"西方中心主义"的误区。

唯物史观深刻揭示了人类社会发展的普遍规律,即社会生产力决定社会生产关系乃至上层建筑,社会生产力的发展及由此引发的生产方式的变革是一切社会进步的终极原因。世界现代化进程首先发生在西欧资本主义国家,是社会生产力发展的必然结果。马克思、恩格斯在《共产党宣言》中曾指出:"资产阶级在历史上曾经起过非常革命的作用。"②这种"非常革命的作用",首先就表现在资本主义工业革命"无情地斩断了把人们束缚于天然尊长的形形色色的封建羁绊"③,"起而代之的是自由竞争以及与自由竞争相适应的社会制度和政治制度"④,开人类社会现代化之先河。然而,由于资本主义现代化是以资本作为原始动力和发展依据的,"资本逻辑"的固有特性,使资本主义

---

① 《习近平谈治国理政》第 3 卷,北京:外文出版社 2020 年版,第 441 页。
② 《马克思恩格斯选集》第 1 卷,北京:人民出版社 2012 年版,第 402 页。
③ 同上书,第 403 页。
④ 同上书,第 405 页。

社会的阶级矛盾和社会问题成为资本主义现代化难以逾越的障碍。马克思深刻指出:"资本来到世间,从头到脚,每个毛孔都滴着血和肮脏的东西。"①资本无限追逐利润的固有特性,必然带来对内剥削和奴役、对外扩张和掠夺。资本主义现代化进程天然伴随着利益分化、阶级对立、极端个人主义、社会畸形发展等种种"现代病",这些现代病不可能通过资本主义制度和法律体系真正彻底解决。

与资本主义现代化的"资本逻辑"不同,中国式现代化是以人作为逻辑起点和发展依据的,遵循的是"人本逻辑"。其突出特征和本质要求是:一方面,遵循现代市场经济规律,通过市场经济促进经济高质量发展,让一切劳动、知识、技术、管理和资本的活力竞相迸发,让一切创造社会财富的源泉充分涌流,构筑社会主义现代化的强大物质基础;另一方面,始终坚持以人为本,始终坚持以人民为中心,以促进社会公平正义、增进人民福祉为出发点和落脚点,让经济发展和社会进步的成果更公平惠及全体人民。更重要的是,从人类社会现代化进程的历史逻辑来说,中国式现代化属于社会主义现代化,是一种"后发型"的现代化。这一现代化的突出优势在于,既可以积极借鉴发达国家现代化的某些有益经验,又能充分吸取资本主义现代化的教训,从而实现历史超越,在加快我国现代化进程的同时,有效避免西方国家现代化的曲折乃至陷阱。

总之,社会主义现代化坚持以人民为中心,坚持以实现人的全面发展和社会全面进步为目标,遵循的是"人本逻辑";资本主义现代化则是以资本为逻辑起点和内在驱动力,遵循的是"资本逻辑"。这是两种不同的现代化逻辑,带来了不同的现代化后果:"资本逻辑"驱动的资本主义现代化,带来的是社会的片面发展和人的主体性的失落;"人本逻辑"驱动的社会主义现代化,带来的是人的全面发展和社会的全面进步。中国共产党领导人民全面建成小康社会、历史性解决绝对贫

---

① 《马克思恩格斯文集》第 5 卷,北京:人民出版社 2009 年版,第 871 页。

困问题的伟大实践,彰显了"人本逻辑"主导下的现代化的鲜明特质和突出优势。在全面小康基础上向着全面建设社会主义现代化国家、实现第二个百年奋斗目标迈进,必将使中国式现代化在推动中国文明新进步、创造人类文明新形态中彰显出更大的优势和魅力。

## 三、中国式现代化的战略步骤和关键时期

党的二十大报告描绘了全面建成社会主义现代化强国的宏伟蓝图,明确提出"两步走"战略安排:"从二〇二〇年到二〇三五年基本实现社会主义现代化;从二〇三五年到本世纪中叶把我国建成富强民主文明和谐美丽的社会主义现代化强国。"①在中国式现代化"两步走"战略安排中,未来五年是全面建设社会主义现代化国家开局起步的关键时期。这一发展方位的科学判断,主要是基于两个基本条件。

一是全面建成小康社会奋斗目标的胜利实现,为乘势而上开启全面建设社会主义现代化国家新征程奠定了重要基础,提供了成功经验。全面建成小康社会,是全面建成社会主义现代化强国的重要基础,是全面实现中华民族伟大复兴的关键一步。党领导全国各族人民为全面建成小康社会所付出的努力与汗水、所取得的成就与经验,为进一步拓展中国式现代化道路、推进社会主义现代化国家建设奠定了坚实基础、提供了有力支撑,必将在中华人民共和国史和中华民族发展史上留下光彩夺目的篇章。坚持以人民为中心,扎实推进整体脱贫和共同富裕,是全面建成小康社会的突出成就和基本经验。夺取脱贫攻坚战的全面胜利,是坚持以人民为中心、决胜全面建成小康社会的关键工程,也是全面建成社会主义现代化强国的基础工程。中华民族发展史上这场空前的扶贫脱贫攻坚战,使近一亿人口摆脱绝对贫困,走上了富裕之路,为实现共同富裕奠定了坚实基础。进入全面建成小

---

① 习近平:《高举中国特色社会主义伟大旗帜 为全面建设社会主义现代化国家而团结奋斗——在中国共产党第二十次全国代表大会上的报告》,第24页。

康社会决胜阶段,习近平总书记明确提出了创新、协调、绿色、开放、共享的新发展理念。这是党在领导经济社会发展理念上的重大变革,也是中国式现代化发展理念的重大创新,对于破解发展难题、厚植发展优势、转变发展方式、实现经济高质量发展和社会全面进步,具有重大指导意义。

二是当前和今后一个时期,我国发展仍然处于重要战略机遇期,是进一步开创全面建设社会主义现代化国家新局面的重要发展期。党的二十大报告指出:"当前,世界百年未有之大变局加速演进,新一轮科技革命和产业变革深入发展,国际力量对比深刻调整,我国发展面临新的战略机遇。"[1]从国际格局新变化来看,百年变局与世纪疫情相互叠加、影响深远,不确定性、不稳定性因素愈益增多,我们面临着来自外部环境的严峻挑战,各种"黑天鹅""灰犀牛"事件随时可能发生。但也必须清醒地看到,和平与发展仍然是当今时代的主题,人类命运共同体理念深入人心,中国在世界上的影响力愈益增大,"时与势在我们一边,这是我们定力和底气所在,也是我们的决心和信心所在"[2]。大变局中的世界格局,对于我国全面建设社会主义现代化国家的历史进程,既有"危",又有"机","危"中有"机","危"中蕴"机",关键在于主动应对、转危为机。从国内发展新特点来看,我国已进入高质量发展阶段,为全面提升现代化水平创造了建设基础。经过新时代十年坚持不懈的努力,我国制度优势显著,治理效能提升,经济长期向好,物质基础雄厚,人力资源丰富,市场空间广阔,发展韧性强劲,社会大局稳定,全面提升现代化水平具有多方面的优势和条件。

习近平总书记反复强调,统筹中华民族伟大复兴战略全局和世界百年未有之大变局,把自己的事情办好,是我们谋划发展的基本出发点。只要深刻认识我国社会主要矛盾变化带来的新特征和新要求,深

---

[1] 习近平:《高举中国特色社会主义伟大旗帜 为全面建设社会主义现代化国家而团结奋斗——在中国共产党第二十次全国代表大会上的报告》,第26页。

[2] 《习近平谈治国理政》第4卷,北京:外文出版社2022年版,第164页。

刻认识错综复杂的国际环境带来的新矛盾和新挑战,增强机遇意识和风险意识,立足社会主义初级阶段的基本国情,保持战略定力,准确识变、科学应变、主动求变,就一定能在危机中育先机、于变局中开新局,充分利用好战略机遇期,奋力开创全面建设社会主义现代化国家新局面。

正是基于对全面建设社会主义现代化国家开局起步关键时期的世界局势和国内形势的科学判断,党的二十大报告从八个方面规划了今后五年全面建设社会主义现代化国家的主要目标任务,概括起来是:(1)促进经济高质量发展。发展是党执政兴国的第一要务,是中国式现代化的永恒主题,高质量发展是全面建设社会主义现代化国家的首要任务。确保高质量发展取得新的突破,关键在于贯彻新发展理念,构建新发展格局,建立并不断完善现代化经济体系。(2)更深入推进改革开放。坚持社会主义市场经济改革方向,坚持高水平对外开放,构建高水平社会主义市场经济体制,更好促进制度优势转化为国家治理效能。(3)发展全过程人民民主。紧紧围绕人民当家作主这一社会主义民主的核心和本质,健全人民当家作主制度体系,提升全过程人民民主制度化、规范化、程序化水平,不断完善中国特色社会主义法治体系,把民主选举、民主协商、民主决策、民主管理、民主监督有机贯通起来,全链条、全方位、全覆盖地体现和实现人民当家作主的权利。(4)更有力地推进文化自强。把马克思主义思想精髓同中华优秀传统文化精华有机贯通起来,不断增强中华民族凝聚力和中华文化影响力;把社会主义先进文化、中国共产党革命文化、中华优秀传统文化有机贯通起来,不断铸就社会主义文化新辉煌。(5)更全面地提高人民生活品质。江山就是人民,人民就是江山。为民造福是我们党的价值追求,是立党为公、执政为民的本质要求。在增进民生福祉的基础上不断提高人民生活品质,激励人民共同奋斗创造美好生活,是中国式现代化的根本目的,也是重要标志。(6)更坚定地推动绿色发展。牢固树立并切实践行"绿水青山就是金山银山"的理念,站在人与自然和谐共生的高度谋划发展,在改善城乡人居环境、建设美丽中国上取得更显著的成效。(7)更扎实地建设平安中国。统筹协调发展与安全,坚定不移贯彻总体国家安全观,推进国家安全体系和能力现代化,坚决维护国家安全和社会稳定。(8)更广泛地扩大国际影响。弘扬和平、发展、公平、正义、民主、自由的全人类共同价值,促进世界和平与发展,推动构建人类命运共同体,在全球治理中发挥更大作用。

## 四、中国式现代化的重大原则和核心要素

为了科学把握中国式现代化所面临的战略机遇和风险挑战,实现中国式现代化的宏伟目标和战略任务,党的二十大报告明确提出了前进道路上必须牢牢把握的重大原则:坚持和加强党的全面领导,确保我国社会主义现代化建设的正确方向;坚持中国特色社会主义道路,把中国发展进步的命运牢牢掌握在自己手中;坚持以人民为中心的发展思想,不断实现发展为了人民、发展依靠人民、发展成果由人民共享;坚持深化改革开放,不断增强社会主义现代化建设的动力和活力;坚持发扬斗争精神,依靠顽强斗争打开事业发展新天地。这"五个坚持"深刻揭示了中国式现代化的核心要素,向各级党组织和党员领导干部提出了更高要求。其中最核心的要求,就是坚持党对中国式现代化建设的全面领导,不断提高各级党组织和党员领导干部的政治领导力。

中国共产党的领导是中国特色社会主义最本质的特征,是全面建成社会主义现代化强国、实现中华民族伟大复兴最根本的保证。党的二十大报告进一步强调:"党的领导是全面的、系统的、整体的,必须全面、系统、整体加以落实。"①全面加强党的领导是一项系统工程,其中最根本最关键的是加强党的政治领导,不断提高党的政治领导力。列

---

① 习近平:《高举中国特色社会主义伟大旗帜 为全面建设社会主义现代化国家而团结奋斗——在中国共产党第二十次全国代表大会上的报告》,第64页。

宁指出："政治是经济的集中表现","政治同经济相比不能不占首位"。① 政治是什么？"政治就是参与国家事务,给国家定方向,确定国家活动的形式、任务和内容。"②中国式现代化就是当代中国最大的政治,给增强党的政治领导力赋予了新的时代内涵、提出了新的时代标准。全面实现中国式现代化的宏伟目标和战略任务,既要求进一步提高党的政治决策力和政治统领力,不断完善党中央重大决策部署落实机制,确保全党在政治立场、政治方向、政治原则、政治道路上同党中央保持高度一致,确保党的团结统一;又要求进一步提高各级党组织和党员领导干部的政治判断力、政治领悟力、政治执行力,不断增强把方向、谋大局、定政策、促改革能力。正是从这个意义上说,中国式现代化是对各级党组织和党员领导干部的一场新的"大考",能否"考个好成绩",向时代和人民交出合格的答卷,关键就在于我们是否有敏锐的政治觉悟和坚强的政治领导力。

在全面建设社会主义现代化国家开局起步的关键时期,加强党的全面领导,提升各级党组织和党员领导干部的政治领导力,尤其要抓住重点环节。

第一,巩固和完善为人民执政、靠人民执政的党的领导制度体系。加强党对中国式现代化的全面领导,提升各级党组织和党员领导干部的政治领导力,不是抽象的、空洞的要求,而是体现在为人民执政、靠人民执政的具体行动中,体现在进一步巩固和完善为人民执政、靠人民执政的制度体系上。从党执政的出发点来说,就是要通过完善的制度和机制,保持党同人民群众的血肉联系,把尊重民意、汇集民智、凝聚民力、改善民生贯穿到全面建设社会主义现代化国家的一切工作之中。从党执政的依靠力量来说,就是要通过完善的制度和机制,巩固党执政的阶级基础,厚植党执政的群众基础,充分调动人民群众参与

---

① 《列宁选集》第4卷,北京:人民出版社2012年版,第407页。
② 《列宁全集》第31卷,北京:人民出版社2017年版,第128页。

国家建设和国家治理的主动性和积极性,把实现全面建成社会主义现代化强国的宏伟目标建立在亿万人民共同奋斗的基础之上。从党执政的工作方法来说,就是要通过完善的制度和机制,贯彻党的群众路线,从群众中来、到群众中去,真心实意地相信群众、一心一意地依靠群众、全心全意地服务群众,尤其要健全干部联系群众制度,创新互联网时代的群众工作机制,完善联系广泛、服务到位的党的群团工作机制,把人民群众紧紧团结在党的周围。从党执政的根本目的来说,就是要不断满足人民日益增长的美好生活需要,深入解决人民关心的热点、难点问题和影响人民利益的痛点、堵点问题,从制度和机制上确保发展为了人民、发展依靠人民、发展成果由人民共享,让中国式现代化成果更多更公平惠及全体人民。在所有这些关系党长期执政的重大问题上,我们党既在以往执政实践中积累了成功的经验,又在领导全面建设社会主义现代化国家新征程中面临着新的严峻考验。因此,必须进一步加强党的领导制度建设,用完善的制度体系确保党始终成为中国式现代化的核心领导力量,成为全国各族人民最可靠的主心骨。

第二,推动"有效"市场和"有为"政府有机结合。充分发挥市场在资源配置中的决定性作用,更好发挥政府作用,这是我国社会主义市场经济改革所取得的重要经验,也是在中国式现代化新征程上必须牢牢把握的重要环节。习近平总书记深刻指出:"既然是社会主义市场经济,就必然会产生各种形态的资本。资本主义社会的资本和社会主义社会的资本固然有很多不同,但资本都是要追逐利润的。'合天下之众者财,理天下之财者法。'我们要探索如何在社会主义市场经济条件下发挥资本的积极作用,同时有效控制资本的消极作用。"[①]如何运用社会主义制度和法律体系"规范资本行为,趋利避害,既不让'资本大鳄'恣意妄为,又要发挥资本作为生产要素的功能。这是一个不容回避的重大政治和经济问题"[②]。把市场经济同社会主义有机融合

---

① 《习近平谈治国理政》第4卷,第211页。
② 同上。

起来,在坚持以人民为中心的基点上充分发挥资本的作用,既要求充分发展"有效"市场,坚定不移遵循现代市场经济规律,搞活实体经济,增强中国式现代化的强大经济实力,又要求着力建设"有为"政府,为市场经济发展创造良好环境和有利条件,让各类资本的活力竞相迸发,充分释放出其在推进经济高质量发展和社会全面进步中的强大力量。

第三,扎实提升社会文明程度和现代化水平。从社会发展的结构来说,现代化包括经济现代化和社会现代化。经济发展是社会进步的基础,不断提升经济现代化水平,实现经济高质量发展,是全面建设社会主义现代化国家开局起步的重中之重。"高质量发展是全面建设社会主义现代化国家的首要任务。"[①]在牢牢把握发展这个党执政兴国的第一要务、确保经济高质量发展的基础上,党的二十大报告把加强社会建设、促进社会全面进步和人的全面发展提到更加突出的位置,强调了如下关键性任务:其一,扎实推进共同富裕。在全面建成小康社会的基础上逐步实现全体人民共同富裕,不仅是经济发展和财富增长问题,而且是提升人的现代素质、促进人的全面发展的重大社会问题,也是关系党的执政基础和初心使命的重大政治问题。在实现全体人民共同富裕方面采取更为有效的措施、取得更为明显的实质性进展,是新发展阶段的突出任务和鲜明标志。党的二十大报告强调,要"紧紧抓住人民最关心最直接最现实的利益问题,坚持尽力而为、量力而行,深入群众、深入基层,采取更多惠民生、暖民心举措,着力解决好人民群众急难愁盼问题,健全基本公共服务体系,提高公共服务水平,增强均衡性和可及性,扎实推进共同富裕"[②]。其二,改善人民生活品质。全面现代化的社会,人民生活不仅是富有的,而且是文明的;不仅是愉悦的,而且是向上的。大力倡导健康、文明、向上的生活方式,努

---

① 习近平:《高举中国特色社会主义伟大旗帜 为全面建设社会主义现代化国家而团结奋斗——在中国共产党第二十次全国代表大会上的报告》,第28页。

② 同上书,第46页。

力提高人民生活质量,不断增强人民群众的获得感、幸福感、安全感,是促进社会全面进步和人的全面发展的基础工程。党的二十大报告把"增进民生福祉,提高人民生活品质"作为社会领域建设的突出任务,深刻体现了我们党"立党为公、执政为民"的理念和"不断实现人民对美好生活的向往"的使命。① 其三,提高社会建设水平。党的二十大报告从我国社会建设面临的突出问题出发,明确强调完善分配制度、实施就业优先战略、健全社会保障体系、推进健康中国建设等重点方面,在中国式现代化新征程上进一步加强社会治理创新,建设人人有责、人人尽责、人人享有的社会治理共同体。其四,提升社会文明程度。人的全面发展是一种潜移默化的过程,离不开文明的政治生态和社会生态日积月累的熏陶。党的二十大报告突出强调,"实施公民道德建设工程,弘扬中华传统美德,加强家庭家教家风建设,加强和改进未成年人思想道德建设,推动明大德、守公德、严私德,提高人民道德水准和文明素养"②。在全面建设社会主义现代化国家开局起步阶段,充分发挥先进文化的引领和推动作用,尤其具有"奠基铸魂"的重大现实意义。

第四,促进社会主要矛盾向着现代化方向转化。新时代我国社会的主要矛盾是人民日益增长的美好生活需要和不平衡不充分的发展之间的矛盾。在全面建设社会主义现代化国家的过程中,这一社会主要矛盾将进一步演进和深化,人民对美好生活的向往将愈益增强,尤其会在民主、法治、自由、平等、公平、正义等方面提出更多新要求。党的二十大报告强调指出:"问题是时代的声音,回答并指导解决问题是理论的根本任务。今天我们所面临问题的复杂程度、解决问题的艰巨程度明显加大,给理论创新提出了全新要求。我们要增强问题意识,聚焦实践遇到的新问题、改革发展稳定存在的深层次问题、人民群众

---

① 习近平:《高举中国特色社会主义伟大旗帜 为全面建设社会主义现代化国家而团结奋斗——在中国共产党第二十次全国代表大会上的报告》,第46页。

② 同上书,第44页。

急难愁盼问题、国际变局中的重大问题、党的建设面临的突出问题,不断提出真正解决问题的新理念新思路新办法。"[①]能否深入回答和切实解决新征程上的各类现实问题,促进社会主要矛盾向着现代化方向转化,是对各级党组织和党员领导干部是否具有坚强政治领导力的深刻检验。明确提出发展全过程人民民主,用制度体系保障人民当家作主,就是我们党为解决新征程上的社会主要矛盾作出的重大决策。全过程人民民主,是全方位、全链条、全覆盖的民主,是最广泛、最真实、最管用的民主,不仅注重民主制度程序的不断完善,而且注重民主参与渠道的不断畅通;不仅注重民主发展过程的法治化保障,而且注重民主建设成果的制度化落实;不仅注重国家意志的高度统一,而且注重人民意志的充分表达;不仅注重人民民主权利的充分实现,而且注重人民民主觉悟的不断提高。通过发展全过程人民民主充分激发全体人民的主体性和创造力,是全面建设社会主义现代化国家、以中国式现代化全面推进中华民族伟大复兴的根本政治途径。

(原载《国家现代化建设研究》2022 年第 5 期)

---

[①] 习近平:《高举中国特色社会主义伟大旗帜 为全面建设社会主义现代化国家而团结奋斗——在中国共产党第二十次全国代表大会上的报告》,第 20 页。

# 论中国式现代化的基本立足点

王均伟[*]

## 一、以中国式现代化全面推进中华民族伟大复兴

习近平总书记在党的二十大报告中提出:"从现在起,中国共产党的中心任务就是团结带领全国各族人民全面建成社会主义现代化强国、实现第二个百年奋斗目标,以中国式现代化全面推进中华民族伟大复兴。"[①]

建设现代化强国是中华民族近代以来孜孜以求的目标。1840年鸦片战争以后,中国逐步沦为半殖民地半封建社会,国家蒙辱、人民蒙难、文明蒙尘,中华民族遭受前所未有的劫难。痛定思痛,为了摆脱落后面貌,中国人曾努力向西方学习。1922年,在《申报》创刊50周年之际,梁启超撰写了《五十年中国进化概论》的文章,总结从19世纪60年代到20世纪20年代50多年中国学习西方的历程。他指出,经

---

[*] 王均伟,中共中央党史和文献研究院学术和编审委员会主任、研究员。
[①] 习近平:《高举中国特色社会主义伟大旗帜 为全面建设社会主义现代化国家而团结奋斗——在中国共产党第二十次全国代表大会上的报告》,北京:人民出版社2022年版,第21页。

过一连串的失败,"中国人渐渐知道自己的不足了"。这些不足包括器物上的不足、制度上的不足、自身文化上的不足。向西方学习也按这个顺序依次展开,先是搞洋务运动,想在器物上模仿西方,后来搞维新变法,想在制度上模仿西方,再后来搞新文化运动,想在思想文化上模仿西方。但是,所有这些努力都未达到目的。正如毛泽东所说:"帝国主义的侵略打破了中国人学西方的迷梦。很奇怪,为什么先生老是侵略学生呢?中国人向西方学得很不少,但是行不通,理想总是不能实现。"①

中国共产党成立后,经过28年浴血奋斗,领导人民推翻了帝国主义、封建主义、官僚资本主义的统治,彻底结束了旧中国半殖民地半封建社会的历史,彻底废除了列强强加给中国的不平等条约和帝国主义在中国的一切特权,彻底结束了旧中国一盘散沙的局面,实现了民族独立、人民解放,实现了从几千年封建专制向人民民主的伟大飞跃,为推动国家走向工业化、现代化和实现中华民族伟大复兴创造了政治前提和制度保障。

新中国成立后,以毛泽东同志为主要代表的中国共产党人,从实现社会主义工业化入手,提出了到20世纪末实现"四个现代化"的奋斗目标。虽然在探索过程中经历了严重曲折,但在理论上取得了独创性成果,在实践上取得了巨大成就,为在新的历史时期开创中国特色社会主义提供了理论准备、物质基础和宝贵经验。党的十一届三中全会后,以邓小平同志为主要代表的中国共产党人对"四个现代化"的内涵、标准和发展步骤进行了新的思考,明确提出了"中国式的现代化"的新命题,制定了"三步走"发展战略。改革开放和社会主义现代化建设的成就举世瞩目,我国实现了从生产力相对落后到经济总量跃居世界第二的历史性突破,实现了人民生活从温饱不足到总体小康、奔向全面小康的历史性跨越,推进了中华民族从站起来到富起来的伟大飞

---

① 《毛泽东选集》第4卷,北京:人民出版社1991年版,第1470页。

跃。党的十八大以来,以习近平同志为核心的党中央根据国内外形势的新变化,顺应各族人民过上更好生活的新期待,全面贯彻习近平新时代中国特色社会主义思想,全面贯彻党的基本路线、基本方略,采取一系列战略性举措,推进一系列变革性实践,实现一系列突破性进展,取得一系列标志性成果,经受住了来自政治、经济、意识形态、自然界等多方面的风险挑战考验,党和国家事业取得历史性成就、发生历史性变革,推动我国迈上全面建设社会主义现代化国家新征程。新时代十年的伟大变革,在党史、新中国史、改革开放史、社会主义发展史、中华民族发展史上具有里程碑意义。

在长期探索和实践基础上,特别是经过党的十八大以来在理论和实践上的创新突破,我们党成功推进和拓展了中国式现代化。

党的二十大报告指出,中国式现代化,是中国共产党领导的社会主义现代化,既有各国现代化的共同特征,更有基于自己国情的中国特色。中国式现代化是人口规模巨大的现代化,是全体人民共同富裕的现代化,是物质文明和精神文明相协调的现代化,是人与自然和谐共生的现代化,是走和平发展道路的现代化。中国式现代化的本质要求是:坚持中国共产党领导,坚持中国特色社会主义,实现高质量发展,发展全过程人民民主,丰富人民精神世界,实现全体人民共同富裕,促进人与自然和谐共生,推动构建人类命运共同体,创造人类文明新形态。

世界各国的现代化有共同特征,但现代化道路并没有固定模式,也不存在放之四海而皆准的现代化标准。中国之所以要走"中国式"的现代化道路,一个重要原因是世界上没有任何已有方案可以解决中国遇到的问题。中国向西方学习过,向苏联学习过,但历史和实践证明,唯有把马克思主义基本原理同中国具体实际、同中华优秀传统文化紧密结合起来的中国式现代化道路才走得通。中国式现代化是中国共产党领导中国人民经过长期艰苦探索走出来的正确道路,体现了中国共产党人推动马克思主义中国化时代化的理论自信与理论创新,彰显了中国特色社会主义的巨大优势和强大活力,也为广大发展中国家实现现代化提供了新的选择。深刻认识和理解党的二十大报告所阐述的中国式现代化的中国特色和本质要求,需要把握中国式现代化的三个基本立足点:一是中国的基本国情,二是中华优秀传统文化,三是中国共产党的初心使命。

## 二、中国式现代化立足于中国的基本国情

国情是一个国家谋求发展和现代化的基本依据和出发点。一切成功发展的国家,都是找到了符合自己实际的发展道路的国家。党的二十大报告强调指出:"党的百年奋斗成功道路是党领导人民独立自主探索开辟出来的,马克思主义的中国篇章是中国共产党人依靠自身力量实践出来的,贯穿其中的一个基本点就是中国的问题必须从中国基本国情出发,由中国人自己来解答。"①毛泽东在新民主主义革命时期就指出:"认清中国社会的性质,就是说,认清中国的国情,乃是认清一切革命问题的基本的根据。"②革命是这样,现代化建设也是这样。关于中国革命面对的国情,毛泽东在《中国的红色政权为什么能够存在?》《星星之火,可以燎原》《新民主主义论》等著作中做了深刻剖析,这是新民主主义革命取得胜利的基本前提。而对于中国现代化建设面对的基本国情是什么,我们党的认识是逐步深化的。1949年3月,毛泽东在党的七届二中全会上明确提出:"中国还有大约百分之九十左右的分散的个体的农业经济和手工业经济,这是落后的,这是和古代没有多大区别的,我们还有百分之九十左右的经济生活停留在古代。⋯⋯在今后一个相当长的时期内,我们的农业和手工业,就其基本形态说来,还是和还将是分散的和个体的,即是说,同古代近似的。

---

① 习近平:《高举中国特色社会主义伟大旗帜 为全面建设社会主义现代化国家而团结奋斗——在中国共产党第二十次全国代表大会上的报告》,第19页。
② 《毛泽东选集》第2卷,北京:人民出版社1991年版,第633页。

谁要是忽视或轻视了这一点,谁就要犯'左'倾机会主义的错误。"①1962年1月,毛泽东在扩大的中央工作会议上比较系统地阐明了基本国情的内涵,指出:"中国的人口多、底子薄,经济落后,要使生产力很大地发展起来,要赶上和超过世界上最先进的资本主义国家,没有一百多年的时间,我看是不行的。"②进入改革开放新时期,我们党对国情的认识更加清晰。1979年3月,邓小平在党的理论工作务虚会上提出了一个非常重要的论断:"中国式的现代化,必须从中国的特点出发。"③他在分析中国的国情时说:第一,中国底子薄,基础差,科学技术力量不足,经济上属于很贫穷的国家之一;第二,中国人口多,耕地少,人口压力大,资源短缺。这些成为中国现代化建设必须考虑的特点。

概括地说,中国在社会主义初级阶段的基本国情,主要是人口多、底子薄、发展不平衡。在这样的基础上进行社会主义现代化建设,是人类社会现代化发展史上的新课题。世界历史上也没有过人口规模如此之大的国家一举迈入现代化的先例。我们既不能照搬书本,也不能照搬外国,只有从自己的基本国情出发,自己在实践中开辟新的道路。

进入新时代,习近平总书记强调,"全党要牢牢把握社会主义初级阶段这个基本国情,牢牢立足社会主义初级阶段这个最大实际,牢牢坚持党的基本路线这个党和国家的生命线、人民的幸福线"④。同时,也要看到,"中国特色社会主义进入新时代,我国社会主要矛盾已经转化为人民日益增长的美好生活需要和不平衡不充分的发展之间的矛盾"⑤。这一阐述充满着"变"与"不变"的辩证法,深刻反映了我国国情的阶段性变化和特征。也就是说,我国的基本国情没有改变,但呈

---

① 《毛泽东选集》第4卷,第1430—1431页。
② 《毛泽东文集》第8卷,北京:人民出版社1999年版,第302页。
③ 《邓小平文选》第2卷,北京:人民出版社1994年版,第164页。
④ 习近平:《决胜全面建成小康社会 夺取新时代中国特色社会主义伟大胜利——在中国共产党第十九次全国代表大会上的报告》,北京:人民出版社2017年版,第12页。
⑤ 同上书,第11页。

现出一系列新的阶段性特征,从生产力到生产关系,从经济基础到上层建筑,都发生了意义深远的变化。我国稳定解决了十几亿人的温饱问题。人民对美好生活的向往更加强烈、需要日益广泛,不仅对物质文化生活提出了更高要求,而且在民主、法治、公平、正义、安全、环境等方面的要求日益增长。同时,我国社会生产力水平总体上显著提高,社会生产能力在很多方面进入世界前列。更加突出的问题是发展不平衡不充分,这已经成为满足人民日益增长的美好生活需要的主要制约因素。

其中,我国社会主要矛盾的变化是关系全局的历史性变化,对党和国家工作提出了许多新要求。我们要在继续推动发展的基础上,着力解决好发展不平衡不充分问题,大力提升发展质量和效益,更好满足人民在经济、政治、文化、社会、生态等方面日益增长的需要,更好推动人的全面发展、社会全面进步。

社会发展是一个从量变到质变,又从质变到新的量变的螺旋式上升的过程,在不同时期会呈现出相应的阶段性特征。中国社会主义初级阶段要经历漫长的时间,在其不同发展时期也会呈现不同的特征。社会主义初级阶段的基本国情,在中国特色社会主义历史发展进程中,必然呈现不同的阶段性特征。这就要求我们对基本国情及其发展进行深入研究,准确把握我国经济社会发展的趋势和阶段性变化。

与过去相比,中国基本国情的构成要素发生了巨大变化。以"人口多"为例,国家统计局2022年2月发布的《中华人民共和国2021年国民经济和社会发展统计公报》显示,2021年末,中国人口为14.126亿人,仍居世界第一位;人口基数大、人口众多的基本特点没有改变,但相关指标变化很大。比如,人口出生率由1987年峰值的23.3‰下降到7.52‰,全国人口仅比上年增加48万人;全国人口中劳动人口(16岁至59岁)8.8222亿人,占比62.5%,已经连续多年下降,而且仍呈下降趋势。改革开放头30年,劳动力增长的"人口红利"是经济高速增长的重要支撑,现在这种支撑逐渐减弱。我国人口发展中面临的出生人口数量走低、老龄化程度加深、劳动人口规模下降等结构性矛盾,无疑给未来经济增长带来挑战,促使我们作出政策上的调整。2021年5月,中央政治局会议提出实施一对夫妻可以生育三个子女政策及配套支持措施,显示我国相关政策方向已出现调整。党的二十大突出强调高质量发展,强调加快建设教育强国、科技强国、人才强国,强调"必须坚持科技是第一生产力、人才是第一资源、创新是第一动力,深入实施科教兴国战略、人才强国战略、创新驱动发展战略,开辟发展新领域新赛道,不断塑造发展新动能新优势"①。把教育、科技和人才放在一起统筹部署、提升至前所未有的高度,与我国人口结构变化的新特点息息相关。

再以"底子薄"为例,由于帝国主义的疯狂掠夺和长期战争破坏,新中国成立时一穷二白。1949年,中国国内生产总值为179.56亿美元,人均只有23美元,甚至低于英国1749年的水平。经过近30年的艰苦奋斗,1978年改革开放起步时,中国国内生产总值达到2683亿美元,总量居世界第七位,但人均只有156美元。放眼全球,环视周边,我们确实底子还很薄。经过40多年改革开放,2021年中国国内生产总值达到114.4万亿元,按年平均汇率折算为17.7万亿美元,占世界经济的比重达到18.5%,对世界经济增长的贡献率达到25%左右,稳居世界第二大经济体。从人均指标看,2021年中国人均GDP达到80976元,按年平均汇率折算达12551美元,超过世界人均GDP水平,距离世界银行最新发布的高收入国家标准仅一步之遥。这样的成就令人振奋,但不能因此过乐观,要看到中国人均国民总收入的世界排名依然较低,科技基础还存在短板,被"卡脖子"的领域还有不少,人均受教育程度离世界先进水平还有较大差距。此外,发展"不平衡"的问题仍比较突出。虽然经过脱贫攻坚,消除了绝对贫困,实现了全面小康,向共同富裕迈出了坚实的一大步,但城乡之间、地区之间和不同

---

① 习近平:《高举中国特色社会主义伟大旗帜 为全面建设社会主义现代化国家而团结奋斗——在中国共产党第二十次全国代表大会上的报告》,第33页。

群体之间还存在着一定的收入差距。根据国家统计局数据，2020年城乡居民人均可支配收入比值为2.56，收入最高省份与最低省份间居民人均可支配收入比值为3.55，全国居民人均可支配收入基尼系数为0.468。这些数据反映了我国社会主要矛盾已经是人民日益增长的美好生活需要和不平衡不充分的发展之间的矛盾，我国的基本国情出现了新的特征，我们必须坚持在发展中保障和改善民生，鼓励共同奋斗创造美好生活，不断实现人民对美好生活的向往。

党的二十大报告针对基本国情的新特征和现代化建设的新要求，提出"扎实推进共同富裕"，并规划了一系列具体措施：坚持按劳分配为主体、多种分配方式并存，构建初次分配、再分配、第三次分配协调配套的制度体系；努力提高居民收入在国民收入分配中的比重，提高劳动报酬在初次分配中的比重；坚持多劳多得，鼓励勤劳致富，促进机会公平，增加低收入者收入，扩大中等收入群体；完善按要素分配政策制度，探索多种渠道增加中低收入群众要素收入，多渠道增加城乡居民财产性收入；加大税收、社会保障、转移支付等的调节力度；完善个人所得税制度，规范收入分配秩序，规范财富积累机制，保护合法收入，调节过高收入，取缔非法收入；引导、支持有意愿有能力的企业、社会组织和个人积极参与公益慈善事业。这是中国式现代化的内在要求，是实现好、维护好、发展好最广大人民根本利益的现实要求，要坚持尽力而为、量力而行。

中国式现代化立足于中国的基本国情。什么是中国的基本国情？习近平总书记深刻指出："一定要认清，中国最大的国情就是中国共产党的领导。"①这个"最大的国情"，决定了中国式现代化只能是中国共产党领导的社会主义的现代化，是以人民为中心的现代化，是全体人民共同富裕的现代化，而绝不会是西方那种以资本为中心、两极分化、充满着血腥和掠夺的现代化。

---

① 习近平：《论坚持党对一切工作的领导》，北京：中央文献出版社2019年版，第57页。

## 三、中国式现代化立足于中华优秀传统文化

由传统文化等精神要素构成的"软性"层面的现代化,是现代化进程的重要内容和难点。历史传统和文化底蕴对一个国家发展和现代化道路的选择有深远影响。习近平总书记在党的二十大报告中指出:"中国共产党人深刻认识到,只有把马克思主义基本原理同中国具体实际相结合、同中华优秀传统文化相结合,坚持运用辩证唯物主义和历史唯物主义,才能正确回答时代和实践提出的重大问题,才能始终保持马克思主义的蓬勃生机和旺盛活力。"①

中国式现代化立足于中华优秀传统文化。习近平总书记深刻指出:"如果没有中华五千年文明,哪里有什么中国特色?如果不是中国特色,哪有我们今天这么成功的中国特色社会主义道路?"②中国式现代化从中华文明中孕育,通过中华优秀传统文化创造性转化、创新性发展获得深厚文化根基和强大精神支撑,展现中华优秀传统文化的当代价值。

文化自信是一个国家、一个民族发展中更基本、更深沉、更持久的力量。中国式现代化道路不是历史的偶然选择,而是扎根于中华文明的沃土,深受中华优秀传统文化的影响。中国有五千多年的文明史,培育和发展了独具特色、博大精深的中华文化,其对社会、人生、自然和世界的理解和处理,具有自己的独特智慧。这些优秀的传统文化深入到中国人的骨髓里,流淌在中国人的血液里,已经成为中华民族的精神文化遗传基因。为什么说中华优秀传统文化生生不息?因为一直到今天,它依然被中国人传承、敬仰、运用。英国历史学家汤因比对

---

① 习近平:《高举中国特色社会主义伟大旗帜 为全面建设社会主义现代化国家而团结奋斗——在中国共产党第二十次全国代表大会上的报告》,第17页。
② 《"这里的山山水水、一草一木,我深有感情"——记"十四五"开局之际习近平总书记赴福建考察调研》,《人民日报》2021年3月27日第1版。

近六千年人类文明史上出现过的 26 个文明形态进行了考察,发现在四大文明古国中,古印度文化因雅利安人入侵而中断,古埃及文化因亚历山大大帝占领而中断,古巴比伦文化因波斯人入侵而中断,唯有中华文化表现出顽强的生命力,延续至今而从未中断。20 世纪 70 年代初,汤因比与日本学者池田大作就东西方文化和人类未来进行了一场断断续续达两年的漫长对谈,最终得出的一个重要结论是:人类的未来不属于西方而属于中国,中华文化终将扮演全球领导者的角色。其理由是,世界的未来不能靠战争和武力、选举和民主决定,而要靠文化引领。中国在数千年里,尽管也多次经历混乱和解体,但却完整地守护了一个超级文明,体现了人类从精神上控制自身从而与自然秩序、人文秩序相和谐的伟大智慧。

站在 21 世纪的今天,我们更加清晰地认识到,中华优秀传统文化中蕴含的天下为公、民为邦本、为政以德、革故鼎新、任人唯贤、天人合一、自强不息、厚德载物、讲信修睦、亲仁善邻等,都是中国人民在长期生产生活中积累的宇宙观、天下观、社会观、道德观的重要体现,是中华民族的宝贵精神财富和精神支撑,也为世界文明发展作出了自己的独特贡献。

中国共产党是中华优秀传统文化的传承者和弘扬者。80 多年前,毛泽东就指出:"今天的中国是历史的中国的一个发展;我们是马克思主义的历史主义者,我们不应当割断历史。从孔夫子到孙中山,我们应当给以总结,承继这一份珍贵的遗产。"① 习近平总书记也强调:"中华优秀传统文化是中华文明的智慧结晶和精华所在,是中华民族的根和魂,是我们在世界文化激荡中站稳脚跟的根基。我们坚持把马克思主义基本原理同中国具体实际相结合、同中华优秀传统文化相结合,不断推进马克思主义中国化时代化,推动了中华优秀传统文化创造性转化、创新性发展。要坚持守正创新,推动中华优秀传统文化

---

① 《毛泽东选集》第 2 卷,第 534 页。

同社会主义社会相适应,展示中华民族的独特精神标识,更好构筑中国精神、中国价值、中国力量。"①党的二十大闭幕不久,习近平总书记考察了河南安阳的殷墟遗址。殷墟出土的甲骨文保存了中国三千年前的文字,从那时到今天,中国的文化传统从未中断过。考察中,习近平总书记强调:"中华优秀传统文化是我们党创新理论的'根',我们推进马克思主义中国化时代化的根本途径是'两个结合'。"②这是进一步提醒全党同志和全国人民,今天的中国已经迈上了全面建设社会主义现代化国家的新征程,更加需要从中华优秀传统文化中寻找源头活水,更加需要从中华文明中汲取智慧和力量。

中国共产党在百年奋斗历程中,始终坚持继承和弘扬中华优秀传统文化。中国共产党的奋斗目标是实现共产主义,这与中国古代哲人描绘的大同社会有很多契合的内容,都希望建立一个没有压迫、没有剥削、没有欺诈的理想社会。中国共产党的宗旨是全心全意为人民服务,这既是马克思主义"人民创造历史"的唯物史观的体现,也是中国传统文化中"民为邦本""民为贵"思想的延续。中国共产党的思想路线是实事求是,这个词最早见于东汉史学家班固所撰《汉书·河间献王传》,是中国传统文化的精华。中国共产党人的崇高精神,很多是中国几千年文化结晶的体现,本质上是中华优秀传统文化的内生化延续。比如,自强不息的精神,两三千年前的《周易》中就有:"天行健,君子以自强不息。"不怕牺牲的精神,两千多年前的《吕氏春秋》中就有:"三军之士,视死如归。"中国共产党外交政策的宗旨是"维护世界和平,促进共同发展",习近平总书记提出构建人类命运共同体,建设一个"持久和平、普遍安全、共同繁荣、开放包容、清洁美丽的世界"。其中"和平"的"和"字,也是中国文化传统中非常重要的概念。甲骨

---

① 习近平:《把中国文明历史研究引向深入 增强历史自觉坚定文化自信》,《求是》2022年第14期,第7页。

② 《习近平在陕西延安和河南安阳考察时强调 全面推进乡村振兴 为实现农业农村现代化而不懈奋斗》,《人民日报》2022年10月29日第1版。

文中的"和"字是"龢",左边的"龠"是一种竹子制作的乐器,右边的"禾"是庄稼,它的象形意义就是丰衣足食加上载歌载舞。这样的祥和富足景象,不正是我们希望通过共商共建共享以构建人类命运共同体要达到的目标吗?这正是中国共产党对中华优秀传统文化的继承和升华。

马克思主义是中国共产党的理论基石,中国共产党坚持和发展马克思主义,同时坚持马克思主义与中国实际相结合、与中华优秀传统文化相结合。中国共产党人坚信,只有把马克思主义思想精髓同中华优秀传统文化精华贯通起来、同人民群众日用而不觉的共同价值观念融通起来,才能不断赋予科学理论鲜明的中国特色,才能不断夯实马克思主义中国化时代化的历史基础和群众基础,让马克思主义在中国大地牢牢扎根。中国共产党人激发了中华文化的时代活力,升华了中华思想的时代价值,提升了中华智慧的世界意义,因此,中国共产党人不愧为中华优秀传统文化的守正创新者。

中国共产党人认为,中华文化与世界各种文化可以交流互鉴、取长补短、共同发展。我们主张弘扬中华优秀传统文化,但我们从来不认为只有中国传统文化才是优秀的。三千多年前,我们的先哲就告诉我们:"学然后知不足","满招损,谦受益"。中国文化传统强调的是从善如流、与时俱进。世界上各个民族各个国家的文化都有其自身特点,有值得中国学习借鉴的地方。不同的文化传统不是相互冲突,而是共生共长。阳光包含七种色彩,世界也是异彩纷呈。每个国家、每个民族都有自己的历史文化传统,都有自己的长处和优势,应该相互尊重,相互学习,取长补短,共同进步。

## 四、中国式现代化立足于中国共产党的初心使命

基于特殊的国情和优秀传统文化这两个重要前提,还要有一种力量将这些物质的和精神的要素统领起来,形成有序发展的态势,实现

立己达人的目标。党的二十大报告提出要把握好新时代中国特色社会主义思想的世界观和方法论,坚持好、运用好贯穿其中的立场观点方法,再次强调"必须坚持胸怀天下"。"坚持胸怀天下"是党的十九届六中全会总结党的百年奋斗重大成就和历史经验时首次概括的一条历史经验,强调中国共产党始终以世界眼光关注人类前途命运,从人类发展大潮流、世界变化大格局、中国发展大历史正确认识和处理同外部世界的关系,坚持开放、不搞封闭,坚持互利共赢、不搞零和博弈,坚持主持公道、伸张正义,站在历史正确的一边,站在人类进步的一边。中国共产党和中国人民坚持和平发展道路,既通过维护世界和平发展自己,又通过自身发展维护世界和平,同世界上一切进步力量携手前进,不依附别人,不掠夺别人,永远不称霸,不断为人类文明进步贡献智慧和力量,同世界各国人民一道,推动历史车轮向着光明的前途前进。

中国式现代化立足于中国共产党的初心使命。"中国共产党是为中国人民谋幸福、为中华民族谋复兴的党,也是为人类谋进步、为世界谋大同的党。我们要拓展世界眼光,深刻洞察人类发展进步潮流,积极回应各国人民普遍关切,为解决人类面临的共同问题作出贡献,以海纳百川的宽阔胸襟借鉴吸收人类一切优秀文明成果,推动建设更加美好的世界。"①马克思主义是关于无产阶级争取自身解放和整个人类解放、实现每个人自由而全面的发展的科学理论。它的一个基本原理就是"无产阶级只有解放全人类才能最终解放自己"。中国共产党人把马克思主义作为指导思想,从来都把为人类谋进步、为世界谋大同作为自己的使命。李大钊预言"试看将来的环球,必是赤旗的世界";毛泽东发起新民学会,把"改造中国与世界"作为学会宗旨;蔡和森主张"采用无产阶级专政,实行国际联合,完成民主革命的反帝反封建任务";无数革命先烈在走向刑场时高唱《国际歌》,坚信"英特纳雄

---

① 习近平:《高举中国特色社会主义伟大旗帜 为全面建设社会主义现代化国家而团结奋斗——在中国共产党第二十次全国代表大会上的报告》,第21页。

耐尔就一定要实现"!

中国式现代化为众多渴望现代化而又想保持自身独立性的发展中国家开辟了新路,为人类实现现代化提供了新的路径选择。尤其是,中国式现代化破解了人类社会发展的诸多难题,摒弃了西方以资本为中心的现代化、两极分化的现代化、物质主义膨胀的现代化、对外扩张掠夺的现代化老路,打破了所谓现代化只能跟在西方后面亦步亦趋的迷信,大大拓展了发展中国家走向现代化的途径,为人类对更美好社会制度的探索提供了中国方案,这是前无古人的伟大创举,也是改变世界的伟大创造。

更重要的是,中国从来不把自己的发展模式强加给任何国家。1955年,被称为"20世纪良心"的法国著名作家萨特访问中国,行程结束后写了《我对新中国的观感》一文,其中写道:"每一天,每看一眼,必定要同时看到古老的中国和未来的中国","这个民族不愿意强迫任何人,而是用解释、说服和讲理来代替发号施令"。[①] 中国一直坚持以自己的新发展为世界提供新机遇,欢迎各国搭乘中国发展的列车。在遭遇各种疾风暴雨的时候,中国展现了大国应有的责任和担当。以最近20多年为例,1997年面对亚洲金融危机,中国扮演了"定海神针"的角色;2008年面对世界金融危机,中国扮演了"增长引擎"的角色;近年来,面对世纪疫情和全球经济形势动荡,中国扮演了"稳定岛"的角色。这体现了中国立己达人的一贯立场,也体现了中国共产党践行"为人类作出新的更大贡献"使命的气度风范。

当前,世界百年未有之大变局风起云涌,世界之变、时代之变、历史之变正以前所未有的方式展开,世界又一次站在历史的十字路口。各国是携手团结共同应对风险挑战,还是"大难临头各自飞",这是摆在国际社会面前的两种选择。我们看到,一些有代表性的发达国家正以邻为壑,不仅不愿意分享自身现代化的成果,不愿承担大国责任,而且对努力追求现代化的国家极力打压,居高临下地指责说教,花样翻

---

① 〔法〕让-保罗·萨特:《我对新中国的观感》,《人民日报》1955年11月2日第3版。

新地吸血自肥。不管中国愿意不愿意，我们都将不得不面对、不得不准备经受风高浪急甚至惊涛骇浪的重大考验。

全面建设社会主义现代化国家，以中国式现代化实现中华民族伟大复兴，是一项伟大而艰巨的事业，前途光明，任重道远。立足于中国基本国情、中华优秀传统文化和中国共产党初心使命的中国式现代化，一定会给中国和世界创造新的更伟大的发展奇迹。

（原载《国家现代化建设研究》2022年第5期）

# 中国式现代化新道路的独特创造*

## 孙熙国　陈绍辉**

从人类社会发展的大历史观来看,现代化是生产技术革新及与之相伴的经济、政治、文化等多方面的变化和趋势。由于世界各国的经济状况、政治制度和历史文化传统等具体国情存在明显差异,因此,现代化道路必然具有多样性。整体而言,迄今为止的人类现代化道路主要有两种类型:一是从18世纪的英国开始的西方式现代化道路,二是中国共产党带领中国人民走出的中国式现代化道路。

中国特色社会主义进入新时代,习近平总书记在庆祝中国共产党成立100周年大会、中国共产党与世界政党领导人峰会等场合,多次讲到我们"创造了中国式现代化新道路,创造了人类文明新形态"[①]。党的十九届六中全会通过的《中共中央关于党的百年奋斗重大成就和历史经验的决议》指出:"党领导人民成功走出中国式现代化道路,创

---

\*　基金项目:国家社会科学基金重大项目"《马藏》早期文献(1871—1921)与马克思主义在中国的早期传播"(项目编号:19ZDA006)。

\*\*　孙熙国,北京大学习近平新时代中国特色社会主义思想研究院常务副院长、教授;陈绍辉,北京大学马克思主义学院博雅博士后、助理研究员。

①　习近平:《在庆祝中国共产党成立100周年大会上的讲话》,《人民日报》2021年7月2日第2版。

造了人类文明新形态,拓展了发展中国家走向现代化的途径,给世界上那些既希望加快发展又希望保持自身独立性的国家和民族提供了全新选择。"①历史和实践雄辩地证明,中国式现代化新道路是中国共产党团结带领中国人民创造的新型现代化之路,对于人类文明形态的发展作出了独特的创造性贡献。

## 一、西方式现代化的理论误区、历史作用及其局限性

一个时期以来,我们认识现代化有一个很大的理论误区,就是将"现代化"理解为"西方资本主义的现代化",将"现代性"等同于"资本主义的现代性"。之所以存在这种理论误区,是因为现代化最早从西方开始,这就导致国内外许多学者将资本主义现代化的特殊形式当作现代化的普遍形式或唯一形式,用资本主义的现代化"裁量"和解决人类在现代化进程中遇到的一切问题。有西方学者认为,在资本主义现代化过程中,将出现"政治一体化""政治全球化",甚至出现"政治一极化""意识形态趋同""意识形态终结"等。这些理论的实质是想证明"现代化"就是全球一体化,一体化的标准就是西方化。

不可否认,西方资本主义现代化道路具有历史进步性与历史合理性。这种进步性与合理性主要体现在两个方面:一是实现了政治解放,二是推动了社会生产力的发展。"政治解放当然是一大进步;尽管它不是普遍的人的解放的最后形式,但在迄今为止的世界制度内,它是人的解放的最后形式。"②就生产力的发展来说,"资产阶级在它的不到一百年的阶级统治中所创造的生产力,比过去一切世代创造的全部生产力还要多,还要大"③。"同以前的奴隶制、农奴制等形式相比,

---

① 《中共中央关于党的百年奋斗重大成就和历史经验的决议》,《人民日报》2021年11月17日第2版。
② 《马克思恩格斯文集》第1卷,北京:人民出版社2009年版,第32页。
③ 《马克思恩格斯选集》第1卷,北京:人民出版社2012年版,第405页。

都更有利于生产力的发展,有利于社会关系的发展,有利于更高级的新形态的各种要素的创造。"① 正因为如此,西方式现代化在人类历史和文明发展中的作用应充分肯定。

但是,资本主义现代化和文明形态有其历史局限性。一个主要问题就是,它是有"原罪"的。最大的"原罪"就是恩格斯在《家庭、私有制和国家的起源》中指出的,资本主义和它以前的奴隶制、农奴制文明都是伴随着"一个阶级对另一个阶级的剥削"诞生的,它的"生产的每一进步,同时也就是被压迫阶级即大多数人的生活状况的一个退步"。② 西方现代化进程就是资本的无限扩张和榨取剩余价值的过程,就是"资本增值逻辑"战胜"人的发展逻辑"的进程。无论资本主义现代化在何种程度上解放了个人、给予了个体的人权利,西方现代化道路都无法解决每个人的自由全面发展的问题,更遑论解决全人类的发展问题。马尔库塞在《单向度的人:发达工业社会意识形态研究》一书中曾对此进行过批判。因此,资本主义现代化道路在本质上是对立性的,其所造成的资本主义文明形态必然是对抗性的,正是从此意义上说,西方的现代化不是现代化的终点。

习近平总书记对西方式现代化道路的"原罪"作出了四点概括:"以资本为中心的现代化""两极分化的现代化""物质主义膨胀的现代化""对外扩张掠夺的现代化"。③ 西方式现代化的这些"原罪"和问题,决定了西方式现代化道路必然造成生产过剩、社会撕裂、阶级对立、民族隔阂、生态危机、国际冲突等严重弊端。

需要指出的是,西方式现代化这样一种由资本逻辑主导的、维护少数人利益的、片面的现代化注定是"一项未完成的设计"④。终结人

---

① 《马克思恩格斯文集》第 7 卷,北京:人民出版社 2009 年版,第 927—928 页。
② 《马克思恩格斯文集》第 4 卷,北京:人民出版社 2009 年版,第 196—197 页。
③ 习近平:《以史为鉴、开创未来,埋头苦干、勇毅前行》,《求是》2022 年第 1 期,第 9 页。
④ 〔德〕于尔根·哈贝马斯:《现代性的哲学话语》,曹卫东译,南京:译林出版社 2011 年版,第 1 页。

类社会的"史前史",创造真正的"人类的社会"的历史,是马克思主义的历史使命,也是人类文明发展的客观规律和必然趋势。因应这一历史使命,遵循这一历史规律,中国共产党带领中国人民在古老的东方大国走出了一条中国式的现代化道路。这条道路是中国共产党运用马克思主义解决中国问题的伟大创新,是马克思主义的时代精华;是中国人民坚守中华文化立场解决中国问题的实践创造,是中华优秀传统文化的时代精华。这条道路开创了人类文明新形态,是迄今为止人类文明的最高形态。

## 二、中国式现代化新道路是对资本主义现代化的历史超越

世界总是在矛盾运动中变化发展的。历史发展到今天,一种超越资本主义现代化方式,根源于马克思主义关于人的全面自由发展的科学理论,厚植于中国共产党百年奋斗的伟大实践,内嵌了中华文明"民胞物与、协和万邦、天下大同"的文明基因,以实现人民对美好生活的向往为价值旨归的新型现代化道路,已经清晰地展现在世人面前。沿着这一现代化新道路,中华民族伟大复兴进入了不可逆转的历史进程。

### (一)中国式现代化新道路立足于最广大人民群众的全面发展,超越了资本主义以资本为中心、维护少数人利益的现代化之路

众所周知,现代化的本质是人的现代化。资本主义现代化不能实现最广大人民群众的全面发展,只是片面的、局部的现代化。

中国式现代化新道路则不然。中国共产党一经成立,就把马克思主义写在自己的旗帜上,就把实现人民对美好生活的向往作为自己的

奋斗目标,由此决定了中国式现代化道路与西方少数人受益、多数人受压迫和剥削的现代化道路有着本质区别,其最大特征就在于根植于人民群众的理论和实践,立足于最广大人民群众的全面发展。习近平总书记在2022年春节团拜会上指出:"现在,党团结带领全国各族人民踏上了实现第二个百年奋斗目标新的赶考之路。世界上最大的幸福莫过于为人民幸福而奋斗。心中装着百姓,手中握有真理,脚踏人间正道,我们信心十足、力量十足。"①

## (二) 中国式现代化新道路致力于实现共同富裕,超越了资本主义财富积累和贫困积累两极分化的发展模式

中国式现代化,是致力于人民共同富裕的现代化。如同习近平总书记强调指出的那样,"共同富裕是社会主义的本质要求,是中国式现代化的重要特征"②,"共同富裕是全体人民共同富裕,是人民群众物质生活和精神生活都富裕,不是少数人的富裕,也不是整齐划一的平均主义"③。衡量一种现代化道路是否行得通、有效率、真管用,实践最有说服力,人民最有发言权。历史和实践充分证明,中国式现代化道路是一条能给绝大多数人带来幸福的新道路。这条新道路让八亿多人成功脱贫,历史性解决了绝对贫困问题,建成了世界上最大的社会保障体系,成功跨越了资本主义"卡夫丁峡谷",为全面建设社会主义现代化强国奠定了坚实的基础。

## (三) 中国式现代化新道路坚持全面发展,超越了资本主义物质主义膨胀的畸形现代化

在资本主义现代化模式下,资本成为"一切价值的公分母",资本

---

① 《中共中央国务院举行春节团拜会》,《人民日报》2022年1月31日第1版。
② 《在高质量发展中促进共同富裕 统筹做好重大金融风险防范化解工作》,《人民日报》2021年8月18日第1版。
③ 习近平:《扎实推动共同富裕》,《求是》2021年第20期,第4页。

主义文明呈现工具理性膨胀、价值理性式微,功利主义盛行、道德话语贫乏,消费主义风行、人文关怀缺失,拒斥崇高、过分祛魅等特征。"当我们把目光从资产阶级文明的故乡转向殖民地的时候,资产阶级文明的极端伪善和它的野蛮本性就赤裸裸地呈现在我们面前。"① 与之比较,中国式现代化新道路则不仅要求物质生活水平提高、家家仓廪实衣食足,而且要求精神文化生活丰富、人人知礼节明荣辱,是物质文明和精神文明相协调的现代化,超越了资本主义物质主义膨胀的畸形现代化。

习近平总书记在《之江新语》中指出:"人,本质上就是文化的人,而不是'物化'的人;是能动的、全面的人,而不是僵化的、'单向度'的人。"② 中国式现代化要造就的人,是全面发展的人。全面发展,就不仅仅是物质方面的发展,还应包括精神方面的发展。如同恩格斯指出的那样,在未来社会,"人终于成为自己的社会结合的主人,从而也就成为自然界的主人,成为自身的主人——自由的人"③。

## (四)中国式现代化新道路坚持人与自然和谐统一的生命共同体理念,超越了人类中心主义和自然中心主义各执一端的理论窠臼,打破了实践形态上的资本逻辑和生态帝国主义

习近平总书记指出:"我国建设社会主义现代化具有许多重要特征,其中之一就是我国现代化是人与自然和谐共生的现代化,注重同步推进物质文明建设和生态文明建设。"④

人与自然界在本质上是和谐统一的。人类要生存和发展得好,就必须尊重、顺应和保护自然。自然环境搞好了,生态搞好了,才能真正

---

① 《马克思恩格斯文集》第2卷,北京:人民出版社2009年版,第690页。
② 习近平:《之江新语》,杭州:浙江人民出版社2007年版,第150页。
③ 《马克思恩格斯文集》第3卷,北京:人民出版社2009年版,第566页。
④ 《保持生态文明建设战略定力 努力建设人与自然和谐共生的现代化》,《人民日报》2021年5月2日第1版。

实现人民群众对美好生活的向往。所以,马克思在1844年提出,"共产主义,作为完成了的自然主义,等于人道主义,而作为完成了的人道主义,等于自然主义"①。习近平总书记对这一思想进行了中国式表达,创造性地提出了"绿水青山就是金山银山"的发展理念,超越了人类中心和自然中心对立的观念,主张人与自然和谐共生。

可见,中国式现代化新道路坚持社会主义物质文明、政治文明、精神文明、社会文明与生态文明的有机统一,消解了人与自然、人与社会、人与人之间的对立,开辟了经济高质量发展和绿色发展协同推进的新路径。

### (五)中国式现代化新道路坚持和平发展、文明互鉴,超越了资本主义国强必霸的陈旧逻辑

中国信奉"道并行而不相悖""万物并育而不相害"的理念,坚信不同特色和风格的文明不仅不是"冲突"的,而且可以互相激荡、互相推动,从而为其他文明提供可资借鉴的"他者"或"他山之石"。这就是习近平总书记所说的:"文明因多样而交流,因交流而互鉴,因互鉴而发展。"②因此,中国式现代化是和邻居一起过好日子的现代化。它不仅仅是为中国人民谋幸福,为中华民族谋复兴,而且还要为人类谋和平与发展,为世界谋大同。它既要实现中国人民对美好生活的向往,也要实现世界各国人民对美好生活的向往。

概括地说,中国式现代化新道路是一条用马克思主义解决中国问题的道路,它超越了西方式现代化,打破了现代化"只此一家、别无分店"的神话,改写了当今世界的现代化版图及理论谱系,推动了中华文明新发展,创造了人类文明新形态。

---

① 《马克思恩格斯文集》第1卷,第185页。
② 习近平:《深化文明交流互鉴 共建亚洲命运共同体——在亚洲文明对话大会开幕式上的主旨演讲》,《人民日报》2019年5月16日第2版。

## 三、中国式现代化新道路是中华优秀传统文化的时代性创新

中国式现代化新道路既是马克思主义与中国具体实际相结合的产物,也是马克思主义与中华优秀传统文化相结合的产物;既是马克思主义的时代结晶,也是中华优秀传统文化的时代成果。

### (一)中国式现代化新道路汲取了中华优秀传统文化"民惟邦本"的思想智慧,强调以人民为中心,做到发展为了人民、发展依靠人民、发展成果由人民共享

与西方文化不同,中华优秀传统文化一直强调"民惟邦本,本固而邦宁",强调"仁者爱人""为政在人",强调"修己以安人""修己以安百姓",明确提出"民为贵,社稷次之,君为轻""得乎丘民而为天子",形成了"民贵君轻""以民为本"的仁政思想。

习近平总书记关于以人民为中心的发展理念和现代化新道路的重要论述,是中华优秀传统文化"民惟邦本"思想的时代精华。习近平总书记多次引用中华优秀传统文化中"民惟邦本"的相关论述,指出:"江山就是人民、人民就是江山,打江山、守江山,守的是人民的心。"① 2022年春节之际,习近平总书记在考察山西农村时指出,中国共产党执政的唯一选择就是"为人民群众做好事"。他还用老子的"圣人无常心,以百姓心为心",说明中国共产党"以百姓心为心",始终把人民群众放到心中最高地位,人民群众痛恨什么、反对什么,中国共产党就坚决防范和纠正什么。

---

① 习近平:《在庆祝中国共产党成立100周年大会上的讲话》,北京:人民出版社2021年版,第11页。

## （二）中国式现代化新道路汲取了中华优秀传统文化"天人合一"的思想智慧，强调人与自然和谐共生、物质文明与精神文明协调发展

西方的现代化道路深受西方哲学传统的影响，在根底上体现为一种主客二分、心物二分的人类中心主义。这一倾向在西方现代化过程中造成了物质与精神、知识与智慧、工具理性与价值理性之间的矛盾和冲突，导致了人与自然、市民社会与国家、科学与人文的分裂。

中华优秀传统文化主张"天人合一"。所谓"天人合一"，就是强调"人的心"是"物的理"的内化。用"物的理"这样一个原装的"软件"来"格式化""人的心"，以此实现"人心"与"物理"的统一、主观思维与客观秩序的统一、逻辑规则与宇宙法则的统一，这就是"天人合一"。

"天人合一"，用《大学》里的话来说，就是由"格物致知"达于"诚意正心"，由此实现"正人心"的目的。任何学习，都是为了让物质世界的规律进到人心当中，也就是"正人心"。"天人合一"的实质就是人与自然的和谐、人与社会的和谐。也就是马克思、恩格斯所说的"两个和解"：人与自然的和解、人与社会的和解。

中国式现代化道路贯彻"创新、协调、绿色、开放、共享"的新发展理念，不断推动人与自然和谐共生、物质文明与精神文明协调发展，正是对这些传统智慧的提炼和升华。

## （三）中国式现代化新道路汲取了中华优秀传统文化"和而不同"的思想智慧，高举和平、发展、合作、共赢的旗帜，推动了人类命运共同体的构建

"以和为贵""和而不同"，是中华文化的优良传统。例如，《尚书·尧典》提出"协和万邦"；《国语》中有"和实生物，同则不继"；孔子主张"和而不同"；孟子认为"天时不如地利，地利不如人和"；《庄子》

中有"与天和""与人和";《礼记·乐记》中有"和,故百物皆化"。

中国式现代化道路传承了中华传统文化的优秀基因,坚持走和平发展的现代化道路,认为"世界好,中国才能好;中国好,世界才更好"①,大力倡导"和平、发展、公平、正义、民主、自由"的全人类共同价值,并以实际行动参与国际关系新格局和国际治理新格局的构建、推动人类命运共同体的形成与发展,彰显了中华优秀传统文化"和而不同"、"和合"相生的思想理念。

**(四)中国式现代化道路汲取了中华优秀传统文化"自强不息""知行合一"的思想智慧,强调独立自主、自力更生以激发主体性力量,开辟了自觉、自立、自强、自信的发展道路**

与西方基于坚船利炮、战马长矛的掠夺式现代化不同,中国选择了独立自主的社会主义现代化道路。在这一过程中,中华优秀传统文化的"自强不息""刚健有为""知行合一"的实践智慧增强了中国人依靠自身智慧、自身力量、自身创造的骨气、底气和志气,使中国人民不但敢于打破落后、衰朽的旧世界,而且善于建设先进、繁荣的新世界,探索出一条思想自主、规划自主、发展自主的现代化道路。

百年来中国共产党带领人民所开辟的现代化道路,既拒斥"中学为体、西学为用"的文化保守主义的守旧模式,又反对"抛弃传统、全盘西化"的割断根脉的文化激进主义的极端态度,积极推动中华优秀传统文化的创造性转化和创新性发展。因此,中国式现代化和人类文明新形态具有鲜明的中华优秀传统文化元素和中华民族底色,中国式现代化道路是"有根""有魂""有梦"的现代化。

(原载《国家现代化建设研究》2022 年第 2 期)

---

① 习近平:《共同构建人类命运共同体》,《求是》2021 年第 1 期,第 10 页。

# 中国式现代化的"强国逻辑"*

## 韩庆祥　张　健**

党的二十大报告分五个板块、十五个部分,在三万余字的篇幅中有三百多个新提法。其中,第一个板块包括阐明主题的前言和第一至第三部分,是总论,具有管全局、管根本、管引领的地位;第二个板块包括第四至第十部分,是全面建设社会主义现代化国家的战略部署和具体安排;第三个板块包括第十一至第十四部分,是论述为全面建成社会主义现代化强国提供全面保障;第四个板块是第十五部分,主要阐述加强党的全面领导和全面从严治党,为全面建成社会主义现代化强国提供政治保证;第五个板块是结语,也是动员令。在文本上,报告具体展开为主题及"三个务必"、回顾总结及其重大意义、重大创新理论和创新实践阐释、战略谋划"两个全面"奋斗目标、全面贯彻"五位一体"总体布局和"四个全面"战略布局的十二项工作、团结奋斗的时代要求及动员令。在深层次上,整个报告紧紧围绕"习近平新时代中国特色社会主义思想的世界观和方法论""中国式现代化"两大创新成

---

\* 基金项目:国家社会科学基金重大项目"中国式现代化新道路与人类文明新形态研究"(项目编号:21&ZD011)。

\*\* 韩庆祥,中共中央党校(国家行政学院)一级教授、中共中央党校专家工作室领衔专家;张健,天津市中国特色社会主义理论体系研究中心天津市委党校基地教授。

果,分别从理论和实践两方面展开,两个方面的共同点是从强国奋斗目标开始,最终指向构建人类命运共同体、创造人类文明新形态。报告内容从理论和实践层面都体现出这样的共同性:全面建成社会主义现代化强国是起始目标,实现中华民族伟大复兴是历史目标,世界大同或天下文明是归宿目标。可以说,"全面建成社会主义现代化强国→实现中华民族伟大复兴→为人类谋进步、为世界谋大同、为人类实现现代化提供新选择→创造人类文明新形态",是党的二十大报告展现的深层逻辑,这一逻辑本质上是中国式现代化的强国逻辑。

## 一、强国逻辑的基本内容:全面建成社会主义现代化强国→实现中华民族伟大复兴→为人类谋进步、为世界谋大同、为人类实现现代化提供新选择→创造人类文明新形态

为简洁起见,下文把中国式现代化强国逻辑的基本内容简化为"建成强国→实现复兴→人类大同、人类现代化、人类文明"。

建成强国是起始目标,集中体现在中国共产党的中心任务[1]和"贯彻新发展理念是新时代我国发展壮大的必由之路"[2]的重大论断上。关于中国共产党的中心任务,党的二十大报告从四个方面进行了论述:第一,全面建成社会主义现代化强国;第二,全面建成富强民主文明和谐美丽的社会主义现代化强国;第三,以中国式现代化为根本路径和方式;第四,全面推进中华民族伟大复兴。其中,第一方面强调的是定性,即要建成的强国是社会主义强国,是现代化强国。"社会主

---

[1] 党的二十大报告强调:"从现在起,中国共产党的中心任务就是团结带领全国各族人民全面建成社会主义现代化强国、实现第二个百年奋斗目标,以中国式现代化全面推进中华民族伟大复兴。"(习近平:《高举中国特色社会主义伟大旗帜 为全面建设社会主义现代化国家而团结奋斗——在中国共产党第二十次全国代表大会上的报告》,北京:人民出版社2022年版,第21页。)

[2] 同上书,第70页。

义强国",是关于方向和道路的规定;"现代化强国",是关于历史境遇的界定,是人类社会发展到"商品经济"历史阶段的强国。第二方面强调的是愿景,是基于现代化建设的"五位一体"总体布局,对于将要建成的强国的总体描述,即"经济—富强,政治—民主,文化—文明,社会—和谐,生态—美丽"的总体图景。第三方面是对强国路径的规定,强调中国式内涵,体现的是"中国—世界"之视野,即着眼全球现代化的共同性,聚焦中国式现代化的特殊性,落脚于现代化的中国实践和中国创造。第四方面指向中华民族伟大复兴,是从国家层面向民族层面的拓展,体现的是强国视野的开放性,即"立足国家,指向中华民族",这就为后续进一步拓展强国内涵提供了空间。简言之,上述关于建成现代化强国的四方面论述,具有这样的内在逻辑,即定性→愿景→路径→开放。这意味着,全面把握强国逻辑,需要更宽广的视野。而关于"贯彻新发展理念是新时代我国发展壮大的必由之路"的重大论断,则主要有两个关键点:第一点,我国发展壮大的过程,本质上是全面建设现代化强国的过程;第二点,贯彻新发展理念,是建设现代化强国的必由之路。这里的第一点强调的是,建成强国是一个历史过程,需要按照规律步步推进;第二点强调的是,贯彻新发展理念是必由之路,走这条路是由客观必然性决定的。两个关键点的有机结合,意味着在中国式现代化强国建设实践中,贯彻新发展理念是客观要求,是中国共产党对现代化实践的一种规律性认识。

实现复兴是历史目标,主要体现在"两步走"的战略谋划和"全面建成社会主义现代化强国"的全面部署上。从"两步走"的战略谋划看,党的十九大报告描绘了全面建设社会主义现代化国家的宏伟蓝图,提出了"两步走"战略,即15年一步,到2035年基本实现现代化,到2050年建成现代化强国。在这一基础上,党的二十大报告对全面建设社会主义现代化国家作出进一步战略谋划,提出了到2035年我国发展的总体目标,明确"经济实力、科技实力、综合国力大幅跃升,人均国内生产总值迈上新的大台阶""实现高水平科技自立自强""基本实现国家治理体系和治理能力现代化""人的全面发展、全体人民共同富裕取得更为明显的实质性进展"等目标。① 可以说,"三力一值"(经济实力、科技实力、综合国力和人均国内生产总值)、科技自立自强、国家治理现代化、人的全面发展、全体人民共同富裕等,是从经济基础、科技、上层建筑和人的发展等核心要素叠加融合的布局上,对基本实现现代化进行了战略谋划。从全面建成社会主义现代化强国的部署看,党的二十大报告从第三部分起到第十五部分,从中国式现代化战略部署和总体安排开始,分别围绕"五位一体"总体布局、"四个全面"战略布局,从治党治国治军、内政外交国防、改革发展稳定等十二个方面进行全面部署。不仅如此,报告还明确指出,未来五年是全面建设社会主义现代化国家开局起步的关键时期,特别强调教育、科技、人才是全面建设社会主义现代化国家的基础性、战略性支撑,全面依法治国是国家治理的一场深刻革命,国家安全是民族复兴的根基。可以说,突出强调这三方面内容,充分彰显了中国共产党抓关键、补短板、防风险的战略自觉和战略考量。

人类大同、人类现代化、人类文明是归宿目标,集中体现在中国式现代化的本质要求和中国共产党的天下思维与天下观上。中国式现代化的本质要求②,从内容上看,共九条,分三个维度:总体性维度,即坚持中国共产党领导,坚持中国特色社会主义;"五位一体"维度,即实现高质量发展,发展全过程人民民主,丰富人民精神世界,实现全体人民共同富裕,促进人与自然和谐共生;共同体维度,即推动构建人类命运共同体,创造人类文明新形态。其中,共同体维度关系到推动构建

---

① 张旭东、丁小溪:《推动中华民族伟大复兴号巨轮乘风破浪、扬帆远航——党的二十大报告诞生记》,《求是》2022年第21期,第92页。

② 党的二十大报告提出:"中国式现代化的本质要求是:坚持中国共产党领导,坚持中国特色社会主义,实现高质量发展,发展全过程人民民主,丰富人民精神世界,实现全体人民共同富裕,促进人与自然和谐共生,推动构建人类命运共同体,创造人类文明新形态。"(习近平:《高举中国特色社会主义伟大旗帜 为全面建设社会主义现代化国家而团结奋斗——在中国共产党第二十次全国代表大会上的报告》,第23—24页。)

人类命运共同体和创造人类文明新形态,这是为人类谋进步、为世界谋大同、为人类实现现代化提供新选择、创造人类文明新形态的目标设置。关于中国共产党的天下思维和天下观,党的二十大报告提出"六个必须坚持"①,本质上是习近平新时代中国特色社会主义思想的世界观和方法论,也是中国式现代化的哲学基础。首先,坚持人民至上,强调的是根本立场。当今世界处于"商品经济"历史阶段,商品背后的"人"分化为劳动者(无产者阶级)和资本者(资产阶级);在这种背景下,人民至上就是劳动者至上,体现的是中国共产党对劳动逻辑的自觉选择,也体现了党的根本立场。其次,坚持自信自立,强调的是历史发展的立足基点。在历史发展中,中国共产党人和中国人民要把发展的命运牢牢掌握在自己手中;中国的问题必须从中国基本国情出发,由中国人自己来解答。从人民至上和自信自立可见,作为观察世界的基本框架,中国共产党具有一种天下视野,即采用经"自然经济历史时期"到"商品经济历史时期"再到"产品经济历史时期"的大历史观,选择劳动逻辑,强调主体性。质言之,大历史观、劳动逻辑、主体性,体现的是世界眼光、历史视野、主体自觉三者的有机融合。基于这种融合观察世界,形成天下即一家的观念,构成了天下观和天下思维的核心要义。最后,坚持胸怀天下,需要具有世界眼光,也即天下胸怀,这既是一种天下观,同时也是一种天下思维。

综合以上关于"建成强国→实现复兴→人类大同、人类现代化、人类文明"的论述,可以对中国式现代化的强国逻辑作如下概括:第一,在实践上,建成强国是立足点,是起点;人类大同、人类现代化、人类文明是归宿,是归宿性指向;实现复兴是连接二者的历史关节点,三者具有内在关联。第二,在"中国—世界"大视野中,现代化强国的建成意

---

① 即必须坚持人民至上,必须坚持自信自立,必须坚持守正创新,必须坚持问题导向,必须坚持系统观念,必须坚持胸怀天下。(习近平:《高举中国特色社会主义伟大旗帜 为全面建设社会主义现代化国家而团结奋斗——在中国共产党第二十次全国代表大会上的报告》,第19—21页。)

味着中华民族伟大复兴的实现;中华民族伟大复兴的实现意味着在全球现代化进程中,中华民族将为人类作出更大贡献。"世界好,中国才能好;中国好,世界才更好。"①第三,在"过去—未来"历史维度上,中国共产党一直致力于为中国人民谋幸福、为中华民族谋复兴,也一直致力于为世界谋大同、为人类谋进步。天下为公,人间正道,这是中国共产党具有历史自信的最大底气所在,也是党长期执政、团结带领人民继续前进的最大底气所在。

## 二、强国逻辑的现实指称:国家强大、中华民族为人类作出更大贡献、科学社会主义在 21 世纪的中国焕发出强大生机活力

从深层次看,"全面建成社会主义现代化强国→实现中华民族伟大复兴→为人类谋进步、为世界谋大同、为人类实现现代化提供新选择→创造人类文明新形态"的强国逻辑,内含着这样的结构:国家强大进程→中华民族现代化进程→21世纪科学社会主义世界化进程。因此,我们可以在此基础上分析中国式现代化的强国逻辑的现实指称。

从国家强大进程看,中国式现代化的强国逻辑包含"逻辑起点、现实基点、目标要点"三个要素,表明强国实践具有逻辑自洽性和合规律性。党的十九大报告提出"三个意味着"②,其基本内涵是:中华民族迎来了"从站起来、富起来到强起来"的伟大飞跃,21世纪科学社会主

---

① 习近平:《共同构建人类命运共同体》,《求是》2021年第1期,第10页。
② 党的十九大报告指出:"中国特色社会主义进入新时代,意味着近代以来久经磨难的中华民族迎来了从站起来、富起来到强起来的伟大飞跃,迎来了实现中华民族伟大复兴的光明前景;意味着科学社会主义在二十一世纪的中国焕发出强大生机活力,在世界上高高举起了中国特色社会主义伟大旗帜;意味着中国特色社会主义道路、理论、制度、文化不断发展,拓展了发展中国家走向现代化的途径,给世界上那些既希望加快发展又希望保持自身独立性的国家和民族提供了全新选择,为解决人类问题贡献了中国智慧和中国方案。"(《习近平谈治国理政》第3卷,北京:外文出版社2020年版,第8—9页。)

义聚焦到"中国特色社会主义",中国特色社会主义拓展了发展中国家走向现代化的途径。可以说,中华民族"从站起来、富起来到强起来"这一发展趋势是新时代我国发展的起始点,实现"强起来"是新时代中国特色社会主义的逻辑开端。党的二十大报告指出,新时代十年来,我们经历了三件大事,取得了十六个方面的重大成就;新时代十年的伟大变革"在党史、新中国史、改革开放史、社会主义发展史、中华民族发展史上具有里程碑意义"。① 在三件大事中,完成脱贫攻坚、全面建成小康社会的历史任务,意味着建成现代化强国已经具备了坚实的物质基础,具有特殊重要的意义。这是新时代新征程上,中国共产党引领亿万人民为全面建设社会主义现代化国家、全面推进中华民族伟大复兴而团结奋斗的现实基点。党的二十大报告还提出强国的目标愿景,即全面建成社会主义现代化强国、实现第二个百年奋斗目标。其中,全面建成社会主义现代化强国,到新中国成立一百年时建成富强民主文明和谐美丽的社会主义现代化强国,构成强国目标的规划要点。简言之,党的十九大提出了强国逻辑起点,新时代十年的伟大变革奠定了强大物质基础,党的二十大提出了强国目标和愿景,三者有机结合,构成了强国的逻辑起点、现实基点和目标要点。这表明,历史发展到今天,强国逻辑本身已经构成完整的链条,达成自洽,这就为新时代全面建成社会主义现代化强国的实践提供了科学依据。

从实现现代化的历史进程看,中国共产党对实现现代化的认识经历了一个不断深化的过程,呈现出包含"艰难探索、历史自觉、不可逆转、乘势而上、强势而为"五个环节的发展脉络,预示着今天我国发展已经进入新的战略阶段。党的十九届六中全会决议指出,"党的百年奋斗开辟了实现中华民族伟大复兴的正确道路","仅用几十年时间就走完发达国家几百年走过的工业化历程","创造了人类文明新形态,

---

① 习近平:《高举中国特色社会主义伟大旗帜 为全面建设社会主义现代化国家而团结奋斗——在中国共产党第二十次全国代表大会上的报告》,第 15 页。

拓展了发展中国家走向现代化的途径"。① 党的二十大报告进一步阐释了中国式现代化的五大本质特征②,同时提出中国式现代化的九条本质要求和推进现代化必须牢牢把握的五个重大原则③,明确了中国式现代化的科学内涵、目标愿景(实践要求)和根本遵循,标志着党对中国式现代化的认识达到新的高度。这表明,中国人追求现代化的进程经历了近代以来的艰难探索、中国共产党的历史自觉和新时代以来的不可逆转的阶段,以中国式现代化全面推进中华民族伟大复兴已经成为中国共产党人一种合乎规律的认识,党领导人民从事的现代化事业进入"具有主体自觉和发挥历史主动"的新阶段。可以预见,新时代新征程上,基于面向未来五年的乘势而上,中国实现现代化的历史进程一定会呈现出放眼世界、强势而为的态势。换言之,中国实现现代化的进程将展示出一种"艰难探索、历史自觉、不可逆转、乘势而上、强势而为"的总体走向。习近平总书记在谈到当前新的历史特点时强调,"中华民族伟大复兴取得历史性成就,既进入了不可逆转的历史进程,也进入了乘势而上、确保中华民族伟大复兴不被迟滞甚至打断的关键时期,我国发展面临新的战略阶段"④。

  从世界社会主义发展进程看,强国逻辑包含了"'中国—世界''世界怎么了、我们怎么办'"的天下思维和天下观,具有世界观和方法论意义。从哲学高度对时代之变作出合规律性和合目的性的回应,需要一种新世界观和新方法论。新世界观,就是在坚持历史唯物主义

---

  ① 《中共中央关于党的百年奋斗重大成就和历史经验的决议》,北京:人民出版社 2021 年版,第 62—64 页。

  ② 党的二十大报告指出:中国式现代化是人口规模巨大的现代化,是全体人民共同富裕的现代化,是物质文明和精神文明相协调的现代化,是人与自然和谐共生的现代化,是走和平发展道路的现代化。(习近平:《高举中国特色社会主义伟大旗帜 为全面建设社会主义现代化国家而团结奋斗——在中国共产党第二十次全国代表大会上的报告》,第 22—23 页。)

  ③ 五个重大原则是坚持和加强党的全面领导,坚持中国特色社会主义道路,坚持以人民为中心的发展思想,坚持深化改革开放,坚持发扬斗争精神。(同上书,第 26—27 页。)

  ④ 张旭东、丁小溪:《推动中华民族伟大复兴号巨轮乘风破浪、扬帆远航——党的二十大报告诞生记》,第 86 页。

的基础上,立足当今时代新的历史境遇,提供一种观察世界的框架;新方法论,就是在坚持辩证唯物主义的基础上,有效应对时代之变,提供"怎么办"的认知方式。党的十九届六中全会决议在总结中国共产党百年奋斗的历史经验时,强调"党和人民事业是人类进步事业的重要组成部分"①,体现出"中国—世界"的广阔视野,即立足中国、放眼世界、胸怀人类。可以说,这体现了结合中华优秀传统文化精华并继承马克思主义人类解放之精髓的天下思维和天下观。党的十九届六中全会决议强调指出,中国共产党坚定践行自己的初心使命,一直坚持立足中国、放眼世界、胸怀天下,并明确向世界宣示:"既为中国人民谋幸福、为中华民族谋复兴,也为人类谋进步、为世界谋大同,以自强不息的奋斗深刻改变了世界发展的趋势和格局。"②这表明,中国共产党人紧紧围绕"世界怎么了、我们怎么办"这一重大时代课题进行了深入的理性思考。应该说,上述关于"四为四谋"的重大论断,形成了一种世界眼光、全球视野和天下胸怀,新世界观和新方法论已经呼之欲出。党的二十大报告提出"继续推进实践基础上的理论创新,首先要把握好新时代中国特色社会主义思想的世界观和方法论,坚持好、运用好贯穿其中的立场观点方法",并提出必须坚持人民至上,必须坚持自信自立,必须坚持守正创新,必须坚持问题导向,必须坚持系统观念,必须坚持胸怀天下。③ 至此,"六个必须坚持"以其"本源性即根本立场、立足基点(人民至上+自信自立)、方法性(问题导向+守正创新+系统观念)、世界性(胸怀天下)"的基本内涵和总体框架,完成了对新时代新征程上新世界观和新方法论的建构。在这个意义上,习近平新时代中国特色社会主义思想的世界观和方法论为中国式现代化的强国逻辑提供了强大的哲学支撑。

---

① 《中共中央关于党的百年奋斗重大成就和历史经验的决议》,第64页。
② 同上。
③ 习近平:《高举中国特色社会主义伟大旗帜 为全面建设社会主义现代化国家而团结奋斗——在中国共产党第二十次全国代表大会上的报告》,第18—21页。

综合以上分析,可以这样概括中国式现代化的强国逻辑:第一,在结构上,它形成了"逻辑起点、现实基点和目标要点"要素框架,本身具有逻辑的自洽性,为强国实践提供了科学支撑。第二,在趋势上,它包含了"艰难探索、历史自觉、不可逆转、乘势而上、强势而为"的发展环节,预示着强国实践将迎来强势而为的新阶段。科学社会主义在21世纪的中国焕发出新的蓬勃生机,中国式现代化将深刻影响全球现代化进程,这是大势所趋,不可阻挡。中华民族也必将为人类作出新的更大的贡献。第三,在世界观和方法论上,它秉持"'中国—世界''世界怎么了、我们怎么办'"的天下思维和天下观,贯穿着习近平新时代中国特色社会主义思想的立场观点方法。

## 三、强国逻辑的历史意蕴:世界力量中心的转移与21世纪马克思主义的崛起

全面把握中国式现代化的强国逻辑,除了分析其现实指称,还要考虑其解释语境,即它是在什么样的历史境遇中提出来的,应该在什么样的历史语境中去理解。

从历史境遇上看,中国式现代化的强国逻辑的生成具有理论和实践两个层面的背景。在理论上,建成强国是发生在人类商品经济历史阶段的重大历史事件,商品经济的内在规定性是强国逻辑得以生成的底层支撑。在实践上,新时代建成现代化强国,植根于全球力量中心发生转移这一基本历史大势;"世界力量中心从欧美转向亚洲"这一宏观走向,是强国实践的现实背景。

首先,关于商品经济的基本规定性以及基于这种规定性的强国逻辑的演进趋势。马克思在《资本论》中指出:"资本主义生产方式占统治地位的社会的财富,表现为'庞大的商品堆积',单个的商品表现为

这种财富的元素形式。因此,我们的研究就从分析商品开始。"①历史地看,人类社会从自然经济历史阶段进入商品经济历史阶段,商品交换成为主导的交换方式。商品交换的背后事实上存在两种类型的人:一种是拥有生产资料的人,即资产者;另一种是没有生产资料的人,即劳动者或无产者。人类社会之所以出现这样的分化,根源于商品交换的内在规定性。具体说来,在商品交换中,隐藏着两个内在要求:一是人必须通过交换才能生存发展;二是人在交换中只有两种诉诸交换的元素,即身外之物(生产资料、劳动产品等)和身内之物(体力、脑力)。上述要求决定了具体的商品交换过程中人们之间的生产关系和社会关系,进而决定了相应的社会结构体系。一般来说,拥有身外之物的人,会优先选择用身外之物进行交换。这种外部性交换的优先性,是资本最本源的属性。通俗地说,资本归根结底是"用身外之物与他人进行交换"。在此基础上,拥有身外之物的人就是资产者,进而发展为资产阶级。该阶级强调资本优先、资本至上,奉行资本主义,这就是资本的逻辑。没有身外之物而只有身内之物(体力、脑力)的人,当然只能"优先"用身内之物进行交换。这种只能用身内之物进行交换(出卖劳动力商品)的内部交换性,是劳动最本源的属性。具有这种交换性的人,就是劳动者或无产者,进而形成无产阶级。该阶级强调劳动优先、劳动至上,追求的是社会主义和共产主义,这就是劳动逻辑的要义。由此可见,在商品经济历史阶段,商品经济具有两个基本规定性:一是在共时性上,该阶段存在两种核心逻辑即资本逻辑和劳动逻辑,前者选择资本主义发展道路,后者选择社会主义发展道路;二者之间的博弈是一种"非此即彼"的二选一模式,即在全球现代化实践中,每个国家或者选择资本主导的逻辑,或者选择劳动主导的逻辑,没有第三种选项。二是在历时性上,两种逻辑都依存于商品交换,只要商品交换存在,资本和劳动的矛盾就存在,只有随着商品交换的消失,二者

---

① 《马克思恩格斯文集》第 5 卷,北京:人民出版社 2009 年版,第 47 页。

的博弈才会终结。在这个意义上,资本和劳动的对立统一具有历史性,即它因商品交换的产生而产生,伴随其存在而存在,也将因商品交换的消失而消失。基于此,可以得出如下结论:第一,强国逻辑在本质上属于劳动逻辑体系,在实践上属于21世纪科学社会主义序列。资本和劳动之间"非此即彼"的博弈意味着,随着劳动逻辑的上升,资本逻辑必然下降,"东升西降"是商品经济自身逻辑演进的必然走向。第二,随着中国现代化强国的建成,因其现代化的特殊性,特别是14亿多人口的规模效应及巨大影响,中国式现代化将会深刻改变全球现代化进程,科学社会主义在21世纪的中国将会焕发出更加强大的生机和活力。一则是"东升西降"的大势所趋,一则是中国式现代化对全球现代化的积极影响,可以说,当代中国马克思主义、21世纪马克思主义在商品经济历史进程中的崛起,具有逻辑必然性。

其次,关于"世界力量中心从欧美转向亚洲"的宏观走向以及基于这一走向的强国逻辑的实践效应。逻辑是实践的内生源,理论是行动的先导。把握好强国实践的内在逻辑,可以使现代化强国实践更合规律性,进一步增强建成现代化强国的信心。回答好时代问题,回应好人民诉求,才能够获得人民的支持,经得起历史的检验。习近平总书记强调:"百年变局和世纪疫情相互交织,世界进入新的动荡变革期,世界和平与发展面临严峻挑战,外部环境更加不稳定、不确定,我国发展面临新的战略环境。"[①]如何认识和对待这一战略环境?辩证唯物主义的基本原则是要抓住主要矛盾和矛盾的主要方面。百年变局,变量很多。从结构上看,涉及格局、利益、关系和力量,但核心是总体性和全局性之变。从总体性和全局性来看,百年变局,核心是世界力量中心之变。如何变?基本线索是世界力量中心在转移,关键点是世界科学中心在变迁。回顾历史,从16世纪至20世纪,世界科学中心发

---

① 张旭东、丁小溪:《推动中华民族伟大复兴号巨轮乘风破浪、扬帆远航——党的二十大报告诞生记》,第86页。

生了五次大的变迁,即意大利(1540—1610)、英国(1660—1730)、法国(1770—1830)、德国(1810—1920)、美国(1920年至今),转移周期大约为80年。① 如今光子时代,世界科学中心正在经历第六次转移。那么,会向什么方向转移? 从现状看,当前突出的特征是,没有一个国家占据总体的主导地位,中国、美国和欧盟都在少数几个领域处于领先地位。这意味着世界力量结构正处在调整过程中,呈现出多极性分散态势。研究表明,20世纪世界科技中心主要在欧美发达国家,但呈现向亚洲和太平洋地区加速转移的趋势。21世纪以来,日本科技实力依然突出,中国、巴西、印度、土耳其等新兴国家和经济体科技研发支出快速增长,在全球的研发份额中占到较高比例,技术创新能力明显增强,已经成为科技创新的高度活跃地区,并对世界科技创新作出越来越大的贡献。② 这表明,"世界力量中心从欧美转向亚洲"的趋势初显端倪。党的二十大报告指出,新时代十年,我们加快推进科技自立自强,全社会研发经费居世界第二位,研发人员总量居世界首位;基础研究和原始创新不断加强,一些关键核心技术实现突破,"进入创新型国家行列"。③ 这意味着,在"世界力量中心从欧美转向亚洲"的趋势中,中国具有重要影响力。可以预见,随着强国实践的不断推进,基于当下研发经费"居世界第二位"和研发人员总量"居世界首位"的优势,中国将逐步成为"亚洲世界力量中心"的主导者。可以说,在"世界力量中心从欧美转向亚洲"的大趋势中,在世界科学中心正在经历的第六次转移的大变革中④,中国科学发展将会成为变迁的主角。质

---

① 潘教峰、刘益东、陈光华、张秋菊:《世界科技中心转移的钻石模型——基于经济繁荣、思想解放、教育兴盛、政府支持、科技革命的历史分析与前瞻》,《中国科学院院刊》2019年第1期,第11页。

② 同上文,第15页。

③ 习近平:《高举中国特色社会主义伟大旗帜 为全面建设社会主义现代化国家而团结奋斗——在中国共产党第二十次全国代表大会上的报告》,第8页。

④ 潘教峰、刘益东、陈光华、张秋菊:《世界科技中心转移的钻石模型——基于经济繁荣、思想解放、教育兴盛、政府支持、科技革命的历史分析与前瞻》,第10—21页。

言之，世界科学中心的六次转移趋势将会是：意大利→英国→法国→德国→美国→中国。在这个意义上，现代化强国的建成，预示着"世界力量中心从欧美转向亚洲"的完成，意味着中国国际地位和影响的大幅提升，基于强国实践的 21 世纪马克思主义将充分展现其影响力和引领力，促进世界社会主义的振兴发展。

综上所述，可以认为：第一，党的二十大报告体现了鲜明的中国式现代化的强国逻辑。其基本内容包括"全面建成社会主义现代化强国→实现中华民族伟大复兴→为人类谋进步、为世界谋大同、为人类实现现代化提供新选择→创造人类文明新形态"四个层次，层层递进，形成一种梯次结构。第二，在现实指向上，中国式现代化的强国逻辑指向国家强大，意味着随着现代化强国的建成，中华民族将为人类作出更大贡献。第三，从深层次上看，在当今时代，"东升西降"的历史演进是商品经济自身逻辑演进的必然结果，当代中国马克思主义、21 世纪马克思主义必将在商品经济历史进程中崛起，这是人类历史发展的大势。在 21 世纪，世界力量中心的转移已经开始，核心是世界科学中心的转移。在此背景下，全面建成社会主义现代化强国意味着，世界科学中心的第六次转移的方向将会是中国。可以预见，随着中国社会主义现代化强国的全面建成，当代中国马克思主义、21 世纪马克思主义的影响力和引领力将会更加彰显，届时，对"天下文明""世界大同"的理念将会有更多的共识。当然，这需要一个历史过程，甚至是充满挑战的历史过程。规律上的必然，使我们信心百倍；实践上的艰难，使我们勇毅前行。

（原载《国家现代化建设研究》2023 年第 1 期）

# 论中国式现代化的精神动力

沈湘平[*]

党的二十大报告明确了党在新时代"以中国式现代化全面推进中华民族伟大复兴"的中心任务,并对中国式现代化的中国特色、本质要求、战略安排和重大原则进行了系统论述。中国式现代化本质上是中国共产党领导的社会主义现代化,全面建成社会主义现代化强国是一项伟大而艰巨的事业,也是十分复杂的系统工程。其中,以什么样的精神状态、能否提供持续的精神动力,是奋斗目标能否如期实现的关键因素。党领导人民进行百年奋斗特别是进行现代化建设所形成的精神力量,是我们宝贵的财富。党的二十大报告中有关增强精神力量的重要论述,需要我们系统挖掘和深入贯彻,从而自觉为中国式现代化提供强大的精神动力。

## 一、现代化精神动力问题的百年寻解

众所周知,现代化开启于西方,西方正是凭借这样的率先优势开创了人类历史新篇章。古老的中国在近代以"国家蒙辱、人民蒙难、文

---

[*] 沈湘平,北京师范大学哲学学院教授、全球化与文化发展战略研究院院长。

明蒙尘"的屈辱、被动状态被拉入西方按照自己的面貌塑造的世界舞台。当时,先进的中国人在比照西方现代化时,不断反思中国落后的原因,由器物而制度再到文化的最终归因,在一百多年前的新文化运动中集中爆发出来,其本质就是认识到,没有先进的思想文化武装,没有现代精神力量推动,中国就不可能实现救亡图存和真正实现向现代社会转型。在今天看来,毋庸讳言,新文化运动确实存有"全盘西化"的历史偏颇。但我们至少可以从两方面理解这一事实:一是当时西方现代化作为现代化的唯一模式,实际上并没有多少争议,在绝大多数人看来,只有要不要现代化的问题,而不存在要不要西方现代化的问题;二是在当时的中国本土社会、传统文化中,确实一时找不到可以有力推进现代化的精神动力。

1915年,就在作为新文化运动开端标志的《新青年》(当时叫《青年杂志》)创办的同一年,现代化理论的主要奠基人马克斯·韦伯写了《儒教与道教》一书,在该书和他之前发表的《新教伦理与资本主义精神》中,韦伯研究了为什么西方最早走上理性化道路而中国等国家却不能的问题:"何以在这些国度(中国、印度——引者注),无论科学、艺术、政治以及经济的发展皆未能走上西方独具的理性化的轨道?"① 韦伯将理性化理解为现代化的本质,他的追问就是为什么西方最早走上现代化道路而中国等国家却不能。他开宗明义地指出,"问题的核心毕竟是在于西方文化所固有的、特殊形态的'理性主义'"②。新教伦理与资本主义有着高度的内在亲和性,造就了促使现代化诞生和推动其发展的所谓资本主义精神——韦伯事实上是在亚当·斯密、康德、黑格尔的基础上,为西方现代社会寻找伦理道德基础。在韦伯看来,所谓精神"是一种带有伦理色彩的生活样式准则的性格"③,他也

---

① 〔德〕马克斯·韦伯:《新教伦理与资本主义精神》,康乐、简惠美译,上海:上海三联书店2019年版,前言第12—13页。

② 同上书,前言第13页。

③ 同上书,第27页。

称之为一种"心态"即"对世界的实际态度"①。所谓资本主义精神则涉及"将工作奉为天职有系统且理性地追求合法利得的心态",这种心态在西方"近代资本主义企业里找到其最适合的形式,另一方面,资本主义企业则在此心态上找到最适合的精神推动力","资本主义文化最特色独具的构成要素,亦即'天职'思想与为职业劳动献身"。② 韦伯的研究认为,中国人恰恰缺少这样的精神、心态,所以尽管早就有许多资本主义因素存在,但最终没有促成反而阻碍了中国走向资本主义,即当时所理解的现代化道路。这些被后人称为"韦伯命题"的思想还包含着这样一个维度,即韦伯为什么要研究这个问题。其实他是有感于当时西方社会这种伦理精神的丧失,而试图为之找回原有的精神动力。

所谓"韦伯命题",实质上从正反两方面说明,现代化需要特定的以伦理为核心的精神动力。没有特定的精神动力,现代化不可能真正发生,也不可能真正持续。回观中国,"韦伯命题"至少引发如下四个相关问题:(1)对所谓唯物史观"经济决定论"形成挑战乃至否定的问题。长期以来,中西学界都有此观点。的确,韦伯明确说过,唯心论历史文化解释和唯物论的文化历史观是"同样片面的",我们"必须从这样的观点脱身出来,亦即认为可以从经济的变革中推衍出宗教改革的这个'历史必然的'结果";将新教伦理都"说成是'物质'状态之'反映'在'精神的上层建筑'上,就真的是无谓至极"。③ 他在《社会科学方法论》中更是直接宣称:"所谓'唯物主义历史观',作为一种世界观或作为对历史实在性所作的一种因果解释,是应该加以断然拒斥的。"④对此,从后文的分析中可以看到,韦伯所理解的马克思主义其

---

① 〔德〕马克斯·韦伯:《儒教与道教》,王容芬译,北京:商务印书馆1995年版,第301页。
② 〔德〕马克斯·韦伯:《新教伦理与资本主义精神》,第39、50页。
③ 同上书,第181、67、48页。
④ 〔德〕马克斯·韦伯:《社会科学方法论》,杨富斌译,北京:华夏出版社1999年版,第165页。

实是一种简单化、庸俗化的马克思主义,马克思主义对精神动力的问题高度重视,而且有很多经典论述。(2)现代化道路是唯一的吗?即只有走西方资本主义道路才能实现现代化吗?与此相关的问题是(3)中国现代化何以可能?因为在韦伯看来,中国文化和中国人的精神、心态阻碍了中国迈向现代化——这与五四时期中国精英阶层的主流反思在时间上是同步的,在观点上也几乎是一致的。(2)和(3)还直接涉及今天中国式现代化的合法性问题。正如前文已提及,韦伯之所以探讨这些问题,为资本主义找回丧失的精神动力是其重要初衷。在韦伯看来,随着西方资本主义的发展,"这世间的物资财货,如今已史无前例地赢得了君临人类之巨大且终究无以从其中逃脱的力量。……获胜的资本主义,既已盘根在机械文明的基础上,便也不再需要这样的支柱(禁欲和资本主义精神——引者注)",人们见到的是"无灵魂的专家,无心的享乐人,这空无者竟自负已登上人类前所未达的境界"。① 面对西方现代化中形式理性与实质理性、工具理性与价值理性之间的矛盾,韦伯一筹莫展,认为在资本主义社会无法解决。这事实上隐含着一个重要的问题,即(4)究竟什么样的现代化才是好的现代化。这是在要不要现代化、能不能现代化基础之上的规范性探讨,具有政治哲学的性质。韦伯已经明白地告诉我们,物质膨胀而精神缺失的现代化不是好的现代化。

  韦伯的相关探讨对我们今天理解和推进中国式现代化有着很好的启示意义。不过,我们必须清醒地认识到,马克思主义有着自己关于精神动力的科学理论,在不断中国化时代化的马克思主义的指导下,中国共产党领导中国人民通过百年奋斗,特别是通过新中国成立后的中国式现代化理论与实践探索,已经成熟地锻造出具有中国特色、社会主义本质的现代化精神动力。

  马克思主义唯物史观的确强调改变世界的终极力量是物质力量,

---

① 〔德〕马克斯·韦伯:《新教伦理与资本主义精神》,第179、180页。

但绝不是简单的经济决定论即经济的决定作用是"归根到底"意义上的,而是在辩证唯物主义意义上十分重视发挥人的主观能动性,重视精神的伟大力量。安东尼·吉登斯曾公允地指出,马克思和韦伯对资本主义精神动力的很多看法事实上是一致的,或者说马克思是认可宗教伦理与资本主义精神"这种联系的历史重要性"①的。马克思也曾指出,"国民经济学这门关于财富的科学,同时又是关于克制、穷困和节约的科学";"尽管它具有世俗的和纵欲的外表,却是真正道德的科学,最最道德的科学。它的基本教条是:自我节制,对生活乃至人的一切需要都加以节制"。② 更为重要的是,马克思在更为根本的层面上论述了物质力量与精神力量关系的辩证法。他认为,"批判的武器当然不能代替武器的批判,物质力量只能用物质力量来摧毁"③,但在一定条件下精神力量却可以转化为强大的物质力量。这个"一定条件"最根本的就是"思想的闪电一旦彻底击中这块素朴的人民园地",也就是精神力量成为人民的精神力量——"理论一经掌握群众,也会变成物质力量"。④ 一百多年来,中国共产党正是因为深刻理解和自觉运用这一辩证法,才构建了以伟大建党精神为源头的精神谱系,使中国人民在精神上从被动转向主动,并以伟大的历史主动精神,在革命、建设和改革开放中不断谱写传奇,创造人间奇迹。

中国共产党成立之后,在党领导的风起云涌的工农运动和艰苦卓绝的革命战争中,形成了独特的革命文化和革命精神,锻造了惊天地泣鬼神的革命气概与情怀、精神品质和道德情操,这便是中国革命道德传统。毛泽东的"老三篇"和刘少奇的《论共产党员的修养》等著作为中国革命道德传统的系统化、理论化作出了奠基性贡献,而这些思想一为广大党员乃至人民群众所认同和接受,就发挥出无与伦比的精

---

① 〔英〕安东尼·吉登斯:《资本主义与现代社会理论——对马克思、涂尔干和韦伯著作的分析》,郭忠华、潘华凌译,上海:上海译文出版社 2007 年版,第 243 页。
② 《马克思恩格斯文集》第 1 卷,北京:人民出版社 2009 年版,第 226 页。
③ 同上书,第 11 页。
④ 同上书,第 17—18、11 页。

神变物质的伟大力量。正如邓小平所说,"我们在新民主主义革命时期,就已经坚持用共产主义的思想体系指导整个工作;用共产主义道德约束共产党员和先进分子的言行;提倡和表彰'全心全意为人民服务','个人服从组织','大公无私','毫不利己、专门利人','一不怕苦、二不怕死'";在长期革命战争中,"发扬革命和拼命精神,严守纪律和自我牺牲精神,大公无私和先人后己精神,压倒一切敌人、压倒一切困难的精神,坚持革命乐观主义、排除万难去争取胜利的精神"。① 中国革命道德是马克思主义伦理道德思想在中国的生根发芽和发展,也是中华传统美德的现代性转换,它的主体是中国共产党人和人民群众。它的形成从根本上终结了中国几千年的封建道德体系,也在本质上区别于资产阶级道德,从而不仅锻造了一大批"特殊材料制成的"革命者,而且逐渐改造着中国社会及其国民性,使整个中华民族的精神状态持续朝向积极、美好,为新中国走向中国式现代化的探索提供了精神基础。

新中国成立后,毛泽东特别强调人是要有点精神的,提出"物质可以变成精神,精神可以变成物质"的哲学命题,指出"代表先进阶级的正确思想,一旦被群众掌握,就会变成改造社会、改造世界的物质力量"。② 正是因为拥有独特的"精神原子弹",我们取得了抗美援朝立国之战的伟大胜利,极大振奋和淬炼了民族精神。在战争年代形成的革命道德传统的基础上,党逐步探索和初步建立起了有独特民族风格和历史特点的社会主义道德体系,人民的精神面貌出现亘古未有之一新:"从新中国成立到'文化大革命'以前的近20年的时间里,特别是在1959年以前的10年中,应当说,是我国道德建设的一段光辉的时期。革命的激情,涤荡着旧社会的污泥浊水;建设社会主义的热情,鼓舞着人们奔向光明。"③1964年,中央正式提出把我国建设成为"四个

---

① 《邓小平文选》第2卷,北京:人民出版社1994年版,第367、368页。
② 《毛泽东文集》第8卷,北京:人民出版社1999年版,第321、320页。
③ 罗国杰:《新中国道德建设的回顾与展望》,《齐鲁学刊》2002年第2期,第6页。

现代化"强国的战略目标。当时的中国人以无与伦比的激情兴起了战天斗地建设"四个现代化"的热潮,不仅创造了许多人间奇迹,也创造了无比宝贵的精神财富。北大荒精神、大庆精神、大寨精神、铁人精神、雷锋精神、焦裕禄精神、"两弹一星"精神集体绘就了那个时代的精神肖像。毛泽东还发展了1942年提出的"党风"思想,强调以党风带动军风、民风,党风建设成为社会主义新道德建设的关键环节。在新中国成立后二十多年的燃情岁月里,中国人的精神状态具有鲜明的革命理想主义、浪漫主义的特质,奠定了社会主义现代化的思想道德底色。

  进入改革开放时期,党中央鲜明地指出,建设高度的社会主义精神文明"是我们社会主义现代化的重要目标,也是实现四个现代化的必要条件"①。邓小平不仅提出了"中国式的现代化"的概念,强调现代化建设要"两手抓、两手都要硬",而且明确提出"精神动力"的问题:"对马克思主义的信仰,是中国革命胜利的一种精神动力";"要懂得些中国历史,这是中国发展的一个精神动力"。② 江泽民指出:"按照马克思主义的唯物辩证法观点,在一定条件下,精神可以变物质,精神的力量可以转化为物质的力量。强大的精神力量不仅可以促进物质技术力量的发展,而且可以使一定的物质技术力量发挥出更好更大的作用。"③胡锦涛强调:"一个国家要发展,一个民族要自立于世界民族之林,不仅要通过发愤图强积累强大的物质基础,而且要通过艰苦奋斗形成强大的精神力量。"④在这一时期,一方面,党中央与时俱进、环环相扣地持续推进社会主义精神文明建设,落实《公民道德建设实施纲要》,弘扬和培育民族精神,践行社会主义荣辱观,建设社会主义核心价值体系;另一方面,在改革开放和市场经济建设的实践中,人们

---

  ① 《改革开放三十年重要文献选编》(上),北京:中央文献出版社2008年版,第71页。
  ② 《邓小平文选》第3卷,北京:人民出版社1993年版,第63、358页。
  ③ 《江泽民文选》第2卷,北京:人民出版社2006年版,第231页。
  ④ 《胡锦涛文选》第3卷,北京:人民出版社2016年版,第84页。

逐渐形成致富光荣、敢闯敢试、讲究效率、苦干实干的国民性格和以改革创新为核心的时代精神。这些精神建设为中国经济高速发展和社会转型提供了持续精神保障和基本道德规范,为市场经济条件下社会主义现代化建设提供了总体匹配的伦理动力。

进入新时代以来,习近平总书记高度重视精神力量的作用,特别重视激发精神动力。他认为,"人无精神则不立,国无精神则不强。精神是一个民族赖以长久生存的灵魂,唯有精神上达到一定的高度,这个民族才能在历史的洪流中屹立不倒、奋勇向前"。而且,"伟大事业孕育伟大精神,伟大精神引领伟大事业"。① 他深刻指出:"辩证唯物主义虽然强调世界的统一性在于它的物质性,但并不否认意识对物质的反作用,而是认为这种反作用有时是十分巨大的。我们党强调理想信念是共产党人精神上的'钙',强调'革命理想高于天',就是精神变物质、物质变精神的辩证法。广大党员、干部理想信念坚定、干事创业精气神足,人民群众精神振奋、发愤图强,就可以创造出很多人间奇迹。如果党员、干部理想动摇、宗旨淡化,人民群众精神萎靡、贪图安逸,那往往可以干成的事情也干不成。所以,我们必须毫不放松理想信念教育、思想道德建设、意识形态工作,大力培育和弘扬社会主义核心价值观,用富有时代气息的中国精神凝聚中国力量。"② 新时代十年,提出和贯彻"促进满足人民文化需求和增强人民精神力量相统一"这一建设社会主义文化强国的重要原则,思想文化建设取得巨大成就。确立和坚持了马克思主义在意识形态领域的指导地位的根本制度,习近平新时代中国特色社会主义思想深入人心,社会主义核心价值观广泛传播,中华优秀传统文化得到创造性转化、创新性发展,意识形态领域形势发生全局性、根本性转变,特别是"青年一代更加积极向

---

① 习近平:《党的伟大精神永远是党和国家的宝贵精神财富》,《求是》2021年第17期,第7、18页。
② 习近平:《辩证唯物主义是中国共产党人的世界观和方法论》,《求是》2019年第1期,第6页。

上,全党全国各族人民文化自信明显增强、精神面貌更加奋发昂扬";"中国人民的前进动力更加强大、奋斗精神更加昂扬、必胜信念更加坚定,焕发出更为强烈的历史自觉和主动精神"。① 在社会主义建设和改革开放长期探索和实践的基础上,经过新时代理论和实践上的创新突破,中国式现代化得以成功推进和拓展。党的二十大报告全面阐述了中国式现代化的内涵、特征和本质要求,也立足中国、放眼世界,阐明了什么样的现代化是好的现代化,其中始终贯穿现代化精神动力的气韵与理论,即回答了为什么要增强精神力量、要着重增强哪些方面的精神力量以及如何增强精神力量等问题。在这个意义上,党的二十大报告也是关于现代化精神动力的纲领性宣言。

## 二、增强精神动力是中国式现代化的本质规定和现实要求

中国式现代化之所以具有"中国式"的"中国特色",是相对"他者"即西方既有的现代化而言的。正如习近平总书记指出的那样,中国式现代化是"前无古人的创举,破解了人类社会发展的诸多难题,摒弃了西方以资本为中心的现代化、两极分化的现代化、物质主义膨胀的现代化、对外扩张掠夺的现代化老路"②。党的二十大报告对中国式现代化"中国特色"的阐述,事实上蕴含着对"什么样的现代化是好的现代化"的核心理解,即以人民为中心和以人的现代化为本质的现代化,是"坚持把实现人民对美好生活的向往作为现代化建设的出发点和落脚点",实现共同富裕、物质文明与精神文明相协调、人与自然和谐共生、世界人民和平发展的现代化。其中,"精神富有是社会主

---

① 习近平:《高举中国特色社会主义伟大旗帜 为全面建设社会主义现代化国家而团结奋斗——在中国共产党第二十次全国代表大会上的报告》,北京:人民出版社2022年版,第10、15页。

② 习近平:《以史为鉴、开创未来,埋头苦干、勇毅前行》,《求是》2022年第1期,第9页。

现代化的根本要求","丰富人民精神世界"是中国式现代化的本质要求。当然,文化强国本身就是中国式现代化的重要目标。党的二十大报告不仅明确将"增强实现中华民族伟大复兴的精神力量"即增强以中国式现代化全面推进中华民族伟大复兴的精神力量作为文化强国的重要战略任务,而且明确要求在2035年基本建成现代化国家之时率先建成文化强国。其中蕴含的道理在于:文化强国是现代化强国的前提和支撑,只有先建成文化强国,才有可能真正建成现代化强国,因为文化建设直接肩负着为现代化提供系统性精神力量的使命。罗荣渠先生曾用生态、人口、社会、经济、技术、政治、文化、国际等八组因素动态地考察现代化的动力,认为这八组因素在现代化进程的不同阶段的重要性和占先性是不同的。他指出:"在现代化启动阶段,非经济因素特别是政治因素具有占先性;在转变阶段则是经济与技术因素具有占先性;而在现代化后期特别是社会整合阶段,则是文化因素、生态因素等上升到重要地位。"[①]经过改革开放四十多年特别是新时代十年的发展,中国式现代化已经进入罗荣渠先生所说的第二个阶段后期和第三个阶段早期,文化、科技、生态的重要性更加凸显。而且,从更为广义的角度说,"鼓天下之动者存乎辞"(《周易·系辞上》),无论是推动经济高质量发展,还是实施科教兴国战略、推动绿色发展等,都需要文化发展提供精神支持。毫无疑问,在新时代新征程中国式现代化前进的道路上,精神动力显得比以往任何时候都更为重要。

从现代化精神动力,特别是"什么样的现代化才是好的现代化"的角度看,中国式现代化与西方现代化的差别有两点最为重要:

一是以人的逻辑超越物的逻辑,朝向人"是其所是"。现代化的首要基础是工业化,正是工业化造就西方现代化中人与物的关系。人离不开物,而且从一开始,物或世界就是以人的方式被"打开"——世界

---

① 罗荣渠:《现代化新论——中国的现代化之路(增订本)》,上海:华东师范大学出版社2013年版,第408页。

历史不过是"自然界对人来说的生成过程"①。人为物役(庄子)、心为形役(陶渊明),形成商品、货币、资本的拜物教(马克思),只剩下经济冲动力(丹尼尔·贝尔),成为单向度的人(马尔库塞),可谓"物是人非"。西方现代化其实在根基处具有"物是人非"的性质。韦伯曾指出,西方宗教伦理不仅重视工具理性,而且把自己也变成上帝的工具,基督徒的"尊严正在于此,因为他正想成为一种理性地改造世界和把握世界的有用的工具"②。但是,一旦宗教伦理溜出西方现代化"铁笼","铁笼"中的拜物教、单向度的人等现象就在所难免。中国式现代化"摒弃了"西方的"老路",开辟了以人为中心、以人的现代化为本质取向的现代化。物质文明和精神文明相协调,本质上是为了"促进物的全面丰富和人的全面发展",这既是中国式现代化的重要特征,也是其重要目标诉求和价值要求。中国式现代化突出精神力量的地位和作用,本质上是突出人本身,就是要超越"物是人非"以达到"人是其所是"。这不是简单的扬人而抑物,而是要让物和人都"是其所是",即都按照自己的本质而存在,各归其位、各得其所。其中,"人是其所是"无疑是最重要的,是矛盾的主要方面。按照马克思的说法,就是要朝向"人的自我异化的积极的扬弃,因而是通过人并且为了人而对人的本质的真正占有;因此,它是人向自身、也就是向社会的即合乎人性的人的复归,这种复归是完全的复归,是自觉实现并在以往发展的全部财富的范围内实现的复归……它是人和自然界之间、人和人之间的矛盾的真正解决,是存在和本质、对象化和自我确证、自由和必然、个体和类之间的斗争的真正解决。它是历史之谜的解答,而且知道自己就是这种解答"③。由此可见,中国式现代化实际上是这一历史之谜的当代解答。而且,因为有着"中国特色"和"本质要求"的自觉,以实现中华民族伟大复兴为历史使命、以创造人类文明新形态为

---

① 《马克思恩格斯文集》第 1 卷,第 196 页。
② 〔德〕马克斯·韦伯:《儒教与道教》,第 300 页。
③ 《马克思恩格斯文集》第 1 卷,第 185—186 页。

本质目标的中国式现代化,"知道自己就是这种解答":一方面,在人与自然之间,中国式现代化将人与自然视为"生命共同体",致力于达到"人与自然和谐共生","坚定不移走生产发展、生活富裕、生态良好"——走三"生"有幸(福)的文明发展道路;另一方面,在人与人之间,在国内强调"维护和促进社会公平正义,着力促进全体人民共同富裕";在国际上强调"以自身发展更好维护世界和平与发展","推动构建人类命运共同体",走公平正义、胸怀天下的文明发展道路。①

二是以实践理性超越经济理性,看护人的存在。现代化的本质是理性化,我们说各国现代化有"共同特征",最根本的就是都意味着理性化。中国式现代化走过七十多年,事实上经历了浪漫主义、经验主义阶段,终而到达理性主义阶段,这是中国式现代化的成熟阶段。但是,不同现代化的差别,最根本的恰恰在于对理性的不同理解,超越西方现代化不是要反对理性和理性化,而是超越西方对理性和理性化的独断式片面理解。韦伯认为,当年西方能而中国未能走上现代化道路的"问题的核心",在于西方拥有自己固有的、特殊形态的理性主义。从它自古希腊奠定的特质看,这种理性主义具有重理智的传统;从它作为现代性、现代化的本质看,这种理性主义以形式理性、工具理性为核心,强调改造和控制世界;从现实的现代化进程看,这种理性主义的基础是经济理性主义。特别值得注意的是,这种理性主义与个人主义又是浑然一体的。凡"以个人主义为动力的现代增长被认为是发展的实质,一切有利于发展'个人'和推动这种高增长的方式与方法都被认为是'合乎理性'的东西"②。在马克思看来,这种理性经济人是"属于18世纪的缺乏想象力的虚构",是"美学上的假象","其实,这是对于16世纪以来就作了准备、而在18世纪大踏步走向成熟的'市民社会'的预感","它的内容以及实现的形式和手段则是由不以任何人为转移

---

① 习近平:《高举中国特色社会主义伟大旗帜 为全面建设社会主义现代化国家而团结奋斗——在中国共产党第二十次全国代表大会上的报告》,第22—24页。

② 罗荣渠:《现代化新论——中国的现代化之路(增订本)》,第183页。

的社会条件决定的"。① 离开具体的社会历史条件,哪怕从人的角度谈理性,依然是"无人身的人类理性"②。中国式现代化的理性动力是马克思主义的、"人是其所是"的实践理性与中国传统上适应世界的实用理性——"安所遂生"的生存理性(Survival Rationality)的结合。借用海德格尔的说法,西方现代化是遗忘存在、执着于存在者的现代化,而实现马克思主义同中华优秀传统文化相结合的中国作为特殊的"此在",领悟到了整个人类存在之道。存在(Being)——本质上是共在(Being Together, Co-Existence)——和好存在(Well Being,幸福)分别是中国式现代化的底线和终极追求。中国的实践理性主义本质上张扬的是人类的存在理性(Existential Rationality),始终看护着人的存在。③

今天,我们比历史上任何时期都更接近、更有信心和能力实现以中国式现代化全面推进中华民族伟大复兴的目标。但这决不是敲锣打鼓就可以坐等实现的,而需要全国人民一如既往地凝神聚力,紧紧锚定目标,付出更加艰巨、艰苦的努力。"为山九仞,功亏一篑""行百里者半九十",临门一脚最见精神,也最需要精气神。

一方面,中国式现代化面临着严峻的国际环境。当前,世界之变、时代之变、历史之变正以前所未有的方式展开,世界又一次站在历史的十字路口,人类社会面临前所未有的众多挑战和何去何从的艰难抉择。在世界百年未有之大变局加速演进、新一轮科技革命和产业变革深入发展、国际力量对比深刻调整、我国发展面临新的战略机遇的同时,"世纪疫情影响深远,逆全球化思潮抬头,单边主义、保护主义明显上升,世界经济复苏乏力,局部冲突和动荡频发,全球性问题加剧,世界进入新的动荡变革期……来自外部的打压遏制随时可能升级。我

---

① 《马克思恩格斯全集》第 30 卷,北京:人民出版社 1995 年版,第 22、106 页。
② 《马克思恩格斯文集》第 1 卷,第 603 页。
③ 沈湘平:《本体性安全与作为生存理性的实践理性》,《阅江学刊》2022 年第 6 期,第 44—52 页。

国发展进入战略机遇和风险挑战并存、不确定难预料因素增多的时期,各种'黑天鹅'、'灰犀牛'事件随时可能发生"①。自 2022 年起,未来 5 年是中国全面建设社会主义现代化国家开局起步的关键时期,未来 13 年是基本实现社会主义现代化的决胜期。根据国际形势综合判断,未来十年左右也将是世界百年未有之大变局的决定性时期。就在中国共产党召开二十大前夕,致力于"围堵"中国的美国发布新版国家安全战略,宣称"未来十年是美国与中国竞争的决定性十年"②。中国式现代化计划于十多年后(2035)基本实现,至 2049 年全面建成,美国的战略就是对中国式现代化进行"中段拦截"。我们有必胜的定力、智慧和能力,但这一切很大程度上仰赖于我们自身的强大精神力量。

另一方面,我们的精神状态还存在一些比较突出的问题。新时代十年,现代化取得了历史性成就、发生了历史性变革,全党全国人民的精神面貌焕然一新。但是,"我国改革发展稳定面临不少深层次矛盾躲不开、绕不过,党的建设特别是党风廉政建设和反腐败斗争面临不少顽固性、多发性问题",反映在精神状态上则是与中国式现代化的本质要求还有差距。从党自身看,"意识形态领域存在不少挑战……一些党员、干部缺乏担当精神,斗争本领不强,实干精神不足,形式主义、官僚主义现象仍较突出;铲除腐败滋生土壤任务依然艰巨";长期面临四种危险,即"精神懈怠危险、能力不足危险、脱离群众危险、消极腐败

---

① 习近平:《高举中国特色社会主义伟大旗帜 为全面建设社会主义现代化国家而团结奋斗——在中国共产党第二十次全国代表大会上的讲话》,第 26 页。

② 索炎琦:《美发布新版国家安全战略 优先考虑保持对中国的持久竞争优势》,环球网,2022 年 10 月 13 日,https://m.huanqiu.com/article/4A2Lr9BRDFe,2023 年 1 月 3 日访问。无独有偶,澳大利亚前总理陆克文 2022 年 9 月在其著作《可避免的战争》(*The Avoidable War*)中认为,中美之间战略对抗的意识形态斗争将会在未来 10 年进入高潮,未来 10 年中国将进入"抗美关键时期"。2022 年 10 月底,俄罗斯总统普京也说:"我们正站在历史的前沿:未来十年可能是二战结束后最危险、最不可预测,同时也是最重要的十年。"(张志伟、柳玉鹏、陈欣:《警告"最危险十年"来临,普京提醒西方:种风的人,收获的是风暴》,环球网,2022 年 10 月 29 日,https://3w.huanqiu.com/a/de583b/4AFLDDtWFkN,2023 年 1 月 3 日访问。)

危险";当前甚至还存在"松劲歇脚、疲劳厌战的情绪"。① 从全社会看,当前国人的精神状态总体上是好的,但毋庸讳言也存在一些问题,与以中国式现代化全面推进中华民族伟大复兴的中心任务还不完全适应。例如,享乐主义、极端和精致的利己主义不同程度存在,躺平主义、佛系和丧文化心态颇为流行,巨婴心理、"香蕉人"现象并不罕见。特别令人担心的是,这些情况还出现在青少年一代中,因为青少年是民族、国家的未来,中国式现代化、中华民族伟大复兴最终要靠他们才能实现。总之,国人在精神状态方面存在的突出问题表明,有效激发、持续保障和不断增强中国式现代化精神动力,刻不容缓。

## 三、中国式现代化精神动力的"中国特色"

党的二十大报告的主题是"高举中国特色社会主义伟大旗帜,全面贯彻新时代中国特色社会主义思想,弘扬伟大建党精神,自信自强、守正创新,踔厉奋发、勇毅前行,为全面建设社会主义现代化国家、全面推进中华民族伟大复兴而团结奋斗"②。这一主题作为红线贯穿报告始终。这其实也是增强中国式现代化精神动力的总要求。同时,报告还专门就"推进文化自信自强,铸就社会主义文化新辉煌"作出了战略部署,提出了工作要求。深入学习党的二十大报告,可以深刻理解中国式现代化精神动力所源何处、如何激发和怎样保持,也可以更加深刻地认识到,中国式现代化在没有西方所谓新教伦理及资本主义精神的条件下,能够生发出更加伟大的力量。不仅中国式现代化本身具有中国特色,而且中国式现代化精神动力也具有不可复制、优势显著的"中国特色"。

一是以创新理论武装全党、教育人民,为国立心、为民族立魂。中

---

① 习近平:《高举中国特色社会主义伟大旗帜 为全面建设社会主义现代化国家而团结奋斗——在中国共产党第二十次全国代表大会上的报告》,第26、14、64页。

② 同上书,第1页。

国式现代化为什么是好的现代化？是因为它本质上是社会主义的现代化，是因为中国特色社会主义好。中国特色社会主义好，归根到底是马克思主义行，是中国化时代化的马克思主义行。习近平新时代中国特色社会主义思想是中国化时代化的马克思主义的当代形态，是中华文化和中国精神的时代精华。始终以与时俱进的创新理论作为思想武装，也就确保了中国人的精神状态始终具有最根本的灵魂驱动。在新时代新征程上，做好思想武装工作，首要的是掌握习近平新时代中国特色社会主义思想的世界观和方法论，坚持好、运用好贯穿其中的立场观点方法，即做到"六个必须坚持"：人民至上，自信自立，守正创新，问题导向，系统观念，胸怀天下。① 其次，要牢记"五个必由之路"的规律性认识："坚持党的全面领导是坚持和发展中国特色社会主义的必由之路，中国特色社会主义是实现中华民族伟大复兴的必由之路，团结奋斗是中国人民创造历史伟业的必由之路，贯彻新发展理念是新时代我国发展壮大的必由之路，全面从严治党是党永葆生机活力、走好新的赶考之路的必由之路。"② 最后，要牢牢把握中国式现代化前进道路上的"五个重大原则"：坚持和加强党的全面领导，坚持中国特色社会主义道路，坚持以人民为中心的发展思想，坚持深化改革开放，坚持发扬斗争精神。③

二是以优秀传统文化为根基，在创造性转化和创新性发展中激发中国力量。确如韦伯指出的，中国传统文化曾对中国进入现代化起到过阻碍作用，或者说曾经不利于现代化的启动。但是，自觉以中华优秀传统文化忠实继承者和弘扬者身份进行中国式现代化探索的中国共产党人深刻认识到，现代化与传统文化并非简单二元对立，只有同中华优秀传统文化相结合，马克思主义在中国才能牢牢扎根；没有五

---

① 习近平：《高举中国特色社会主义伟大旗帜　为全面建设社会主义现代化国家而团结奋斗——在中国共产党第二十次全国代表大会上的报告》，第19—21页。

② 同上书，第70页。

③ 同上书，第26—27页。

千多年的中华文明,就没有中国特色和中国特色社会主义。中国式现代化说到底是中国化时代化马克思主义指导下的、中国共产党领导的中国特色社会主义现代化。在中国式现代化的探索和拓展中,我们日益自觉地发挥中华优秀文化的底蕴作用。今天看来,中国式现代化能比较成功地避开西方现代化陷阱的一个重要原因,恰恰在于有着自己独特的传统文化根基。中华优秀传统文化蕴含着解答西方现代化总问题也是人类总体性危机的基本提示,是中国式现代化扬弃和超越西方现代化道路的重要逻辑之一。① 进入新时代以来,中国共产党人以伟大的历史主动精神,从"为民族复兴立根铸魂"的高度推动中华优秀传统文化实现创造性转化和创新性发展,使中华优秀传统文化不仅同社会主义现代化相适应,而且为中国式现代化"加魅"和提供伟大智慧。中华优秀传统文化及其孕育的中华民族精神充分发挥了"实现中华民族伟大复兴的精神力量"②的作用,也"为中国发展和人类文明进步提供了强大精神动力"③。因此,"中国现代化除有'普遍性'的性格外,必然还有'特殊性'的性格,这个特殊性的性格是由中国的文化传统所影响、形塑的"④。在精神动力上更是如此。党的二十大报告明确要求,在中国式现代化进程中,我们必须"传承中华优秀传统文化""传承中华文明"。这既是中国式现代化独有的内容要求,也是为中国式现代化提供强大精神动力的要求。

三是以人民为主体,尊重人民首创精神,增强人民精神力量。坚持人民至上,是习近平新时代中国特色社会主义思想首要的立场观点方法,强调"站稳人民立场、把握人民愿望、尊重人民创造、集中人民智

---

① 沈湘平:《中国式现代化道路的传统文化根基》,《中国社会科学》2022 年第 8 期,第 109—123 页。

② 习近平:《建设中国特色中国风格中国气派的考古学 更好认识源远流长博大精深的中华文明》,《求是》2020 年第 23 期,第 9 页。

③ 习近平:《在第十三届全国人民代表大会第一次会议上的讲话》,北京:人民出版社 2018 年版,第 2 页。

④ 金耀基:《中国文化传统与发展》,《传统文化与现代化》1993 年第 3 期,第 12 页。

慧,形成为人民所喜爱、所认同、所拥有的理论,使之成为指导人民认识世界和改造世界的强大思想武器"①。人民是进行中国式现代化建设的主体,中国式现代化的精神动力归根到底要体现为人民群众的精神状态。党的二十大报告从提高社会文明程度的角度对增强人民精神力量作出重要部署,尤其强调要"在全社会弘扬劳动精神、奋斗精神、奉献精神、创造精神、勤俭节约精神"②。这五种精神既是全面建设社会主义现代化国家亟待弘扬的精神,也是当代中国人国民性中最可宝贵的精神要素,是我们民族、国家的核心软实力和竞争力。不少经济学家认为,人口红利是中国改革开放40多年创造奇迹的重要因素,但是,这种说法难以解释为什么同样具有人口红利的印度、巴西却不能创造奇迹。实际上,中国现代化建设发展的重要原因在于,中国人是具有特殊精神特质的人,那就是具有千百年来形成的特别能吃苦、特别能耐劳、特别能牺牲的精神特质的人。其实,马克思早就指出经济学从抽象的人口出发是错误的,现实的人口"是一个具有许多规定和关系的丰富的总体"③。的确,有着五千多年文明积淀基因的中国人,尽管千差万别,但总体上都具有共同的精神特质,这正是我们民族始终生生不息的重要原因,也是改革开放40多年来在与西方国家的竞争中逐渐取得优势的重要密码。马克思当年曾说:"英国工人阶级以不懈的毅力、流血流汗、绞尽脑汁,为使劳动本身成为高尚的事业并使劳动产品增加到能够实现普遍丰富的程度创造了物质手段。"④实际上,多年来中国人民正是以类似的精神状态持续奋斗着,使中华民族站起来、富起来,走向强起来,也为世界发展进步作出了巨大贡献。不少人抱怨中国人很"内卷",但不可否认的是,在很大程度上,恰恰是这种"卷",成就了今日中国,实际上,这种"内卷"中潜藏着韦伯

---

① 习近平:《高举中国特色社会主义伟大旗帜 为全面建设社会主义现代化国家而团结奋斗——在中国共产党第二十次全国代表大会上的报告》,第19页。
② 同上书,第44—45页。
③ 《马克思恩格斯全集》第30卷,第41页。
④ 《马克思恩格斯全集》第13卷,北京:人民出版社1998年版,第134页。

命题的中国答案。经过现代性塑造的宝贵国民性,是中国式现代化之伦理动力的基本面所在。

四是以党的自我革命引领社会革命,永葆党的青春活力。道格拉斯·诺思、罗伯特·托马斯在谈到西方世界的兴起时,有个著名的论断:"一个有效率的经济组织在西欧的发展正是西方兴起的原因所在。"①而探寻中华民族伟大复兴、中国式现代化取得的成就,人们不约而同聚焦于一个政治组织的决定性作用,即中国共产党能!中国共产党之能,在增强中国式现代化精神动力方面也有充分的体现。党的领导是中国特色社会主义最本质的特征,是中国特色社会主义制度的最大优势,"全面建设社会主义现代化国家、全面推进中华民族伟大复兴,关键在党"。因此,"必须持之以恒推进全面从严治党,深入推进新时代党的建设新的伟大工程,以党的自我革命引领社会革命"。在以中国式现代化全面推进中华民族伟大复兴的征程上,"全党同志务必不忘初心、牢记使命,务必谦虚谨慎、艰苦奋斗,务必敢于斗争、善于斗争";要坚定历史自信,发扬历史主动精神,在新征程上"主动识变应变求变,主动防范化解风险";要"加强干部斗争精神和斗争本领养成"。最为重要的是,"坚持发扬斗争精神"是中国式现代化前进道路上必须牢牢把握的五大重要原则之一,必须"增强全党全国各族人民的志气、骨气、底气,不信邪、不怕鬼、不怕压,知难而进、迎难而上,统筹发展和安全,全力战胜前进道路上各种困难和挑战,依靠顽强斗争打开事业发展新天地"。②确实,中国式现代化进程绝非坦途,必须进行具有许多新的历史特点的伟大斗争。坚持敢于斗争是中国共产党百年奋斗的历史经验之一;敢于斗争、善于斗争、敢于胜利,是中国共产党人的鲜明政治品格,也是党的政治优势,是中国共产党不可战胜

---

① 〔美〕道格拉斯·诺思、罗伯特·托马斯:《西方世界的兴起》,厉以平、蔡磊译,北京:华夏出版社1999年版,第5页。

② 习近平:《高举中国特色社会主义伟大旗帜 为全面建设社会主义现代化国家而团结奋斗——在中国共产党第二十次全国代表大会上的报告》,第63、64、1—2、28、66、27页。

的强大精神力量。

五是以团结奋斗凝聚强大合力,用伟大奋斗创造伟大事业。中国有56个民族、14亿多人口,且尚未完全实现国家统一。在这样的现实国情下进行中国式现代化建设,不仅要激发每个人的精神动力,而且要把每个人的力量凝聚起来,发挥"1+1>2"的系统优化作用,形成伟大、磅礴的合力。这涉及如何解决好新时代新征程上人民内部矛盾的问题。全面建成小康社会之后,在安定团结的局面下,人民内部矛盾的认知差异和利益冲突更加具体复杂、价值观冲突尤其突出、与外部矛盾错综交织,常常容易激化为对抗性矛盾,使得社会运行充满复杂性风险;新时代人民内部矛盾的本质或集中体现是现实的、具体的人民的美好生活需要之间的冲突,即"美美"冲突(例如邻避效应)。如何在复杂的国内外环境下,从正确处理人民内部矛盾出发,夯实民族共同体的价值共识,超越人们"各美其美"导致的"美美"冲突,使人们为共同的美好生活团结奋斗,这是增强中国式现代化精神动力的重要着力点。① 正因为如此,强调团结奋斗是党的二十大报告一个突出的亮点和特点。中国式现代化取得的成绩,是中国共产党和中国人民团结奋斗赢得的历史性胜利。在现代化前进道路上,需要坚持的首要原则就是坚持和加强党的全面领导,其重要目的就在于"确保拥有团结奋斗的强大政治凝聚力、发展自信心"。文化强国及意识形态工作的重要功能在于"巩固全党全国各族人民团结奋斗的共同思想基础"。与此同时,党的二十大报告还从巩固和发展最广泛的爱国统一战线、推进祖国统一进程等方面强调了团结奋斗的重要性,特别是将"团结奋斗是中国人民创造历史伟业的必由之路"作为五个必须牢记的规律性认识之一。"团结就是力量,团结才能胜利"是一个被中国人民的实践反复证明了的真理。在新征程上,只要"不断巩固全国各族人民大团结,加强海内外中华儿女大团结,形成同心共圆中国梦的强

---

① 沈湘平:《增强人民精神力量的辩证法与着力点》,《中国高校社会科学》2021年第3期,第43—50页。

大合力",以中国式现代化全面推进中华民族伟大复兴的目的就一定能够达到。①

## 四、把握好增强中国式现代化精神动力的辩证关系

激发和增强中国式现代化的精神动力,并不存在什么神奇的"单方",也不可能一蹴而就、一劳永逸,而必须统筹协调,绵绵用力、久久为功。在这个复杂的发展过程中,需要把握好几个方面重要的辩证关系。

一是增强与满足的关系。激发、增强人民的精神动力,意味着规范和引导,即在一定意义上,意味着对人们某些自在精神状态的克服。比如说以奋斗精神克服"躺平"、"佛系"、巨婴心理等。首先,必须弄清楚这些需要克服的自在精神状态的形成原因,并由此入手去创设解决问题的条件。无疑,这样的条件既有物质的也有精神的。从精神的角度看,必须清楚认识到,我国已经全面建成小康社会,这就意味着物质上"富起来"的问题得到总体性、历史性的解决,中国式现代化发展逐渐进入"后物质时代",人们的精神需要满足的问题日益凸显,精神作为行动动因的作用也日益增强。为此,只有全方位、高质量、快捷地满足人民的精神需求,丰富人民精神世界,才能为人民奠定精神力量的厚实基础。同时,精神的满足从来不像物质的满足那样是中性的,而总是"文以载道",总是意味着某种方向、价值和意义的导引,正能量的精神满足往往会同时发挥增强精神动力的作用。寓"增强"于"满足"之中,是把握增强与满足的辩证关系的基本途径。

二是态度与方法的关系。如前所述,千百年来,中华民族养成了特别能吃苦、特别能耐劳、特别能牺牲的国民精神,这是中国式现代化创造举世瞩目成就的重要精神伦理要素。有些人特别是年轻一代反思由此带来的"内卷",强调反其道而行之。无疑,我们今天确实要从

---

① 习近平:《高举中国特色社会主义伟大旗帜 为全面建设社会主义现代化国家而团结奋斗——在中国共产党第二十次全国代表大会上的报告》,第 26、43、70 页。

"人是其所是"的高度扬弃"内卷"。但是,需要清楚认识到,继承和弘扬中华民族的优秀精神传统,依然很有必要,这些精神传统依然是我们与西方竞争的重要法宝;另一方面,在全社会弘扬劳动精神、奋斗精神、奉献精神、创造精神、勤俭节约精神的同时,要特别强调和突出创造精神。中国式现代化依然需要实干、苦干,但更要巧干、创造性地干。韦伯当年分析所谓新教伦理孕育的资本主义精神时,特别强调以理性方法实现目的——讲究方法这一点具有重要的普适意义。我们在培育和增强中国式现代化精神动力时,要特别注意加强科学教育和普及,培育创新文化,弘扬科学精神和科学家精神,推广科学方法,营造创新氛围。同时,也要推进哲学社会科学繁荣发展,加强人文通识教育与普及,使人们掌握人文方法,领悟人生智慧,培育自尊自信、理性平和、积极向上的社会心态。最终使人们不仅积极、高效地投身中国式现代化建设,而且懂得享受生活、享受人生,不断收获生活的意义感、幸福感、美好感。

三是全面与重点的关系。增强精神动力是一个系统工程,必须坚持系统观念,以重点带动全局。从重点工作的角度看,正如党的二十大报告所部署的那样,要建设具有强大凝聚力和引领力的社会主义意识形态,广泛践行社会主义核心价值,提高社会文明程度,繁荣发展文化事业和文化产业,增强中华文明传播力影响力。从需要增强的重点内容角度看,以伟大建党精神为源头的中国共产党人精神谱系,自强自信精神、历史主动精神、实干精神、斗争精神、团结奋斗精神以及劳动精神、奋斗精神、奉献精神、创造精神、勤俭节约精神等,都是当前应该重点弘扬的精神。从主体的重点人群角度看,一方面重在抓好党员干部的模范带头作用。"君子之德风,小人之德草,草上之风必偃。"(《论语·颜渊》)党员干部的精神状态对于整个国家而言具有决定性的意义。另一方面重在做好青少年的教育引导工作。要扎实有效地推进大中小学思想政治教育一体化建设,加强和改进未成年人思想道德建设,加强青少年体育工作,"把青年工作作为战略性工作来抓,用党的科学理论武装青年,用党的初心使命感召青年,做青年朋友的知心人、青年工作的热心人、青年群众的引路人。广大青年要坚定不移听党话、跟党走,怀抱梦想又脚踏实地,敢想敢为又善作善成,立志做有理想、敢担当、能吃苦、肯奋斗的新时代好青年,让青春在全面建设社会主义现代化国家的火热实践中绽放绚丽之花"①。

四是特色与共同的关系。中国式现代化是中国共产党领导的社会主义现代化,因此有中国特色和本质要求。与此相应,正如前述,在精神动力方面,中国式现代化不管在内容上还是激发方式上,都与西方现代化很不相同。但是,中国式现代化之为现代化,也在于它"有各国现代化的共同特征",精神动力也是如此。我们应该深刻认识到,只要是现代化,就要求与之相匹配的一般性伦理精神,例如敬业精神、理性精神;只要去培养这种伦理精神,就需要通过信仰使之成为某种"本能"的行为。对于一个世俗化的国家而言,非宗教信仰显得尤为重要。正所谓"人民有信仰,国家有力量,民族有希望"。没有信仰,各种精神的弘扬就会成为无源之水、无本之木,甚至会止于词句、口号,变成形式主义,不但起不到提供精神动力的作用,而且会适得其反。同时,不同国家现代化面临的很多问题也是共同的。西方现代化蕴含的一些问题,比如思想观念扭曲问题、传统伦理丧失的问题,并不只存在于西方,也存在于我们的现代化发展进程中。马克思所说的"工业较发达的国家向工业较不发达的国家所显示的,只是后者未来的景象"②,在今天看来具有正反的双重效应。因此,在坚持现代化精神动力的"中国特色"的同时,要镜鉴西方现代化过程中有关提供精神动力的经验与教训。

五是自信与耐心的关系。中国式现代化是中国人自强自信自立开拓出来的,我们坚信而且以实践不断证明,中国式现代化是比西方

---

① 习近平:《高举中国特色社会主义伟大旗帜 为全面建设社会主义现代化国家而团结奋斗——在中国共产党第二十次全国代表大会上的报告》,第71页。
② 《马克思恩格斯文集》第5卷,北京:人民出版社2009年版,第8页。

现代化更好的现代化。这种自信本身就是推进中国式现代化的重要精神动力。但是,我们一定不能因为自信而自负,而是必须拥有坚韧的历史耐心。历史耐心是基于历史文化养成的一种历史理性信念与定力,是一种更理性、深沉、缄默的文化自信。从世界百年变局中我们面临的环境看,既要相信时和势在我们一边,相信我们站在历史正确的一边,又要做好必须忍受艰难、艰险、痛苦过程的充分思想准备。从中国式现代化创造人类文明新形态来看,必须从世界历史的高度更好发挥历史主动精神。马克思当年谈到新旧制度交替时的话仍然很有教益:一方面,"历史是认真的,经过许多阶段才把陈旧的形态送进坟墓"。现代化的"老路"不仅属于西方,而且属于人类发展的某个历史阶段,人类需要通过漫长、系统的工作才能"愉快地同自己的过去诀别"。① 另一方面,前进的过程中也有可能遭受挫折,甚至会出现这样的情形:我们"经常自我批判,往往在前进中停下脚步,返回到仿佛已经完成的事情上去,以便重新开始把这些事情再做一遍;它十分无情地嘲笑自己的初次行动的不彻底性、弱点和拙劣;它把敌人打倒在地,好像只是为了要让敌人从土地里汲取新的力量并且更加强壮地在它前面挺立起来;它在自己无限宏伟的目标面前,再三往后退却,直到形成无路可退的局势为止"②。总之,基于历史耐心发挥历史主动精神意味着:要有以中国式现代化创造人类文明新形态的世界历史民族意识,以大历史的眼光和全新的视野推进中国式现代化;要充分认识现代化实践的受动性,在制约"人是其所是"的瓶颈处精准发力;要包容差异、对立,将中国式现代化创造的文明新形态建设成为一种人类公共文明;要始终把激情"保持在伟大历史悲剧的高度上",知其难为而为之。

(原载《国家现代化建设研究》2023 年第 1 期)

---

① 《马克思恩格斯文集》第 1 卷,第 7、8 页。
② 《马克思恩格斯文集》第 2 卷,北京:人民出版社 2009 年版,第 474 页。

# 以中国式现代化推进中华民族伟大复兴

陈 理[*]

以中国式现代化推进中华民族伟大复兴,是习近平总书记作出的重大论断。党的十八大以来,习近平总书记站在坚持和发展中国特色社会主义、实现中华民族伟大复兴的战略高度,围绕以中国式现代化推进中华民族伟大复兴发表一系列重要论述,科学回答了建设什么样的社会主义现代化强国、怎样建设社会主义现代化强国的重大时代课题,为实现"两个一百年"奋斗目标,把我国建设成为富强民主文明和谐美丽的社会主义现代化强国,实现中华民族伟大复兴的中国梦,确定了正确方向和科学指引。认真学习领会习近平总书记的重要论述,对于坚定不移推进中国式现代化,以中国式现代化推进中华民族伟大复兴,不断为人类作出新的更大贡献,具有十分重要的指导意义。

## 一、以中国式现代化推进中华民族伟大复兴,必须始终坚持从中国实际出发

现代化是人类文明发展的共同趋向,但实现现代化既不存在定于一尊的模式,也不存在放之四海而皆准的标尺。中国共产党人始终坚

---

[*] 陈理,中共中央党史和文献研究院学术和编审委员会原主任。

持从中国实际出发,探索适合中国国情的现代化道路。

正确认识中国国情,是中国革命和建设的首要问题,也是中国现代化的基本前提。早在新民主主义革命时期,毛泽东就明确指出,"认清中国的国情,乃是认清一切革命问题的基本的根据","只有认清中国社会的性质,才能认清中国革命的对象、中国革命的任务、中国革命的动力、中国革命的性质、中国革命的前途和转变",①并深刻指出:"中国的国情就是半殖民地半封建社会。"②旧中国半殖民地半封建社会的基本国情,决定了中国革命必须两步走,先完成民主革命的任务,才有可能在此基础上进行现代化建设;决定了中国要实现现代化,必须从自身实际出发,不能简单照搬别国经验和模式。在改革开放和社会主义现代化建设新时期,邓小平立足中国基本国情明确指出,中国现代化的概念与西方现代化不同,并借用富有中国传统文化意味的"小康"概念来指代中国式的现代化③,强调要使中国实现四个现代化,至少有两个重要特点是必须看到和考虑的:一个是底子薄,一个是人口多、耕地少。中国式的现代化,必须从中国的特点出发。④

党的十八大以来,以习近平同志为核心的党中央继续推进中国式现代化的探索,进一步科学回答了建设什么样的社会主义现代化强国、怎样建设社会主义现代化强国的重大时代课题。习近平总书记指出:"中国幅员辽阔、人口众多,要想发展振兴,最重要的就是立足国情、走自己的路。"⑤习近平总书记把中国式现代化的特色概括为五个方面:我国现代化是人口规模巨大的现代化,是全体人民共同富裕的现代化,是物质文明和精神文明相协调的现代化,是人与自然和谐共

---

① 《毛泽东选集》第2卷,北京:人民出版社1991年版,第633页。
② 毛泽东:《坚持国共长期合作(一九三九年七月九日)》,《党的文献》1995年第4期,第18页。
③ 参见《邓小平文选》第2卷,北京:人民出版社1994年版,第237页。
④ 同上书,第163—164页。
⑤ 《习近平给"国际青年领袖对话"项目外籍青年代表回信》,《人民日报》2021年8月12日第1版。

生的现代化,是走和平发展道路的现代化。① 中国式现代化的这些特点,既有各国现代化的共同特征,更有基于国情的中国特色,与西方以资本为中心的现代化、两极分化的现代化、物质主义膨胀的现代化、对外扩张掠夺的现代化老路形成了鲜明差异,破解了人类社会发展的诸多难题,为人类对更好社会制度的探索提供了中国智慧和中国方案。

## 二、以中国式现代化推进中华民族伟大复兴,必须始终坚持党的全面领导

中国特色社会主义最本质的特征是中国共产党领导,中国特色社会主义制度的最大优势是中国共产党领导,党是最高政治领导力量。党的十九届六中全会决议总结党百年奋斗的重大成就和历史经验,把"坚持党的领导"作为其中位列第一的重要历史经验②,深刻揭示了中国人民和中华民族之所以能够扭转近代以来的历史命运,取得今天的伟大成就的根本原因。在实现中国式现代化的进程中,坚持中国共产党的领导地位,顺应了中国历史发展的客观要求,是历史和人民的选择。

近代以来,为了改变中华民族悲惨屈辱的命运,无数仁人志士进行了艰辛探索。刚开始时,不少人试图从西方寻求出路。在他们看来,西方国家是先进工业文明的标杆,近代以来中国逐渐走向衰落,主要是技不如人。例如,洋务运动就试图"师夷长技以制夷"③,通过引进西方先进的洋枪洋炮、机器和科学技术,实现"自强""求富"。但这些尝试和努力,无一例外都失败了。在山穷水尽、诸路皆走不通的情

---

① 习近平:《论把握新发展阶段、贯彻新发展理念、构建新发展格局》,北京:中央文献出版社2021年版,第9—10页。
② 《中国共产党第十九届中央委员会第六次全体会议文件汇编》,北京:人民出版社2021年版,第94页。
③ (清)魏源:《海国图志》(上),长沙:岳麓书社1998年版,原叙第1页。

况下,中国共产党应运而生,成为开天辟地的大事变。中国共产党一经成立,就义无反顾地肩负起实现中华民族伟大复兴的历史使命,团结带领人民进行艰苦卓绝的斗争,谱写了气吞山河的壮丽史诗。

一方面,我们党团结带领人民反对帝国主义、封建主义、官僚资本主义,争取民族独立、人民解放,为实现中华民族伟大复兴创造根本社会条件。毛泽东深刻指出:"一个不是贫弱的而是富强的中国,是和一个不是殖民地半殖民地的而是独立的,不是半封建的而是自由的、民主的,不是分裂的而是统一的中国,相联结的。"①这就是说,要实现中国的工业化,必须首先完成反帝反封建的历史任务。经过28年浴血奋斗,中国共产党带领中国人民推翻三座大山,实现民族独立、人民解放,为现代化建设、实现民族复兴扫清了主要障碍,创造了政治前提,开辟了广阔道路。

另一方面,新中国成立后,我们党及时把中国工业化提上重要日程。1953年,我们党正式提出过渡时期的总路线,开始进行大规模经济建设。其核心内容是,在一个相当长的时期内,逐步实现国家的社会主义工业化,并逐步实现国家对农业、手工业和资本主义工商业的社会主义改造②,明确提出采取积极的工业化的政策,即优先发展重工业的政策,把重工业的基本建设作为制订发展国民经济第一个五年计划的重点③。1954年,在第一届全国人民代表大会第一次会议开幕词中,毛泽东提出"准备在几个五年计划之内,将我们现在这样一个经济上文化上落后的国家,建设成为一个工业化的具有高度现代文化程度的伟大的国家"④的宏伟目标。社会主义工业化正式写入这次会议通过的《中华人民共和国宪法》的序言和总纲,成为国家意志。周恩来在会上作的《政府工作报告》,首次把建设"强大的现代化的工业、现代

---

① 《毛泽东选集》第3卷,北京:人民出版社1991年版,第1080页。
② 《中国共产党第十九届中央委员会第六次全体会议文件汇编》,第29—30页。
③ 《中华人民共和国发展国民经济的第一个五年计划(1953—1957)》,北京:人民出版社1955年版,第15页。
④ 《毛泽东文集》第6卷,北京:人民出版社1999年版,第350页。

化的农业、现代化的交通运输业和现代化的国防"①四个方面,作为把我国建设成为强大的社会主义现代化的工业国家的基本内涵。1964年,在第三届全国人民代表大会第一次会议上作《政府工作报告》时,周恩来进一步提出,要在不太长的历史时期内,把我国建设成为一个具有现代农业、现代工业、现代国防和现代科学技术的社会主义强国,赶上和超过世界先进水平。②"四个现代化"的规范表述于此确定并沿用下来,成为中国共产党团结带领中国人民实现现代化、实现民族复兴的共同奋斗目标和强大精神力量。中国共产党领导人民经过艰苦努力,在不长时间里建立起独立的比较完整的工业体系和国民经济体系,积累了在中国这样一个社会生产力十分落后的东方大国进行社会主义建设的重要经验。

党的十一届三中全会后,我们党深刻总结新中国成立以来正反两方面经验,果断结束"以阶级斗争为纲",实现党和国家工作中心战略转移,开启了改革开放和社会主义现代化建设新时期,实现了新中国成立以来党的历史上具有深远意义的伟大转折。邓小平一再强调,"我国当前压倒一切的任务就是一心一意地搞四化建设"③,"同心同德地实现四个现代化,是今后一个相当长的时期内全国人民压倒一切的中心任务"④,并创造性地提出"三步走"战略作为基本实现现代化的现实路径。加快推进社会主义现代化建设成为时代强音,我国实现了从生产力相对落后的状况到经济总量跃居世界第二的历史性突破,实现了人民生活从温饱不足到总体小康、奔向全面小康的历史性跨越,推进了中华民族从站起来到富起来的伟大飞跃。

党的十八大以来,以习近平同志为核心的党中央团结带领人民奋

---

① 《周恩来选集》(下卷),北京:人民出版社1984年版,第132页。
② 同上书,第439页。
③ 《邓小平文选》第3卷,北京:人民出版社1993年版,第149页。
④ 《邓小平文选》第2卷,第208—209页。

力实现第一个百年奋斗目标,开启实现第二个百年奋斗目标新征程,朝着实现中华民族伟大复兴的宏伟目标继续前进。面对当今世界百年未有之大变局带来的一系列深刻复杂变化和中国发展进入新阶段出现的一系列新情况新问题,以习近平同志为核心的党中央加强了现代化建设的战略谋划和统一领导。在党的十八届五中全会上,习近平总书记深刻分析全面建成小康社会决胜阶段的形势,明确指出,"十三五"时期与实现全面建成小康社会奋斗目标的时间节点高度契合,"十三五"规划是全面建成小康社会收官的规划,今后五年党和国家各项任务,归结起来就是夺取全面建成小康社会决胜阶段的伟大胜利,实现第一个百年奋斗目标①,并深入论述了以新的发展理念引领发展、下大气力破解制约如期全面建成小康社会的重点难点问题、提高党领导经济社会发展能力等重大问题,提出坚持创新、协调、绿色、开放、共享的新发展理念,实施脱贫攻坚工程等一系列新举措。习近平总书记强调指出:"能不能驾驭好世界第二大经济体,能不能保持经济社会持续健康发展,从根本上讲取决于党在经济社会发展中的领导核心作用发挥得好不好。"②

在党的十九大上,以习近平同志为核心的党中央对决胜全面建成小康社会、开启全面建设社会主义现代化国家新征程作出战略安排。从党的十九大到二十大,是"两个一百年"奋斗目标的历史交汇期,既要全面建成小康社会、实现第一个百年奋斗目标,又要乘势而上开启全面建设社会主义现代化国家新征程,向第二个百年奋斗目标进军。从2020年到本世纪中叶分两个阶段来安排:第一个阶段,从2020年到2035年,在全面建成小康社会的基础上,再奋斗15年,基本实现社会主义现代化。第二个阶段,从2035年到本世纪中叶,在基本实现现代化的基础上,再奋斗15年,把我国建成富强民主文明和谐美丽的社

---

① 习近平:《论把握新发展阶段、贯彻新发展理念、构建新发展格局》,第36页。
② 同上书,第51页。

会主义现代化强国。习近平总书记指出,这是新时代中国特色社会主义发展的战略安排。我们要坚忍不拔、锲而不舍,奋力谱写社会主义现代化新征程的壮丽篇章!①

在党的十九届五中全会上,以习近平同志为核心的党中央,把"两个一百年"奋斗目标进行有机衔接,对"十四五"发展和2035年远景目标进行顶层设计和战略规划,并把"坚持党的全面领导"作为"十四五"时期经济社会发展必须遵循的首要原则。② 习近平总书记全面深刻论述把握新发展阶段、贯彻新发展理念、构建新发展格局等重大问题,强调要把党中央集中统一领导落实到统筹推进"五位一体"总体布局、协调推进"四个全面"战略布局各方面,坚持和完善党领导经济社会发展的体制机制,为实现高质量发展提供根本保证。③

习近平总书记指出:"党是总揽全局、协调各方的,经济工作是中心工作,党的领导当然要在中心工作中得到充分体现,抓住了中心工作这个牛鼻子,其他工作就可以更好展开。"④在一个有着14亿多人口的发展中大国实现现代化,是人类历史上从来没有过的壮举。面对中华民族伟大复兴战略全局和世界百年未有之大变局同步交织、相互激荡、交融交汇的新形势,以习近平同志为核心的党中央,总揽全局、协调各方,团结带领人民统揽"四个伟大",统筹推进"五位一体"总体布局、协调推进"四个全面"战略布局,成功驾驭中国巨轮穿过急流险滩,迎来了实现中华民族伟大复兴的光明前景。中国共产党百年奋斗历程尤其是党的十八大以来的伟大实践告诉我们,没有共产党就没有新中国,就没有中国特色社会主义,就没有中华民族伟大复兴。

---

① 《十九大以来重要文献选编》(上),北京:中央文献出版社2019年版,第21页。
② 《十九大以来重要文献选编》(中),北京:中央文献出版社2021年版,第791页。
③ 习近平:《论把握新发展阶段、贯彻新发展理念、构建新发展格局》,第17页。
④ 《习近平关于社会主义经济建设论述摘编》,北京:中央文献出版社2017年版,第318页。

## 三、以中国式现代化推进中华民族伟大复兴,必须始终坚持以人民为中心

人民群众是历史的创造者。同唯心史观否认人民群众在历史上的决定作用根本不同,唯物史观深刻揭示了人类社会历史发展的规律,充分肯定人民群众是变革社会制度、推动历史发展的根本力量。习近平总书记指出:"人民是创造历史的动力,我们共产党人任何时候都不要忘记这个历史唯物主义最基本的道理。"[①] 党的十九届六中全会决议把"坚持人民至上"作为中国共产党百年奋斗的一条重要历史经验。[②] 一百年来,推进现代化、实现中华民族伟大复兴之所以取得历史性成就,一个根本原因在于我们党始终坚持全心全意为人民服务的根本宗旨,坚持以人民为中心的现代化观,深刻回答了现代化建设为了谁、依靠谁这一根本问题,充分调动了亿万人民群众的积极性,形成了历史发展的磅礴力量。

以人民为中心的现代化观,坚持发展为了人民。人民立场是马克思主义政党的根本政治立场。《共产党宣言》庄严宣告:"过去的一切运动都是少数人的,或者为少数人谋利益的运动。无产阶级的运动是绝大多数人的,为绝大多数人谋利益的独立的运动。"[③]在马克思、恩格斯看来,"在无产阶级和资产阶级的斗争所经历的各个发展阶段上,共产党人始终代表整个运动的利益","他们没有任何同整个无产阶级的利益不同的利益"。[④] 中国共产党是中国工人阶级的先锋队,同时是中国人民和中华民族的先锋队,始终代表中国最广大人民的根本利益。一百年来,中国共产党团结带领中国人民进行的一切奋斗、一切

---

[①] 习近平:《深入学习中国特色社会主义理论体系 努力掌握马克思主义立场观点方法》,《求是》2010年第7期,第20页。

[②] 《中国共产党第十九届中央委员会第六次全体会议文件汇编》,第95页。

[③] 《马克思恩格斯选集》第1卷,北京:人民出版社2012年版,第411页。

[④] 同上书,第413页。

牺牲、一切创造,归结起来就是一个主题:实现中华民族伟大复兴。在革命战争年代,我们党领导人民浴血奋战,反对帝国主义、封建主义、官僚资本主义,争取民族独立、人民解放,是为人民根本利益而斗争,是为实现现代化、实现中华民族伟大复兴创造根本社会条件;在和平建设年代,我们党领导人民开展社会主义革命和建设,实行改革开放和推进社会主义现代化建设,是为了改变旧中国一穷二白的落后面貌,使人民摆脱贫困、尽快富裕起来,使国家富强起来;在新时代,我们党领导人民全面建成小康社会、全面建设社会主义现代化国家,同样是为了不断实现人民对美好生活的向往,实现中华民族伟大复兴。习近平总书记指出:"我们的目标很宏伟,但也很朴素,归根结底就是让全体中国人都过上更好的日子。"①

以人民为中心的现代化观,坚持发展依靠人民。马克思指出,"历史活动是群众的活动"②。列宁指出:"把千百万劳动群众组织起来,这是革命最有利的条件,这是革命取得胜利的最深的泉源。"③在革命战争年代,面对强大的敌人,毛泽东精辟地指出:"真正的铜墙铁壁是什么?是群众,是千百万真心实意地拥护革命的群众。"④在改革开放和社会主义现代化建设新时期,邓小平充分肯定人民群众的首创精神。他指出:"改革开放中许许多多的东西,都是群众在实践中提出来的。"⑤以拉开中国改革大幕的农村改革为例,"农村搞家庭联产承包,这个发明权是农民的。农村改革中的好多东西,都是基层创造出来,我们把它拿来加工提高作为全国的指导"⑥。一百年来,我们党之所以能够在与各种政治力量反复较量中脱颖而出、取得重大成就,根本原因在于我们党始终保持同人民群众的血肉联系,坚持一切为了人

---

① 《习近平谈治国理政》第 3 卷,北京:外文出版社 2020 年版,第 134 页。
② 《马克思恩格斯文集》第 1 卷,北京:人民出版社 2009 年版,第 287 页。
③ 《列宁选集》第 3 卷,北京:人民出版社 2012 年版,第 709 页。
④ 《毛泽东选集》第 1 卷,北京:人民出版社 1991 年版,第 139 页。
⑤ 《邓小平年谱(1975—1997)》(下),北京:中央文献出版社 2004 年版,第 1350 页。
⑥ 《邓小平文选》第 3 卷,第 382 页。

民、一切依靠人民,始终同人民群众风雨同舟、生死与共,赢得了最广大人民的衷心拥护和坚定支持。习近平总书记指出:"人民是历史的创造者,人民是真正的英雄。波澜壮阔的中华民族发展史是中国人民书写的!博大精深的中华文明是中国人民创造的!历久弥新的中华民族精神是中国人民培育的!中华民族迎来了从站起来、富起来到强起来的伟大飞跃是中国人民奋斗出来的!"① 人民是共和国的坚实根基,人民是我们执政的最大底气。中国人民在中国共产党领导下,用辛勤汗水和智慧,把一个个不可能变为可能,创造了令世人惊叹的人间奇迹。中国共产党百年奋斗历程充分证明,党的根基始终在人民、党的力量始终在人民,坚持一切为了人民、一切依靠人民,充分发挥广大人民群众积极性、主动性、创造性,我们就能不断把为人民造福事业推向前进。

以人民为中心的现代化观,坚持发展成果由人民共享。发展为了人民,发展成果由人民共享,这是马克思主义政治经济学的根本立场。马克思主义是人民的理论,马克思、恩格斯深刻阐述了马克思主义政党崇高的理想是实现共产主义,明确指出:未来社会"将是这样一个联合体,在那里,每个人的自由发展是一切人的自由发展的条件"②,"生产将以所有的人富裕为目的"③,"所有人共同享受大家创造出来的福利"④。新中国成立后,毛泽东设想用大约50年到75年的时间,也就是用十个五年计划到十五个五年计划的时间,把中国建设成为一个强大的社会主义国家,强调我们的目标是要使我国比现在大为发展,大为富、大为强,明确指出,"这个富,是共同的富,这个强,是共同的强,大家都有份",并积极探索如何实现"使全体农村人民共同富裕起来"。⑤ 邓小平把社会主义公有制经济占主体和共同富裕作为社会主

---

① 习近平:《论坚持人民当家作主》,北京:中央文献出版社2021年版,第232—233页。
② 《马克思恩格斯选集》第1卷,第422页。
③ 《马克思恩格斯全集》第31卷,北京:人民出版社1998年版,第104页。
④ 《马克思恩格斯文集》第1卷,第689页。
⑤ 《毛泽东文集》第6卷,北京:人民出版社1999年版,第495、437页。

义的根本原则,强调"社会主义的特点不是穷,而是富,但这种富是人民共同富裕","社会主义的目的就是要全国人民共同富裕"。1992年,在南方谈话中,邓小平进一步指出:"社会主义的本质,是解放生产力,发展生产力,消灭剥削,消除两极分化,最终达到共同富裕。"①党的十八大以来,以习近平同志为核心的党中央把实现共同富裕摆在更加突出的重要位置,明确把新时代定位为"全国各族人民团结奋斗、不断创造美好生活、逐步实现全体人民共同富裕的时代"②,提出一系列新理念新思想新举措,作出重要的顶层设计和制度安排。习近平总书记一再强调,共同富裕是社会主义的本质特征,是中国式现代化的重要特征,也是中国式现代化的重要内容。他指出,"消除贫困、改善民生、逐步实现共同富裕,是社会主义的本质要求,是我们党的重要使命"③,"共同富裕本身就是社会主义现代化的一个重要目标","共同富裕是社会主义的本质要求,是中国式现代化的重要特征"④。党的十八届五中全会在谋划"十三五"规划时,着眼于"十三五"时期与全面建成小康社会的时间点契合,把共同富裕问题作为一个突出重点,不仅明确提出贯彻落实创新、协调、绿色、开放、共享的新发展理念,还明确提出必须坚持以人民为中心的发展思想,把增进人民福祉、促进人的全面发展作为发展的出发点和落脚点,强调要把农村贫困人口脱贫作为全面建成小康社会的基本标志,实施精准扶贫、精准脱贫,以更大决心、更精准思路、更有力措施,采取超常举措,实施脱贫攻坚工程,确保我国现行标准下农村贫困人口实现脱贫、贫困县全部摘帽、解决区域性整体贫困。⑤ 在省部级主要领导干部学习贯彻党的十八届五中

---

① 《邓小平文选》第 3 卷,第 142、265、110—111、373 页。
② 《十九大以来重要文献选编》(上),第 8 页。
③ 《习近平关于全面建成小康社会论述摘编》,北京:中央文献出版社 2016 年版,第 155 页。
④ 《习近平关于尊重和保障人权论述摘编》,北京:中央文献出版社 2021 年版,第 60、66—67 页。
⑤ 《十八大以来重要文献选编》(中),北京:中央文献出版社 2016 年版,第 792、789、832 页。

全会精神专题研讨班上,习近平总书记对贯彻新发展理念进一步作了全面系统的论述。他指出,共享理念实质就是坚持以人民为中心的发展思想,体现的是逐步实现共同富裕的要求。① 他全面深刻论述了共享发展理念内涵主要有四个方面:一是全民共享;二是全面共享;三是共建共享;四是渐进共享。② 一句话,全民共享强调的是全体人民共享改革发展成果。坚持共享发展,就是要坚持发展为了人民、发展依靠人民、发展成果由人民共享,使全体人民在共建共享发展中有更多获得感,朝着共同富裕方向稳步前进。党的十九届五中全会在谋划"十四五"规划时,把扎实推动共同富裕摆在更加突出的重要位置,并提出一系列重大举措。习近平总书记在"十四五"规划建议说明中,专门谈到关于促进全体人民共同富裕的问题,强调随着我国全面建成小康社会、开启全面建设社会主义现代化国家新征程,必须把促进全体人民共同富裕摆在更加重要的位置,脚踏实地,久久为功,向着这个目标更加积极有为地进行努力。③ 全会通过的"十四五"规划建议把"坚持以人民为中心"作为"十四五"时期经济社会发展必须遵循的重要原则,在"十四五"时期重点任务中明确提出"扎实推动共同富裕",在2035年基本实现社会主义现代化远景目标中明确提出"全体人民共同富裕取得更为明显的实质性进展",并提出一系列重要要求和重大举措。习近平总书记强调指出,为人民谋幸福、为民族谋复兴,这既是我们党领导现代化建设的出发点和落脚点,也是新发展理念的"根"和"魂"。只有坚持以人民为中心的发展思想,坚持发展为了人民、发展依靠人民、发展成果由人民共享,才会有正确的发展观、现代化观。④ 这是从党的根本宗旨的高度,对新发展理念的核心和实质、对以人民为中心的现代化观的深刻阐述,为推进中国式现代化指明了正确方向。

---

① 习近平:《论把握新发展阶段、贯彻新发展理念、构建新发展格局》,第95页。
② 同上书,第96—97页。
③ 同上书,第423—424页。
④ 同上书,第479页。

## 四、以中国式现代化推进中华民族伟大复兴,必须始终坚持中国特色社会主义道路

走自己的路,是我们党的全部理论和实践立足点,是我们党百年奋斗得出的历史结论。方向决定道路,道路决定命运。能不能找到一条正确道路,对于实现现代化、实现民族复兴至关紧要。一百年来,中国共产党把马克思主义基本原理同中国具体实际相结合、同中华优秀传统文化相结合,进行了长期不懈的艰辛探索,成功开辟了一条中国式的现代化道路,使古老的中国发生了翻天覆地的变化。党的十九届六中全会决议把"坚持中国道路"作为中国共产党百年奋斗的一条重要历史经验。① 习近平总书记指出:"我们能够创造出人类历史上前无古人的发展成就,走出了正确道路是根本原因。"②

中国特色社会主义是党和人民历经千辛万苦、付出巨大代价取得的根本成就。近代以来,为了改变中华民族悲惨屈辱的命运,中国人民和无数仁人志士进行了艰辛探索和顽强抗争。诸多主义、主张和方案曾轮番登场,但都没能解决中国前途和命运问题。中国共产党人在比较中毅然选择了马克思主义,找到了解决中国问题的正确道路。

以毛泽东同志为主要代表的中国共产党人,把马克思列宁主义基本原理同中国具体实际相结合、同中华优秀传统文化相结合,创立了毛泽东思想,实现了马克思主义中国化的第一次历史性飞跃。毛泽东创造性提出新民主主义革命理论,科学回答了在一个以农民为主体的、落后的半殖民地半封建的东方大国进行革命的对象、任务、性质、动力和前途等一系列基本问题,成功开辟了农村包围城市、武装夺取政权的正确革命道路,取得了新民主主义革命伟大胜利。新中国成立后,毛泽东进一步提出要以苏为鉴,把马克思列宁主义基本原理同中

---

① 《中国共产党第十九届中央委员会第六次全体会议文件汇编》,第97页。
② 习近平:《论中国共产党历史》,北京:中央文献出版社2021年版,第17页。

国具体实际进行"第二次结合"①,取得了社会主义革命和建设的独创性理论成果和巨大成就。

以邓小平同志为主要代表的中国共产党人,深刻总结新中国成立以来正反两方面经验,紧紧抓住"什么是社会主义、怎样建设社会主义"的基本问题,响亮提出"走自己的道路,建设有中国特色的社会主义"②的口号,成功开辟出一条中国社会主义现代化建设正确道路。邓小平指出,"过去搞民主革命,要适合中国情况,走毛泽东同志开辟的农村包围城市的道路。现在搞建设,也要适合中国情况,走出一条中国式的现代化道路"③。中国共产党人从新的实践和时代特征出发,坚持和发展马克思主义,科学回答了建设中国特色社会主义的发展道路、发展阶段、根本任务、发展动力、发展战略、政治保证、祖国统一、外交和国际战略、领导力量和依靠力量等一系列基本问题,形成中国特色社会主义理论体系,实现了马克思主义中国化新的飞跃。

党的十八大以来,以习近平同志为核心的党中央从新的实际出发,对关系新时代党和国家事业发展的一系列重大理论和实践问题进行了深邃思考和科学判断,就新时代坚持和发展什么样的中国特色社会主义、怎样坚持和发展中国特色社会主义,建设什么样的社会主义现代化强国、怎样建设社会主义现代化强国,建设什么样的长期执政的马克思主义政党、怎样建设长期执政的马克思主义政党等重大时代课题,提出一系列原创性的治国理政新理念新思想新战略,创立了习近平新时代中国特色社会主义思想,以全新的视野深化对共产党执政规律、社会主义建设规律、人类社会发展规律的认识,实现了马克思主义中国化新的飞跃,为党的十八大以来党和国家事业取得历史性成就、发生历史性变革提供了科学指引,为实现第二个百年奋斗目标、全面建设社会主义现代化国家提供了根本遵循。以习近平同志为核心

---

① 《毛泽东传(1949—1976)》(上),北京:中央文献出版社2003年版,第506页。
② 《邓小平文选》第3卷,第3页。
③ 《邓小平文选》第2卷,第163页。

的党中央,统筹中华民族伟大复兴战略全局和世界百年未有之大局,团结带领人民有效应对重大挑战、抵御重大风险、克服重大阻力、化解重大矛盾,推动党和国家事业取得全方位的突破性进展,胜利实现第一个百年奋斗目标,在中华大地上全面建成了小康社会,中华民族迎来了从站起来、富起来到强起来的伟大飞跃。

进行现代化建设,不可避免地会面临道路和模式的选择问题。习近平总书记一再强调,鞋子合不合脚,只有穿的人才知道。[①] 一个国家实行什么样的主义,关键要看这个主义能否解决这个国家面临的历史性课题。一百年来,我们党领导人民经过艰辛探索,成功走出一条中国式现代化道路,创造了人类文明新形态。中国现代化成功的原因有很多,根本的一条是找到了适合中国实际的现代化道路。中国特色社会主义的成功,使世界范围内社会主义和资本主义两种意识形态、两种社会制度的历史演进及其较量发生了有利于社会主义的重大转变,拓展了发展中国家走向现代化的途径,给世界上那些既希望加快发展又希望保持自身独立性的国家和民族提供了全新选择,为人类对更好社会制度的探索提供了中国智慧和中国方案。坚持和发展中国特色社会主义,是中国共产党和中国人民团结的旗帜、奋进的旗帜、胜利的旗帜,是当代中国大踏步赶上时代、引领时代发展的康庄大道,是实现社会主义现代化、创造人民美好生活的必由之路。

## 五、以中国式现代化推进中华民族伟大复兴,必须始终坚持胸怀天下、统筹国内国际两个大局

中国作为世界上最大的发展中国家,实现现代化离不开有利的国际环境,中国实现现代化也必将从根本上改变世界现代化格局。一百年来,中国共产党团结带领中国人民为实现现代化而顽强奋斗,开辟

---

① 习近平:《论坚持人民当家作主》,第296页。

了实现中华民族伟大复兴的正确道路,仅用几十年时间就走完发达国家几百年走过的工业化历程,创造了经济快速发展和社会长期稳定两大奇迹,把一个积贫积弱、一穷二白的旧中国发展成为全面小康、繁荣富强的社会主义中国,不仅从根本上改变了中国人民的前途命运,而且深刻改变了世界经济版图和世界政治格局。党的十九届六中全会决议把"坚持胸怀天下"作为中国共产党百年奋斗的一条重要历史经验,把"党的百年奋斗深刻影响了世界历史进程"作为中国共产党百年奋斗的一个方面的重大历史意义。[①] 一百年来,中国共产党在领导中国人民推进现代化的进程中,始终以世界眼光关注人类前途命运,从人类发展大潮流、世界变化大格局、中国发展大历史出发,正确认识和处理同外部世界的关系,站在历史正确的一边,站在人类进步的一边,既为中国人民谋幸福、为中华民族谋复兴,也为人类谋进步、为世界谋大同,以自强不息的奋斗深刻改变了世界发展的趋势和格局。

坚持胸怀天下,统筹国内国际两个大局,是中国共产党人初心使命的集中体现。马克思主义创始人在《共产党宣言》中科学阐明了资本主义的内在矛盾和无产阶级的历史使命,并从资本主义生产对世界市场开拓的趋势出发,科学预见物质生产和精神文化生产的世界普遍性趋势,提出无产阶级要获得彻底解放必须解放全人类的重要思想。中国共产党自成立起,就把马克思主义鲜明地写在自己的旗帜上,在领导中国革命、建设、改革伟大实践中始终以宽广的胸怀和眼光来认识把握中华民族伟大复兴事业与人类进步事业的关系。早在新民主主义革命时期,毛泽东就明确指出,在帝国主义存在的时代,任何国家的真正的人民革命都离不开相互支持和援助[②],强调伟大的中国抗战不但是中国的事、东方的事,也是世界的事,中国的抗战是世界性的抗战[③]。新中国成立后,尽管我国经济建设在一穷二白的基础上刚刚起

---

① 《中国共产党第十九届中央委员会第六次全体会议文件汇编》,第 98、93 页。
② 《毛泽东选集》第 4 卷,北京:人民出版社 1991 年版,第 1473—1474 页。
③ 参见《毛泽东文集》第 2 卷,北京:人民出版社 1993 年版,第 145—146 页。

步,但毛泽东明确提出"中国应当对于人类有较大的贡献"①,并把援助正在争取解放的人民的斗争作为我们应尽的国际主义义务。在改革开放和社会主义现代化建设新时期,邓小平在谋划中国式现代化"三步走"战略宏伟蓝图时,总是把中国发展同维护世界和平和促进人类进步事业联系起来。他强调:"如果在本世纪末,我们的国民生产总值实现翻两番,达到一万亿美元,中国就可以对人类做出更多一点贡献。如果再花五十年时间接近发达国家的水平,那末我们这个国家对人类的贡献就更大一些。"②党的十八大以来,以习近平同志为核心的党中央深刻把握中国与世界关系的历史性变化,进一步把实现中华民族伟大复兴的中国梦同世界各国人民追求和平与发展的美好梦想统一起来,把中国实现现代化同促进人类进步事业统一起来。党的十九大报告既开宗明义指出"中国共产党人的初心和使命,就是为中国人民谋幸福,为中华民族谋复兴"③,又郑重宣示"中国共产党是为中国人民谋幸福的政党,也是为人类进步事业而奋斗的政党。中国共产党始终把为人类作出新的更大的贡献作为自己的使命"④。中国共产党既提出推动构建人类命运共同体的重要理念,又提出共建"一带一路"的倡议,充分体现了中国共产党人将中国自身发展与促进世界和平发展相统一的世界胸怀和大国担当,是中国要对人类作出新的更大贡献、为人类进步事业而奋斗的集中体现。

坚持胸怀天下,统筹国内国际两个大局,是对中国与世界关系发生历史性变化的深刻把握。一百年来,中国共产党领导中国人民实现现代化、实现中华民族伟大复兴的不懈奋斗和创造的"四个伟大成就",是人类进步事业的重要组成部分,在深刻改变中国的同时,也深刻改变了世界发展的趋势和格局,成为当今世界百年未有之大变局形

---

① 《毛泽东文集》第7卷,北京:人民出版社1999年版,第157页。
② 《邓小平思想年谱(1975—1997)》,北京:中央文献出版社1998年版,第313页。
③ 《十九大以来重要文献选编》(上),第1页。
④ 同上书,第40—41页。

成的重要因素和重要标志,并将在很大程度上决定这个大变局的未来走向。经过新中国成立以来70多年,特别是改革开放40多年的发展,今天的中国,经济总量稳居世界第二,2021年中国国内生产总值达到114万亿元,约占全球的19%,是制造业第一大国、货物贸易第一大国、外汇储备第一大国、商品消费第二大国。今天的中国,是世界经济增长名副其实的第一引擎,对世界经济增长贡献率多年超过30%。党的十九届六中全会决议指出,中国特色社会主义新时代,"是我国不断为人类作出更大贡献的时代"①。这个历史定位,深刻揭示了新时代中国与世界关系的历史性变化,赋予中国共产党坚持胸怀天下新的时代内涵。随着中国综合实力的大幅提升,今天中国同国际社会的互联互动已变得空前紧密,中国对世界的依靠、对国际事务的参与在不断加深,世界对中国的依靠、对中国的影响也在不断加深,中国的发展离不开世界,世界的发展也离不开中国。新时代推进中国式现代化建设,必须更加自觉地坚持胸怀天下,统筹国内国际两个大局,以更加积极主动的姿态走向世界,实现共同发展。

坚持胸怀天下,统筹国内国际两个大局,是对时代潮流的深刻把握。一百年来,中国共产党领导人民在推进中国现代化、实现民族复兴进程中,始终顺应历史潮流,坚持在世界大局和时代潮流中把握中国革命、建设、改革的前进方向,促进人类进步事业。这是中国共产党赢得历史主动的重要原因,也是中国现代化得以成功,我们比历史上任何时期都更接近、更有信心和能力实现中华民族伟大复兴目标的重要原因。一百年前,中国共产党应运而生,是适应时代发展大势的产物。毛泽东指出:"十月革命帮助了全世界的也帮助了中国的先进分子,用无产阶级的宇宙观作为观察国家命运的工具,重新考虑自己的问题。走俄国人的路——这就是结论。"②"文化大革命"结束后,中国共产党人深刻洞察时代潮流,牢牢把握和平与发展的时代主题,深刻

---

① 《中国共产党第十九届中央委员会第六次全体会议文件汇编》,第45页。
② 《毛泽东选集》第4卷,第1471页。

把握经济全球化的趋势,作出改革开放的历史性决策,极大解放和发展了社会生产力,使中国大踏步赶上了时代。党的十八大以来,以习近平同志为核心的党中央,发扬伟大的历史主动精神,深刻把握和平、发展、合作、共赢的世界潮流,更加自觉地统筹国内国际两个大局,把中国发展同促进世界和平发展统一起来。习近平总书记一再强调要把胸怀两个大局作为谋划工作的基本出发点。① 他指出,中国确定了"两个一百年"的奋斗目标,中国内外方针政策都要服从和服务于实现这个目标。我们将集中精力把自己的事情办好,同时处理好同外部世界的关系。② 一方面,随着经济全球化的深入发展,当今世界,各国相互联系、相互依存,全球命运与共、休戚相关,和平、发展、合作、共赢从来没有像今天这样成为不可阻挡的历史潮流。③ 另一方面,当今世界百年未有之大变局加速演进,深刻而宏阔的时代之变和世纪疫情相互叠加,世界进入新的动荡变革期。人类面临的各种挑战和全球性问题数量之多、规模之大、程度之深,前所未有,各国需要通力合作,合作共赢是必然选择。习近平总书记以大国领袖的责任担当,深刻把握新时代中国和世界发展大势,深入思考"世界怎么了、我们怎么办""建设一个什么样的世界、如何建设这个世界"等关乎人类前途命运的重大课题,创造性地提出推动构建人类命运共同体的重要理念,为解决人类重大问题贡献了中国智慧和中国方案,得到国际社会越来越广泛的理解和支持。共建"一带一路"倡议提出后,也得到越来越多国家和国际组织的积极响应。实践证明,中国式现代化新道路充满生机活力,越走越宽广,将更好发展自身、造福世界。

(原载《国家现代化建设研究》2022 年第 2 期)

---

① 《习近平谈治国理政》第 3 卷,第 77 页。
② 《习近平关于中国特色大国外交论述摘编》,北京:中央文献出版社 2020 年版,第 17 页。
③ 习近平:《论坚持推动构建人类命运共同体》,北京:中央文献出版社 2018 年版,第 483 页。

# 共时与历时辩证结合的中国式现代化

刘方喜[*]

中国式现代化打破了"现代化＝西方化"的迷思，展示了世界现代化道路的"多样性"，在实践和理论上证明了现代化不是少数国家的"专利品"，也不是非此即彼的"单选题"——这就破解了现代化共同特征与各国国情特色关系的共时难题。"现代化＝西方化"迷思又与"现代化＝资本主义化"迷思并存。习近平总书记强调："中国式现代化，深深植根于中华优秀传统文化，体现科学社会主义的先进本质"[①]；"中华优秀传统文化源远流长、博大精深"，"是中国人民在长期生产生活中积累的宇宙观、天下观、社会观、道德观的重要体现，同科学社会主义价值观主张具有高度契合性"[②]——中华优秀传统文化在同马克思主义、科学社会主义的结合中实现了自身的现代化。这涉及民族文化"传统"与"现代"的关系问题：由于与资本主义精神更契合

---

[*] 刘方喜，中国社会科学院习近平新时代中国特色社会主义思想研究中心、文学研究所马克思主义文艺与文化批评研究中心研究员，中国社会科学院大学教授。

① 习近平：《正确理解和大力推进中国式现代化》，《人民日报》2023年2月8日第1版。

② 习近平：《高举中国特色社会主义伟大旗帜 为全面建设社会主义现代化国家而团结奋斗——在中国共产党第二十次全国代表大会上的报告》，北京：人民出版社2022年版，第18页。

的西方基督教等文化传统先行开启了现代化,非西方民族文化传统就与这种资本主义式"现代化"或"现代"形成冲突,这是中国等非西方国家现代化所遭遇的历时难题。"风物长宜放眼量",置于包括500年世界社会主义史在内的现代化世界历史双线格局及其发展大势中,可以科学揭示这一历时难题的形成及其破解过程。习近平总书记指出,要"深刻把握世界历史的脉络和走向","尽管我们所处的时代同马克思所处的时代相比发生了巨大而深刻的变化,但从世界社会主义500年的大视野来看,我们依然处在马克思主义所指明的历史时代"①。《中共中央关于党的百年奋斗重大成就和历史经验的决议》的一个基本判断是:"党的百年奋斗深刻影响了世界历史进程","深刻改变了世界发展的趋势和格局","使世界范围内社会主义和资本主义两种意识形态、两种社会制度的历史演进及其较量发生了有利于社会主义的重大转变"。② 这种历史演进及其较量,其实自现代化之初就已开始。在共同反对传统封建主义的意义上,社会主义和资本主义体现的都是"现代化"的意识形态和社会制度追求,500年世界社会主义发展史表明"现代化=资本主义化"的认知是不符合历史事实的意识形态迷思。社会主义与资本主义同时产生、同步发展,在资本主义取得统治地位以后,两者走向分流,同时资本主义力量因越来越阻碍现代生产力发展而趋于下降,更适应现代生产力发展的社会主义力量趋于上升——这是世界历史发展的必然大势,尽管其间充满曲折。在这种世界历史双线升降格局中,"每一民族都依赖于其他民族的变革"③并完成不同使命。西方民族及其传统文化开启了资本主义现代化。中华优秀传统文化同科学社会主义价值观主张具有"高度契合性",中华民族顺应

---

① 《习近平谈治国理政》第2卷,北京:外文出版社2017年版,第66页。
② 《中共中央关于党的百年奋斗重大成就和历史经验的决议》,北京:人民出版社2021年版,第63—64页。
③ 《马克思恩格斯选集》第1卷,北京:人民出版社2012年版,第166页。

世界进步大势开辟了中国式社会主义现代化道路,破解了后发国家文化传统与现代相冲突的历时难题,打破了"现代化＝资本主义化"的迷思,具有重大的世界历史意义。

## 一、中国式现代化与大文化观、大历史观

党的二十大之后,习近平总书记对中国式现代化作了进一步深入、系统的阐释。他在学习贯彻党的二十大精神研讨班开班式上的重要讲话中指出:"概括提出并深入阐述中国式现代化理论,是党的二十大的一个重大理论创新,是科学社会主义的最新重大成果";"初步构建中国式现代化的理论体系",是"对世界现代化理论和实践的重大创新"。在"世界现代化理论和实践"框架下探讨中国式现代化体系,成为这次讲话的重要脉络之一:"一个国家走向现代化,既要遵循现代化一般规律,更要符合本国实际,具有本国特色。中国式现代化既有各国现代化的共同特征,更有基于自己国情的鲜明特色。"这种"共同特征"与国情特色高度统一的中国式现代化,"打破了'现代化＝西方化'的迷思,展现了现代化的另一幅图景"。[①] 习近平总书记进一步指出:"我们要秉持独立自主原则,探索现代化道路的多样性。现代化不是少数国家的'专利品',也不是非此即彼的'单选题',不能搞简单的千篇一律、'复制粘贴'。一个国家走向现代化,既要遵循现代化一般规律,更要立足本国国情,具有本国特色。"[②] 把"现代化"等同于"西方化"并做"非此即彼的'单选题'",体现的是"单一性"的现代化观,如此就形成了现代化共同特征与各国国情特色的共时难题,而立足世界现代化道路"多样性"的中国式现代化则破解了这一共时难题。

---

[①] 习近平:《正确理解和大力推进中国式现代化》。
[②] 习近平:《携手同行现代化之路——在中国共产党与世界政党高层对话会上的主旨讲话》,北京:人民出版社2023年版,第3页。

习近平总书记还从文明形态角度对中国式现代化进行了阐发,体现出一种大文明观、大文化观。习近平总书记指出:"中国式现代化,深深植根于中华优秀传统文化,体现科学社会主义的先进本质,借鉴吸收一切人类优秀文明成果,代表人类文明进步的发展方向,展现了不同于西方现代化模式的新图景,是一种全新的人类文明形态"①,"中国式现代化作为人类文明新形态,与全球其他文明相互借鉴,必将极大丰富世界文明百花园"②。同时,他还提出"全球文明倡议",强调"我们要共同倡导尊重世界文明多样性"——这与世界现代化道路多样性相互映照;强调"我们要共同倡导弘扬全人类共同价值,和平、发展、公平、正义、民主、自由是各国人民的共同追求"③——这与世界现代化共同特征相互映照。世界文明的多样性与产生于不同地区的各民族所形成的历史文化传统密切相关:"当今世界不同国家、不同地区各具特色的现代化道路,植根于丰富多样、源远流长的文明传承。人类社会创造的各种文明,都闪烁着璀璨光芒,为各国现代化积蓄了厚重底蕴、赋予了鲜明特质,并跨越时空、超越国界,共同为人类社会现代化进程作出了重要贡献。"④一方面,中国式现代化强调中国国情特色与共同特征的统一,在世界范围内强调各国国情特色与共同特征的统一,如此也就上升到了世界现代化理论高度。另一方面,"文明传承"也是世界现代化进程中的一个重要问题。中国式现代化"既传承历史文化、又融合现代文明",推己及人,"我们要共同倡导重视文明传承和创新,充分挖掘各国历史文化的时代价值,推动各国优秀传统文化在现代化进程中实现创造性转化、创新性发展"。⑤ 由此可见,中国

---

① 习近平:《正确理解和大力推进中国式现代化》。
② 习近平:《携手同行现代化之路——在中国共产党与世界政党高层对话会上的主旨讲话》,第7页。
③ 同上书,第7—8页。
④ 同上书,第7页。
⑤ 同上书,第8页。

式现代化理论也是对"推己及人"的中华优秀传统文化精神的一种创造性转化、创新性发展,并破解了世界现代化的另一难题,即传统与现代关系的历时难题。世界各国各民族优秀传统文化,既有产生于不同地区、有着不同历史发展进程的不同特色,也有"跨越时空、超越国界"的共同价值,因而可以一起塑造世界现代化的"共同特征",在人类社会现代化整体进程中、在"全人类共同价值"的构建中、在丰富多样的世界文明形态的建设和发展中,发挥各自的独特作用。

中国式现代化体现了"传统"(中华优秀传统文化)与"现代"(科学社会主义)相统一的基本特点。党的十八大以来,习近平总书记高度重视中华优秀传统文化及其当代价值。他指出:"中国式现代化蕴含的独特世界观、价值观、历史观、文明观、民主观、生态观等及其伟大实践,是对世界现代化理论和实践的重大创新。"①广义的"大文化"就是指这一系列"观(念)",推进中国式现代化需要这种大文化创新。党的二十大报告指出:"坚持和发展马克思主义,必须同中华优秀传统文化相结合。"一方面,"只有植根本国、本民族历史文化沃土,马克思主义真理之树才能根深叶茂";另一方面,"中华优秀传统文化源远流长、博大精深","是中国人民在长期生产生活中积累的宇宙观、天下观、社会观、道德观的重要体现,同科学社会主义价值观主张具有高度契合性"。② 正是这种"高度契合性",使中华优秀传统文化可以在同马克思主义、科学社会主义的结合中,实现创造性转化、创新性发展,进而实现自身现代化。

深入理解中华优秀传统文化在中国式现代化中的地位,还需紧密结合习近平总书记的"大历史观"进行分析。党的二十大报告指出:"在新中国成立特别是改革开放以来长期探索和实践基础上,经过十八大以来在理论和实践上的创新突破,我们党成功推进和拓展了中国

---

① 习近平:《正确理解和大力推进中国式现代化》。
② 习近平:《高举中国特色社会主义伟大旗帜 为全面建设社会主义现代化国家而团结奋斗——在中国共产党第二十次全国代表大会上的报告》,第18页。

式现代化",而"新时代十年的伟大变革,在党史、新中国史、改革开放史、社会主义发展史、中华民族发展史上具有里程碑意义"。① 由此可以清晰定位中国式现代化的"大历史"框架:其一,"中华民族发展史"已逾5000年,对应的是世界各民族文明史,构成了人类文明或文化的"传统";其二,"社会主义发展史"已逾500年,对应的是世界资本主义史,两者构成了世界"现代化"双线格局;其三,"党史、新中国史、改革开放史"和新时代十年,也是中国现代化历史,与鸦片战争以来的近代史构成了100多年的中国现代化史。

以16世纪英国空想社会主义者托马斯·莫尔(St. Thomas More)出版《乌托邦》为开端,世界社会主义发展已有500多年历史,而16世纪前后的文艺复兴运动也大致是现代资本主义社会思想文化的开端——这表明社会主义与资本主义作为人类现代化思想文化和实践的产生与发展大致是同步的,人类现代化进程是由两条线索构成的。因此,尽管资本主义在现代化之初是占主导地位的,但"现代化＝资本主义化"的认知并不符合基本的历史事实。从世界现代化与各民族及其传统文化的关系看,西方国家以自身的民族文化传统先行开启了资本主义现代化,对于西方国家来说,传统与现代之间的冲突不那么尖锐,而中国等非西方的后发国家文化传统与资本主义现代化之间的冲突则比较尖锐,成为世界现代化进程中的历时难题。在世界历史呈现出资本主义力量下降、社会主义力量上升的新大势之际,同科学社会主义价值观主张具有"高度契合性"的中华优秀传统文化以及拥有这种文化的中华民族,顺应这种世界进步新大势,成功开辟了中国式社会主义现代化道路,成功破解了这种历时难题——想充分理解其世界历史性意义,首先要回到习近平总书记多次提到的马克思、恩格斯的"世界历史"理论。

---

① 习近平:《高举中国特色社会主义伟大旗帜 为全面建设社会主义现代化国家而团结奋斗——在中国共产党第二十次全国代表大会上的报告》,第22、15页。

## 二、社会主义与资本主义：世界现代化双线升降格局

机器大工业所代表的生产力的现代化革命,在西方外部引发了由世界贸易等形成的世界市场所代表的国际生产关系的现代化革命,首次开创了不同于此前的传统的各民族"地域性的历史"的"世界历史",在西方内部形成了同为传统阶级现代化形态的资产阶级和无产阶级、同为传统社会及其理念现代化形态的资本主义和社会主义的双线格局。在机器大工业及其代表的现代生产力的进一步发展中,代表资产阶级的资本主义力量下降、代表无产阶级的社会主义力量上升,则是世界历史发展的必然大势——这是理解中国式现代化的一个基本点。

习近平总书记指出:"学习马克思,就要学习和实践马克思主义关于世界历史的思想。马克思、恩格斯说:'各民族的原始封闭状态由于日益完善的生产方式、交往以及因交往而自然形成的不同民族之间的分工消灭得越是彻底,历史也就越是成为世界历史。'马克思、恩格斯当年的这个预言,现在已经成为现实,历史和现实日益证明这个预言的科学价值。"① 在这个预言之后,马克思、恩格斯紧接着的论述是,"例如,如果在英国发明了一种机器,它夺走了印度和中国的无数劳动者的饭碗,并引起这些国家的整个生存形式的改变,那么,这个发明便成为一个世界历史性的事实。同样,砂糖和咖啡是这样来表明自己在 19 世纪具有的世界历史意义的:拿破仑的大陆体系所引起的这两种产品的匮乏推动了德国人起来反抗拿破仑,从而就成为光荣的 1813 年解放战争的现实基础","历史向世界历史的转变"是"完全物质的、可以通过经验证明的行动,每一个过着实际生活的、需要吃、喝、穿的个人都可以证明这种行动"。而这表明"人们的世界历史性的而不是

---

① 习近平:《在纪念马克思诞辰 200 周年大会上的讲话》,北京:人民出版社 2018 年版,第 22 页。

地域性的存在同时已经是经验的存在了","地域性的个人为世界历史性的、经验上普遍的个人所代替",其中"每一民族都依赖于其他民族的变革"。"大工业创造了交通工具和现代的世界市场",由此"首次开创了世界历史,因为它使每个文明国家以及这些国家中的每一个人的需要的满足都依赖于整个世界,因为它消灭了各国以往自然形成的闭关自守的状态"①——这表明"大工业"之前是不存在"世界历史"的。

马克思后来还强调指出,"世界史不是过去一直存在的;作为世界史的历史是结果"②;"可以充当货币的有各种金属,这些金属之间具有不同的、不断变动的价值关系。于是产生了复本位制等问题,这个问题取得了世界史的各种形式。但是问题所以取得这样的形式,以及复本位制本身所以产生,都是由于对外贸易"③。对此,马克思更具理论性的概括是:

> 机器劳动这一革命因素是直接由于需要超过了用以前的生产手段来满足这种需要的可能性而引起的。而需求超过[供给]这件事本身,是由于还在手工业基础上就已作出的那些发明而产生的,并且是作为在工场手工业占统治地位的时期所建立的殖民体系和在一定程度上由这个体系所创造的世界市场的结果而产生的。一旦生产力发生了革命——这一革命表现在工艺技术方面——,生产关系也就会发生革命。④

机器、交通工具的发明创造和应用等引发"工艺革命""生产力革命",代表着人类生产"工艺方式"的现代化——这是世界现代化最根本的基础。"资本"则代表着由这种工艺方式现代化所引发的"生产

---

① 参见《马克思恩格斯选集》第1卷,第166—194页。
② 《马克思恩格斯选集》第2卷,北京:人民出版社2012年版,第710页。
③ 《马克思恩格斯全集》第31卷,北京:人民出版社1998年版,第195页。
④ 《马克思恩格斯文集》第8卷,北京:人民出版社2009年版,第340—341页。

关系的革命"和现代化——这在一国内部表现为资产阶级—无产阶级结构的成型,标志着传统阶级形态的现代化;而在国际关系中则表现为由西方宗主国与非西方殖民地关系构成的"殖民体系"的成型,标志着传统国际关系形态的现代化。具有"世界史的各种形式"的复本位制等现代化的经济和金融制度、"砂糖和咖啡"等世界贸易及其形成的"世界市场"等,所代表的正是世界范围内现代化的"生产关系的革命"——"世界历史"就是这一系列革命的"结果",而在此之前不存在这种意义上的"世界历史",各民族及其社会文化的发展还主要表现为封闭的、孤立的"地域性的历史"。在现代化"世界历史"框架下,会出现"第二级的和第三级的东西,总之,派生的、转移来的、非原生的生产关系。国际关系在这里的影响"。① 以此来看,在现代化之初,中国等非西方国家"原生的生产关系"还主要是前现代的封建生产关系,而通过对外贸易、世界市场等被纳入西方殖民体系所形成的则是"派生的、转移来的、非原生的生产关系"——这正是把当时的中国定位为半殖民地半封建社会的经典理论和国情特色的依据,"每一民族都依赖于其他民族的变革",中国的反封建、反帝、反殖民革命也就具有"世界历史性的"意义——这是从国际关系现代化角度理解百年中国现代化史的基本点。

再从阶级形态现代化角度看,"无产阶级只有在世界历史意义上才能存在,就像共产主义——它的事业——只有作为'世界历史性的'存在才有可能实现一样"②。当然,与之对立的资产阶级和资本主义也是"世界历史性的"存在,两大阶级都标志着传统阶级形态的"现代化",两大主义都标志着传统社会形态及其理念的"现代化",两者的"现代"特性在反封建的意义上是相通的。恩格斯指出:反封建主的运动"应该由资产阶级来进行,反封建主义的斗争本来就正是这个阶级的世界历史性任务",当然也是无产阶级的世界历史性任务,而巴黎公

---

① 《马克思恩格斯文集》第 8 卷,第 33—34 页。
② 《马克思恩格斯选集》第 1 卷,第 166—167 页。

社的斗争"不仅吓倒了法国的资产阶级,而且吓倒了整个欧洲的资产阶级"——这表明反封建的斗争又与两大现代化阶级之间的斗争复杂交织在一起,后者同样具有"世界历史性的"意义。① 不同国情特色也使这种斗争在不同国家呈现出不同特点:"由于德国的社会和政治落后,德国资产阶级处处都对他们切身的政治利益弃置不顾,因为无产阶级已经在他们背后带有威胁性地崛起了","怯懦的德国资产者为了各自拯救私人的利益,拯救自己的资本,而牺牲了他们的共同利益,即政治利益。宁可恢复旧的官僚封建专制制度,也不要通过革命道路,在革命阶级即无产阶级力量壮大的情况下,经过斗争赢得资产阶级这个阶级的胜利,建立一个现代资产阶级国家","所以,在资产阶级临阵脱逃的地方,无产阶级政党就要担负起斗争的责任"。② 这同样适用于分析作为非西方的后发国家的中国在现代化之初的状况:当时的民族资产阶级也具有怯懦和两面性等特点,而官僚买办资产阶级则同时向国内封建主义和国外帝国主义妥协,由资产阶级领导的旧民主主义革命无法完成反帝、反封建的任务,只有作为无产阶级政党的中国共产党领导的新民主主义革命才完成了反封建和民族独立的任务。

尽管都是传统阶级的"现代化"形态,但是,无产阶级是"非统治阶级"传统形态的现代化,而资产阶级则是"统治阶级"传统形态的现代化。随着私有制的诞生,人类进入文明时代和阶级社会,由此形成的社会基本结构就是"统治阶级—非统治阶级",而"统治阶级的思想在每一时代都是占统治地位的思想",但这并不表明"非统治阶级"就没有"思想",随着生产力和文明的发展,"统治阶级"发生变化,"非统治阶级"的形态及思想也会随之发生变化。③《德意志意识形态》揭示了这种变化的一般规律:"每一个企图取代旧统治阶级的新阶级,为了达到自己的目的不得不把自己的利益说成是社会全体成员的共同利

---

① 《马克思恩格斯全集》第 25 卷,北京:人民出版社 2001 年版,第 76 页注释①。
② 同上书,第 76—77 页注释①。
③ 《马克思恩格斯选集》第 1 卷,第 178 页。

益","进行革命的阶级,仅就它对抗另一个阶级而言,从一开始就不是作为一个阶级,而是作为全社会的代表出现的","它之所以能这样做,是因为它的利益在开始时的确同其余一切非统治阶级的共同利益还有更多的联系,在当时存在的那些关系的压力下还不能够发展为特殊阶级的特殊利益"。① 这种"利益"上一定程度的"共同性",也决定着在"思想"上存在"共同性",比如在西方文艺复兴、启蒙运动和中国五四运动中就存在着这种共同性,同时产生的资本主义和社会主义思想尚未尖锐对立,两者共同的斗争对象是作为"旧统治阶级"的封建地主阶级及其思想,在反封建的意义上,社会主义和资本主义都是现代化思想。

在反封建斗争中,资产阶级取得胜利,而"这一阶级的胜利对于其他未能争得统治地位的阶级中的许多个人来说也是有利的,但这只是就这种胜利使这些个人现在有可能升入统治阶级而言。当法国资产阶级推翻了贵族的统治之后,它使许多无产者有可能升到无产阶级之上,但是只有当他们变成资产者的时候才达到这一点","可是后来,非统治阶级和正在进行统治的阶级之间的对立也发展得更尖锐和更深刻。这两种情况使得非统治阶级反对新统治阶级的斗争在否定旧社会制度方面,又要比过去一切争得统治的阶级所作的斗争更加坚决、更加彻底"。② 资产阶级是私有制产生以来"统治阶级"的最后一种形态,而无产阶级则是"非统治阶级"的最后形态,因而也是反对统治阶级或阶级统治最坚决的阶级。"旧统治阶级"如封建贵族等以及"旧的非统治阶级"如农民和手工劳动无产者等中的一部分"个人"可能会上升为"资产者"而成为"新统治阶级",更多"个人"则沦为"新的非统治阶级"即群体越来越庞大的无产阶级;由此,曾经同为"非统治阶级"的资产者与手工劳动无产者等之间存在的"共同利益",就走向分化和对立——正是在这种历史状况下,社会主义由空想走向科学:如

---

① 《马克思恩格斯选集》第1卷,第180页。
② 同上书,第180—181页。

果说早期空想社会主义思想在反封建的意义上还与资产阶级思想存在一定程度"共同性"的话,那么,科学社会主义就是作为成熟的资本主义及其思想的对立面而出现并不断发展壮大的。"只要阶级的统治完全不再是社会制度的形式,也就是说,只要不再有必要把特殊利益说成是普遍利益,或者把'普遍的东西'说成是占统治地位的东西,那么,一定阶级的统治似乎只是某种思想的统治这整个假象当然就会自行消失。"① 资本主义"社会制度的形式"依然是"阶级的统治"形式,代表的依然是新"统治阶级"即资产阶级的"特殊利益",而维护这种新型阶级统治的最重要的意识形态依然把"特殊利益"说成是"普遍利益"——如果说资产阶级"在开始时的确同其余一切非统治阶级的共同利益还有更多的联系"而可以"把自己的利益说成是社会全体成员的共同利益"的话,那么,资产阶级取得统治地位后所标榜的"普遍利益"或所谓"普适价值"就只是一种意识形态"假象"——这也是认为"现代化=资本主义化"的思想根源。

恩格斯还对社会主义力量上升、资本主义力量下降的发展大势作了深刻的分析:"蒸汽机、机械化的纺纱机和织布机、蒸汽犁和脱粒机、铁路和电报、现代的蒸汽印刷机(就是马克思所说的'生产力发生了革命——这一革命表现在工艺技术方面')都不容许出现这种荒唐的倒退;相反,它们正在逐渐地和无情地消灭封建关系和行会关系的一切残余('生产关系也就会发生革命')";同为现代化阶级,无产阶级与资产阶级一起"消灭封建生产和封建关系的一切残余,从而把整个社会归结为资本家阶级和没有财产的工人阶级之间的单纯的对抗"。资产阶级—无产阶级结构的成型,标志着传统阶级形态现代化的完成,此后,"随着社会阶级矛盾的这种简化,资产阶级的力量日益增长起来,但是无产阶级的力量、它的阶级觉悟和取得胜利的能力也在更大程度上增长起来"。② 在进一步发展中,"由于现时生产力如此巨大的

---

① 《马克思恩格斯选集》第 1 卷,第 181 页。
② 《马克思恩格斯全集》第 21 卷,北京:人民出版社 2003 年版,第 105—106 页。

发展,就连把人分成统治者和被统治者、剥削者和被剥削者的最后一个借口,至少在最先进的国家里也已经消失了;居于统治地位的大资产阶级已经完成了它的历史使命","历史的领导权已经转到无产阶级手中","社会生产力已经发展到资产阶级不能控制的程度,只等待联合起来的无产阶级去掌握它"。① 这种"历史的领导权"的转移,揭示的正是代表无产者的社会主义力量上升、代表资产者的资本主义力量下降的世界历史格局发展的必然大势。

## 三、世界社会主义进步大势与中国式现代化

阶级形态的现代化,在文化形态上表现为维护不平等的统治阶级文化的现代化、反对不平等的非统治阶级文化的现代化——列宁的"两种民族文化"论对此作了分析。这两种"文化"的现代化是同时开启的,但后来出现了分流——毛泽东关于"五四运动的发展,分成了两个潮流"的理论对此作了分析。马克思、恩格斯强调,在现代化世界历史进程中,一方面"每一民族都依赖于其他民族的变革",另一方面"每个民族都为其他民族完成了人类从中经历了自己发展的一个主要的使命"。② 这既与各国国情特色有关,也与各民族传统文化有关:西方民族及其传统文化先行开启了资本主义现代化,非西方民族则相对落后,形成了自身文化传统与"现代"冲突的历时性难题;但在资本主义力量下降、社会主义力量上升的世界大势中,不适合资本主义发展的非西方民族及其传统文化,迎来了以社会主义方式实现自身现代化从而破解"传统"与"现代"冲突历时难题的重大契机——这是理解中国式现代化的又一基本点。

列宁指出:"每一个现代民族中,都有两个民族。每一种民族文化中,都有两种民族文化";"每个民族文化,都有一些民主主义的和社会

---

① 《马克思恩格斯选集》第3卷,北京:人民出版社2012年版,第724页。
② 《马克思恩格斯全集》第42卷,北京:人民出版社1979年版,第257页。

主义的即使是不发达的文化成分,因为每个民族都有被剥削劳动群众,他们的生活条件必然会产生民主主义的和社会主义的意识形态。但是每个民族也都有资产阶级的文化(大多数还是黑帮的和教权派的),而且这不仅表现为一些'成分',而表现为占统治地位的文化"。① 往前追溯,世界各民族进入阶级社会的重要标志之一就是私有制的产生,由此形成了垄断生产资料的阶级维护不平等的思想文化,并占主导和统治地位,与此同步产生了"被剥削劳动群众"反对不平等的思想文化,尽管不占主导地位,但它却是随着统治阶级的思想文化发展而一直发展的。"自从资本主义生产方式在历史上出现以来,由社会占有全部生产资料,常常作为未来的理想隐隐约约地浮现在个别人物和整个整个派别的头脑中。"② 这种理想是与资本主义同步产生的,如果说"资产阶级的文化"是维护不平等的文化的"现代化"的话,那么,早期空想社会主义则开启了文明史上一直存在、发展着的反对不平等的文化的"现代化"——"现代化=资本主义化"的单线认知,只看到前一种"现代化",而忽视或者掩盖了"民主主义的和社会主义的意识形态"同样标志着人类文化的"现代化"。

在世界现代化进程中,"两种民族文化"又呈现出走向分流且有降有升的大势。在反封建初期,资产者与其余非统治阶级还存在一定程度的"共同利益",而一旦上升为新统治阶级就会形成自己的"特殊利益",并与沦为新的非统治阶级的无产者的利益越来越走向分化,这决定着同为现代化思想的社会主义与资本主义越来越走向分化。毛泽东对此有深刻洞察:"在'五四'以前,中国文化战线上的斗争,是资产阶级的新文化和封建阶级的旧文化的斗争",此时的"中国的新文化,是旧民主主义性质的文化";"在'五四'以后,中国产生了完全崭新的文化生力军,这就是中国共产党人所领导的共产主义的文化思想,即共产主义的宇宙观和社会革命论",新文化也就成为"新民主主义性质

---

① 《列宁全集》第 24 卷,北京:人民出版社 2017 年版,第 134、125—126 页。
② 《马克思恩格斯选集》第 3 卷,第 668—669 页。

的文化";①"五四运动的发展,分成了两个潮流。一部分人继承了五四运动的科学和民主的精神,并在马克思主义的基础上加以改造,这就是共产党人和若干党外马克思主义者所做的工作。另一部分人则走到资产阶级的道路上去"②。由此形成了此后中国现代化道路的"双线"格局:一是以马克思主义为指导的社会主义现代化道路,一是西方资本主义式的现代化道路。用"现代化=资本主义化"来描述中国百年现代化进程,并不符合基本历史事实。

"五四运动的发展,分成了两个潮流",在实践上则表现为党领导中华民族选择了"俄国道路"来实现自身现代化。在讨论现代化问题时,马克思、恩格斯在世界历史框架下又高度重视各国具体国情特色和各民族文化传统,并一直关注不发达民族国家尤其是东欧、俄国等实现自身现代化的问题。恩格斯于1894年发表的《〈论俄国的社会问题〉跋》大致可视作他们对"俄国式现代化"或世界社会主义革命的"俄国道路"一系列探讨的理论总结,对于我们今天理解"中国式现代化"和世界社会主义的"中国道路"等有重要启示。

"在俄国有不少人很了解西方资本主义社会及其所有的不可调和的矛盾和冲突,并且清楚地知道这条似乎走不通的死胡同的出路何在"——随着五四运动的发展和国际关系格局的变化,中国一部分先进知识分子也越来越清楚地意识到了这一点。从世界范围看,"当西欧各国人民的无产阶级取得胜利和生产资料转归公有之后,那些刚刚进入资本主义生产而仍然保全了氏族制度或氏族制度残余的国家,可以利用公有制的残余和与之相适应的人民风尚作为强大的手段,来大大缩短自己向社会主义社会发展的过程,并避免我们在西欧开辟道路时所不得不经历的大部分苦难和斗争",而"这不仅适用于俄国,而且适用于处在资本主义以前的阶段的一切国家"。③ 这当然也适用于中

---

① 《毛泽东选集》第 2 卷,北京:人民出版社 1991 年版,第 696—698 页。
② 《毛泽东选集》第 3 卷,北京:人民出版社 1991 年版,第 832 页。
③ 《马克思恩格斯选集》第 4 卷,北京:人民出版社 2012 年版,第 312—313 页。

国。以上论述表明,恩格斯并没有把现代化问题只放在一国内部加以审视,而是始终同时放在"世界历史"框架下加以探讨。如此,后发国家经历资本主义阶段的具体方式尤其是时间的长短,就并没有固定模板而可"复制粘贴"。"假如俄国革命将成为西方工人革命的信号而双方互相补充的话,那么俄国的土地所有制便能成为共产主义发展的起点";"马克思首先驳斥《祖国纪事》上的文章强加给他的观点,文章硬说他所持的观点同俄国自由派一样,认为对俄国来说没有比消灭农民公有制和急速进入资本主义更为刻不容缓的事了"——这大致也是中国现代化进程中一些"自由派"的基本认知。马克思认为:"如果俄国继续走它在 1861 年所开始走的道路,那将会失去当时历史所能提供给一个民族的最好的机会,而遭受资本主义制度所带来的一切灾难性的挫折","假如俄国想要遵照西欧各国的先例成为一个资本主义国家","倒进资本主义制度的怀抱","就会和尘世间的其他民族一样地受那些铁面无情的规律的支配"——对于中国来说更是如此。"一个由德国开创的从上面进行的革命的新时期,同时也就是社会主义在所有欧洲国家迅速成长的时期到来了",世界进入社会主义革命时代,"俄国参加了共同的运动。这一运动在这里理所当然地采取了冲锋的形式,目的是要推翻沙皇专制制度,争得民族的思想和政治运动的自由";而"俄国革命还会给西方的工人运动以新的推动,为它创造新的更好的斗争条件,从而加速现代工业无产阶级的胜利"。① 推翻封建专制制度、"争得民族的思想和政治运动的自由"等,大致也是中国辛亥革命、五四运动等的目的,而党领导的新民主主义革命实际上也是世界社会主义革命的一个组成部分,因而具有"世界历史性的"意义。

马克思、恩格斯不仅结合各国国情特色,还结合各民族文化传统展开现代化道路探讨。"就从事资本主义生产来说,并非一切民族都有相同的才能。某些原始民族,例如土耳其人,既没有这方面的禀性,

---

① 参见《马克思恩格斯选集》第 4 卷,第 314—321 页。

也没有这方面的素质",而基督教是"资本所特有的宗教"。① "在新教国家,特别是在英国和荷兰,整个民族充满了商业精神"②——这实际上解释了资本主义现代化首先在西方得以开启的文化根由。"德国、法国和英国是当代史上的三个占主导地位的国家","英吉利民族是由日耳曼语民族和罗曼语民族构成的,那时候正值这两个民族彼此刚刚分离,刚刚开始向对立的双方发展",由此就形成了一种"两极的民族性":"英国人是世界上最信宗教的民族,同时又是最不信宗教的民族","他们向往天国,然而这丝毫也不妨碍他们同样坚信这个'赚不到钱的地狱'","矛盾的感觉是毅力的源泉,但只是外化了毅力的源泉,这种矛盾的感觉曾经是英国人殖民、航海、工业建设和一切大规模实践活动的源泉"③——"英吉利民族"的文化传统及其矛盾,成为英国首先推动机器大工业等生产工艺和生产力革命,进而实现生产关系现代化革命、构建现代化殖民体系的文化上的"原动力"。

对于各民族及其文化传统在世界现代化进程中发挥不同的作用,马克思还有概括性总结:"主张每个民族自身都经历这种发展,正象主张每个民族都必须经历法国的政治发展或德国的哲学发展一样,是荒谬的观点。凡是民族作为民族所做的事情,都是他们为人类社会而做的事情,他们的全部价值仅仅在于:每个民族都为其他民族完成了人类从中经历了自己发展的一个主要的使命(主要的方面)。因此,在英国的工业、法国的政治和德国的哲学制定出来之后,它们就是为全世界制定的了,而它们的世界历史意义,也象这些民族的世界历史意义一样,便以此而告结束。"④ 犹太民族及其传统文化也是开启资本主义式现代化的重要力量。一方面,"犹太精神不是违反历史,而是通过历史保持下来的";另一方面,"我们在犹太教中看到普遍的现代的反社

---

① 《马克思恩格斯全集》第36卷,北京:人民出版社2015年版,第339—340页。
② 《马克思恩格斯全集》第38卷,北京:人民出版社2019年版,第436页。
③ 《马克思恩格斯文集》第1卷,北京:人民出版社2009年版,第89—90页。
④ 《马克思恩格斯全集》第42卷,北京:人民出版社1979年版,第257页。

会的要素,而这种要素,经由有犹太人在这一坏的方面热心参与的历史发展,达到自己目前这样的高度,即达到它必然解体的高度"①——犹太教、基督教文化传统以及英、法、德等西方国家在现代化"世界历史"中的"使命"就是以资本主义方式先行开启现代化,而世界社会主义革命时代的到来则表明这种"使命"已经完成,即"居于统治地位的大资产阶级已经完成了它的历史使命",现代化的资本主义时代"便以此而告结束"——而同科学社会主义价值观主张具有"高度契合性"的中华优秀传统文化以及拥有这种文化的中华民族则迎来自己的"世界历史性的"时代。

习近平总书记指出:"马克思对我国古代农民起义提出的具有社会主义因素的革命口号有过敏锐的观察。"习近平总书记在论述中华优秀传统文化时已有对这种"社会主义因素"的概括,如"大道之行、天下为公的大同理想"以及"等贵贱均贫富、损有余补不足的平等观念"等——这也正是中华优秀传统文化同现代社会主义的"契合点",也正是这种契合点使"马克思主义传入中国后,科学社会主义的主张受到中国人民热烈欢迎,并最终扎根中国大地、开花结果"。习近平总书记还引用了马克思、恩格斯发表的时评中的话:"中国社会主义之于欧洲社会主义,也许就像中国哲学与黑格尔哲学一样。"②

马克思、恩格斯也一直关注现代化世界历史进程中落后的中华民族的前途和命运。他们在发表的时评中首先分析了欧洲各国当时的状况和趋势:法国"反动势力在加强,革命党的力量自然也在壮大",广大农民群众"投入了革命党的怀抱,声称信仰社会主义,当然通常他们信仰的社会主义还很肤浅,还带有资产阶级性质"。"工业发达的英国干的完全是另一种事情:繁荣经济",但同时又出现新的危机,而"其后果将与以前历次危机完全不同。以前的历次危机都是一个信号,表明工业资产阶级取得新成就以及再次战胜土地所有者和金融资产阶

---

① 《马克思恩格斯文集》第1卷,第49—51页。
② 《习近平谈治国理政》第3卷,北京:外文出版社2020年版,第120页。

级"——与之对应的是"资本主义性质"的革命,"而这次危机将标志着英国现代革命的开端"——这种新革命开始具有社会主义性质,并成为世界进步新大势。当时的美国"甚至把最倔强的野蛮民族也拖进了世界贸易,拖进了文明",而"欧洲的文明国家要避免陷入像意大利、西班牙和葡萄牙当前在工商业上和政治上的依附地位,唯一的可能就是进行社会革命"——欧洲国家并没有这么做,这表明历史发展的复杂性和曲折性,但也正因为没有这样做,到了一个世纪之后的今天,欧洲国家被深深地固定在对美国的"政治上的依附地位"。① 如果说欧洲国家都是如此,那么,中国等后发现代化国家重走资本主义道路,就更会如此。

在以上分析的基础上,马克思、恩格斯最后讨论了"由著名的德国传教士郭士立从中国带回来的有代表性的新鲜奇闻":英国人"夺得了在五个口岸自由通商的权利",把中国强制纳入现代殖民体系,"以手工劳动为基础的中国工业经不住机器的竞争","这个国家现在已经接近灭亡,已经面临着一场大规模革命的威胁,但是更糟糕的是,在造反的平民当中有人指出了一部分人贫穷和另一部分人富有的现象,要求重新分配财产,甚至要求完全消灭私有制,而且至今还在要求"——这就是中国近代革命中的"社会主义因素"。"当郭士立先生离开20年之后又回到文明人和欧洲人中间来的时候,他听到人们在谈论社会主义,于是就问:这是什么意思?别人向他解释以后,他便惊叫起来:'这么说来,我岂不是到哪儿也躲不开这个害人的学说了吗?这正是中国许多暴民近来所宣传的那一套啊!'"当时,社会主义理念已在世界发达和不发达地区产生广泛影响。马克思、恩格斯在此基础上预测了中国的未来:

> 当然,中国社会主义之于欧洲社会主义,也许就像中国哲学与黑格尔哲学一样。但是有一个事实毕竟是令人欣慰

---

① 《马克思恩格斯全集》第10卷,北京:人民出版社1998年版,第273—276页。

的,即世界上最古老最巩固的帝国八年来被英国资产者的印花布带到了一场必将对文明产生极其重要结果的社会变革的前夕。当我们欧洲的反动分子不久的将来在亚洲逃难,到达万里长城,到达最反动最保守的堡垒的大门的时候,他们说不定就会看见上面写着:

République Chinoise

Liberté, Egalité, Fraternité。①

总之,500年世界社会主义史在理论和实践上打破了"现代化=资本主义化"的单线迷思。世界现代化进程绝非只是资本主义化的单线进程,社会主义是其中的另一线索。随着现代科技和大工业机器所代表的生产方式现代化的进一步发展,这种双线格局又呈现出资本主义力量下降、社会主义力量上升的必然大势。只有在这种世界现代化双线升降格局中,才能科学揭示世界各民族及其文化传统所承担的不同使命:西方民族文化传统开启了资本主义现代化道路,但资本主义力量因越来越成为现代生产力进一步发展的障碍而趋于下降,世界社会主义力量趋于上升,同科学社会主义价值观主张具有高度契合性的中华优秀传统文化及拥有这种文化的中华民族,顺应并融入这种世界进步大势,开辟出了中国式社会主义现代化道路,破解了后发国家文化传统与现代相冲突的历时难题,同时也使世界范围内社会主义和资本主义两种意识形态、两种社会制度的历史演进及其较量发生了有利于社会主义的重大转变,具有广泛而深远的世界历史意义。

(原载《国家现代化建设研究》2023年第5期)

---

① 参见《马克思恩格斯全集》第10卷,第276—278页。

# 中国式现代化道路的丰富内涵和世界意义

黄一兵[*]

习近平总书记指出:"我们坚持和发展中国特色社会主义,推动物质文明、政治文明、精神文明、社会文明、生态文明协调发展,创造了中国式现代化新道路,创造了人类文明新形态。"[①]中国式现代化道路是一条既符合中国国情又适应时代发展要求并取得巨大成就的崭新道路,中国共产党和中国人民将坚定不移沿着这条道路推进中国现代化,从而推进中华民族伟大复兴,不断为人类作出新的更大贡献。

## 一、中国共产党对中国式现代化道路的百年探索

中华民族是拥有五千年悠久历史和灿烂文明的伟大民族,为人类文明进步作出了不可磨灭的贡献。近代以来,在西方列强入侵和封建腐朽统治下,中国错失了工业革命的机遇,大幅落后于时代,中华民族

---

[*] 黄一兵,中共中央党史和文献研究院副院长、研究员。
① 习近平:《在庆祝中国共产党成立100周年大会上的讲话》,北京:人民出版社2021年版,第13—14页。

遭受了前所未有的苦难。为了实现民族复兴的梦想,无数仁人志士不屈不挠,苦苦探求中国现代化之路。但没有科学思想的指引,没有先进政党的领导,在半殖民地半封建社会的条件下,中国现代化没有也不可能取得成功。

100年来,中国共产党团结带领中国人民所进行的一切奋斗,都是为了把中国建设成为现代化强国,实现中华民族伟大复兴。中国共产党团结带领中国人民,浴血奋战、百折不挠,建立了人民当家作主的中华人民共和国,实现了民族独立、人民解放,为中国现代化创造了根本社会条件。新中国成立前夕,毛泽东同志在党的七届二中全会上提出:"在革命胜利以后,迅速地恢复和发展生产,对付国外的帝国主义,使中国稳步地由农业国转变为工业国,把中国建设成一个伟大的社会主义国家。"①

新中国成立以后,中国共产党团结带领中国人民,自力更生、奋发图强,进行社会主义革命,确立了社会主义基本制度,实现了中华民族有史以来最为广泛而深刻的社会变革,开启了在社会主义道路上进行现代化建设的历史征程。1954年,毛泽东同志在第一届全国人民代表大会上提出了"将我们现在这样一个经济上文化上落后的国家,建设成为一个工业化的具有高度现代文化程度的伟大的国家"②的奋斗目标。1964年,周恩来同志在第三届全国人民代表大会上提出,要"在不太长的历史时期内,把我国建设成为一个具有现代农业、现代工业、现代国防和现代科学技术的社会主义强国"③。"四个现代化"从此成为全党和全国各族人民的共同目标。在党的领导下,我国在一穷二白的基础上建立起了独立的比较完整的工业体系和国民经济体系,迈出了社会主义建设事业的坚实步伐。

改革开放以后,党团结带领中国人民,解放思想、锐意进取,开启

---

① 《毛泽东选集》第4卷,北京:人民出版社1991年版,第1437页。
② 《毛泽东文集》第6卷,北京:人民出版社1999年版,第350页。
③ 《建国以来重要文献选编》第19册,北京:中央文献出版社1998年版,第483页。

了改革开放和社会主义现代化建设的伟大征程。在改革开放初期,邓小平同志就指出:"我们搞的现代化,是中国式的现代化。我们建设的社会主义,是有中国特色的社会主义。"①为推进我国社会主义现代化建设事业,党中央提出"三步走"战略目标,即到20世纪80年代末解决人民温饱问题,到20世纪末使人民生活达到小康水平,到21世纪中叶基本实现现代化,达到中等发达国家水平。进入新世纪,在人民生活从温饱不足到总体小康、奔向全面小康的历史性跨越中,党中央又提出,到建党100年时全面建成惠及十几亿人口的更高水平的小康社会,然后再奋斗30年,到新中国成立100年时,基本实现现代化,把我国建成社会主义现代化强国。

党的十八大以来,中国特色社会主义进入新时代,以习近平同志为核心的党中央团结带领中国人民,自信自强、守正创新,统揽伟大斗争、伟大工程、伟大事业、伟大梦想,为全面建设社会主义现代化国家提供了更为完善的制度保证、更为坚实的物质基础、更为主动的精神力量,不断坚持并极大拓展了中国式现代化道路。党的十九大站在新的更高的历史起点上,对实现第二个百年奋斗目标作出分两个阶段推进的战略安排,对中国的现代化建设作出长远战略谋划,提出到2035年基本实现社会主义现代化,到21世纪中叶把我国建成富强民主文明和谐美丽的社会主义现代化强国的奋斗目标。在全党全国各族人民持续奋斗下,在坚持和发展中国特色社会主义中,实现了第一个百年奋斗目标,在中华大地上全面建成了小康社会,历史性地解决了绝对贫困问题,开启了全面建设社会主义现代化国家新征程,中华民族迎来了从站起来、富起来到强起来的伟大飞跃。

历史和实践表明,中国式现代化道路是一条具有中国特色、符合中国实际的正确道路。在百年的持续奋斗中,中国共产党兼收并蓄、守正创新,探索得出了中国式现代化的许多重要特征。习近平总书记

---

① 《邓小平文选》第3卷,北京:人民出版社1993年版,第29页。

指出:"我国现代化是人口规模巨大的现代化,是全体人民共同富裕的现代化,是物质文明和精神文明相协调的现代化,是人与自然和谐共生的现代化,是走和平发展道路的现代化。"①这些关于中国式现代化的鲜明论断和重要论述,极大深化了全党对社会主义现代化建设规律的认识,为新时代全面建设社会主义现代化国家指明了方向。

## 二、中国式现代化道路的丰富内涵

推动一个国家实现现代化,并不只有西方制度模式这一条道,各国完全可以走出自己的道路来。在领导建设社会主义现代化国家的接续奋斗和持续探索中,中国共产党在认识上不断深入、战略上不断成熟、实践上不断深化,逐步走出了一条既切合中国实际又体现社会主义建设规律和人类社会发展规律、具有丰富内涵的中国式现代化新道路。

习近平总书记指出:"要在坚持以经济建设为中心的同时,全面推进经济建设、政治建设、文化建设、社会建设、生态文明建设,促进现代化建设各个环节、各个方面协调发展,不能长的很长、短的很短。"②这就意味着中国的现代化是富强民主文明和谐美丽的全面现代化,是物质文明、政治文明、精神文明、社会文明、生态文明全面提升的现代化;意味着中国通向现代化的道路是一条社会主义五大文明协调发展、共同推进,更好满足人民在经济、政治、文化、社会、生态等方面日益增长的需要,更好推动人的全面发展、社会全面进步的中国式现代化新道路。

中国式现代化新道路始终坚持和发展中国特色社会主义。走自

---

① 习近平:《把握新发展阶段,贯彻新发展理念,构建新发展格局》,《求是》2021年第9期,第7—8页。

② 习近平:《论把握新发展阶段、贯彻新发展理念、构建新发展格局》,北京:中央文献出版社2021年版,第47页。

己的路,是党的理论和实践立足点,更是党百年奋斗得出的历史结论。习近平总书记指出:"世界上既不存在定于一尊的现代化模式,也不存在放之四海而皆准的现代化标准。"①我们所推进的现代化,既有各国现代化的共同特征,更有基于自己国情的中国特色。中国式现代化新道路最根本的特色,就是坚持和发展中国特色社会主义。始终坚持中国特色社会主义道路、理论、制度、文化,全面贯彻党的基本理论、基本路线、基本方略。始终坚持中国共产党领导,立足基本国情,以经济建设为中心,坚持四项基本原则,坚持改革开放,解放和发展社会生产力,统筹推进"五位一体"总体布局,协调推进"四个全面"战略布局,促进人的全面发展,逐步实现全体人民共同富裕,建设富强民主文明和谐美丽的社会主义现代化强国。中国特色社会主义是党和人民历经千辛万苦、付出巨大代价取得的根本成就,是实现中华民族伟大复兴的正确道路。历史已经并将继续证明,只有社会主义才能救中国,只有中国特色社会主义才能发展中国。只有高举中国特色社会主义伟大旗帜,党才能团结带领全国各族人民,建设社会主义现代化国家,赢得中国人民和中华民族更加幸福美好的未来。

中国式现代化新道路是推动物质文明协调发展的道路。建设社会主义现代化国家,离不开强大的物质基础。落后就要挨打,贫穷不是社会主义。没有坚实、先进的物质文明,一个国家和民族就会缺乏昂首于世的物质基础,就会缺乏抵御各种风险挑战的物力底气。我们党坚持以经济建设为中心,不断解放和发展社会生产力,坚持社会主义市场经济改革方向,坚定不移把发展作为党执政兴国的第一要务,全面建成小康社会,历史性地解决了绝对贫困问题,立足新发展阶段,完整、准确、全面贯彻新发展理念,构建新发展格局,推动高质量发展,建设现代化经济体系,推进科技自立自强,不断增强我国经济创新力和竞争力,不断增强我国综合国力和国际影响力。今天,我国已经是

---

① 习近平:《论把握新发展阶段、贯彻新发展理念、构建新发展格局》,第9页。

世界第二大经济体、制造业第一大国、货物贸易第一大国、商品消费第二大国、外资流入第二大国,我国外汇储备连续多年位居世界第一。经过党和人民的不懈探索,社会主义物质文明不断繁荣并取得极大发展。

中国式现代化新道路是推动政治文明协调发展的道路。中国是一个发展中大国,坚持正确的政治发展道路更是关系根本、关系全局的重大问题。"世界上没有完全相同的政治制度模式,一个国家实行什么样的政治制度,走什么样的政治发展道路,必须与这个国家的国情和性质相适应。"①在党的领导下,我国始终坚持中国特色社会主义政治发展道路,不断深化政治体制改革,发展全过程人民民主,党和国家领导体制日益完善,全面依法治国深入推进,中国特色社会主义法律体系日益健全,人民当家作主的制度保障和法治保障更加有力,人权事业全面发展,爱国统一战线更加巩固,人民依法享有和行使民主权利的内容更加丰富、渠道更加便捷、形式更加多样。中国特色社会主义政治发展道路,既有科学的指导思想,又有严谨的制度安排;既有明确的价值取向,又有有效的实现形式和可靠的推动力量。事实充分证明,中国特色社会主义政治发展道路,是近代以来中国人民长期奋斗历史逻辑、理论逻辑、实践逻辑的必然结果,具有强大生命力,是符合中国国情、保证人民当家作主的正确道路。

中国式现代化新道路是推动精神文明协调发展的道路。社会主义精神文明是中国特色社会主义的重要特征,是实现"两个一百年"奋斗目标、实现中华民族伟大复兴的重要内容和重要保证。改革开放以来,中国共产党创造性地提出了建设社会主义精神文明的战略任务,确立了物质文明建设和精神文明建设"两手抓、两手都要硬"的战略方针,把精神文明建设贯穿改革开放全过程,纳入社会主义现代化建设总体布局,全面展开精神文明建设各项工作。党坚持发展社会主义先

---

① 中共中央宣传部编:《习近平新时代中国特色社会主义思想学习纲要》,北京:学习出版社、人民出版社 2019 年版,第 124 页。

进文化,培育和践行社会主义核心价值观,传承和弘扬中华优秀传统文化,坚持以科学理论引路指向,以正确舆论凝心聚力,以先进文化塑造灵魂,以优秀作品鼓舞斗志,爱国主义、集体主义、社会主义精神广为弘扬,时代楷模、英雄模范不断涌现,文化艺术日益繁荣,网信事业快速发展,全民族理想信念和文化自信不断增强,国家文化软实力和中华文化影响力大幅提升。中国的社会主义精神文明建设为社会主义物质文明建设提供了有力的思想指导、精神支撑和智力支持,为经济社会发展创造了良好的精神文化条件。

中国式现代化新道路是推动社会文明协调发展的道路。社会文明是社会主义社会建设的重要目标和特征,全面提高社会文明发展水平是国家发展的需要,是人民的共同期盼。在现代化建设的进程中,中国共产党始终坚持以人民为中心的发展思想,顺应人民对美好生活的期待,提高保障和改善民生水平,加强和创新社会治理,大力推进社会建设;注重运用法治、民主、协商的办法正确处理人民内部矛盾,积极推动解决广大人民群众最关心最直接最现实的利益问题,不断打牢和巩固社会和谐稳定的物质基础;健全公共安全体系,牢固树立安全发展理念,弘扬生命至上、安全第一的思想,时刻把人民群众生命安全放在第一位;加快社会治安防控体系建设,着眼于提升整体效能,努力构建全方位的公共安全防控网络,坚决遏制严重刑事犯罪高发态势,保护人民人身权、财产权、人格权;加强社会心理服务体系建设,培育自尊自信、理性平和、积极向上的社会心态;加强社区治理体系建设,推动社会治理重心向基层下移,完善以基层党组织为核心、全社会共同参与的基层社会治理新格局;通过健全基本公共服务体系,完善共建共治共享的社会治理制度,扎实推动共同富裕,不断增强人民群众获得感、幸福感、安全感,促进人的全面发展和社会全面进步。

中国式现代化新道路是推动生态文明协调发展的道路。建设生态文明是关系人民福祉、关乎民族未来的千年大计,是实现中华民族伟大复兴的重要战略任务。社会主义现代化是人与自然和谐共生的现代化,既要创造更多物质财富和精神财富以满足人民日益增长的美好生活需要,也要提供更多优质生态产品以满足人民日益增长的优美生态环境需要。我们党坚持绿水青山就是金山银山理念,坚持尊重自然、顺应自然、保护自然,坚持节约优先、保护优先、自然恢复为主,坚决守住自然生态安全边界;深入实施可持续发展战略,完善生态文明领域统筹协调机制,构建生态文明体系,促进经济社会发展全面绿色转型;加快推动绿色低碳发展,持续改善环境质量,提升生态系统质量和稳定性,全面提高资源利用效率;坚定不移走生产发展、生活富裕、生态良好的文明发展道路,建设人与自然和谐共生的现代化,建设望得见山、看得见水、记得住乡愁的美丽中国。

## 三、中国式现代化道路的世界意义

习近平总书记指出:"我们党领导人民不仅创造了世所罕见的经济快速发展和社会长期稳定两大奇迹,而且成功走出了中国式现代化道路,创造了人类文明新形态。这些前无古人的创举,破解了人类社会发展的诸多难题,摒弃了西方以资本为中心的现代化、两极分化的现代化、物质主义膨胀的现代化、对外扩张掠夺的现代化老路,拓展了发展中国家走向现代化的途径,为人类对更好社会制度的探索提供了中国方案。"[①]中国的发展离不开世界,世界的发展也需要中国。中国走自己的现代化道路实现了自身的快速发展,创造了伟大的中国奇迹,同时又始终关注人类前途命运,以中国的新发展为世界提供新机遇,为促进世界和平与发展、推动人类文明进步作出了重大贡献。

中国式现代化道路使科学社会主义在 21 世纪的中国焕发出强大生机活力。现代化寄托着马克思主义先驱对理想社会的期许,是世界近代以来的历史潮流,也是俄国十月革命以来所有社会主义国家的共

---

① 习近平:《以史为鉴、开创未来 埋头苦干、勇毅前行》,《求是》2022 年第 1 期,第 9 页。

同追求。在五百多年的发展史中,社会主义经历了从空想到科学、从理论到实践、从一国到多国的历程。人类对社会主义社会和制度形态的探索从未停歇,对现代化的追求也从未止步。中国特色社会主义开辟了科学社会主义的新境界,也开辟了按照我国国情推进现代化事业的光明前景,形成了道路、理论、制度、文化"四位一体"有机统一的科学体系,实现了物质文明、政治文明、精神文明、社会文明、生态文明协调发展,社会主义的影响力、感召力大大增强,中国式现代化道路也越走越宽广。社会主义没有辜负中国,中国也没有辜负社会主义。中国式现代化道路的成功实践,使具有五百多年历史的社会主义主张在世界上人口最多的国家成功开辟出具有高度现实性和可行性的正确道路,让科学社会主义在 21 世纪焕发出新的蓬勃生机。

中国式现代化道路拓展了发展中国家走向现代化的途径,给世界上那些既希望加快发展又希望保持自身独立性的国家和民族提供了全新选择。我国现代化同西方发达国家的现代化有很大不同。西方发达国家是一个"串联式"的发展过程,工业化、城镇化、农业现代化、信息化顺序发展,发展到目前水平用了二百多年时间。我们要后来居上,决定了我国发展必然是一个"并联式"的过程,工业化、信息化、城镇化、农业现代化是叠加发展的。新中国成立以来特别是改革开放以来,我国用几十年的时间,在发展的很多方面走过了西方发达国家上百年甚至数百年的发展历程。中国实现现代化,是人类历史上前所未有的大变革。在人类现代化进程中,实现工业化的国家不超过 30 个、人口不超过 10 亿。我们这个世界上最大的发展中国家实现了现代化,意味着比现在所有发达国家人口总和还要多的中国人民将进入现代化行列,也意味着我国打破了只有遵循资本主义现代化模式才能实现现代化的神话,成为世界上第一个不是走资本主义道路而是走社会主义道路建成现代化的国家。中国人民的成功实践昭示世人,通向现代化的道路不止一条,只要找准正确方向、驰而不息,就能实现现代化的目标。

中国式现代化道路关注人类前途命运。中国始终是世界和平的建设者、全球发展的贡献者、国际秩序的维护者。我们始终高举和平、发展、合作、共赢旗帜,奉行独立自主的和平外交政策,坚持走和平发展道路,坚定维护广大发展中国家的利益,坚持国家不分大小、强弱、贫富一律平等,坚决反对殖民主义、霸权主义和强权政治。我们始终积极推动建设新型国际关系,推动共建"一带一路"高质量发展,与各方携手应对世界面临的挑战,开创发展新机遇,谋求发展新动力,拓展发展新空间,实现优势互补、互利共赢,推动构建人类命运共同体,主张建设持久和平、普遍安全、共同繁荣、开放包容、清洁美丽的世界,努力弘扬和平、发展、公平、正义、民主、自由的全人类共同价值,为解决人类问题贡献中国力量、中国经验、中国智慧和中国方案。

(原载《国家现代化建设研究》2022年第1期)

# 下编

# 中国共产党的领导力与中国现代化[*]

燕继荣[**]

　　如果把 1840 年看作中国现代化起步的时间节点,到现在为止已经过了 182 年。在中国共产党执政前的一百多年里,伴随政治舞台"你方唱罢我登场"的变化,中国现代化犹如一部电视连续剧,情节跌宕起伏,结果惊心动魄。在象征传统帝国遗产的清王朝的最后 71 年中,中国经历了太平天国运动(1851—1864)、洋务运动(1861—1894)、甲午战争(1894—1895)、戊戌变法(1898)、义和团运动(1899—1901)、同盟会成立(1905)、辛亥革命(1911)等重大政治事件,中华民国于 1912 年成立,宣告王朝统治的终结。中华民国成立后的 37 年里,又经历了新文化运动(1915)、帝制复辟(1916)、军阀割据(1916—1926)、五四运动(1919)、中国共产党建立(1921)、大革命(1924—1927)、土地革命战争(1927—1937)、抗日战争(1931—1945)、解放战争(1945—1949)等重大事件,最终以国民党退败台湾、

---

　　[*] 基金项目:国家社会科学基金"防范化解重大风险"重大研究专项项目"新形势下化解群体性事件的新机制新手段研究"(项目编号:18VFH019)。
　　[**] 燕继荣,北京大学国家治理研究院研究员、政府管理学院教授。

共产党胜利的结局而告终。

1949年以后70多年的时段,中国经过了社会主义改造(1952—1956)、三年"大跃进"(1958—1960)、十年"文化大革命"(1966—1976)等重要事件;同时,作为中国经济建设的重要手段和主要方式,从1953年开始,推行"国民经济和社会发展五年计划/规划"。1978年中国共产党十一届三中全会的召开标志着中国开始进入改革开放时代。在改革开放中,中国决策领导层达成共识,告别过去"以阶级斗争为纲"的决策思维,坚持"以经济建设为中心",采用所谓"摸着石头过河"的方式,先在农村全面推行"家庭联产承包责任制"的生产与管理方式,取代以往的"人民公社制"的生产与管理方式;然后在城市鼓励非公经济发展,并对国有企业和集体所有制企业进行转制改造;在国家与地方发展中,采用试验区模式,学习借鉴国外经验,先建经济特区,逐步在全国普遍推行试验区模式;尤其是在1992年之后,全面实施资源配置市场化改革,积极加入全球化进程,全面推广"招商引资"的经济政策,采取"引进来""走出去"的模式,鼓励企业采用多种方式实现技术革新和产业升级。

党的十八大以来,中国特色社会主义进入新时代,也意味着中国现代化踏上了新征程。党的新一届领导集体提出"中华民族伟大复兴",明确中国已经经历从"站起来"到"富起来"的发展,今后要完成"强起来"的伟大目标,并制定了推进中国式现代化的规划。

中国改革开放40多年取得了巨大成就。经济学家通常用各种数据来说明一个国家的发展状况。40多年前,中国是世界上最贫穷的国家之一,1978年中国人均GDP只有156美元,比撒哈拉沙漠以南非洲国家平均数的三分之一还低。但是从1978年开始,中国发生了翻天覆地的变化。1978—2017年,中国GDP年均增长率为9.5%,2017

年人均 GDP 超过 8800 美元。① 这 40 年间,超过 7 亿人口脱离了贫困。这样的事实,让经济学家发出"中国增长动力何来"之问。中国共产党第十九次全国代表大会前后,"政党领导力"这一新概念和新表述在中国政治的话语体系、理论体系中逐步凸显,并受到普遍关注。随着中国现代化成就的彰显,更多海外学者也认识到中国特色社会主义发展的关键在于中国共产党领导,开始把解读中国共产党视为理解中国发展的钥匙。尽管海外学者注意到现代化进程并非如早期理论所设定的是一个线性过程,也注意到中国共产党对中国国家发展的重要作用,并把"党的中心地位"(The Party's Centrality)视为政治经济的长期特征,而不是一个短暂现象,但是,他们始终认为中国的发展与现代化理论假设即经济增长促进民主化相悖,因为他们没有把中国共产党领导力的提升以及中国共产党的发展视为民主政治发展的内容和结果。或者,他们不是把中国共产党领导力的提升定义为"党的发展"(Party Development)或政治发展(Political Development),而是简单定义为"党统"和"党治"的加强。如此看法,只会得出一种与事实相悖逆的结论,似乎中国的经济发展成就不是政治发展(民主进步)的结果,而是政治衰败的产物。打破这种认为中国共产党领导就是控制和统治的认识局限,需要解释中国共产党领导力的性质和动力根源,说明中国共产党领导力如何转化为国家行动,阐明中国共产党领导力如何得到持续不断的强化。这些问题的背后,蕴涵着中国共产党领导中国现代化的特定逻辑,换言之,要从中国共产党推进中国现代化的进

---

① 2017 年中国的人均收入为 8865.99 美元,折合人民币 55412.49 元,月均收入为 4617.6 元,世界排名第 69 位。另据统计,从 1978 年到 2017 年,中国的 GDP 从 3679 亿元增长到 827122 亿元,40 年间,中国年均 GDP 增幅达到 9.5%,而世界经济在同期年平均增幅是 2.78%,中国 GDP 年均增幅是世界的 3 倍多。按照国际组织的数据,1980 年,中国在 148 个国家和地区中,人均 GDP 排位第 130 位;到 2017 年,中国在 232 个国家和地区中,人均 GDP 排位上升到第 70 位,达到了 9481 美元。许多统计数据分析说明中国 40 年的变化,证明中国 40 年的进步和成就。正是这些亮眼的数据,让更多的人开始讨论"中国崛起"的话题、分析"中国治理"的特点和"秘诀"。

程来理解和把握中国共产党领导力,从政党的发展与国家现代化、政党的发展与民主治理的关系来认识中国共产党的领导力。

通过"教化"达到"人际和谐""和而不同",这是中国传统文化的重要内容。① 万众一心,众志成城,是中国政治的一贯追求,也是中国社会应对危机的自然选择。所以,克服国家内部分散、分化、分离、分歧的困境,形成国家统一的意志和集体行动,是国家现代转型的核心任务。中国共产党从最早几十人组成的团体组织,发展成为领导中国现代化进程最为显著、成就最为突出的世界性大党,为国家现代转型提供了宝贵经验。在中国共产党建党百年的时刻,有必要对中国共产党领导力的性质、根源、实现途径和实现方式作出理论解析。本文讨论的重点问题是:中国共产党作为中国现代化的领导者,它的动力源头在哪里?这种动力如何转化为国家现代化的推动力?笔者相信,对这些问题的讨论,有助于对中国共产党的历史地位和作用形成更加深入的认识。

## 一、现代化与政党政治

当代发展理论家一般把现代化定义为从传统社会(农业社会)向以工业文明为核心的现代社会转变的过程,其中结构分殊化、权威理性化、文化世俗化被确定为现代化的主要内容。② 20 世纪 70 年代,美国哈佛大学教授塞缪尔·亨廷顿(Samuel P. Huntington)从 9 个方面系统概括了这个过程的基本特点。③ 一般认为,世界现代化进程的起

---

① 《中国政治思想史》编写组:《中国政治思想史》,北京:高等教育出版社、人民出版社 2012 年版,第 497 页。
② 燕继荣:《现代化与国家治理》,《学海》2015 年第 2 期,第 15—28 页。
③ 〔美〕塞缪尔·P. 亨廷顿:《导致变化的变化:现代化,发展和政治》,载〔美〕西里尔·E. 布莱克编:《比较现代化》,杨豫、陈祖洲译,上海:上海译文出版社 1996 年版,第 44—48 页。

步可以追溯到18世纪中叶英国开启的工业革命。现代化理论的知名学者S. N. 艾森斯塔德(Shmuel Noah Eisenstadt)从历史解释学的角度认为,就历史的观点而言,"现代化是社会、经济、政治体制向现代类型变迁的过程。它从17世纪至19世纪形成于西欧和北美,而后扩及其他欧洲国家,并在19世纪和20世纪传入南美、亚洲和非洲大陆"[①]。今天,经典理论认为现代化包含两个基本过程:一是工业革命以来西方国家的深刻变化;二是后发国家追赶西方发达国家的发展进程。无论理论如何表述,一个基本的事实是,国家现代化不仅意味着传统社会生产方式、生活方式、管理方式等方方面面的深刻变化,更重要的是产生了一个由分散的、各自"独在"的地方社会走向统合的整体性国家的国家化过程。

现代化最大的政治结果是作为全体人民共同体的"统一国家"以及以"国家"为单位的国际体系从观念到制度再到政策的逐渐形成。作为政治共同体的"统一国家"的形成过程,实则是克服地域性、家族性、民族性等传统要素的隔阂和障碍,以统一的国家主权、国家意志和国家力量为核心,构建国家的边界认同、观念认同、制度认同、政策认同、文化认同的过程。这个过程需要有主导性的政治力量凝聚人心,整合社会利益,并将现代理念导入国家生活,形成基于社会共识的制度和政策,推动国家内部的一体化(包括市场、行为规范、语言文化等)和均等化,形成和保持国家在国际体系中的相对竞争优势。作为国际体系成员的"独立国家"的形成过程,实则是实现领土、主权和治权确认的过程,是将国家行为置于遵循平等独立的国家之间相互认可的双边或多边协议构成的国际秩序的过程。这个过程也需要有主导性政治力量引领国家,使国家走上与邻为伴和与邻为善的和平发展道路。

---

① 〔以〕S. N. 艾森斯塔德:《现代化:抗拒与变迁》,张旅平等译,北京:中国人民大学出版社1988年版,第1页。

国家演进的历史显示，现代国家与传统国家的最大区别在于，国家作为一个具有统一强大权威和明确统辖边界的组织，其公共性和私人性的关系发生了重要的改变。也就是说，国家的现代化实则是国家的人民属性和公共属性不断扩展，相应地，国家的"私人属性"或"团体属性"受到遏制而不断隐退的过程。现代化国家最为显著的特征包括：(1)国家变成了公共组织（共和国），而不再是"私家天下"（皇家或朝廷）；(2)国家的统治者变成了人民委托的"代理人"，而不再是家族统治的世袭继承人；(3)国家的政策变成了政府政策，不再是皇帝诏令。与此相联系，科层制的官僚角色和组织化的政党取代过去的"皇帝"和"家族"（皇亲国戚），成为执政者。①

政党政治是国家现代化过程中最重要的因素。政党政治赋予国家"现代性"，成为现代政治区别于传统政治的重要标志。在现代政治体系中，政党是政府运行的主角，并且为现代政府运行提供了合法性途径。一般来说，政党作为"连接民众与政府的桥梁"，被认为是实现社会"利益聚合"、完成国家"政治整合"和实施大众"政治社会化"的重要渠道。总之，如果把国家比喻为一辆运行的机车，政党既可以被比拟为不断添加燃料的"动力源"，也可以被类比为控制机车方向和速度的"驾驶员"。

按照政治学的定义，政党制度是规范政党行使国家权力或参与社会政治生活的政治制度。政党制度涉及政党与政党的关系、政党与政府的关系、政党与社会的关系以及常态化的政党行为。目前，世界各国的政党数量缺乏权威性的准确统计，不过，保守估计，也有四五千个。从政党与国家关系的角度看，这些政党大体可以区分为议会型政党和领导型政党。世界各国的政党制度各有不同，政党与政党的力量对比也有差异，从政党之间关系的角度，又可以把它们纳入竞争型政党制度和协作型政党制度的分类。

---

① 刘伟、姜辉、燕继荣、张占斌、祝灵君、郁建兴、陈立旭：《党的百年奋斗成就与历史经验——学习贯彻党的十九届六中全会精神》，《治理研究》2021年第6期，第11页。

现代化理论将发展程度不同的国家划分为前现代国家—现代化国家—现代国家,之后延伸出发达国家(先发国家)—发展中国家(后发国家或欠发达国家)。这些划分中包含着这样的基本事实:一个发展中国家,需要为国家治理的稳定有序提供有效的制度安排。国家治理水平取决于制度供给的能力,稳定的政党制度对于国家治理成效至关重要。比较政治研究显示,一个由制度化的、具有领导地位的政党所支撑的稳定的政党体系,可以有效克服政治分裂、消除政策重大分歧、避免社会"共识性危机"。考察发展中国家的现代化历史,许多国家失败,发生政治动荡、族群分裂、社会动乱,固然有其历史根源和社会基础缺陷的原因,但与作为"供给侧"的治理制度供给问题——脆弱的政党以及竞争性(甚至对立性)的政党制度密切相关。

"现代国家的构建过程实则是'众利'和'众意'通过实质性整合转化为'公利'和'公意'的过程。"① 换句话说,国家现代化实则是"国家利益"和"国家意志"逐渐形成的过程。比较历史研究显示,一个传统王朝统治的国家走向崩溃之后,通常陷入集团政治、门阀政治、帮派政治、地方政治的困局,各种势力互相争斗,往往形成所谓"群雄并举"、军阀割据的局面,使国家丧失"暴力垄断权",进而陷入长期战乱。那些精英型政党组织,如果能够凭借自身高度的组织约束力、组织动员力和社会影响力,为国家内部不同层级不同团体提供聚公利、集民意的制度化渠道,就可以保证国家构建的相对平稳顺利。

国家秩序从私家统治转变为公家统治的过程是漫长而艰难的,其路径也是多样的。那些在国家既有体制框架下、通过议会政治而逐渐形成的议会型政党,开展旨在限制王权的立法斗争,实现了国家的现代化改造;那些推翻殖民统治、谋求国家独立的民族型政党,通过民族解放武装斗争建立军人政权,开启了强人政治的国家现代化历程。中国共产党作为承担解救国家存续危亡、构建理想社会模式双重使命的

---

① 燕继荣、何瑾:《"以人民为中心"的制度原则及现实体现——国家制度的"人民性"解析》,《公共管理与政策评论》2021年第6期,第4页。

革命型政党,不仅要探索国家救亡之道,还要在全面发展的基础上,构建一套现代国家的制度体系,并为这套体系的有效运转提供组织保障。中国共产党通过自身组织的理念和政策的先进性,引领社会形成国家利益的观念;通过自身组织的严密性和政党对社会广泛而深入的渗透力,将社会意志过滤整合为统一的国家意志;通过党员先锋模范作用、民主集中制、党的集中统一领导等多种制度和机制,实现了国家利益和国家意志的高度整合。在此基础上,构建了中国共产党领导的多党合作和政治协商制度。

## 二、中国现代化的政治动力

如果说早期的现代化是基于工业化生产和城市化聚居方式的变革而逐渐形成,因而更多地表现为一个自然和自发的过程,那么,后期的现代化则是基于国际交往和学习的压力而形成的(这个过程常常伴随着战争侵略和武力征服),更多地体现为一个自觉的过程。对于后发国家来说,现代化往往造成不同程度的国家危机,因此,需要把国家危机转化为现代化动力,而要实现这种转化,更需要政治组织的领导。

国家现代化是一场持续的运动,在此过程中能否保持现代化动力的持续性是非常关键的。一个组织或一个系统发展所需要的完整的动力系统应具备以下三个方面的要素:(1)动力生成系统(Power Generation System);(2)动力保障系统(Power Support System);(3)动力转化系统(Power Conversion System)。一个组织的动力生成系统决定组织行动的性质和根源,这种根源一般分为"责任驱动"和"利益驱动"。动力生成之后,要保持现代化发展的可持续性,就需要有"动力保障系统",通过"组织激励"和相应的"制度保障",提供组织或系统行为的激励机制。然后再经过"动力转换系统",使原动力转换为具体的行动方案,并在行动中不断补充新的动力,吸纳更多组织(社会)力量加入,实现动力扩容。从理论上说,一个国家如果拥有上述有效的动力系统,并且能够坚持正确的政治方向,就会取得现代化发展的显著绩效。

"中国共产党作为探索救亡图存、国家统一、民族复兴之道的中国人民的先锋队组织,走过了以党建军、以党建国、以党治国的历程,更加集中地体现了政党推动国家转型的功能。"①不同于早期现代化国家所产生的议会型政党,中国共产党诞生于传统中国深陷内忧外患困局的危难之时,是国家转型过程中具有救亡图存意识的中国仁人志士中最有组织性和战斗力的"团队"。历史显示,中国共产党是探索和开辟中国现代化道路的领导核心,党的领导展示了强大政党驱动国家现代化的中国逻辑,实现了"从建党的开天辟地,到新中国成立的改天换地,到改革开放的翻天覆地,再到党的十八大以来党和国家事业取得历史性成就、发生历史性变革"②。百年来,中国共产党为民族复兴、人民幸福、国家富强作出了重大贡献,将"一盘散沙"、积贫积弱的旧中国带入全面建设现代化国家的轨道。中国共产党领导人民走上了一条符合中国国情的现代化道路,政党驱动、政府主导、人民至上、改革开放、协同发展等中国式现代化道路的重要因素和经验无疑对后发展国家具有启示意义。总结中国的经验可见,使命型政党、包容性制度、发展型政府、创新性政策这些要素应该是中国现代化转型取得成效的重要保障。

领导科学认为,领导力是认知力、决策力和执行力的统一。用领导科学关于领导力的构成理论来理解,中国共产党领导力是三方面能力的统一:一是作为党的领导力的认知力(意识形态主导力或理论引导力,即政治领导力);二是作为党的领导力的决策力;三是作为党的领导力的执行力(包括社会动员力和群众组织力)。中国共产党领导

---

① 燕继荣:《中国共产党领导的中国现代化:探索、成就与经验》,《人民论坛·学术前沿》2021年第11期,第23页。

② 《加强政治建设提高政治能力坚守人民情怀 不断提高政治判断力政治领悟力政治执行力》,《人民日报》2020年12月26日第1版。

的中国现代化是政党驱动国家现代化的典型,中国共产党领导是中国现代化的核心推进器,中国共产党领导力是中国现代化的核心动力。这种领导力至少体现在如下方面:

(1) 政治领导力。政治领导是政党政治的核心内容,它关系到国家这架"机车"运行的方向。美国政治学家亨廷顿在探讨政党与现代化的关系时提出,"身处正在实现现代化之中的当今世界,谁能组织政治,谁就能掌握未来"①。这也就是说,谁能给出(指引)国家发展的方向,谁就能掌握政治话语权、主导国家未来发展。

中国共产党为中国现代化提供核心动力,首先表现为它的政治领导力。政治领导力是马克思主义政党的共同属性。列宁就政党的政治领导作用概括指出:"阶级是由政党来领导的;政党通常是由最有威信、最有影响、最有经验、被选出担任最重要职务而称为领袖的人们所组成的比较稳定的集团来主持的。"②中国共产党领导人毛泽东强调:"我们是依靠政治来领导,离开了政治就谈不上领导。"③习近平总书记站在党和国家发展的新的历史方位强调,"政治方向是党生存发展第一位的问题,事关党的前途命运和事业兴衰成败"④,中国共产党的政治领导力主要体现为"把握方向、把握大势、把握全局的能力,辨别政治是非、保持政治定力、驾驭政治局面、防范政治风险的能力"⑤。

中国共产党作为马克思列宁主义型政党,以实现人的全面解放为最终目标,以实现中华民族伟大复兴和国家现代化为现实奋斗目标。在现代化推进的不同阶段,中国共产党作为国家的领导力量,对涉及国家发展的总体战略以及政治、经济、社会、文化、军事和外交等各个

---

① 〔美〕塞缪尔·P.亨廷顿:《变化社会中的政治秩序》,王冠华等译,上海:上海人民出版社 2008 年版,第 382 页。
② 《列宁选集》第 4 卷,北京:人民出版社 2012 年版,第 151 页。
③ 《毛泽东年谱(1949—1976)》第 2 卷,北京:中央文献出版社 2013 年版,第 205 页。
④ 中央党校(国家行政学院)习近平新时代中国特色社会主义思想研究中心:《把准政治方向 坚定初心使命》,《光明日报》2019 年 7 月 10 日第 5 版。
⑤ 习近平:《增强推进党的政治建设的自觉性和坚定性》,《求是》2019 年第 14 期,第 9 页。

重大领域的发展建设进行方向引领、目标定位、战略规划和实施保障,成为国家发展的关键因素。①

（2）战略决策力。美国著名学者奥克森伯格认为,"中国共产党具有卓越的战略决策力,能够准确把脉时代发展的潮流和趋势"。他说,毛泽东曾提出"政策和策略是党的生命"的重要论断,中国领导人在制定政策时既希望在既定的制度框架内进行,又鼓励政策辩论,征求同事和专家们的意见,特别强调制定政策要基于对实际情况的调查。② 傅高义认为,中国的改革开放步步推进,不搞大爆炸式的一步到位。他说,邓小平没有强制推行新的体制,如包产到户、乡镇企业和私营企业,而是让地方开展这类试验,然后宣传成功的经验,让其他地方按照自身条件加以采用。③ 他们的上述看法,实际上都肯定了中国共产党作为领导党所具有的战略决策力。④

中国共产党主动自觉肩负推进中国现代化的历史责任,为改变中国贫穷落后的面貌而不懈努力。中国共产党领导人认为,贫穷落后是中国的根本问题,而经济不发展是一切问题的总根源,因此,在执掌政权以后,中国历届领导人不仅把发展和"赶超"作为治国理政的目标,而且把国家现代化导向的发展绩效视为增强执政合法性的重要手段。尤其是1978年中国共产党十一届三中全会宣布结束"以阶级斗争为纲"并确立"以经济建设为中心"以后,党制定了改革开放的方针路线和政策,先后经过"经济发展""科学发展""协调发展"为主线的政策阶段,形成了基于"新发展理念"的改革驱动+创新驱动+"以人民为中

---

① 丁韶彬:《"中国之治"关键在于中国共产党的政治领导力》,《国家治理》2019年第46期,第8页。

② Michel C. Oksenberg, "Policy Making under Mao Tse-Tung, 1949–1968," *Comparative Politics*, Vol. 3, No. 3, 1971, pp. 323–360.

③ Ezra F. Vogel, *Deng Xiaoping and the Transformation of China*, Cambridge: Belknap Press of Harvard University Press, 2011, p. 475.

④ 海外学者关于中国共产党领导力的研究,可参阅周文华:《海外视角下中国共产党的政治领导力》,《国外社会科学》2021年第2期,第24—30页。

心"的"发展"目标和包含国家治理+政府治理+社会治理在内的"治理"目标,形成了两者有机结合的国家现代化建设道路,充分展现了出色的战略决策能力。

在国家现代化的推进过程中,中国共产党进行国家建设的阶段性规划,使党在每一个阶段和时期所制定的奋斗目标更加具体可期。中国共产党最高决策层按照民主集中制原则,领导制定国家的国民经济和社会发展五年计划/规划纲要,并对外公布实施,使之成为每届政府的例行责任和考核依据,实际上成为中国政治的重要内容。《中华人民共和国国民经济和社会发展第十四个五年规划和2035年远景目标纲要》,更与2035年远景目标(基本实现现代化)结合在一起,凸显了"五年规划"战略决策对中国现代化的重要意义。

(3)政策执行力。中国共产党对国家现代化的领导力还表现在政策执行力方面。有国外领导人认为,"如果没有强大的政党,国家就失去了掌舵手,对国家的长期发展非常不利;中共现在正持续推进全面从严治党,不仅制定政策,而且全面、严格地执行"[①]。中国共产党不仅依靠自身高度的组织性来组织全国9500多万党员的"集体行动",而且通过"党的领导"的制度化渠道,保障政府、企业、社会统一意志,参与到党所推动的国家现代化事业,并通过发挥党组织强大的"战斗堡垒"作用和社会动员能力,参与和支持国家现代化建设。

中国共产党是目前世界上人数最多的执政大党。比较世界各国政党,中国共产党无论是组织性,还是领导力,都有超强的表现。中国共产党推进中国现代化的动力源于其自身的使命感和责任感,与其保持执政地位的竞争意识之下所形成的不断学习和"自我革新"的组织文化也有很大关系。

---

① 《中共党建道路就是我们该走的路——访纳米比亚人组党副总书记马克·穆科索·豪西库》,《光明日报》2017年12月5日第5版。

## 三、中国共产党的领导力

中国式现代化道路具有"政党主导、使命驱动"的鲜明特点。中国共产党自觉肩负实现民族复兴、国家富强、人民幸福的历史使命。正因为如此,中国共产党被认为是一个使命型政党。① 中国共产党的使命转化为国家现代化的目标和任务,并通过自己的行动以及动员社会的行动,变成国家发展的动力。中国共产党在中国现代国家构建和发展中的重要作用可以从两个层面或两个阶段来予以说明和理解:在国家危亡阶段,中国共产党扮演了救亡主力军和国家缔造者的角色,以党建军、以党建国;在国家发展阶段,中国共产党扮演着国家建设者和国家治理现代化推进者的角色,承担着制度创设、组织保障(责任主体)、政策供给的任务。②

一个强大的使命型政党的领导和推动是中国现代化道路取得重大成效的根本经验。使命意识是共产党的立党之魂,使命呼唤担当,使命引领未来。正如中国共产党领导人习近平总书记在党的十九大报告中高度强调的,要不忘初心,牢记使命。这种"初心使命"的核心就是,通过夺取和执掌政权,推进国家现代化,实现民族复兴、人民幸福、国家富强。

国家发展的动力来自多个方面,现代化成败的关键在于能否将不同方向的力量组织起来并有效地整合为大体一致的行动。中国共产党为国家现代化提供了动力源,而且也为国家内部力量的整合提供了有效的组织机制和制度渠道。下图简要说明了基于中国共产党领导力的中国现代化的动力机制。

---

① 参见李海青:《使命驱动型的治理现代化——对中国国家治理现代化的一种审视》,《社会科学辑刊》2020 年第 4 期,第 14—19 页。
② 燕继荣:《中国共产党领导的中国现代化:探索、成就与经验》,第 28 页。

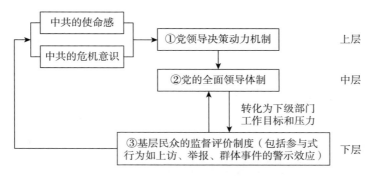

图1 中国共产党领导力的机制分析

如果把中国政治简化为上层—中层—下层三个层面,那么,每个层面实现不同的功能,完成不同的任务。上图显示的这样一个互相衔接的系统,展示了中国政治发展动力体系的构成。中国共产党的使命型特质首先表现为它的理想信念。不同于西方政党争取选民、赢得选举的现实性和功利性考虑,中国共产党把自己肩负的责任使命放在人类历史发展的长河中去考量,不断激励党的成员要认识到完成自身使命的崇高性和长期性;中国共产党自觉肩负起推进中国现代化的责任使命,为改变中国贫穷落后的面貌而不懈努力;中国共产党坚持"以人民为中心",把实现人类自由解放作为一种目标追求和价值信仰,为实现共产主义而矢志不渝。

此外,中国共产党成立于国家危难之时,在国家发展和国际竞争中始终抱有强烈的危机意识;执掌国家政权以后,承担着长期执政的责任,形成强烈的发展意识、风险意识、竞争意识。正是这样的危机意识和竞争意识,成为它不懈努力的原动力,进而通过一系列组织制度和机制转化为中国国家现代化的推动力。

许多研究认为,一个超大规模的后发展国家,需要一个组织严密、纪律严明的政党来组织和引领。首先,中国共产党具有严密的组织纪律和系统有效的动员手段。为了更好发挥人民群众的积极性和创造性,整合不同利益群体,推动国家与社会的快速发展,中国共产党特别强调组织、动员、宣传和统一战线。中国共产党的组织动员、思想宣传、统一战线等工作,在革命、建设和改革各个时期都发挥了重要作用。其次,中国共产党具有完整的组织体系。在纵向层级上,中国共产党建立了从中央到基层的党组织体系;在横向层面,党组织嵌入人大、政府、政协、群团组织、社会组织等各个系统,发挥领导作用。党的组织体系支撑起中国社会的方方面面,党组织能够快速高效地形成覆盖全国上下各系统各领域的组织能力,继而对社会和人民进行政治动员、政治吸纳,深入广泛地宣传党的主张,从而最广泛地联合一切可以联合的力量。①

除了上述来自使命感和危机感的原动力之外,中国共产党还建立了完善的领导制度,这一系列制度安排保障了原初动力的传递和转化。第一,中国共产党强调思想领导,思想建党。百年来,党的指导思想随着中国现代化的实践而不断丰富和发展,党的政策不断与时俱进,通过国家发展中长期规划和持续不断的"五年规划"来推进国家现代化进程。第二,中国共产党依托各级党组织,建立了个人服从组织、少数服从多数、下级服从上级、全党服从中央的维护党中央权威和集中统一领导的制度,保证国家现代化政策的全面实施和有效贯彻。第三,中国共产党建立了"总揽全局、协调各方"的全面领导制度,能够迅速调动各方面积极因素,保证发挥"集中力量办大事"的优势。第四,中国共产党建立了"以人民为中心"的治国理政制度,以服务人民为宗旨,坚持为人民执政、依靠人民执政的理念。第五,中国共产党重视改善党的领导方式和加强执政能力建设,把改善党的领导方式和执政方式与人民参与结合起来,强调党的各级组织要倾听人民的呼声,善于学习和创新,勇于自我革命。第六,中国共产党注重党内监督,要求党要管党,从严治党,把永葆党的先进性和纯洁性作为加强党的建设的重要内容。② 中国现代化的实践表明,中国共产党的这些制度或

---

① 燕继荣:《中国共产党领导的中国现代化:探索、成就与经验》,第24页。
② 燕继荣:《中国共产党领导的中国现代化:特征、经验和成就》,《中国领导科学》2021年第4期,第58—59页。

机制,极大地有利于推进国家现代化进程,极大地有效支持了中国现代化发展。

## 四、结　论

由于种种复杂的原因,中国共产党被海内外学者和政客打上各种各样的政治烙印。比如,它被一些人置于世界体系及政治意识形态谱系和话语中,被定义为一个"左翼政党",又被一些凭借自己的历史记忆而做出简单类比判断的人士认定为"极权主义或威权主义政党"。这样的类比和判断简单片面甚至扭曲,完全忽视(或无视)中国共产党自身的革命和变革,实际上具有标签化、脸谱化的认知错误。因此,关于中国共产党的研究,必须纠正政治标签化、概念化的错误,必须立足中国问题去理解和阐释党的作用。从中国的历史、国情出发,从中国国家发展和人民利益要求的目标来看,中国共产党是一个以实现国家现代转型为目标的政党,是一个与时俱进不断探索国家现代化道路的政党,是一个以国家发展、民族振兴、人民幸福为理想、具有高度组织性和纪律性的政党。在国家危亡阶段,中国共产党是革命主力军和国家缔造者;在国家发展阶段,中国共产党是国家建设者和国家治理现代化推进者。特别是在经历了40多年改革开放过程的今天,中国共产党表现出更大的改革勇气和更多的领导底气——引领中国走向现代化的目标更加坚定、道路更加自信、动力更加强劲。

(原载《国家现代化建设研究》2022年第1期)

# 新时代发展全过程人民民主的底层逻辑<sup>*</sup>

程竹汝[**]

党的二十大报告将发展全过程人民民主概括为中国式现代化的本质要求之一,这意味着发展全过程人民民主是新时代政治建设的顶层设计和核心范畴。那么,我们应如何从当代中国政治发展的底层逻辑,深刻理解发展全过程人民民主的历史必然性及在新时代政治建设中的重要地位和价值呢?所谓底层逻辑是指事物之间深层的本质联系,它揭示了事物发生的根本缘由并决定着事物的发展方向。就此而言,全过程人民民主可以看作党的全面领导和人民最广泛参与在实践中同频共振的必然结果。这集中体现在支撑全过程人民民主重大理念和实践形态的三对范畴之中,这三对范畴包括实体范畴、关系范畴和实践范畴。所谓实体范畴,即人民与中国共产党。作为中国民主形态的全过程人民民主有着自身独特的主体支撑。历史上看,一方面,它是人民范畴不断扩大的结果,没有中国特色社会主义政治制度历史

---

[*] 基金项目:国家社会科学基金重大项目"习近平总书记关于发展全过程人民民主重要论述研究"(项目编号:21&ZD005)。

[**] 程竹汝,上海交通大学马克思主义学院教授,上海行政学院教授。

进步过程中人民范畴的不断扩大,全过程人民民主所蕴含的主体方面的"全"就大打折扣;另一方面,它是中国共产党的指导思想、属性定位、组织状态不断进步的结果,正是这一进步构成了全过程人民民主赖以形成和发展的推动力量和保障。所谓关系范畴,即党的全面领导与人民最广泛参与。学理上,制度属关系范畴,即社会生活中的规范关系。所谓民主政治本质上就是体现人民主权或人民当家作主价值的制度形态。在中国特色社会主义政治制度体系构成中,党的全面领导制度与人民最广泛参与制度对于全过程人民民主的形成和发展具有基础地位和作用。一方面,党的全面领导制度内涵充分展开的历史过程亦即充分动员组织、支持和保证人民当家作主的过程;另一方面,人民最广泛参与构成了全过程人民民主显著的制度特征。二者在发展中的同频共振对发展全过程人民民主意义重大。所谓实践范畴,即党的路线方针政策与两种民主基本形式。人民集体意志的充分凝练和实现是全过程人民民主最本质的内涵和要求。这一内涵和要求的实践途径和形式,是围绕党的路线方针政策和选举(票决)、协商两种民主基本形式及其互嵌过程展开的。一方面,党的意志即路线方针政策的凝练及其与国家意志的统一是以两种民主基本形式为基础的;另一方面,两种民主基本形式也是以党的路线方针政策的凝练及其与国家意志的统一为实践重心的。

## 一、实体范畴:人民与中国共产党

人民与中国共产党是当代中国政治最基础、最具特色的一对实体范畴,也是全过程人民民主作为政治形态赖以形成和发展的客观基础。由分散的个体构成的人民只有通过中国共产党的组织网络和活动才有望形成一个有机的政治共同体。这对一个有着14亿多人口的大国而言更是如此。反过来讲,现实生活中的个体在实践中的自主、主动、能动、自由的主体性活动,在根本上决定着党的面貌和进步状态,人民是塑造和决定中国共产党的根本力量,"江山就是人民、人民就是江山"①。

## (一) 全过程人民民主以不断扩大的人民范畴为主体基础

民主政治本质上是以人民为基础和中心的政治。人民是民主政治赖以形成和发展的实体基础。理论上,国家是一个具有主权属性的实体性存在,但承载着这一主权的则无一例外是人民,即所谓人民主权。人民是抽象的国家主权真正的实体性存在,故马克思说:"民主制是一切形式的国家制度的已经解开的谜。"②"在民主制中,国家制度、法律、国家本身,就国家是政治制度来说,都只是人民的自我规定和人民的特定内容。"③

全过程人民民主是特别强调人民主体性的民主政治,其实践形态和理论概括都是以不断扩大的人民范畴为主体基础和前提的。我国宪法开宗明义地规定国家的一切权力属于人民。这一规定首先强调的就是人民的主体地位和实体属性。这是中国式民主区别于西式民主最显著的特征。新中国成立70多年来,人民范畴从强调对"反动阶级和反动派"的排他性,到剥削阶级作为阶级被消灭后知识分子被明确为工人阶级的一部分,再到新的社会阶层的中国特色社会主义事业建设者的新定位和新概括,其范畴不断扩大。党的八大报告指出:"我们的人民民主专政就是以工人阶级为首的人民大众对于反动阶级、反动派和反抗社会主义革命的剥削者的专政。我们的民主不是属于少数人的,而是属于绝大多数人的,是属于工人、农民和其他一切劳动人民以及一切拥护社会主义和爱国的人民的。"④改革开放之前的实践中,知识分子一直是人民范畴中确定性不足的一个阶层或群体。党的

---

① 习近平:《在庆祝中国共产党成立100周年大会上的讲话》,北京:人民出版社2021年版,第11页。
② 《马克思恩格斯全集》第3卷,北京:人民出版社2002年版,第39页。
③ 同上书,第41页。
④ 《建国以来重要文献选编》第9册,北京:中央文献出版社1994年版,第80—81页。

十二大进一步确认知识分子是工人阶级的一部分。党的十四大报告强调指出:"知识分子是工人阶级中掌握科学文化知识较多的一部分,是先进生产力的开拓者,在改革开放和现代化建设中有着特殊重要的作用。"① 随着改革开放的深入和中国特色社会主义市场经济体制的逐步确立,中国社会形成了大量的个体户、私营企业主、中介组织从业人员、自由职业人员等新的社会阶层。这些新的社会阶层在政治上如何定位是实践提出的重大课题。党的十六大确认他们都是中国特色社会主义事业的建设者。总之,与中国特色社会主义实践相伴随,人民的范畴在不断扩大,迄今已扩大至全体社会主义劳动者、社会主义事业的建设者、拥护社会主义的爱国者、拥护祖国统一和致力于中华民族伟大复兴的爱国者。如果说我国民主政治的人民属性意味着作为主体的人民范畴不断扩大,而国家的一切权力属于不断扩大的人民,则意味着人民与国家一切权力形成系统性连接、发挥系统性作用的内在逻辑亦即全过程人民民主的逻辑。

## (二) 全过程人民民主是中国共产党的性质和组织功能的必然逻辑

从当代中国民主政治形成和发展的历史逻辑来看,中国共产党与全过程人民民主存在着深层的结构关系。首先,党的性质蕴含着全过程人民民主形成和发展的必然要求。关于党的性质,党章开宗明义地确定:"中国共产党是中国工人阶级的先锋队,同时是中国人民和中华民族的先锋队,是中国特色社会主义事业的领导核心,代表中国先进生产力的发展要求,代表中国先进文化的前进方向,代表中国最广大人民的根本利益。"如果说关于党的"两个先锋队"性质的概括极大地扩大了中国共产党的群众基础,那么,"三个代表"的性质定位则鲜明地体现了中国共产党的历史进步性,进一步确定和夯实了党的开放而

---

① 《十四大以来重要文献选编》(上),北京:人民出版社1996年版,第26页。

不是封闭、实践而不是教条的属性。这一切均为全过程人民民主的进一步发展开辟了道路。"党除了工人阶级和最广大人民群众的利益,没有自己特殊的利益",这是党的上述性质更进一步的深刻表达。就此而言,"先锋队意味着党的全部活动都是围绕着中国工人阶级和最广大人民群众的利益展开的,党的使命、责任、行动就是启迪工人阶级和人民群众对自身利益的认识,聚集和实现他们的利益"①。"代表中国最广大人民群众的根本利益""没有自己特殊的利益"是中国共产党作为马克思主义政党全部政治社会关系的基本伦理原则。这些伦理原则与全过程人民民主形成现实关联的底层逻辑是:无论是对"最广大人民群众的根本利益"的代表,还是对"没有自己特殊的利益"的强调,在现实性上都只有诉诸广大人民群众对政治的"全过程"参与才能达成。

其次,中国共产党的组织网络及其功能与全过程人民民主具有高度契合性。当代中国政治的一个显著特点是党的组织网络形成了对中国社会的全覆盖,这一特点在中外政治史上较为罕见。党的十八大以来,"两新"组织党建取得重大进展,"横向到边、纵向到底"成为基层党建的实践要求。党组织网络的全覆盖状态是全过程人民民主"全链条全方位全覆盖"特征赖以形成的客观基础。党组织嵌入社会的功能是多方面的,例如动员、组织等,其中参与功能则是最为基础的。缺乏这样一种党组织网络,全过程人民民主的形成和发展就缺少起码的推动力量和组织保证。根据官方数据,截至 2021 年 12 月 31 日,中国共产党党员总数为 9671.2 万名。现有党的基层组织 493.6 万个,其中基层党委 27.8 万个,总支部 31.6 万个,支部 434.2 万个。全国共有党的各级地方委员会 3198 个,其中,省(区、市)委 31 个,市(州)委 397 个,县(市、区、旗)委 2770 个。全国 9034 个城市街道、29649 个乡镇、114065 个社区(居委会)、491129 个行政村已建立党组织,覆盖率均超

---

① 程竹汝:《中国共产党执政的伦理叙事及其解释力》,《政治学研究》2021 年第 6 期,第 56 页。

过 99.9%。机关、事业单位、企业和社会组织党组织方面,全国共有机关基层党组织 74.5 万个,事业单位基层党组织 94.9 万个,企业基层党组织 153.2 万个,社会组织基层党组织 17.1 万个,基本实现应建尽建。①

总之,就全过程人民民主所依赖的主体而言,人民和中国共产党构成了一对基本的实体范畴。一方面,人民是中国共产党执政伦理的本质或核心指向。为中国人民谋幸福、为中华民族谋复兴是中国共产党人的初心和使命。中华人民共和国的一切权力属于人民,是新中国成立以来从未动摇过的宪法原则。坚持以人民为中心的发展思想,维护人民的根本利益,发展为了人民、发展依靠人民、发展成果由人民共享。坚持人民至上,是党的二十大报告进一步申明的"六个必须坚持"②之一。另一方面,人民是党的力量源泉,党是人民的依靠,是人民追求美好生活的保证,是风雨来袭时人民心中最可靠的主心骨。

## 二、关系范畴:党的全面领导与人民最广泛参与

党的全面领导与人民最广泛参与是新时代政治的显著特征,也是新时代政治建设的战略安排和要求。二者均属中国特色社会主义政治制度的构成部分,而制度的本质则是关于国家生活和社会生活的规范关系。就此而言,二者构成了全过程人民民主的底层制度,亦即全过程人民民主是新时代党的全面领导制度与人民最广泛参与制度在

---

① 《中国共产党党内统计公报》,《人民日报》2022 年 6 月 30 日第 3 版。
② 党的二十大报告提出,不断谱写马克思主义中国化时代化新篇章,是当代中国共产党人的庄严历史责任。继续推进实践基础上的理论创新,首先要把握好新时代中国特色社会主义思想的世界观和方法论,坚持好、运用好贯穿其中的立场观点方法。必须坚持人民至上,必须坚持自信自立,必须坚持守正创新,必须坚持问题导向,必须坚持系统观念,必须坚持胸怀天下。(习近平:《高举中国特色社会主义伟大旗帜 为全面建设社会主义现代化国家而团结奋斗——在中国共产党第二十次全国代表大会上的报告》,北京:人民出版社 2022 年版,第 18—21 页。)

实践中同频共振的结果。

## （一）党的全面领导的实质在于充分组织动员、支持和保证人民当家作主

党的全面领导一直蕴含在中国共产党史和新中国政治史中，是新中国政治发展的一项规律性要求。早在延安时期毛泽东就强调党是领导一切的。1954 年，在第一届全国人民代表大会第一次会议上，毛泽东又总结说："领导我们事业的核心力量是中国共产党。指导我们思想的理论基础是马克思列宁主义。"①新时代以来，党的全面领导的制度化扎实推进，强调"党的领导是全面的、系统的、整体的，必须全面、系统、整体加以落实"②。不仅在党与中国社会的关系中，强调党是领导一切的，在党与国家政权、人民政协的关系中，也强调党的集中统一领导，而且在全党强调党中央权威和集中统一领导。作为统领中国特色社会主义各领域各方面的最高政治领导力量，党的全面领导涉及中国社会各方面各领域的纵横关系。在改革发展稳定、内政外交国防、治党治国治军各项事业中，中国共产党始终处于总揽全局、协调各方的核心统领地位。重要的是，这些被反复强调的"领导"，其本质要求和内涵为何。党的十六大报告指出："共产党执政就是领导和支持人民当家作主，最广泛地动员和组织人民群众依法管理国家和社会事务，管理经济和文化事业，维护和实现人民群众的根本利益。"③习近平总书记强调，"中国共产党的领导，就是支持和保证人民实现当家作主"④，就是"最广泛地动员和组织人民依照宪法和法律规定，通过各级人民代表大会行使国家权力，通过各种途径和形式管理国家和社会事务、管理经济和文化事业，共同建设，共同享有，共同发展，成为国

---

① 《建国以来重要文献选编》第 5 册，北京：中央文献出版社 1993 年版，第 461 页。
② 习近平：《高举中国特色社会主义伟大旗帜　为全面建设社会主义现代化国家而团结奋斗——在中国共产党第二十次全国代表大会上的报告》，第 64 页。
③ 《江泽民文选》第 3 卷，北京：人民出版社 2006 年版，第 553 页。
④ 《习近平谈治国理政》第 2 卷，北京：外文出版社 2017 年版，第 18 页。

家、社会和自己命运的主人"①。其一,全面领导意味着党的动员组织力量对国家事务和社会事务的全覆盖,从而使人民对国家事务和社会事务的参与形成充分的自觉状态;其二,全面领导意味着党充分支持和保证人民在国家事务和社会事务中的主导地位和作用,使人民当家作主形成制度化、规范化、程序化状态;其三,党的全面领导的本质要求是在人民广泛参与基础上形成中国社会的统一意志和统一行动,进而形成中国社会的充分合力状态和强大力量。总之,党的全面领导就是要组织动员、支持和保证人民全面主导对国家和社会事务的管理。党的全面领导越深入,越是在国家生活和社会生活的各个方面、领域把人民组织动员起来,发挥人民主体性作用,人民广泛参与的实践就越发展,人民当家作主就越有保证。

### (二)人民最广泛参与构成全过程人民民主的制度基础和显著特征

党的二十大报告指出:"全过程人民民主是社会主义民主政治的本质属性,是最广泛、最真实、最管用的民主。"②这里的"广泛"具有两个维度:一是参与主体的数量众多,二是参与事务的领域广泛。此两方面共同构成人民广泛参与的规范内涵。而"最"广泛作为比较视野中的顶级量词,显然仅是理论上的要求,其独特意义在于:在现实生活中,人民最广泛参与和实践参与之间还处于一种张力状态,反映着我国民主政治建设不断追求进步的内在逻辑。

不断扩大人民有序参与的民主政治建设战略是中国共产党的一贯主张。这一战略的理论源头可追溯至社会主义革命理论。社会主义革命之所以成为人类历史上迄今为止最广泛、最深刻、最彻底的革命,是因为它不仅寻求通过政治革命建立一个新的政权,更要实现经

---

① 《习近平谈治国理政》第 1 卷,北京:外文出版社 2018 年版,第 139 页。
② 习近平:《高举中国特色社会主义伟大旗帜 为全面建设社会主义现代化国家而团结奋斗——在中国共产党第二十次全国代表大会上的报告》,第 37 页。

济、社会、文化领域的彻底变革和进步。这样一场革命非实行不断扩大人民广泛有序参与制度便不能达成。这一战略的制度基础体现在我国宪法第二条的规定中："中华人民共和国的一切权力属于人民。人民行使国家权力的机关是全国人民代表大会和地方各级人民代表大会。人民依照法律规定，通过各种途径和形式，管理国家事务，管理经济和文化事业，管理社会事务。"首先，在实践层面，人民与"一切国家权力"的系统性连接必然指向人民的广泛参与。它不仅要求通过民主选举建立人民与"一切国家权力"的授权关系，而且要求通过民主决策、民主管理、民主监督等建立人民与"一切国家权力"的系统性连接。其次，人民通过各种途径和形式管理国家事务和社会事务，既包括人民直接或间接选举产生的代表的履职活动，更包括人民通过广泛参与的形式介入国家和社会的管理过程。

人民最广泛参与的政治建设战略在历次党代会报告和重要文献中都有大致相同的表述。党的十六大报告指出："健全民主制度，丰富民主形式，扩大公民有序的政治参与，保证人民依法实行民主选举、民主决策、民主管理和民主监督，享有广泛的权利和自由，尊重和保障人权。"[1] 党的十九大报告和二十大报告表述相同，"扩大人民有序政治参与，保证人民依法实行民主选举、民主协商、民主决策、民主管理、民主监督"[2]。这一政治建设战略有效实施的集中体现，即人民最广泛参与制度体系的建立。这一制度体系从政治过程上讲有民主选举、民主协商、民主决策、民主管理、民主监督等；从结构上讲有基于中国共产党领导的多党合作和政治协商制度、人民代表大会制度、广泛多层制度化的协商民主制度以及嵌入我国政权体系中的信访制度等形成的组织化的参与形式。其中，"人民代表大会制度是实现我国全过程

---

[1] 《江泽民文选》第3卷，第554页。
[2] 习近平：《决胜全面建成小康社会 夺取新时代中国特色社会主义伟大胜利——在中国共产党第十九次全国代表大会上的报告》，北京：人民出版社2017年版，第37页；习近平：《高举中国特色社会主义伟大旗帜 为全面建设社会主义现代化国家而团结奋斗——在中国共产党第二十次全国代表大会上的报告》，第37页。

人民民主的重要制度载体"①。全过程人民民主这一重大理念和发展要求虽然超出了人民代表大会制度范畴,但却是以人民代表大会制度为重要制度载体和实践重心的。一方面,人民代表大会制度是以选举制度为基础的国家政权组织形式,体现着国家权力属于人民的制度安排;另一方面,它全方位发挥着全过程人民民主的机制作用,即集选举民主、代议民主、决策民主、协商民主、参与民主、监督民主等于一体。

总之,人民最广泛参与作为中国共产党长期坚持的民主政治建设战略,在实践中发展得越充分,就越能够实现党的全面领导的本质要求。

## 三、实践范畴:党的路线方针政策与民主的两种基本形式

人民集体意志的充分凝练和实践是全过程人民民主最本质的内涵和要求。这一内涵和要求的实践途径和形式,是围绕党的路线方针政策和选举(票决)、协商两种民主基本形式及其互嵌过程展开的。

### (一)党的路线方针政策构成人民意志凝练和实践过程中最为重要和基础性的环节

行为主义政治学认为,政策是民主政治条件下人们互动的结果,构成现代国家政治过程的核心指向。② 或者说,人们围绕政策凝练和推行而展开的互动,即是民主政治的集中体现。显然,这一观念比聚焦公共权力范畴来解释民主政治更具解释力。政策将人民参与行为与国家生活和社会生活联系在一起,构成民主政治最具概括性的实践

---

① 《习近平谈治国理政》第4卷,北京:外文出版社2022年版,第261页。
② 作为政治学基本范畴的政策,是指国家生活和社会生活内容的观念化、原则化、实践化。这一意义(广义)上的政策概念包括我们常说的路线方针政策。

范畴。正是在这一意义上,毛泽东强调"政策和策略是党的生命"①。

民主的本质在于基于人民利益和主张的意志凝练和实践过程。全过程人民民主的独特价值正在于为这一过程提供了更为坚实的保障。在人民意志的凝练和实践过程中,党的路线方针政策构成其中最为重要和基础性的环节。它是党的全面领导与人民最广泛参与在实践中同频共振的重心和集中体现,同时,也是党的全面领导在实践上最具实质性的要求和内容。首先,党的路线方针政策与党的理论相关。党的理论构成了路线方针政策形成和贯彻的认知基础,具有党的意志和人民利益建构的重要价值。党的理论既是形成国家长远利益、人民整体利益正确认知,进而形成党的路线方针政策的认知基础,也是人民群众形成关于个人利益与公共利益相融合正确认知的基础。利益的多元化、差异化甚至一定程度的冲突是现实社会的常态,因此,为人民群众形成科学的利益认知提供理论引导是民主政治的应有之义。其次,党的路线方针政策与广大党员和人民的广泛参与相关。人民参与的广度和深度决定着党的路线方针政策的社会适应性,特别是贯彻的程度。中国共产党所处的社会方位,存在三个面向或关系,即与中国社会的关系、与国家政权的关系以及与党自身组织系统的关系。在此三重关系之中,党的全面领导与人民广泛参与的实践重心有所不同。对中国社会的全面领导,实践重心在于形成和充分贯彻党的路线方针政策,与这一实践重心相适应的领导方式主要是思想领导,即聚焦对党的路线方针政策的支持和认同。对国家政权体系的集中统一领导,实践重心在于有效推行党的路线方针政策,通过民主机制将党的意志转换为国家意志,将党推荐的人选转换为各级国家机关的领导人,使国家政权机关和人民政协在党的意志与人民意志相统一的基础上形成协调履职的局面。与这一实践重心相适应的领导方式主要是政治领导,即聚焦对党的路线方针政策的方向性作用和体系化推

---

① 《毛泽东选集》第 4 卷,北京:人民出版社 1991 年版,第 1298 页。

行。党自身组织系统中的党中央权威和集中统一领导,实践重心在于行动一致,为形成和贯彻党的路线方针政策提供组织保障。与这一实践重心相适应的领导方式是组织领导,即通过民主集中制形成党的路线方针政策的参与和组织支持。人民广泛参与基础上的政策选择过程,虽然超出了党的路线方针政策范围,但仍是以党的路线方针政策为核心和前提的。

### (二) 全过程人民民主的两种基本形式

任何形态的民主都必须具备与之相适应的实践形式,全过程人民民主也不例外。作为新时代政治建设战略,广泛有序参与是经验性概念,具有特定的概括性内涵:广义上,它主要包括选举和协商两种基本形式;狭义上,所谓广泛有序参与通常是指以制度为依托,有一定组织性的参与,在实践中也就是协商。协商是有序参与的实践形式。"人民通过选举、投票行使权利与人民内部各方面在选举、投票之前进行充分协商,尽可能就共同性问题取得一致意见,是我国社会主义民主的两种重要形式。"①2007 年,《中国的政党制度》白皮书总结说:"选举民主与协商民主相结合,是中国社会主义民主的一大特点。"②2021 年,习近平总书记在中央人大工作会议上的讲话中进一步指出:"人民通过选举、投票行使权利和人民内部各方面在重大决策之前进行充分协商,尽可能就共同性问题取得一致意见,是中国社会主义民主的两种重要形式,共同构成了中国社会主义民主政治的制度特点和优势。"③

就中国社会主义民主的两种基本形式与全过程人民民主的实践关联而言,选举(票决)主要决定和体现着全过程人民民主的"深度",即所谓政党和政权在组织和决策领域"直接民主和间接民主"的统一。

---

① 《十六大以来重要文献选编》(中),北京:中央文献出版社 2006 年版,第 171 页。
② 转引自谢春涛主编:《改革开放为什么成功》,北京:人民出版社 2018 年版,第 54 页。
③ 《习近平谈治国理政》第 4 卷,第 260 页。

从纵向看,我国五个层级的政权组织,乡镇和县两级是建立在直接选举基础上的,其余三级及各级"一府一委两院"都是建立在间接选举基础上的。中国共产党的中央组织、地方组织和基层组织也具有上述"直接民主和间接民主"相统一的特征。就党和国家政权的民主构成而言,二者具有明显的同质性。组织的目标和基本功能在于决策。与组织过程相伴随的党和政权组织体系内外、上下互动的决策过程和票决制,体现着中国这样一个超大国家全过程人民民主的"深度"。而协商形式则主要决定和体现着全过程人民民主的"广度",即协商贯通于选举、决策、管理和监督全过程。如果说广泛有序政治参与,从民主的全链条上讲就是民主选举、民主协商、民主决策、民主管理、民主监督的话,那么,协商形式就是这一过程中各环节具有通约性的实践形式,是贯通于我国民主政治"全过程"的普遍形式。就国家和社会组织的横断面来看,业已形成的协商形式有政党协商、人大协商、政府协商、政协协商、人民团体协商、社会组织协商、基层协商等。就此而言,协商民主显然具有"全方位、全覆盖"的显著特征,在实践中所展现的全过程人民民主的"广度",充分体现了"在中国社会主义制度下,有事好商量,众人的事情由众人商量,找到全社会意愿和要求的最大公约数,是人民民主的真谛"[①]。正是在上述意义上,党的二十大报告提出了"协商民主是实践全过程人民民主的重要形式"[②]的重大论断。

如果说协商民主与全过程人民民主的政治形态在很大程度上是同构的,那么这一同构的底色则是由党的路线方针政策的凝练和实践过程赋予的。这就是说,实践中的协商民主基本上都是围绕政策选择展开的,协商民主构成我国实现政策优化的核心机制,政策协商构成其基本属性。实践中的协商民主具有多种形式,比如就其内容来说,

---

[①] 《习近平谈治国理政》第 2 卷,第 292 页。

[②] 习近平:《高举中国特色社会主义伟大旗帜 为全面建设社会主义现代化国家而团结奋斗——在中国共产党第二十次全国代表大会上的报告》,第 38 页。

包括政治协商、政策协商、社会协商等。协商民主又具有多种功能,如参与表达、反映诉求、广纳群言、广集民智、增进共识、增强合力等。概括起来说,这些形式和功能最为集中的目标都在于影响政策。

## 四、结　语

深刻认识新时代发展全过程人民民主的底层逻辑具有鲜明的认识论意义。

首先,底层逻辑能够从发展和动态的视角揭示全过程人民民主的系统构成。所谓底层逻辑是指事物之间深层的本质联系,它揭示了事物的根本缘由并决定着事物的发展方向。认识论上,关于政治内涵的最一般理论抽象通常包括实体、关系、实践等范畴。这些基本的认识范畴能够从不同侧面、多个维度反映全过程人民民主内在的、系统的有机联系,集中体现着全过程人民民主的深层逻辑。本文的叙事框架正立基于此。聚焦这些不同的也是最为基本的认识论范畴,对全过程人民民主进行学理解剖,符合一般的认识论规律,有利于形成关于全过程人民民主构成和发展的系统性认识。

其次,底层逻辑能够较清晰地揭示全过程人民民主的属性特征和实践形态。长期以来,我国民主政治最具概括性的概念主要有社会主义民主、人民民主、中国式民主等。那么,全过程人民民主与这些已有概念的联系和区别是什么?换言之,为什么要在原有的若干概括性范畴基础上又提出一个新范畴?全过程人民民主的底层逻辑对此具有充分的解释意义。显然,作为民主政治的类概念,社会主义民主是相对于资本主义民主而言的;人民民主是社会主义民主的中国形式,揭示了中国社会主义民主的独特属性;中国式民主则是改革开放以来形成的理论概括,是相对于其他民主形式特别是西式民主而言的,强调的是中国民主政治发展的独特的历史、制度和实践逻辑。党的二十大报告指出,"全过程人民民主是社会主义民主政治的本质属性"[①]。正是人民和中国共产党、党的全面领导和人民最广泛参与等实体和制度范畴内在地规定着我国民主政治的社会主义本质属性和全过程的实践特征,形成了全过程人民民主与其他范畴的历史连接和同质性;同时,也清晰地表达出中国式民主独特的实践特征,即基于最广泛政治参与(票决和协商)的全过程性。

最后,底层逻辑蕴含着新时代发展全过程人民民主的实践要求。实体范畴蕴含着发展全过程人民民主的实践方向。显然,人民是民主政治的出发点和归宿,人民在国家生活和社会公共生活中的主体性建构,是民主政治的本质要求。理论抑或经验上,人民的主体性只有通过一定的组织化过程才能逐渐形成。也就是说,只有通过中国共产党的动员和组织过程,人民才能从自在、自发走向自为和自觉,才有望形成主体性的政治力量。关系(制度)范畴内在地规定着发展全过程人民民主的实践重心,制度是民主政治的现实体现和保证。民主政治的发展程度在根本上取决于一套具备适应性的制度。新时代发展全过程人民民主,就是要进一步激发我国业已形成的具备体系化特征的各种政治制度的民主价值,深度塑造人民在国家治理中的主体性。底层逻辑当然有其实践的方面。如果说人民集体意志的充分凝练和实践是发展全过程人民民主最本质的内涵和要求的话,那么围绕政策选择和治理采用的选举(票决)、协商两种民主基本形式就是人民集体意志的凝练和实践最具体的展现。

(原载《国家现代化建设研究》2023 年第 2 期)

---

[①] 习近平:《高举中国特色社会主义伟大旗帜 为全面建设社会主义现代化国家而团结奋斗——在中国共产党第二十次全国代表大会上的报告》,第 37 页。

# 新时代的中国行政管理制度创新研究<sup>*</sup>

高小平<sup>**</sup>

党的十八届三中全会提出,完善和发展中国特色社会主义制度,推进国家治理体系和治理能力现代化,是全面深化改革的总目标。党的十九届四中全会提出,到 2035 年,各方面制度更加完善,基本实现国家治理体系和治理能力现代化。行政管理制度创新是全面深化改革的重要内容,那么,国家治理体系和治理能力现代化视阈下的行政管理制度创新的重点有哪些?这方面的制度创新如何进一步紧密围绕全面深化改革的总目标加快推进?这些问题值得我们认真深入思考和研究。

## 一、行政管理制度创新是国家治理现代化的推动力

### (一)面向国家治理现代化的行政管理制度

《辞海》中对"制度"的解释是"要求成员共同遵守的、按一定程序

---

\* 基金项目:国家自然科学基金面上项目"重大突发事件触发政策优化的机理与路径分析"(项目编号:72174201)。

\** 高小平,中国行政管理学会研究员。

办事的规程"。经济学、社会学、政治学等学者曾赋予制度不同的定义。据笔者统计,关于制度的定义有不下 200 种。在中国古代,"制度"一词出自《周易·节卦》:"天地节而四时成。节以制度,不伤财,不害民。""君子以制数度,议德行。"其本意是指特定的礼数法度,古代多称为"规矩"。在现实世界和学术话语中,制度始终是为人们提供把获取技能和知识的想法转变为行动的依赖性激励框架。①

行政管理制度是诸多现实治理体系中的一种常见制度,是由国家宪法和法律规定的,关于国家行政机关的产生、组成、组织结构、职责权限、活动方式、运行程序以及行政管理主体之间相互关系的互动行为和规则,是国家行政机关政务管理、提供公共物品和公共服务的规范性约定。行政管理制度是行政体制的规则,是行政体制改革、运行的基准和保障。

行政管理制度体系处于政治、经济、社会等方面的结合部。行政管理制度与政治制度、经济制度、社会制度是叠加、镶嵌、耦合、交叉的关系。② 从国家公权力配置的意义上分析,一部分宏观原则性的行政管理制度是政治制度的重要组成部分,处于政治体系的中下部;一部分微观操作性的行政管理制度是政治体系的附属性制度。除了这两方面的制度外,行政管理制度多是经济制度、社会制度、文化制度的有机组成部分,分别处于这些制度体系的中上部。以行政管理制度形式出现的经济制度、社会制度、文化制度在一定程度上融入政治制度,处于政治体系的下部,并整体性融入各种制度,成为这些制度体系的组成部分,处于这些制度体系的下部。同时,行政管理制度与法律是交叉关系,部分行政管理制度属于法律体系,部分法律属于行政管理制度。

---

① 〔美〕道·诺斯:《制度变迁理论纲要》,张帆整理,易纲校对,《改革》1995 年第 3 期,第 52—56 页。
② 高小平、刘一弘:《论行政管理制度创新》,《江苏行政学院学报》2021 年第 2 期,第 97—107 页。

行政管理制度创新是指国家行政机关为适应执政党、国家立法机关以及上级行政机关提出的要求,为回应经济社会需求和下级行政机关提出的诉求,或对已有行政管理制度进行更新、拓展、修正、优化,或恢复曾经实行的行政管理制度,或新拟、创造新的行政管理制度的行为和过程。[1] 中国的行政管理制度创新,是在党的领导下建立、革新、优化政府管理和服务制度体系的过程,包括新中国成立之初创建社会主义行政管理制度,社会主义建设时期推动制度发展,以及改革开放时期改革国家行政管理制度的历史进程。以国家治理现代化为目标的行政管理制度创新,是在中国特色社会主义进入新时代的历史条件下,坚持改革创新,适应新形势新任务,学习新知识新理论,追求新发展新境界,不断创造行政管理制度建设的新成就,发挥行政管理制度对国家政治、经济、社会、文化制度的承上启下作用,推动国家制度的根本性、全局性、稳定性、长期性优势转化为政府治理效能,促进各方面制度更加完善,为建设人民满意的服务型政府和法治政府,基本实现国家治理体系和治理能力现代化而奋斗。

### (二) 行政管理制度创新是自觉创造现代化治理的过程

　　从行政管理制度自身看,其创新不仅仅是外部引发的"因应性"行为,也不仅仅是国家大制度背景下的简单"模仿",而是有着强烈的主动性、原创性的自觉行为。国家行政机关为回应经济社会需求和下级行政机关的诉求,新拟、创造新的制度(如行政问责制),或对已有制度进行更新、拓展、修正、优化(如绩效管理制),或恢复曾经实行的制度(如恢复高考制度),这就是自主性制度创新。

　　行政管理制度创新与行政体制改革都是为了解决政府与市场、社会的关系问题。其不同点在于:行政体制改革往往由政府发起,从结构性制度变革开始,更多地关注自身的问题;而行政管理制度创新则

---

[1] 高小平、陈宝胜:《中国行政管理制度创新:国家治理现代化视角》,北京:人民出版社2021年版,第3页。

往往由市场和社会驱动,并从运行性、赋能性制度变革开始,更多地关注受众的需求。这表明,体制改革不能完全涵盖制度创新,但制度创新可以弥补体制改革的不足。

新中国成立后,我国行政管理制度体系是在借鉴苏联高度集中的计划经济体制和行政管理制度模式基础上建立起来的。这一制度体系由三个部分构成:以行业性、条块性管理为主的组织制度,以计划性、审批性管理为主的运行制度,以指令性、等级性管理为主的保障制度。经济社会资源几乎被全部纳入这一制度体系之中。

改革开放以来,随着对社会主义本质认识的不断深化,政府通过改革行政管理体制和机制,不断进行制度创新,逐步建成现代行政管理制度体系。这个体系有三个主要特征:一是对微观经济社会事务的直接干预制度减少;二是政府宏观调控、间接管理、公共服务制度增加,市场和社会在资源配置中的作用扩大;三是政府对非常态的管理得到加强,风险治理、应急管理职能履行效率提升。

党的十八大以来,行政管理制度创新以"放管服"改革为标识,在国家治理现代化的目标指引下开展了新的实践探索。[①] 简政放权的重点是实现行政管理的结构性制度变迁,更新政府组织体制,增进经济社会的权利和活力;放管结合的重点是推进行政管理的运行性制度变迁,改进政府行为机制,提高行政效能;优化服务的重点是推进行政管理的赋能性制度变迁,加强制度的保障系统建设,更好地提供改革、发展、治理的动力。

## 二、行政管理制度的持续创新加速国家治理现代化步伐

改革开放以来,我国行政管理制度创新推动国家治理现代化的历程,可以分成三个阶段:一是"职能剥离"阶段,把计划经济条件下的行

---

① 中国行政管理学会课题组:《深化"放管服"改革 建设人民满意的服务型政府》,《中国行政管理》2019 年第 3 期,第 6—12 页。

政管理职能从制度体系中剔除出去,助推社会主义市场制度的建立;二是"职能建构"阶段,在对政企不分的组织基础进行改革的同时,建构适应社会主义市场经济和民主政治的行政管理制度;三是"职能优化"阶段,以大部制优化组织结构和运行机制,推进政府事务管理服务协同化,组成超级大部的政府组织体制,促进组织扁平化、运行高效化、保障综合化,为经济、政治、社会服务。对每一阶段行政管理制度创新的指导思想和一般性特点进行分析和比较研究,可以发现行政管理制度的创新历程是重构、再造与继承、接续的统一,是阶段性、跨越性与稳定性、连续性的统一,是中国特色社会主义事业不断发展的进程。

## (一) 1982 年至 1993 年的行政管理制度创新推动政府传统职能的剥离

"文化大革命"甫一结束,我国在传统计划经济体制下的行政管理制度体系并没有迅速发生变革。[①] 面对百废待兴的局面,为了快速恢复经济建设、推进社会发展,国家和各级行政机关增设了管理部门。在 1977 年到 1981 年的 5 年时间内,国务院共增设了 48 个行政机构。1981 年,国务院共设有部委机构 52 个、直属机构 43 个、办公机构 5 个。[②] 在国务院 100 个工作机构中,从事经济行政管理的有 71 个。这一方面适应了当时经济社会发展的需要,另一方面也加剧了原有计划经济体制下政府机构效率低下等问题。1980 年,国务院发布《关于经济体制改革的初步意见》,正式提出经济体制改革的重点是要体现自觉运用经济规律,变单一计划经济为计划指导下的商品经济。在此背景下,行政管理制度存在的突出问题很快凸显出来。1979 年 7 月,邓

---

[①] 孙学玉:《我国后计划经济时期政府经济职能的选择与确立》,《云南社会科学》1997 年第 4 期,第 15—19 页。

[②] 夏书章主编:《行政管理学》,北京:高等教育出版社、广州:中山大学出版社 2008 年版,第 498 页。

小平明确指出,"机关臃肿怎样解决,退休制度问题怎样解决等等"①要提上议事日程。1980 年 8 月,邓小平提出,要全面改革党和国家的领导制度。1982 年 1 月,他在中共中央政治局讨论中央机构精简问题会议上发表题为《精简机构是一场革命》的讲话,就机构改革的性质、任务和方针原则等提出重要意见。② 之后,中共中央政治局正式通过机构改革方案,改革开放后的首次机构改革正式启动。

1982 年的政府机构改革主要针对机构臃肿、人浮于事、效率低下、干部队伍老龄化等问题,以政府组织制度、运行效率方面的制度、人事制度为重点,将国务院部委、直属和办事机构从 100 个减少到 61 个,人员编制数缩减约 25%。③ 省级政府工作部门平均减少 20 个,市县政府职能部门都有较大精简;取消了领导干部职务终身制,开始推行干部退休制度;政府各级领导干部的职数减少 67%,国务院副总理由 13 人精简到 2 人;国务院部委领导干部平均年龄从 64 岁下降到 60 岁,司局级领导干部平均年龄从 58 岁下降到 50 岁。④ 改革后出台了政府"三定"制度,即定职能、定机构、定编制。至 1987 年,国务院所属行政机构再一次从 61 个增加到 72 个,一些部门内部又新增了一些司局和处室。⑤ 1988 年,新一轮政府机构改革正式启动,开始运用"三定"来促进政府职能制度创新。通过改革,政府转移、下放了一些职能,撤并了一些专业经济管理机构,将国务院机构从改革前的 72 个缩减到 68 个,人员编制精简了 20%。

1982 年至 1993 年的行政管理制度创新,主要是通过机构改革推

---

① 《邓小平文选》第 2 卷,北京:人民出版社 1994 年版,第 192—193 页。
② 参见上书,第 396—401 页。
③ 高小平、沈荣华:《推进行政管理体制改革:回顾总结与前瞻思路》,《中国行政管理》2006 年第 1 期,第 9 页。
④ 申坤、穆江峰:《中国政府机构改革 60 年的历史变迁与思考》,《河北青年管理干部学院学报》2012 年第 3 期,第 31—32 页。
⑤ 杨海蛟主编:《回顾与展望——改革开放以来的中国政治发展》,北京:人民出版社 2008 年版,第 486 页。

动党和国家领导制度改革,从权力过分集中这个"总病根"①上动"外科手术",重点是进行组织制度创新,促进了传统计划经济职能从政府职能中剥离出来。

## (二) 1993 年至 2003 年的行政管理制度创新促成新职能体系的建构

1992 年,邓小平发表了重要的南方谈话,进一步推动思想解放和制度创新。党的十四大宣布我国实行社会主义市场经济制度,提出以建立社会主义市场经济体制为目标,进行行政管理体制改革,按照精简、统一、效能的原则推进适应社会主义市场经济要求的政府职能建构。

1993 年和 1998 年,我国分别进行了两次集中机构改革,主要针对政府运行制度进行创新。按照政府职能履行的特点,将不同功能的政府部门分成综合部门、专业部门、直属机构、办事机构和非常设机构,改组综合经济部门为宏观调控部门,调整专业经济部门,加强执法监管部门和社会管理部门②,对不同类型的部门提出不同的运行要求,以进一步加强政府的宏观调控和监督职能,做大社会管理职能,减少承担审批事务部门的职能③,促进政府在日常管理中管好宏观、放开微观,发挥市场在资源配置中的基础性作用。

这一阶段的行政管理制度创新有着很强的承前启后特点。"承前"体现在以行政审批制度改革为突破口,继续剥离原有的若干职能;"启后"体现在着手构建有中国特色的体制框架,奠定了政府规模的基本格局。制度创新加速了行政管理与社会主义市场经济的相互适应,体现了中国行政管理自身的内在运行规律。

---

① 《邓小平文选》第 2 卷,第 328 页。
② 参见《江泽民文选》第 2 卷,北京:人民出版社 2006 年版,第 1—49 页。
③ 乌杰主编:《中国政府机构与改革》(上),北京:国家行政学院出版社 1998 年版,第 161 页。

## （三）2003 年至 2018 年的行政管理制度创新推进政府职能优化

我国行政管理制度创新过程是与经济全球化进程相伴随的，行政管理与国际规则体系接轨也是推动国家治理现代化的组成部分。2001 年 12 月 11 日，中国正式加入世界贸易组织（WTO），这为中国深度参与世界合作提供了机遇，也对建立稳定、透明、可预见的市场经济和政府制度体系提出了新的要求。在这个背景下，行政管理制度创新在新的条件下凸显了新的意义。2003 年，党的十六届二中全会审议通过的《关于深化行政管理体制和机构改革的意见》第一次提出了"制度创新"的概念，认为行政管理体制改革是一种"制度创新"。行政管理领域的改革从此成为自觉的制度创新行为。

2003 年、2008 年和 2013 年的集中性制度创新的特点是以"大部制"为抓手的职能优化。改革的指导思想是：探索实现职能有机统一的大部门体制，以改善民生为重点，加强与整合社会管理和公共服务部门。这一阶段的制度创新有三个鲜明的特征。

一是实施"大部制"的重点是加强公共服务部门建设。党的十六大报告第一次把公共服务作为政府主要职能之一。此后，中央领导进一步提出"最佳的管理方式是在服务中实施管理"[①]，把管理与服务统一起来，寓管理于服务，进而提出建设服务型政府的改革目标，强调政府职能转变的重点是强化社会管理和公共服务职能，以大部制改革的方式，通过整合公共服务管理部门，提高公共服务能力和水平。

二是强调政府管理体制改革不仅是社会主义市场经济的需要，而且是社会主义民主政治、社会主义和谐社会的发展需要。党的十六大报告提出"发展社会主义民主政治，建设社会主义政治文明"的目标，从政治文明建设的高度对政府机构改革提出了新要求。其后，《关于

---

① 《胡锦涛文选》第 3 卷，北京：人民出版社 2016 年版，第 506 页。

国务院机构改革方案的说明》(2003)提到,"深化行政管理体制改革,是推进政治体制改革的重要内容,是完善社会主义市场经济体制的客观需要,也是贯彻落实党的十六大精神的重要举措"①。党的十六届六中全会明确提出了构建社会主义和谐社会,建立"民主法治、公平正义、诚信友爱、充满活力、安定有序、人与自然和谐相处的"社会制度。事实上,行政管理制度创新必须立足于政治制度、社会制度方能有效进行,而社会主义民主政治制度、和谐社会制度对于行政管理制度创新具有很强的赋能作用,是调动广大人民群众参与改革创新积极性的最重要载体。

三是制度创新的目标锁定为实现国家治理体系和治理能力现代化。在全面深化改革总目标引领下,行政管理制度创新把"创造良好发展环境、提供优质公共服务、维护社会公平正义"确定为转变政府职能的总方向,深入推进行政管理体制改革,建设职能科学、结构优化、廉洁高效、人民满意的服务型政府。

分析以上三个阶段的制度创新历程,可以看到一条清晰的脉络,就是简政放权、放管结合、优化服务改革的步步推进。第一阶段重在组织制度上改革传统的计划经济制度体系,实现"破旧立新"的"破旧";第二阶段在新旧制度双轨并存的情况下,以运行制度创新推进组织制度持续改进,使得转轨加快,实现"破旧立新"的"立新";第三阶段重在新的组织制度体系和运行制度体系继续优化,巩固新的制度体系,保障组织制度和运行制度在新制度体系中的能量供给,实现"改革创新"。通过一轮接一轮递进式的改革,不断在各方面制度中建立适应社会主义市场经济、民主政治、和谐社会需要的政府管理和服务体系。由此可见,以国家治理现代化为目标的行政管理制度创新是在之前走过的创新之路上继续前行,是与行政管理体制既有改革既相互联系又有重要区别的最新探索。

---

① 《中华人民共和国第十届全国人民代表大会第一次会议文件汇编》,北京:人民出版社2003年版,第95—96页。

## 三、行政管理制度创新提升制度供给能力

如同人们在经济领域对制度需求研究较多,而对制度供给研究较少①一样,在行政管理制度研究中同样存在着对制度需求研究多,对制度供给研究少的问题,主要是对行政管理制度的核心理论与方法的自主性、认受性、中轴性观照不足②。从制度供给侧提升制度供给能力,加大供给侧结构性改革力度,是以国家治理现代化为目标的行政管理制度创新与以往的制度变迁的重要区别。

制度供给能力主要取决于创新主体③、创新战略、创新策略三个方面,行政管理制度创新所形成的制度供给体系和供给资源,就是集合于这三个方面的具体化。在中国的现实场景中,这三个方面分别表现为民主政治、市场秩序和社会环境,即组成制度供给的要素从顶层设计角度看,就是由中国特色社会主义民主政治、社会主义市场经济、安全与发展的社会环境构成的。

### (一)行政管理制度创新提升民主政治供给能力

行政管理制度伴随和推动着国家政治建设和政治发展进程,不断适应社会主要矛盾的变化,解决人民日益增长的美好生活需要和不平衡不充分的发展之间的矛盾,尤其是回应"作为最高生活的政治生活"④中的诉求,这是行政管理制度供给的主要任务。人民民主政治理论是马克思主义的"硬核",人民民主政治实践是社会主义的生命。

---

① 杨瑞龙:《论制度供给》,《经济研究》1993 年第 8 期,第 45—52 页。
② 孔繁斌:《从社会科学的边缘到核心:公共管理学科再认识》,《中国行政管理》2017 年第 9 期,第 16—20 页。
③ 唐兴霖:《制度创新:主体、过程和途径的探讨》,《西南师范大学学报(哲学社会科学版)》1997 年第 1 期,第 5—11 页。
④ 桑玉成:《论人民美好生活需要之制度供给体系的建构》,《武汉大学学报(哲学社会科学版)》2018 年第 2 期,第 16—22 页。

从近现代世界史和公共行政史可以发现,根植于民主政治的行政管理制度是由两个方面推动的:一是由市场经济推动民主政治和行政管理制度。市场经济是大工业、大市场发展的产物,民主政治以市场经济制度为前提,市场经济需要民主政治的保障,两者相辅相成。恩格斯指出:"平等的观念,无论以资产阶级的形式出现,还是以无产阶级的形式出现,本身都是一种历史的产物,这一观念的形成,需要一定的历史条件,而这种历史条件本身又以长期的以往的历史为前提。"① 只要存在商品,存在国际市场,就有价值规律,就需要尊重商品生产者和消费者的主体地位,尊重市场主体的平等地位,而只有实行民主制度才能保证自由和平等的权利。邓小平对民主政治与市场经济的关系作出了深刻的论述,认为社会主义也可以实行市场经济,经济管理的民主化是与党和国家政治生活的民主化、整个社会生活的民主化一致的社会主义民主。② 二是由行政理性与民主政治之间的张力决定的。传统的官僚体系是"披着狼皮的羊",是民主治理的敌人而非朋友,而现代行政国家乃至世界文明对公共行政的要求,是必须打破片面强调效率的管理主义思维模式,彰显公共行政所赖以立足的规范价值与思想观念。③ 这些令人瞩目的重大课题体现了政治民主、市场民主、中国国情以及社会主义的本质和初级阶段的根本任务等一系列重大探索,分析发现其相互联系而建立起来的系统完备、内涵丰富的思想体系,构成了行政管理制度供给的主体性规定。

## (二)行政管理制度创新提升市场秩序供给能力

善于掌握和运用现代市场秩序治理方略和技术,是行政管理制度供给的战略性要求。中国特色的国家治理是社会主义市场经济制度

---

① 《马克思恩格斯选集》第3卷,北京:人民出版社2012年版,第484—485页。
② 参见《邓小平文选》第2卷,第236、336页。
③ 颜昌武、黄洁慧:《民主政治、理性官僚与公共行政》,《甘肃行政学院学报》2014年第4期,第4—11页。

与社会主义和谐社会制度的融合性治理,制度的优越性同巨大的人力资本的优势结合,使行政管理制度展现出空前的生命力,使治理活动遵循社会活动规律运行,优化社会环境。围绕市场秩序治理,深化行政审批制度改革、优化政务服务,降低制度成本,提升政府商事治理能力。[1] 运用现代科技,建设"不关门的政府",发挥数字政府在公平和效率两个方面的可平衡性,消除"数字贫困"[2],从机会平等到结果公平,建设赋能政府。

行政管理制度供给的重大战略性决策在于,按照现代治理形态的演进,关注社会因果关系中"试点—局部成效—整体成效"的政策变迁路径,把握运作性力量在每一个地方都产生同样结果的规律,在政府部门、公司、学校和利益攸关者等组织中设计出公信力与效率、执行力高度整合的制度。将"算计路径"和"文化路径"[3]结合起来,研究单体、集体、总体的工具性行为追求利益最大化、实现由特定的偏好所设定的目标的方案[4],并遴选出那些能够使国家和社会、近期利益与长远利益兼顾的市场秩序治理方案。

### (三) 行政管理制度创新提升社会环境供给能力

从国家治理的意义上看,社会环境是指"国际大气候",是一个时代的主导性存在状态。正确判断社会环境是政策制定和制度创新的基础。早在改革开放之初,党中央就提出了"和平与发展是当今世界

---

[1] 廖福崇、张纯:《"放管服"改革与营商环境建设——制度成本的分析框架》,《秘书》2020 年第 4 期,第 3—12 页。

[2] 邓崧、刘昀煜:《推进数字政府双轨制策略:基于"数字贫困户"的视角》,《广州大学学报(社会科学版)》2022 年第 2 期,第 90—102 页。

[3] "算计路径"是指制度对主体行动者设定了约束性环境,约束主体的自利行为并减少各种机会主义,分析对象是主体在制度环境中的战略性行为;相反,"文化路径"是指主体的行为主要被嵌入制度当中,而不是从个人或小集体策略出发,因而主要分析对象是行动者所处的情境。

[4] 〔美〕彼得·豪尔、罗斯玛丽·泰勒:《政治科学与三个新制度主义》,何俊智译,《经济社会体制比较》2003 年第 5 期,第 20—29 页。

的两大主题"的重要论断,并在改革开放的每一个重要关口,反复强调这一重要判断。党的十九大和十九届五中全会指出:"和平与发展仍然是时代主题。"正确认知国际大势,善于抓住和用好这个发展机遇,成为行政管理制度供给的重大策略性选择。坚持和平与发展是当今时代主题这个策略,与正确处理安全与发展是一致的,发展是最大的安全,不发展是最大的风险。把发展的安全和安全的发展统一起来,营造安全发展的环境,必须深化改革,扩大开放,推动经济全球化,构建人类命运共同体。要以我们正在做的事情为中心,更好地统筹国内国际两个大局,统筹发展和安全两件大事,不断提高综合国力,不断让广大人民群众享受到和平发展带来的利益,不断提高风险防控和应急管理能力,不断夯实安全发展的物质基础和社会基础。

组成行政管理制度供给的民主政治、市场秩序、社会环境这三者之间的关系,是互为前提、相互均衡、相辅相成的。民主政治是国家的根本制度,是市场秩序的灵魂,是社会环境的基础。市场秩序是民主政治和市场经济的实现手段,是制度转化为效能的主要载体。社会环境是民主政治、市场经济的时空条件,是政治和秩序的"题库",是时代"出卷"、政府"答卷"、人民"阅卷"的依据。

政治制度本质、新型市场秩序、时代主题认知这三个方面,从发展主体、发展战略、发展策略上构成了我国行政管理制度创新的来源和制度供给的重点。三者之间的均衡,民主政治与市场经济的相互融合,发展与安全的统筹兼顾,组成了中国特色行政管理制度的"双螺旋基因",即对政治与经济、安全与发展、国内与国际、德治与法治、管理与服务等这些以往分而治之的领域加以整合,建立耦合机制,实现制度的资源优化配置,使得制度具有根本性、全局性、长期性、稳定性的优势。

## 四、行政管理制度创新的三重逻辑与"放管服"改革

行政管理制度创新是一个复杂系统,系统组成要素之间以及系统和环境之间存在依赖、竞争、关联等复杂的相互作用。面向国家治理

现代化的行政管理制度创新,要在纷繁的外部环境与复杂的内部体系中确立其价值目标和实践方向,需要运用逻辑分析方法,透过现象把握本质。

## (一) 从底层逻辑看我国行政管理制度体系的"非独立性"

决定复杂事物本质的逻辑往往具有多重性,其中基础性逻辑决定其他逻辑的生成,这个基础逻辑叫底层逻辑。① 行政管理制度属于社会系统中的上层建筑,按照经济基础决定上层建筑的历史唯物主义原理,行政管理制度创新是由经济基础决定的。换言之,行政管理制度由经济、政治、社会的逻辑派生,归根结底是由经济基础派生的。行政管理制度创新的底层逻辑是经济基础与上层建筑之间关系的逻辑。

按照这个底层逻辑,我们来分析各个领域的治理逻辑以及它们与行政管理制度创新逻辑的关系。在经济领域,我国按照"国家调节市场、市场引导企业"②的逻辑,不断深化经济体制改革和行政体制改革,使行政管理制度由强化规制转向合理规制,从歧视性规制转向公平竞争规制,从正面清单制转向负面清单制,从前置审批转向后置监管,从行业型部门管理转向综合型部门管理,发挥市场在配置经济资源中的决定性作用和更好地发挥政府作用;在政治领域,按照"党的领导、人民当家作主和依法治国有机统一"③的逻辑,深化政治体制改革和行政体制改革,从人治走向法治,使行政管理制度改革按照法治国家的发展目标进行④,发挥法治在配置政治资源中的决定性作用和更好地落实党的领导作用;在社会领域,按照"党委领导、政府负责、社会

---

① 戚聿东、李颖:《新经济与规制改革》,《中国工业经济》2018年3期,第5—23页。
② 《十三大以来重要文献选编》(上),北京:人民出版社1991年版,第27页。
③ 《十六大以来重要文献选编》(上),北京:中央文献出版社2005年版,第24页。
④ 姜明安:《论行政执法》,《行政法学研究》2003年第4期,第4—10页。

协同、公众参与、法治保障"①的逻辑,推进社会治理体系改革和行政体制改革,使行政管理制度由政府垄断社会管理转变为政府与其他社会治理力量合作治理,确立"他在性"原则,建设社会服务型政府,通过政府服务创新社会治理,在社会治理创新中促进服务型政府建设②,发挥社会组织在配置社会资源中的决定性作用和更好地落实党的领导和政府服务作用。经济、政治、社会逻辑的统一性,就是在逻辑、历史、现实中体现出来的前后一致性和相互嵌入性。

我国行政管理制度体系与整个"党和国家领导制度"是浑然一体、不可分割的。通常分开说的经济体制、政治体制、行政体制、社会体制等,只是理论上的一种抽象,是管理机构划分的一个依据,或是推进工作的一个抓手,实际上,它们互相之间不是各自独立的。我们的体制只有一个,就是中国特色社会主义体制,这个体制的最本质的特征,是中国共产党的领导,如同《中华人民共和国宪法》指出的那样,"中国共产党领导是中国特色社会主义最本质的特征"。因此,尽管行政管理制度属于由经济基础决定的上层建筑,但上层建筑领域的范围很宽,而中国特色的国家制度又是统一的整体,这就决定了行政管理制度的一切问题都需要从这个基本国情出发,处理好行政管理制度的普遍性与特殊性、总体性与专业性之间的关系,在此基础上去探究、去发现、去创造。行政管理制度创新就是要在经济领域更多地融入市场,充分发挥市场在资源配置中的决定性作用;在政治领域更好地服务于党的领导,履行好行政职能;在社会领域更多地深入到创新创业中去,释放社会成员的活力。这种行政管理制度的"非独立性"是行政管理制度创新的最鲜明特色。

---

① 胡锦涛:《坚定不移沿着中国特色社会主义道路前进 为全面建成小康社会而奋斗——在中国共产党第十八次全国代表大会上的报告》,北京:人民出版社 2012 年版,第34页。
② 张康之:《论主体多元化条件下的社会治理》,《中国人民大学学报》2014 年第 2 期,第 2—13 页。

## （二）从中层逻辑看我国行政管理制度体系的"整体性"

中层逻辑是底层逻辑的"历史展现"①。行政管理制度创新的中层逻辑是底层逻辑的他在性本质②，即"他体决定性作用和更好地发挥自体作用"在行政管理制度创新中的实现，并决定了制度创新实践的价值、意义和作用。

既然我国行政管理制度体系的底层逻辑是制度的一体性原则，那么中层逻辑就是整体性治理与行政管理之间的冲突和解决方案。整体性治理理论认为，传统的以功能为导向的科层制模式导致政府职能重复分散，以客户需求为导向的新公共管理模式导致公共服务碎片化，为了解决上述问题，需要实施整体性治理。③ 但是，实施整体性治理，往往会遇到多方面的冲突，比如政府管理工具之间的冲突、公共权力配置上的冲突、责任归属的冲突以及意识形态与管理科技之间的冲突。行政管理制度具有很强的特殊性，不是日常管理理论和方法的复制，需要建构"去典型化"的思维方式。根据其特殊性，需要按照专门化、专业化、专职化的要求进行制度安排，深入研究行政管理专门学问，培养行政管理人才和专业化队伍，建设公共领域专职与兼职相结合的服务体系。要认清行政管理整体性治理的必要性与边界，"两面作战"，重点放在特殊性治理上，做到战略上讲共性，战术上讲个性，宏观上讲综合，微观上讲边界，避免"眉毛胡子一把抓"，或者"过犹不及"。

## （三）从表层逻辑看我国行政管理制度体系的"创效性"

表层逻辑是中层逻辑的实现形式。行政管理制度创新的表层逻

---

① 刘荣军、李书娜：《马克思劳动解放思想的逻辑意蕴与历史展现》，《东南学术》2019 年第 5 期，第 80—86 页。
② 张乾友：《朝向他在性：公共行政的演进逻辑》，《中国人民大学学报》2013 年第 6 期，第 107—114 页。
③ 韩兆柱、杨洋：《整体性治理理论研究及应用》，《教学与研究》2013 年第 6 期，第 80—86 页。

辑是行政管理领域解决具体问题的逻辑,是具体化的公共行为、管理方法和政策工具,中国的行政管理制度创新,归根结底,是一种以行动性制度为主干的实践运动逻辑。

整体性治理与行政管理专业性管理的关系是矛盾普遍性与特殊性的表现,矛盾普遍性寓于矛盾特殊性之中,特殊性是矛盾的主要方面,没有特殊性就没有普遍性。行政管理体制存在于政治体制之中,被政治体制所决定所领导,这是普遍性;行政管理系统自身有相对的独特性,这种政治领导下的制度独特性集中表现为"行政管理运行机制",这是特殊性。我们经常看到,几乎所有的地方政府领导都对日常行政管理创新充满了热情,在这里他们不仅"说了算数""说干就干",而且"干了有效"。他们信奉的哲学是——不干,半点马克思主义也没有。行政管理制度创新通过资源均衡配置,促进了行政管理人员主动的"创效性"[①]行动,有助于克服制度绩效的"易耗损性",提高行政效能,增强政府执行力和公信力。比如,当制度理念缺失,出现行政价值观被扭曲,为人民服务的自觉性降低现象时,制度结构将发挥框架性规范作用,并以机构整体性绩效弥补个体运行低效。同样,当体制不合理,出现思想僵化、能力退化、知识老化现象,体制内活力不足,体制外的人拼命往体制内挤,政府机构陷入"精简—膨胀—再精简—再膨胀"恶性循环的时候,行政运行性制度将通过流程再造、无缝隙管理、简约便捷服务等方式,减轻"体制病"的症状,调动公务人员的积极性,克服行政不作为、乱作为现象。

在实际运行中,上述三重逻辑往往同时作用于行政管理制度创新,但侧重的"部位"略有不同。行政管理制度创新的底层逻辑重点作用于政府机构和职能,激发体制活力,推进大部门制和简政放权,建设服务型政府;中层逻辑重点作用于政府运行体系,激发机制活力,将外部适应性与内生自主性结合起来,激励放权让利和精准监管的积极

---

① 高小平、盛明科、刘杰:《中国绩效管理的实践与理论》,《中国社会科学》2011年第6期,第4—14页。

性，建设法治政府；表层逻辑重点作用于政府保障体系，激活公共管理便民利民与社会广泛参与管理的互动活力，建设效能政府。

总之，全面深化"放管服"改革，推进简政放权的结构系统改革、放管结合的运行系统改革、优化服务的赋能系统改革，使这三方面有机统一，是当前和今后一个时期国家治理现代化对行政管理制度创新提出的要求，是行政管理制度创新的主要任务，并要在持续创新的基础上将其扩展为全部行政管理制度体系创新范畴。

（原载《国家现代化建设研究》2022年第4期）

# 中国式现代化进程中经济基本面长期趋势分析

董志勇[*]

## 一、引　言

经济基本面是判断一个国家经济发展潜力和韧性的着眼点,反映了一个国家经济发展的中长期状况和趋势。一个大规模经济体在长期发展中出现经济波动,基本上是常态。一般情况下,因发展阶段的转变和外部的冲击,经济会产生周期性波动。发达国家在工业化和现代化建设的阶段,都经历了较长时期的经济增长,当经济危机出现时,又会经历一段时期的波动甚至衰退。关注经济增长的学者对此做了大量研究。

从新中国成立到改革开放初期,中国迅速从农业国向工业国转变,并建立了独立的比较完整的工业体系。[①] 改革开放以来,我国经济实现了长达 40 余年的快速增长,实现了社会主义条件下发展市场经

---

[*] 董志勇,北京大学经济学院教授。
[①] 管汉晖、刘冲、辛星:《中国的工业化:过去与现在(1887—2017)》,《经济学报》2020 年第 3 期,第 202—238 页。

济的创举①,创造了"世所罕见的经济快速发展奇迹和社会长期稳定奇迹"②。如此超大规模经济体在如此长周期内的快速增长,十分罕见,其经济基本面及其反映的经济发展潜力和韧性值得深入分析。

当今世界正经历百年未有之大变局,形势错综复杂。党的十八大以来,中国经历了一系列内外部冲击,如中美经贸摩擦、新冠疫情等,国家经济运行出现波动。但短期冲击是否影响长期趋势,还要看经济基本面。面对全球经济下行和新冠疫情等多重冲击,在以习近平同志为核心的党中央坚强领导下,党和国家在经济领域坚持稳中求进的工作总基调,经济虽在一定时期内出现短期波动,但总体运行基本平稳。习近平总书记在二十届中央政治局常委同中外记者见面时的讲话中对我国当前经济作了精准判断,强调"中国经济韧性强、潜力足、回旋余地广,长期向好的基本面不会改变"③。有鉴于此,本文重点关注党的十八大以来中国经济基本面长期向好的典型特征、历史逻辑和内在根源,并且在此基础上,分析保持经济基本面长期向好的未来政策导向。

经济增长及其波动的影响因素,是现代经济增长理论的核心研究命题。决定一个国家经济增长的因素包括自然资源、资本、劳动、技术和制度等。因此,基于要素禀赋和制度供给两个视角解释经济增长差异的理论,大体可以分为资源决定论和制度决定论。一个经济体的要素禀赋包括自然资源、资本和劳动等,这些禀赋与其所处地理区位高度相关,因此,资源决定论强调地理因素和要素因素在经济发展中的

---

① 董志勇、沈博:《中国共产党关于社会主义市场经济发展的百年探索》,《经济学动态》2021年第7期,第22—33页。
② 《中国共产党第十九届中央委员会第四次全体会议文件汇编》,北京:人民出版社2019年版,第19页。
③ 习近平:《在二十届中央政治局常委同中外记者见面时的讲话(2022年10月23日)》,《求是》2022年第22期,第7页。

决定性作用。① 制度决定论则认为,制度是经济长期增长和发展的决定性因素。② 然而,这两类理论都不是绝对的,只是侧重不同的解释视角。中国经济基本面长期向好的内在根源既包括中国特色社会主义制度优势,也包括幅员辽阔的国土资源优势、14亿多人口优势等要素优势。发展作为我国解决一切问题的基础和关键③,是联结我国制度优势和要素优势,进而服务于解放和发展生产力这一根本任务的成功法门。

制度优势和要素优势的有机结合形成了中国经济基本面长期向好的内在根源。在新中国70余年经济建设实践中,这种结合为新发展阶段奠定了坚实基础,形成了中国经济基本面长期向好的历史逻辑。因此,研究中国经济基本面长期向好的形成逻辑,需要分析社会主义革命建立的社会主义制度、社会主义建设探索时期建立的工业体系、改革开放开启的社会主义现代化建设新局面,以及全面建成小康社会为新发展阶段奠定的坚实基础。这些历史和现实的选择,为当前阶段中国经济平稳健康发展提供了支持和保障,也为经济基本面未来持续向好提供了政策导向。

## 二、中国经济基本面长期向好的事实分析

党的十八大以来,我国经济运行总体平稳,经济结构持续优化,取得了一系列重大成果,保持了经济基本面长期向好的态势。总体来

---

① Jeffrey D. Sachs, "Tropical Underdevelopment," NBER Working Paper 8119, Cambridge: National Bureau of Economic Research, 2001.

② Robert E. Hall and Charles I. Jones, "Why Do Some Countries Produce So Much More Output Per Worker than Others?," *The Quarterly Journal of Economics*, Vol. 114, No. 1, 1999, pp. 83-116; Daron Acemoglu, Simon Johnson and James Robinson, "The Rise of Europe: Atlantic Trade, Institutional Change, and Economic Growth," *The American Economic Review*, Vol. 95, No. 3, 2005, pp. 546-579.

③ 董志勇:《新发展格局与高质量发展的内在逻辑》,《北京大学学报(哲学社会科学版)》2022年第1期,第128—136页。

看,国内生产总值(GDP)从 2012 年的 54 万亿元增长到 2022 年的 121 万亿元①,在此期间年均增长率高达 6.2%,远超同期世界平均增长水平。同时,我国经济总量占世界经济的份额也从 2012 年的 11.3%增长至 2021 年的 18.5%,在此期间平均贡献了超过 30%的世界经济增长,居世界第一。在突如其来的新冠疫情、世界经济深度衰退等冲击下,取得这样的成绩再次展现了我国经济基本面的潜力和韧性。具体来讲,分析近十年中国国内生产总值及其增长率的趋势(图 1),可以发现中国经济发展的三个特征:第一,近十年,国内生产总值持续上升,尽管受到新冠疫情的影响,也在 2020 年突破了百万亿元大关,并保持了持续的增长。第二,国内生产总值增长率有所下降,符合经济增速随着经济体量的增加而趋于缓慢的客观规律;但国内生产总值每年的绝对增长量有所提高,这得益于中国经济基本面长期向好的态势。第三,新冠疫情等外部冲击会导致经济发展的短期剧烈波动,但从 2019—2022 年的平均增长来看,外部冲击对经济长期增长的影响

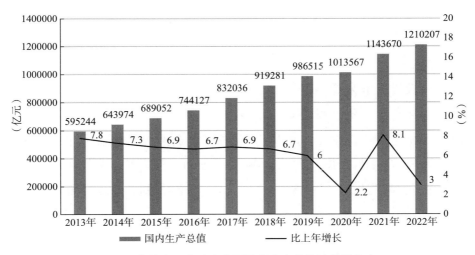

图 1 党的十八大以来中国国内生产总值及其增长率

---

① 《2022 年四季度和全年国内生产总值初步核算结果》,中国政府网,2023 年 1 月 18 日,http://www.gov.cn/xinwen/2023-01/18/content_5737710.htm,2023 年 1 月 19 日访问。

相对较小。这种冲击给经济带来的短期波动究竟在多大程度上传导到长期发展上,除了冲击本身的大小和影响范围外,还取决于经济体本身抵御外部冲击的能力和受到冲击后的恢复能力,后者体现了经济体的增长潜力和韧性。中国经济韧性强、潜力足、回旋余地广,从而使得经济基本面长期向好。

### (一) 需求基本盘持续向好

从需求侧来看,"三驾马车"总量增长势头良好,三大需求内部结构不断优化。具体地说,最终消费对 GDP 的贡献率平稳增长,从 2012 年的 51.8%增长至 2021 年的 65.4%,成为经济增长的第一动力,这说明我国居民消费需求被不断释放。国家统计局最新数据[①]显示,2022 年最终消费支出对经济增长的贡献率为 32.8%,拉动 GDP 增长 1 个百分点。居民消费反弹强劲,14 亿多人口的市场规模优势开始显现。同时,消费结构正持续升级,发展型、享受型消费日益提升。2022 年全国实物商品网上零售额达到了 12 万亿元,占社会消费品零售总额的比重为 27.2%,同比增长 2.7%。而且随着居民收入水平提高和消费领域不断拓展,交通出行、子女教育、医疗等服务性消费支出占比逐步提高。

从投资领域来看,我国固定资产投资稳步上升,投资结构持续优化。全社会固定资产投资从 2012 年的 28.2 万亿元增长至 2022 年的 57.2 万亿元,翻了一番。2022 年全国固定资产投资同比增长 5.1%,制造业投资同比增长 9.1%,增速明显加快。[②] 其中,高技术产业投资增长尤为强劲,电气机械和器材制造业投资增长 42.6%,信息传输

---

① 《国家统计局局长就 2022 年全年国民经济运行情况答记者问》,国家统计局网站,2023 年 1 月 17 日,http://www.stats.gov.cn/tjsj/sjjd/202301/t20230117_1892139.html,2023 年 1 月 19 日访问。

② 《2022 年全国固定资产投资(不含农户)增长 5.1%》,国家统计局网站,2023 年 1 月 17 日,http://www.stats.gov.cn/xxgk/sjfb/zxfb2020/202301/t20230117_1892125.html,2023 年 1 月 19 日访问。

业投资增长9.3%,高质量的投资对高质量的经济增长起到了支撑作用。

从出口来看,我国货物进出口总额持续增长,国内国际双循环态势良好。进出口总额从2012年的24.4万亿元增长至2022年的42.1万亿元,增长高达72.5%。对外直接投资净额从2012年的878亿美元增长至2021年的1788亿美元,增长翻了一番。① 2022年货物和服务净出口对经济增长贡献率为17.1%,成为宏观经济增长的重要拉力。此外,我国对"一带一路"共建国家和《区域全面经济伙伴关系协定》(RCEP)贸易伙伴的进出口总额合计增长超过20%,正逐渐形成对外经贸新格局。

### (二)供给基本盘提质升级

从供给侧来看,深入推进结构性改革的成效开始凸显,要素质量不断增强、产业发展不断迈向中高端、经济结构不断优化。从要素投入来看,随着我国人力资本的逐年提高,要素质量持续改善,尤其随着数字经济的高速发展,数据作为生产要素为我国经济增长增添新动力。根据中国信息通信研究院发布的《中国数字经济发展报告(2022年)》,2021年中国数字经济规模达到45.5万亿元,同比名义增长16.2%,占GDP比重达到39.8%。② 当前,我国具有海量数据和丰富应用场景优势,数据资源将与劳动、资本和知识等传统生产要素产生协同效应,通过组合形成新的要素结构,不断提升全要素生产率。

从产业发展来看,产业开始朝着中高端发展,制造业和服务业发展量质齐升,劳动生产率不断提高。根据国家统计局数据,2022年中

---

① 《高水平开放成效显著 合作共赢展现大国担当——党的十八大以来经济社会发展成就系列报告之十六》,国家统计局网站,2022年10月9日,http://www.stats.gov.cn/xxgk/jd/sjjd2020/202210/t20221009_1889045.html,2022年11月10日访问。

② 中国信息通信研究院:《中国数字经济发展报告(2022年)》,中国信息通信研究院网站,2022年7月8日,http://www.caict.ac.cn/kxyj/qwfb/bps/202207/P020220729609949023295.pdf,2022年11月3日访问。

国制造业增加值达到33.5万亿元,实现了2013—2022年年均6.4%左右的增长。党的十八大以来的十年间,规模以上高技术制造业和装备制造业增加值分别实现了年均11.6%和9.2%的增长,均明显高于同期规模以上工业6.8%的增长率。服务业增加值从2012年的24.5万亿元增长至2021年的61万亿元,实际增长90.7%,年均增长率为7.4%,占GDP的比重达到53.3%,服务业发展体量和质量均有所提高。同时,十年间劳动生产率大幅提高,年均增长高达6.8%,2021年全员劳动生产率已经达到146380元/人。

从经济结构来看,我国第三产业快速发展,产业结构不断升级,能源结构继续优化,朝着绿色化方向发展。国家统计局最新数据显示,2022年服务业增加值为63.9万亿元,同比增长2.3%,占GDP比重为52.8%,服务业对国民经济增长的贡献率达到41.8%。同时,在产业数字化和数字产业化的浪潮下,我国新兴产业蓬勃发展。2021年,我国战略性新兴产业增加值占GDP的比重高达13.4%,比2014年增加5.8%;2022年信息传输、软件和信息技术服务业同比增长达9.1%。此外,我国能源消费结构朝绿色化方向发展,2022年非化石能源消费占能源消费总量比重较上年同期提高0.8个百分点。

## 三、新时代中国经济基本面的典型特征与历史逻辑

当前,中国进入了新发展阶段。习近平总书记指出:"今天我们所处的新发展阶段,就是社会主义初级阶段中的一个阶段,同时是其中经过几十年积累、站到了新的起点上的一个阶段。"[①]党的十八大以来,我国准确把握经济社会的新发展阶段,提出贯彻新发展理念、构建新发展格局的战略构想。在此背景下,近十年来中国经济基本面的强大韧性集中表现在高质量发展带来的经济潜力、改善民生带来的人民

---

① 习近平:《论把握新发展阶段、贯彻新发展理念、构建新发展格局》,北京:中央文献出版社2021年版,第471页。

认可度和支持力、应对突发事件冲击的适应力与修复力、"双循环"新发展格局打开的回旋空间上。

## （一）典型特征

### 1. 经济发展质量不断提高，未来发展潜力巨大

从市场规模来看，改革开放40余年来，我国培育了超过4亿的中等收入群体，超过了欧洲总人口的一半、美国的总人口，已成为世界第二大消费品市场；形成了超过1亿户的市场主体，企业数量接近美国和欧盟企业数量之和。这一庞大的市场规模是近十年来中国经济强劲发展的基础，也会随着市场环境的持续改善和居民购买力水平的总体提升而不断扩大，为经济的持续稳定发展提供强力支撑。

从经济增长的动能来看，创新发挥着越来越重要的作用。1985年3月13日，中共中央发布《关于科学技术体制改革的决定》，提出经济建设必须依靠科学技术、科学技术工作必须面向经济建设的战略方针，中国的科技体制改革正式起步。虽然起步晚于土地产权制度改革和国有企业产权制度改革，但科技体制改革对经济发展所起的推动作用丝毫不弱，尤其是在经济步入高质量发展阶段时，创新的动力作用开始凸显。我国牢牢把握住了新一轮世界科技革命的战略机遇，先后出台《中国制造2025》《新一代人工智能发展规划》等国家级战略规划，以创新变革为经济发展提质增效。国家统计局和国际机器人联合会发布的数据显示，2021年中国战略性新兴产业增加值占GDP的13.4%，高技术制造业增加值同比增长18.2%，技术市场成交合同额比上年增长32%[1]，工业机器人安装量同比增长44%[2]，以新产业、新业

---

[1] 《2021年我国经济发展新动能指数实现稳步增长——国家统计局统计科学研究所首席统计师何强解读2021年我国经济发展新动能指数》，国家统计局网站，2022年8月31日，http://www.stats.gov.cn/xxgk/jd/sjjd2020/202208/t20220831_1887788.html，2022年11月3日访问。

[2] 《2021年中国工业机器人安装量占全球一半，同比增长44%》，澎湃新闻网，2022年9月23日，https://www.thepaper.cn/newsDetail_forward_20028059，2022年11月3日访问。

态、新模式为主导的新动能正在加速培育,为挖掘中国经济的内生增长潜力、释放新的增长红利提供了坚实支撑。

2. 更加强调惠及民生,人民生活实现历史性跨越

党的十八大以来,经济发展取得重大成就,人民生活水平大幅提高。人民生活水平的提高反过来又保障了经济增长的潜力和韧性。在脱贫方面,我国已经消除绝对贫困,全面建成小康社会,为世界减贫事业作出了突出贡献。在教育方面,我国财政性教育经费连续8年占GDP的4%以上,教育基础条件和教育机会公平得到有效保障。在医疗方面,我国城乡居民基本医疗保险参保率超过了95%,人民"看病难、看病贵"的问题得到有效缓解。在就业方面,为企业"减负"是发挥其保就业主力军作用的关键,2022年1月1日至11月10日新增减税降费及退税缓税缓费即超过3.7万亿元①,保护了市场主体吸纳就业的力量。在养老方面,我国养老保险覆盖面逐步扩大,基本养老保险参保人数从2012年的7.9亿人增加到2022年的10.5亿人,增幅高达32.9%。② 这些民生建设的成就,充分体现了党以人民为中心的发展思想,体现了习近平新时代中国特色社会主义思想的人民立场,急群众之所急,解群众之所难,始终心系最广大人民群众的根本利益。

3. 统筹疫情防控和经济社会发展,应对突发事件冲击的能力大幅提高

近年来,在逆全球化浪潮、新冠疫情、地缘政治冲突等接连冲击下,世界经济复苏愈显乏力。根据国际货币基金组织的测算,世界经济经历了自20世纪30年代大萧条以来的最严重冲击,许多发展中经济体面临着过去7—10年减贫事业功亏一篑的困境。在错综复杂的

---

① 《合计办理新增减税降费及退税缓税缓费超3.7万亿元》,《人民日报》2022年11月17日第6版。
② 《人力资源社会保障部举行2022年四季度新闻发布会》,人力资源和社会保障部网站,2023年1月18日,http://www.mohrss.gov.cn/SYrlzyhshbzb/dongtaixinwen/buneiyaowen/rsxw/202301/t20230118_493693.html,2023年1月19日访问。

外部环境下,我国在最大程度保护人民生命安全和身体健康的前提下,最大限度减少疫情对经济社会发展的影响。2020 年全年经济总量破百万亿元大关,成为全球唯一实现经济正增长的主要经济体。疫情持续三年来,我国顺利实现严格疫情防控政策下的经济平稳运行,2021 年 GDP 增长 8.1%,占全球经济比重超 18%;2022 年前两季度,GDP 分别同比增长 4.8%和 0.4%,① 主要宏观指标保持在合理区间。这场疫情大考同 1997 年东南亚金融危机、2008 年美国次贷危机一样,是一次对中国经济韧性的"压力测试"。而中国经济的迅速企稳复苏和不俗表现,再次证明了中国经济已经具备了迎难而上、爬坡过坎、不畏惧任何"黑天鹅""灰犀牛"事件的成熟性与强大适应力。

**4. 全面开放取得新进展,进入构建"双循环"新发展格局阶段**

就国内而言,改革开放 40 余年来,我国经济呈现出从沿海到内陆、从城市到乡村、从东部到西部的梯度发展格局,为城乡、各区域充分利用各自的资源禀赋和比较优势提供了便利,也为产业转移、结构升级和发展经验的传递开拓了广阔空间。2021 年,京津冀、长三角、粤港澳大湾区等地的经济总量超过了全国的 40%,继续发挥着高质量发展动力源、改革试验田的重要作用②;中部和西部地区生产总值占全国的比重则分别提高到 22%和 21.1%,经济增速连续多年高于东部地区,区域发展的协调性逐步增强。就国际而言,构建开放型经济新体制是新时代推动更高水平对外开放的重要部署,能够适应国际环境的新特点、满足经济全球化新趋势下的迫切要求。③ 我国坚持推进高水平对外开放,增强了国内国际两个市场、两种资源的联动效应,推动了

---

① 《前三季度国民经济恢复向好》,国家统计局网站,2022 年 10 月 24 日,http://www.stats.gov.cn/xxgk/sjfb/zxfb2020/202210/t20221024_1889594.html,2022 年 11 月 3 日访问。

② 《国家发改委:去年京津冀、长三角、粤港澳大湾区生产总值超过全国 40%》,光明网,2022 年 9 月 20 日,https://economy.gmw.cn/2022-09/20/content_36036674.htm,2022 年 11 月 3 日访问。

③ 王德蓉:《党的十八大以来我国开放型经济新体制的构建与发展》,《中共党史研究》2022 年第 4 期,第 15—16 页。

国际市场布局均衡发展。2017—2021年,我国连续五年保持全球货物贸易第一大国的地位,成为140多个国家和地区的主要贸易伙伴。2021年,中国引资规模创下历史新高,同比增长14.9%,进一步巩固了中国作为世界经济"稳定器""动力源"的地位。

### (二)历史逻辑

新中国成立70余年来,特别是改革开放40余年来,中国实现了从一个积贫积弱、一穷二白的落后国家到世界第二大经济体的惊人变化,特别是实现了经济快速发展和社会长期稳定的两大奇迹,以发展成就打破了西方学者提出的"现代化同时孕育稳定和动乱"的悖论(亨廷顿悖论),并持续为世界经济输送正能量。制度经济学的路径依赖理论认为,人类经济社会发展会对过去的技术和制度产生依赖性,而过去的技术和制度在现在和未来的经济社会发展中会表现出惯性。[1] 研究党的十八大以来我国经济基本面长期向好的历史逻辑,需要以大历史的眼光,深入分析我国70多年的经济建设和发展。习近平总书记指出:"进入新发展阶段、贯彻新发展理念、构建新发展格局,是由我国经济社会发展的理论逻辑、历史逻辑、现实逻辑决定的,三者紧密关联。"[2]回顾70多年来的发展历程可见,正因为党带领人民进行社会主义革命确立了社会主义基本制度,在社会主义建设探索时期建立了独立的比较完整的工业体系,开辟了改革开放和社会主义现代化建设的崭新局面,我国才得以全面实现小康并进入新发展阶段。这一因果关系,构成了新发展阶段我国经济基本面长期向好的历史逻辑。

#### 1. 社会主义建设探索时期的发展奠定了坚实的经济基础

在新中国成立之初,我国还是一个十分落后的农业国,工业基础

---

[1] Paul A. David, "Why Are Institutions the 'Carriers of History'?: Path Dependence and the Evolution of Conventions, Organizations and Institutions," *Structural Change and Economic Dynamics*, Vol. 5, No. 2, 1994, pp. 205-220.

[2] 习近平:《论把握新发展阶段、贯彻新发展理念、构建新发展格局》,第486—487页。

极其薄弱。从 1949 年到 1952 年,经过三年的艰苦奋斗,抚平了战争疮痍,国民经济得到恢复和发展;随后,通过"社会主义三大改造",初步建立了社会主义经济制度。社会主义基本经济制度确立,我国进入社会主义建设阶段。在社会主义建设探索时期,为了实现工业化发展目标,国家采取了优先发展重工业的战略,并逐渐确立了"建立一个独立的比较完整的工业和国民经济体系"的目标。① 1978 年改革开放前,中国的工业门类增加到 34 个(1952 年仅为 23 个)②,占全部 39 个工业大类的 87%,基本建成独立的比较完整的工业体系。

事实证明,在中国工业化初期阶段实施的计划经济体制为后来的中国经济起飞奠定了雄厚的物质基础。③ 总体来看,这一时期的发展至少在三个方面对中国当前和未来的经济发展有影响:第一,公有制体制及其主体地位的确立。这个时期建立的是一种传统的"公有制+指令性计划+按劳分配"的社会主义经济体制,这一体制对于战后恢复国民经济、实施重工业优先发展战略起到了决定性作用。虽然这一体制后来出现了问题,难以长期维持高效的经济发展,但是,公有制主体地位的确立为经济改革和发展奠定了制度基础。公有制的主体地位长期决定着我国经济的发展特点。第二,马克思主义经济学成为中国经济发展的理论依据④,并主导了中国的经济改革⑤。我国是社会主义国家,新中国成立之初的经济建设主要参考苏联模式。因此,马克思主义经济理论尤其是列宁、斯大林关于社会主义建设的经济理论成了中国发展经济的指导理论。这些理论包括"过渡时期"理论、"社会

---

① 刘国光:《中国十个五年计划研究报告》,北京:人民出版社 2006 年版,第 379 页。
② 管汉晖、刘冲、辛星:《中国的工业化:过去与现在(1887—2017)》,第 212 页。
③ 王东京:《新中国成立以来基本经济制度形成发展的理论逻辑与实践逻辑》,《管理世界》2022 年第 3 期,第 1—18 页。
④ 黄少安:《现实需要如何推动经济学在中国的发展》,《经济学动态》2021 年第 5 期,第 41—43 页。
⑤ 黄少安:《马克思主义经济学从根本上主导了中国经济改革——对中国经济改革和发展产生重大影响的主要经济理论总结》,《中国经济问题》2020 年第 1 期,第 3—10 页。

主义公有制+指令性计划管理+按劳分配"的经济体制理论、重工业优先发展理论等。第三,建成了独立的比较完整的工业体系。国家在建立工业体系的同时,也建立了独立完整的国民经济体系,这意味着中国在公有制经济的基础上建成了以国内循环为主的经济体系。之所以以国内经济循环为主,是因为新中国成立初期受到了西方国家的封锁,国际循环受到严重限制。① 随着工业体系的不断完善,中国最终形成了所有工业门类下的 39 个大类工业生产布局,成为世界上工业门类最齐全的工业体系,深刻影响了当前的经济结构和经济发展。

### 2. 改革开放以来的发展开辟了经济建设新局面

党的十一届三中全会确立了改革开放的基本国策,将工作重心转移到经济建设上来。在对内改革方面,主要是改革传统的单一的计划经济体制,建立社会主义市场经济体制。改革的方向主要有三方面:一是将单一的公有制改为公有制为主体、多种所有制经济共同发展;二是改变指令性计划管理的方式;三是将单一的按劳分配改为以按劳分配为主体、多种分配方式并存。在改革的方式上,采取了渐进式转轨方式,按照先易后难、先农村后城市的思路推进改革。从 20 世纪 70 年代末起,先后开始了以土地产权制度改革为标志的农村经济体制改革和以国有企业产权制度改革为标志的城市经济体制改革。在现代化建设上,明确提出"三步走"发展战略。截至 2020 年,中国已经基本实现工业化,并全面建成小康社会。习近平总书记就此指出:"我们用几十年时间走完了发达国家几百年走过的工业化历程。"②在对外开放方面,主要成就是打破了以国内循环为主体的格局,"融入国际大循环,形成市场和资源'两头在外'的发展格局"③。对外开放促进了国

---

① 裴长洪、刘洪愧:《构建新发展格局科学内涵研究》,《中国工业经济》2021 年第 6 期,第 9 页。
② 习近平:《在庆祝改革开放 40 周年大会上的讲话》,北京:人民出版社 2018 年版,第 19 页。
③ 习近平:《论把握新发展阶段、贯彻新发展理念、构建新发展格局》,第 11 页。

内改革,通过引进和学习国外先进的企业制度和科学技术,倒逼和促进国内企业发展。通过参与国际大循环,运用国内国际两个市场、两种资源,加速了我国的工业化发展。

改革开放实现了中国经济的长期高速发展,奠定了新发展阶段的坚实基础。总体来看,改革开放以来的经济成就对当前和未来的中国经济发展也至少有三个方面的影响:第一,社会主义初级阶段理论的提出,为我国的经济体制改革提供了理论依据。关于中国处于社会主义初级阶段的重大理论判断,是基于国外和国内社会主义建设的历史经验,对我国经济社会发展所处阶段作出的科学准确判断。正是基于这一理论,中国共产党"提出了党的基本路线,开辟了改革开放和社会主义现代化建设的崭新局面"[①]。第二,经济体制改革围绕产权制度改革进行,并产生了一系列创新性理论。无论是农村的经济体制改革,还是城市的经济体制改革,其关键和核心是围绕着产权制度进行的渐进式改革。最先推进的是土地产权制度改革。1978年,在政府的默认和支持下农村开始了家庭联产承包责任制改革;近年来又提出并推进了所有权、承包权、经营权"三权分置"改革。紧随土地产权制度改革之后进行的是国有企业产权制度改革,先后经历了放权让利、承包制、股份制、混合所有制等一系列阶段。第三,国际循环经济的发展壮大也为中国经济发展引入了西方经济学理论。对中国经济发展影响比较大的西方经济学理论主要是凯恩斯主义经济学和发展经济学。[②] 改革开放前,我们的经济建设在理论上主要依据马克思主义政治经济学。但是,在构建中国特色社会主义经济体制的过程中,既面临社会主义初级阶段的特殊国情,又面临经济发展的一般性问题,因此,引进和吸收西方发达国家发展中的有用经验和西方经济学理论中的合理部分,对我国的经济建设具有重要借鉴意义。

---

① 习近平:《论把握新发展阶段、贯彻新发展理念、构建新发展格局》,第470页。
② 黄少安:《现实需要如何推动经济学在中国的发展》,第45页。

## 四、中国经济基本面长期向好的内在根源

良好的经济基本面是推进"双循环"新发展格局的基础保障。①70 余年中国经济体制建设和经济发展的经验表明,发展是我国解决一切问题的基础和关键②,这构成了中国经济基本面长期向好的历史逻辑。那么,中国经济能够长期向好发展的内在根源是什么?笔者试图从我国的制度优势和要素优势以及二者的有机结合视角展开分析。中国经济基本面长期向好,离不开党的集中统一领导和中国特色社会主义制度等根本制度,也依赖于以人为本思想和我国要素优势的发挥。在经济建设中,我国以发展的眼光处理具体问题,将我国的制度优势和要素优势有机结合在一起,实现了马克思主义的中国化和社会主义制度的与时俱进,进一步确保了经济基本面长期向好。加快构建以国内大循环为主体、国内国际双循环相互促进的新发展格局,就是基于我国发展阶段、环境、条件的变化,重塑我国国际合作和竞争新优势的战略选择,是我国要素优势变化和制度优势调整的最新体现,也是中国特色社会主义政治经济学的最新发展。③

### (一)党的集中统一领导制度彰显统领优势

党的集中统一领导是推进经济社会发展的制胜关键,也是保证国家长治久安的根本性制度。新中国成立以来,我们党始终遵循经济社会发展的客观规律,充分发挥总揽全局、协调各方的领导核心作用,通过中长期规划和短期方针相结合、顶层设计和地方试点相结合、政策

---

① 董志勇、李成明:《国内国际双循环新发展格局:历史溯源、逻辑阐释与政策导向》,《中共中央党校(国家行政学院)学报》2020 年第 5 期,第 50 页。
② 董志勇:《新发展格局与高质量发展的内在逻辑》,第 128—136 页。
③ 董志勇、方敏:《新发展格局的理论、历史与实践——以政治经济学为例》,《教学与研究》2020 年第 12 期,第 15—25 页。

延续和理念更新相结合、思想宣传和选人用人相结合等形式,不断提升党对经济工作的全面领导能力和水平,使中国这个超大体量的经济体得以顺利迈上更高质量、更有效率、更加公平、更可持续、更为安全的发展之路。大海中前行,重在把舵导航。中国共产党的领导是中国特色社会主义最本质的特征,是中国特色社会主义制度的最大优势。在波诡云谲的复杂形势下,在全面建成社会主义现代化强国、实现第二个百年奋斗目标的征程上,党对经济工作的集中统一领导是持续创造经济快速发展和社会长期稳定奇迹的根本保障。

### (二)中国特色社会主义制度彰显制度优势

中国特色社会主义制度是中国长期发展进步的根本制度保障。中国经济基本面保持长期向好,离不开社会主义基本经济制度优势。改革开放以来,我国坚持公有制为主体、多种所有制经济共同发展的基本经济制度,不断夯实公有制经济的主体地位,持续激发各类市场主体的竞争活力,从而保证了发展与稳定的有效统一,积累了雄厚的物质基础。随着社会主义市场经济体制的不断完善和中国式现代化道路的成功探索,中国通过一系列的顶层设计和"主动制度变迁",实现了改革开放以来的两次经济状态跃迁,使经济演进不断迈上新台阶。① 中国经济基本面保持长期向好,也离不开集中力量办大事的制度优势。一个国家的制度优越性首先表现在对重大风险挑战等复杂问题的处理能力上。近十几年来我国通过发挥新型举国体制的制度优势,充分调动各方面的积极性、主动性和创造性,坚持高质量发展、创新发展方式,在应对2008年国际金融危机、中美经贸摩擦等重大突发事件中表现出卓越的适应能力和自我修复能力。

---

① 方毅、孟佶贤、张屹山:《中国经济增长的状态跃迁(1979—2020)——基于复杂系统视角的研究》,《中国社会科学》2022年第5期,第4—26页。

### (三) 人口要素与制度优势相结合发挥要素优势

中国的发展离不开其要素优势,体现了制度优势随着要素优势变化而适时演变的特点。在资源、劳动和资本等要素中,中国政府对劳动要素的运用及人口红利的发挥,是要素优势和制度优势有机结合的典型体现。新中国成立以后,经济社会百废待兴,当时我国人口众多的优势在迅速恢复经济建设中发挥了决定性作用。在社会主义探索时期,为实现工业化和现代化建设的原始资金积累,我国实施了工农产品价格剪刀差政策,实质上是在一个二元经济体中,让农业部门以较低的劳动报酬率支持工业部门的发展。而这一政策在我国早期经济建设中之所以能够取得如此大的成就,重要原因是农业部门相对充裕的劳动供给为工业部门发展提供了基础。改革开放以来,随着户籍政策的改革,人口流动的限制不断弱化,人口红利得到释放,极大地促进了经济发展。随着经济的发展,农业部门和工业部门的劳动边际生产力逐渐接近,"刘易斯拐点"到来,二元经济结构特征趋于消失。在我国的发展过程中,人口转变与二元经济发展表现出高度一致的相关性。① 党的十八大以来,伴随着人口与经济社会发展的上述变化,为保持经济的平稳健康发展和实现高质量发展,中央进行了一系列制度调整,以应对即将出现的人口红利消失问题。一方面,调整生育政策,实施"全面二孩"政策,进而又调整为"三孩"政策,旨在优化人口结构;另一方面,出台一系列降低生育抚育成本、提高人口质量的配套政策,旨在激活人力资本红利。②

### (四) 国际资源与制度优势相结合发挥开放优势

中国共产党发展经济的思想,还体现在对外开放上,这决定了我

---

① 蔡昉:《人口转变、人口红利与刘易斯转折点》,《经济研究》2010年第4期,第4—13页。
② 贾俊雪、龙学文、孙伟:《人口红利还是人力资本红利:生育政策经济影响的理论分析》,《经济研究》2021年第12期,第146—147页。

国对外开放的特点,也是新发展格局下处理国内国际两个市场的根本遵循。中国的发展不是零和博弈的发展,而是合作共赢的发展,是关注全人类共同价值下推动全球共同繁荣的发展。心存正念,益人即益己。中国经济基本面长期向好离不开坚守全人类共同价值、构建人类命运共同体的博大胸襟。无论是过去还是现在,中国从未走上以邻为壑的道路,更没有凭借自身的经济体量和资源优势剥削、分裂他国,而是始终站在构建人类命运共同体的历史高点,以自身的发展推动世界经济的共同繁荣。尤其是党的十八大以来,中国以更加开放包容的姿态融入世界经济分工与合作,一方面通过自身技术和产业结构的升级改造,探索产业链、供应链、价值链的优化布局,另一方面通过共建"一带一路"、加大对外援助力度等方式践行真正的多边主义、承担大国责任,推动世界各国共商共建共享,实现共同繁荣。

## 五、未来我国持续优化经济基本面的政策导向

不可否认,受新冠疫情的影响,近几年我国经济发展出现了一定的波动,但是经济发展的基本面没有变。我国对经济基本面有正确判断、对经济韧性来源有基本把握,在此基础上进一步优化经济基本面,需要坚持党的集中统一领导,不断完善中国特色社会主义制度体系,抓住生产力发展的本质,从供给和需求两方面协同发力,进而推动我国高质量发展迈向新阶段,推动人类命运共同体续写新篇章。因此,在未来经济政策的着力点上,党的二十大报告明确提出:"要坚持以推动高质量发展为主题,把实施扩大内需战略同深化供给侧结构性改革有机结合起来……推动经济实现质的有效提升和量的合理增长。"[①]

未来的政策导向要始终抓住生产力发展的本质,将生产力发展作

---

[①] 习近平:《高举中国特色社会主义伟大旗帜 为全面建设社会主义现代化国家而团结奋斗——在中国共产党第二十次全国代表大会上的报告》,北京:人民出版社2022年版,第28—29页。

为新发展格局下政策实施的根本落脚点。70余年经济建设的经验告诉我们,不同经济发展阶段有不同的发展目标和发展规律,而坚持发展生产力构成了我国经济基本面长期向好的历史主线。新发展格局是根据国内外发展环境和竞争优势的变化,对我国经济发展阶段作出的最新研判,符合经济循环的一般规律和特殊规律。[①] 党的十八大以来,中国的发展环境、发展阶段、发展目标已经发生了巨大的改变,但是,国内循环和国际循环始终是以发展生产力为根本落脚点。这就要求我们的政策以发展为导向,从供给和需求两个方面协同发力,继续推动我国经济朝着形态更加高级化、分工更加精细化、结构更加合理化的方向演进。

实施扩大内需战略,重点在于推进共同富裕,提高居民的消费能力和消费意愿,牢牢把握住经济基本面的内需基本盘。个体消费存在一定上限,高收入群体的消费占比往往较低,而中低收入群体的消费需求受到压制。因此,既要完善分配制度,增加低收入者收入,扩大中等收入群体,以增强居民的消费能力,也要健全社会保障体系,防止教育、医疗、养老等压力过度挤出居民消费,进而增加居民的消费意愿,充分释放居民消费潜力,从而有效扩大内需。此外,实现平衡发展是促进共同富裕的长效机制,因此,要着力推进城乡融合和区域协调发展。一方面,加快城乡融合速度,以实现生产要素在城乡间的自由流动,优化资源配置,从而激发广大农村地区的内生增长动力;另一方面,要结合区域比较优势,合理引导生产要素在中西部地区流动,大力推进产业发展,既要发挥其低成本的优势,承接来自东部地区的传统产业转移,也要重视引导新能源产业和数字产业等新兴产业的发展,激发地区内生活力,从而有效扩大内需。

深化供给侧结构性改革,重点在于推动科技创新,通过新旧动能转化提升供给能力,不断淘汰落后产能,牢牢把握住经济基本面的增

---

① 董志勇、方敏:《新发展格局的理论、历史与实践——以政治经济学为例》,第15—25页。

长新引擎。随着我国社会主要矛盾转化为人民日益增长的美好生活需要和不平衡不充分的发展之间的矛盾,低水平的产品供给已难以满足人民群众的美好生活需要。因此,要坚持创新驱动发展战略,通过提高自主创新能力,实现我国科技自立自强,增强产品和服务的供给质量,推动产业结构和消费结构协同升级。此外,持续的制度供给是深化供给侧结构性改革的基本保障,因此,需要不断破除体制机制障碍,推动国家治理体系和治理能力现代化,进一步推动中国式现代化迈向新高度,推动中国经验、中国模式、中国方案引领全球经济走向繁荣,构建人类命运共同体,实现中国人民的共同富裕与全人类的共同繁荣有机统一。

中国过去70余年的发展不仅实现了从"站起来"到"富起来"的伟大转变,也为实现从"富起来"到"强起来"的伟大转变提供了坚实保障。党的十八大以来,党和国家不断强化优化经济领域的顶层设计,制度供给充分有效,中国特色社会主义制度优势进一步彰显。通过着手构建全国统一大市场,降低市场交易成本,并优化要素的流动和配置,中国形成了充满活力的经济生态,现代化经济体系正逐渐形成。面对世界百年未有之大变局,只有正确认识并精准把握"中国经济韧性强、潜力足、回旋余地广,长期向好的基本面不会改变"的基本判断,坚持党的集中统一领导,发挥中国特色社会主义制度优势,实现要素优势和制度优势的有机结合,才能持续稳住中国经济基本面,实现经济高质量发展。在未来的政策导向上,需要紧密团结在以习近平同志为核心的党中央周围,统筹发展和安全,坚持稳中求进,不断增强需求拉动供给、供给创造需求的能力,构建新发展格局,为实现中华民族伟大复兴的中国梦而不懈努力,为构建人类命运共同体、实现全球共同繁荣而不懈奋斗。

(原载《国家现代化建设研究》2023年第1期)

# 中华优秀传统文化的现代化路径*

樊宪雷**

世界现代化进程肇始于思想文化的解放。通过文艺复兴和宗教改革,欧洲摆脱了宗教神学的束缚,推动了经济、政治、社会等各方面的发展,为现代化奠定了坚实基础。在现代化的发展中,文化现代化也成为广受关注的重要内容。党的二十大报告指出:"从现在起,中国共产党的中心任务就是团结带领全国各族人民全面建成社会主义现代化强国、实现第二个百年奋斗目标,以中国式现代化全面推进中华民族伟大复兴。"①报告将"物质文明和精神文明相协调的现代化"概括为中国式现代化的重要特征之一,并将"丰富人民精神世界""创造人类文明新形态"确定为中国式现代化本质要求的重要内容。由此可见,在中国现代化建设进程中,精神文明的提升、文化生活的丰富是必不可少的重要方面。精神文明、精神世界、人类文明新形态,从广义上

---

\* 基金项目:中共中央党史和文献研究院"学习贯彻党的二十大精神"专项课题资助项目(项目编号:23ZX039)。

\*\* 樊宪雷,中共中央党史和文献研究院编审。

① 习近平:《高举中国特色社会主义伟大旗帜 为全面建设社会主义现代化国家而团结奋斗——在中国共产党第二十次全国代表大会上的报告》,北京:人民出版社2022年版,第21页。

说都属于文化的范畴。从百年发展历程来看,中国共产党一直致力于推进文化现代化建设。

## 一、文化现代化是中国共产党百年征程中的不懈追求

中国向现代化的迈进是从学习西方先进科学技术起步的。与此不同的是,中国共产党对现代化的追寻,是从文化现代化开始的。

世界各国通向现代化的道路,大致包括两种类型:一类是内源型的现代化,这是由社会自身力量产生的内部创新,经历漫长的社会变革的道路;一类是外源型或外诱型的现代化,这是在国际环境影响下,社会受外部冲击而发生内部思想和政治变革,进而推动经济变革的道路。① 中国与现代化的接触起于1840年的鸦片战争。鸦片战争打开了中国长期封闭的大门,裹挟中国涌入世界现代化潮流。就此来说,中国的现代化是典型的外源型现代化。"师夷长技以制夷""中学为体,西学为用",正是从学习借鉴西方"用""器"的角度,中国开始放眼看世界。但现代化绝不仅仅是科技现代化,如果不改变落后的国家制度、思想观念,单纯的实业救国、科技救国是行不通的。于是,从洋务运动到维新变法,再到五四新文化运动,现代化进程由科学技术层面扩展到国家制度层面和思想文化层面,西方与东方、传统与现代的冲突碰撞日益激烈。

在世界现代化进程中,第一次世界大战是一个转折性事件。大战暴露了西方资本主义文明存在的各种问题,引发了对西方推崇的理性主义的反思和对资本主义的批判。这种反思和批判也影响了中国。梁启超在《欧游心影录》中指出:"谁又敢说我们素来认为天经地义尽美尽善的代议政治,今日竟会从墙脚上筑筑摇动起来","这回战争给人类精神上莫大的刺激,人生观自然要起一大变化,哲学再兴,乃至宗

---

① 罗荣渠:《现代化新论——世界与中国的现代化进程》,北京:北京大学出版社1993年版,第123页。

教复活,都是意中事",尤其是"俄国过激派政府居然成立,居然过了两年,不管将来结局如何……将来历史价值,最少也不在法国大革命之下"。① 中国的先进知识分子在救亡图存的探索中,因为俄国十月革命的成功又有了新的选择。正如毛泽东所说:"不但湖南,全中国一样尚没有新文化。全世界一样尚没有新文化。一枝新文化小花,发现在北冰洋岸的俄罗斯。"② 在此背景下爆发的五四新文化运动促进了马克思主义在中国的传播,为中国共产党的成立奠定了思想理论基础;中国共产党的成立,又为中国思想文化建设指引了方向。

新民主主义革命时期,中国共产党虽没有明确使用文化现代化的概念,但这一思想内涵是明确的,大致呈现出批判封建主义和帝国主义文化—改造传统文化—建设新民主主义文化的发展路径。

中国共产党成立后,延续了对封建文化和帝国主义文化的批判。1923年6月发表的《〈新青年〉之新宣言》,展现出中国共产党在文化建设方面的自觉意识。在这篇文章中,除对旧社会旧文化和"文明西洋人"的批判外,更强调了新的"革命"思想——要求《新青年》当为社会科学的杂志,当研究中国现实的政治经济状况,当表现社会思想之渊源、兴起革命情绪的观感,当开广中国社会之世界观以综合分析世界的社会现象,当为改造社会的真理而与各种社会思潮的流派辩论。③ 第一次国共合作之后,中国共产党在文化上致力于宣传科学文化、民族革命思想和世界革命,树立以集体主义为主导的世界观,反对宗法社会和基督教影响。值得一提的是,这一时期中国共产党对东方文化派④进行了猛烈批判。以陈独秀、瞿秋白、邓中夏、张闻天为代表的中国共产党人,就东方文化派对马克思主义的科学性、适应性等问题的

---

① 梁启超:《欧游心影录》,北京:商务印书馆2014年版,第7、27页。
② 《毛泽东著作专题摘编》(下),北京:中央文献出版社2003年版,第1561页。
③ 《〈新青年〉之新宣言》,《新青年(季刊)》第1期,1923年6月15日。
④ 所谓东方文化派,是指五四运动前后以辜鸿铭、杜亚泉、梁漱溟等为代表的一些极力提倡中国传统文化的学者,他们鼓吹东方的"精神文明"可以拯救西方正在破产中的"物质文明",属于文化上的保守主义。

攻击进行了坚决反击。土地革命时期,"左"倾思想对党的影响在文化领域也有反映。不过,在党的领导和左翼作家的努力下,文化建设取得了不小的成绩,对文化现代化的关注也有了新的发展。尤其是以鲁迅为代表的中国左翼作家联盟,积极从事革命文艺的创作,推动了马克思主义的传播,提升了人们对马克思主义的认识。中央苏区也十分重视文化教育事业,创办学校、夜校、培训班等,不断提高工农群众的文化水平。

延安时期是中国共产党文化建设大发展的时期,其指导思想集中体现在毛泽东《新民主主义论》中。《新民主主义论》原题为《新民主主义的政治与新民主主义的文化》,对文化问题的分析是这篇文章的重点之一。毛泽东借用列宁"文化革命"①的思想,指出共产党人不但为中国的政治革命和经济革命奋斗,而且为中国的文化革命而奋斗,在要建立的新中国中,不但有新政治、新经济,而且有新文化。那么,共产党人所要建立的中华民族的新文化,或者说新民主主义的文化是什么样的呢?毛泽东指出,"一定的文化(当作观念形态的文化)是一定社会的政治和经济的反映,又给予伟大影响和作用于一定社会的政治和经济"②。由此出发,经过对中国新政治、新经济的分析,毛泽东得出如下结论:"所谓新民主主义的文化,就是人民大众反帝反封建的文化;在今日,就是抗日统一战线的文化。这种文化,只能由无产阶级的文化思想即共产主义思想去领导,任何别的阶级的文化思想都是不能领导了的。所谓新民主主义的文化,一句话,就是无产阶级领导的人民大众的反帝反封建的文化。"③"新民主主义的文化"凝结着中国共产党对文化现代化的认识,而且是将政治、经济、文化作为建设新国家不可分割的整体来认识的。也正是在这个意义上,毛泽东多次强调

---

① 列宁在苏维埃俄国建设中认识到了从资本主义生产关系落后的基础上过渡到社会主义的复杂性与艰巨性,为将落后的农业生产改造为大机器工业生产,必须消除中世纪的残余,改造小农阶级、改造国家机器、改造旧学校,实行文化革命。
② 《毛泽东选集》第2卷,北京:人民出版社1991年版,第663—664页。
③ 同上书,第698页。

"两支军队"的作用:"在我们为中国人民解放的斗争中,有各种的战线,就中也可以说有文武两个战线,这就是文化战线和军事战线。我们要战胜敌人,首先要依靠手里拿枪的军队。但是仅仅有这种军队是不够的,我们还要有文化的军队,这是团结自己、战胜敌人必不可少的一支军队。"①正是在这样的思想指导下,文化战线"这支生力军在社会科学领域和文学艺术领域中,不论在哲学方面,在经济学方面,在政治学方面,在军事学方面,在历史学方面,在文学方面,在艺术方面(又不论是戏剧,是电影,是音乐,是雕刻,是绘画),都有了极大的发展";"这个文化新军的锋芒所向,从思想到形式(文字等),无不起了极大的革命。其声势之浩大,威力之猛烈,简直是所向无敌的。其动员之广大,超过中国任何历史时代"。②

新中国成立后,为与快速发展的经济建设、政治建设相适应,在中国共产党领导下,国家大力推进民族的、科学的、大众的文化建设,对旧的教育事业、文化宣传和知识分子等进行改造,全面确立了马克思主义的指导地位,确定了"文艺为人民服务、首先为工农兵服务"的基本方针,发展新文艺。尤其是1959年毛泽东提出"工业现代化,农业现代化,科学文化现代化,现在要加上国防现代化"③,改变了之前"现代化的工业、现代化的农业、现代化的交通运输业和现代化的国防"④的提法,将科学文化现代化纳入现代化建设进程中来。1964年12月,周恩来在第三届全国人民代表大会第一次会议上宣布了实现四个现代化的宏伟目标,即"把我国建设成为一个具有现代农业、现代工业、现代国防和现代科学技术的社会主义强国"⑤。当然,这期间也有一些极左的做法,比如对电影《武训传》的批判、对俞平伯的批判、对胡适和胡风文艺思想的批判等,明显超出了文艺、文化的范畴。1966年以

---

① 《毛泽东选集》第3卷,北京:人民出版社1991年版,第847页。
② 《毛泽东选集》第2卷,第697—698页。
③ 《毛泽东文集》第8卷,北京:人民出版社1999年版,第116页。
④ 《周恩来选集》(下卷),北京:人民出版社1984年版,第132页。
⑤ 同上书,第439页。

"文化"名义进行的"文化大革命",更是文化领域的一场浩劫,科技、民主、理性等现代性因素被排斥,蒙昧、专制等前现代性因素泛滥,文化现代化进程严重受阻。

改革开放后,我国现代化建设进入快车道,文化现代化也加速推进。全国科学大会重提"科学技术是生产力",真理标准问题大讨论重新确立实事求是的思想路线,党的十一届三中全会确定将党和国家的工作重点转移到社会主义现代化建设上来,这一系列决策和转变极大激发了思想活力。其中,实现四个现代化的目标任务和改革开放决策,进一步促进了中国与世界现代化的汇合。就文化现代化来说,1979年10月,在中国文学艺术工作者第四次代表大会上,邓小平强调要继续坚持"二为"方向和"双百"方针;1983年10月1日,邓小平为北京景山学校题词"教育要面向现代化,面向世界,面向未来",从而使尊重知识、尊重科学成为新的风尚。与此同时,针对改革开放进程中出现的精神文明建设同社会主义现代化建设不相适应的问题,中共中央出台了《关于社会主义精神文明建设指导方针的决议》,强调必须大力加强精神文明建设,加强社会主义民主法治建设。随着社会主义市场经济体制的确立,党和政府积极探索文化事业和文化产业发展道路,提出"中国共产党要始终代表中国先进文化的前进方向",强调建设有中国特色社会主义的文化就是以马克思主义为指导,以培育有理想、有道德、有文化、有纪律的公民为目标,发展面向现代化、面向世界、面向未来的,民族的科学的大众的社会主义文化,为我国经济发展和社会进步提供精神动力和智力支持。世纪之交,面对世界科技革命新的高潮,根据现代化建设的需要,党中央及时提出并实施了科教兴国、可持续发展、"引进来"和"走出去"相结合的多项战略举措。跨入新世纪,中国进入全面建设小康社会、加快推进社会主义现代化的发展新阶段,文化建设成为全面小康的重要内容,科学发展观成为党的指导思想,突出强调以人为本、全面协调可持续的发展,这也是现代化理念不断发展的反映。在文化领域,党中央作出建设社会主义文化强国的重大战略决策,要求推动文化大发展大繁荣,提高国家文化软实力,推进社会主义核心价值观建设。

中国特色社会主义进入新时代,以习近平同志为核心的党中央高度重视思想文化建设,深刻指出"物质富足、精神富有是社会主义现代化的根本要求。物质贫困不是社会主义,精神贫乏也不是社会主义",要求"大力发展社会主义先进文化,加强理想信念教育,传承中华文明,促进物的全面丰富和人的全面发展"。① 习近平总书记先后出席全国宣传思想工作会议、文艺工作座谈会、中国文联第十次全国代表大会和中国作协第九次全国代表大会开幕式、哲学社会科学工作座谈会、教育文化卫生体育领域专家代表座谈会、中国文联第十一次全国代表大会和中国作协第十次全国代表大会开幕式等一系列重要会议并发表讲话,提出中华优秀传统文化的创造性转化、创新性发展等重要思想。与此同时,党中央推出《关于繁荣发展社会主义文艺的意见》《关于实施中华优秀传统文化传承发展工程的意见》《关于支持戏曲传承发展的若干政策》《关于深化国有文艺院团改革的意见》等方针政策,积极推进教育强国、科技强国、人才强国、文化强国、体育强国、健康中国建设,推进社会主义核心价值观广泛传播,中华优秀传统文化激发新的生机活力,文化事业日益繁荣,网络生态持续向好,国家文化软实力显著增强,中华文化国际传播力明显提升。文化现代化在社会主义现代化国家建设中的成效日益显现、作用日益彰显。

## 二、优秀传统文化为中华文化现代化提供了丰富精神滋养

在现代化体系的各个方面,科学技术层面的现代化是最容易被接受的,政治体制、思想文化层面的现代化则是最难被接受的,碰撞与冲

---

① 习近平:《高举中国特色社会主义伟大旗帜 为全面建设社会主义现代化国家而团结奋斗——在中国共产党第二十次全国代表大会上的报告》,第22—23页。

突也最为激烈。这种思想文化的冲突包括两个方面：一是外来文化与本土文化的冲突；二是本土传统文化与现代文化的冲突，焦点则集中在如何对待传统文化的问题上。

在现代化发展进程中，西方国家起步早，在几次工业革命中均处于领先地位，逐渐建构出一种"西方模式"，即现代化就等于西方化，落后国家实现现代化的唯一途径就是走西方的发展道路。在这种叙事模式中，后发现代化国家的传统文化往往被贴上落后的标签而遭到批判、抛弃。随着对现代化认识的深入，人们逐渐认识到，现代化的道路绝不能亦步亦趋地模仿，必须与本国国情相结合。日本学者富永健一分析了后发现代化国家实现现代化过程中有关文化选择的问题，指出这些国家要实现现代化，必须处理好传统和现代的关系问题。① 德国学者查普夫（Wolfgang Zapf）更为明确地指出：世界社会的不同分层，决定了世界现代化的不同道路，通往现代化的道路并不是只有一条，而且道路也不是直线的、渐进的，对于后发现代化国家来说，也不只有一条卓有成效的实现转型的道路。② 中国建设现代化，必须走中国式现代化发展道路。

中国共产党是中华优秀传统文化的忠实传承者和弘扬者，这从党的百年发展历程上来讲是毫无疑义的。但需要进一步深入讨论的是，如何认识中国共产党在革命时期对传统文化的批判。且不说五四新文化运动中陈独秀等人对传统文化决绝的批判与否定，即便是后来在与东方文化派的论战中，当时的共产党人对传统文化也是大力挞伐。比如1923年瞿秋白在《东方文化与世界革命》中指出：东方文化是适应宗法社会之"自然经济"基础的、反映畸形的封建制度和殖民地式的国家地位的文化。而宗法社会已经为帝国主义所攻破，封建制度已经

---

① 参见〔日〕富永健一：《日本的现代化与社会变迁》，李国庆、刘畅译，北京：商务印书馆2004年版，第146—148页。

② 参见〔德〕沃尔夫冈·查普夫：《现代化与社会转型》，陆宏成、陈黎译，北京：社会科学文献出版社1998年版，第139、146页。

成为帝国主义的武器,殖民地的命运已经注定。东方封建文化和西方资本主义文化"一在殖民地上,一在强国之中,都已魂游墟墓,看不见前途",中国只有发展"真正的道德、真正的科学"——无产阶级文化,才能真正保障东方民族之文化的发展,才是行向新文化的道路。①

  关于这个问题,已有不少研究者作出解释。陈来从发生学的角度指出,革命为中心任务的时代,对于文化的主张和选择必然是以服从革命斗争为根本、为革命斗争服务的。革命的武装斗争需要的是鼓励勇往直前、冲决罗网,以及坚决奋斗的气概、意识和精神,而反对遵守秩序法则,不重和谐守成。中华文化的主流儒家文化重视的是和谐、秩序、道德、团结、稳定,因此,在武装夺取政权的革命时期,理所当然地,传统文化包括儒家、道家、佛家的思想不受重视,甚至在一定程度上被批判,也有其合理性。② 陈先达也指出,"攻守易势"和"马上得天下,不能马上治之"是中国历史的两条重要经验。在革命时期,中国共产党处于攻势,主要是推翻旧中国和改变旧秩序,夺取政权;革命胜利之后,中国共产党掌握全国政权,不能只破,还必须立。③

  这种解读不是漫无根据的。据匡亚明回忆,1942年,他在延安向毛泽东请教对孔子的评价,提出孔子讲"其身正,不令而行,其身不正,虽令不行",是说领导人要起模范带头作用,应该肯定。毛泽东听后表示,孔子确实是中国历史上的伟大人物,要把他的思想作为历史遗产,批判地继承和发扬。只不过在革命时期,第一位的是依靠马克思主义取得革命胜利;对当前革命运动来说,它是属于第二位的。④ 新中国成立后,党的中心任务发生了变化,对传统文化的认识也随之发生了变化。"通过革命斗争打出的天下,不可能在治国理政、调整内部矛盾时照样沿用革命的方法,照用武装斗争的方法。正心诚意修齐治平,不

---

① 瞿秋白:《东方文化与世界革命》,《新青年(季刊)》第1期,1923年6月15日。
② 陈来:《中华优秀文化的传承和发展》,《光明日报》2017年3月20日第15版。
③ 陈先达:《马克思主义和中国传统文化》,《光明日报》2015年7月3日第1版。
④ 匡亚明:《孔子评传》,济南:齐鲁书社1985年版,第473—474页。

是中国革命胜利之路,却是取得政权后当权者的修养和为政之道。以儒家学说为主导的传统文化包含有丰富的治国理政、立德化民的智慧。必须研究中国历史上治国理政的经验和中国传统文化,尤其是儒家学说中注重社会和谐和民本的治国理政的智慧,研究如何立德兴国、教民化民。"①

新中国成立后,从"得天下"变为"治天下",中国共产党对以孔子和儒学为代表的传统文化的态度有了显著改变。1954年9月,毛泽东谈到人类历史上的革命,认为要实事求是地加以分析,强调孔夫子"不可一笔抹煞,不能简单地就是'打倒孔家店'"②。这时,毛泽东更加注重借鉴历史,从中寻求治理国家的智慧、经验和教训。1960年12月,在会见古巴妇女代表团和厄瓜多尔文化代表团时,毛泽东就以科学的态度评价中国文化遗产,"对中国的文化遗产,应当充分地利用,批判地利用","我们应当善于进行分析,应当批判地利用封建主义的文化,而不能不批判地加以利用"。③ 他晚年在病魔缠身的情况下,不仅下了很大功夫读二十四史,还认真阅读了《资治通鉴》《续资治通鉴》《纲鉴易知录》《通鉴纪事本末》《续通鉴纪事本末》等书,从中汲取治国理政的营养成分和经验智慧。

中国共产党对中华优秀传统文化的传承和弘扬,在建设实践中也有充分的体现。邓小平借用《诗经》中"小康"一词,经过创新发展,提出了"小康社会"这一目标来描绘中国现代化建设前景,以中华优秀传统文化的感召力和凝聚力调动人民群众开展社会主义建设的积极性、主动性、创造性。江泽民深受中华优秀传统文化的熏陶,在党和国家治理中十分重视优秀传统文化的作用,强调"必须继承发扬民族优秀传统文化而又充分体现社会主义时代精神,立足本国而又充分吸收世

---

① 陈先达:《马克思主义和中国传统文化》。
② 《毛泽东文集》第6卷,北京:人民出版社1999年版,第345页。
③ 《毛泽东文集》第8卷,第225页。

界文化优秀成果,不允许搞民族虚无主义和全盘西化"①。胡锦涛将"建设优秀传统文化传承体系,弘扬中华优秀传统文化"②纳入全面建成小康社会的范畴,强调以此丰富人民精神文化生活。在新时代,习近平总书记更是高度重视中华优秀传统文化的作用,强调"中华优秀传统文化是中华文明的智慧结晶和精华所在,是中华民族的根和魂,是我们在世界文化激荡中站稳脚跟的根基"③。

系统梳理这一过程,我们就可以全面、深刻地理解"中国特色社会主义文化,源自于中华民族五千多年文明历史所孕育的中华优秀传统文化,熔铸于党领导人民在革命、建设、改革中创造的革命文化和社会主义先进文化,植根于中国特色社会主义伟大实践"④这一重要论断。

当然,肯定传统文化在中华文化现代化建设中的作用,并不是要全盘接受。我们一定要充分认识传统文化中不适应现代社会发展的因素,"取其精华,去其糟粕"才是正确的态度。正如有论者指出的那样,"以现代价值观衡量,儒家传统的消极因素主要表现在:以等级尊卑观念压抑社会,很难出现自由平等的理念;以私德至上观念压抑公德意识,难以培养公民意识;以亲情至上观念压抑法制,阻碍了以法治国意识的形成,及至近代,它会严重干扰现代化经济体制、政治体制、法律体制以及伦理观念的确立"⑤。

---

① 江泽民:《在庆祝中国共产党成立七十周年大会上的讲话》,北京:人民出版社1991年版,第21页。

② 《胡锦涛文选》第3卷,北京:人民出版社2016年版,第639页。

③ 习近平:《把中国文明历史研究引向深入 增强历史自觉坚定文化自信》,《求是》2022年第14期,第7页。

④ 习近平:《决胜全面建成小康社会 夺取新时代中国特色社会主义伟大胜利——在中国共产党第十九次全国代表大会上的报告》,北京:人民出版社2017年版,第41页。

⑤ 钱乘旦、刘成、刘金源:《世界现代化历程(总论卷)》,南京:江苏人民出版社2012年版,第149页。

## 三、创造性转化和创新性发展是推进文化现代化的必然要求

习近平总书记高度重视文化在国家建设和民族复兴中的作用,他指出:"没有中华文化繁荣兴盛,就没有中华民族伟大复兴。一个民族的复兴需要强大的物质力量,也需要强大的精神力量。没有先进文化的积极引领,没有人民精神世界的极大丰富,没有民族精神力量的不断增强,一个国家、一个民族不可能屹立于世界民族之林。"[1]新时代推动中华文化更好地发展,关键在于传承和弘扬优秀传统文化。

传统文化主要形成于封建社会,是对中国古代政治、经济、社会的反映,有自身局限性,也凝结着中华民族的智慧经验。中华优秀传统文化为中华文化的繁荣兴盛提供着深厚滋养,"优秀传统文化是一个国家、一个民族传承和发展的根本,如果丢掉了,就割断了精神命脉"[2]。因此,在新时代的文化建设中,要大力弘扬中华优秀传统文化,"努力实现传统文化的创造性转化、创新性发展,使之与现实文化相融相通,共同服务以文化人的时代任务"[3]。

"创造性转化、创新性发展",是新时代传承和弘扬中华优秀传统文化的根本方针,也是中华优秀传统文化在文化建设中发挥作用的根本途径。那么,如何实现优秀传统文化的创造性转化、创新性发展呢?对于这个问题,习近平总书记的相关重要论述为我们提供了根本遵循。他强调指出,进行"两创"的指导思想是"把弘扬优秀传统文化同马克思主义立场观点方法结合起来,坚定不移走中国特色社会主义道路"[4];在价值追求上,要以人民为中心,"坚持为人民服务、为社会主

---

[1] 《十八大以来重要文献选编》(中),北京:中央文献出版社2016年版,第121页。
[2] 《习近平谈治国理政》第2卷,北京:外文出版社2017年版,第313页。
[3] 同上。
[4] 《习近平谈治国理政》第4卷,北京:外文出版社2022年版,第315页。

义服务这个根本方向"①;在具体内容上,"要挖掘中华优秀传统文化的思想观念、人文精神、道德规范,把艺术创造力和中华文化价值融合起来,把中华美学精神和当代审美追求结合起来,激活中华文化生命力"②;在使命担当上,要聚焦培根铸魂"为实现第二个百年奋斗目标、实现中华民族伟大复兴的中国梦提供强大的价值引导力、文化凝聚力、精神推动力"③。

具体到"两创"实践,结合习近平总书记相关重要论述,笔者认为,在新时代,对于中华优秀传统文化的创造性转化、创新性发展,可以从以下方面加强路径探索:

一是通过对优秀传统文化资源的再阐发,赋予其新的内涵和意义。"创造的转化"这个概念是林毓生在20世纪70年代针对五四时期中国自由主义全盘否定中国传统的激进思潮提出来的。他既反对对传统文化的全盘否定,也反对固守传统文化立场、进行"文化复兴"的观点,主张"创造的转化",强调重视传统的连续性,在连续中转化,在转化中产生新的东西。在他看来,这种"创造的转化"方法主要是对文化传统中的符号与价值加以改造,使经过改造的符号与价值转变为现实需要的种子,保持文化的延续和认同。比如,"性善"这个概念经过创造转化,可以变成自由民主的人性论基础;"仁"在与"礼"分开后,可以成为个人的道德自主性,与民主法制制度进行整合。④ 当然,应该注意的是,林毓生是在"有利于自由民主"的向度上,也可以说是在所谓"现代性"的向度上强调传统的创造性转化的,他始终着眼于西方模式的政治建制。不过,林毓生的主张作为一种方法,还是有其可取之处的。就中国共产党的历史来说,这种对传统文化资源的再阐释、再使用的例证也屡见不鲜。比如,"实事求是"就是经由毛泽东的

---

① 《习近平谈治国理政》第2卷,第314页。
② 《习近平谈治国理政》第4卷,第324页。
③ 同上书,第320—321页。
④ 参见林毓生:《中国传统的创造性转化》,北京:生活·读书·新知三联书店1988年版。

创造性阐释被赋予了新的内涵,成为我们党思想路线的凝练概括。习近平总书记也强调:"中华文明延续着我们国家和民族的精神血脉,既需要薪火相传、代代守护,也需要与时俱进、推陈出新。要加强对中华优秀传统文化的挖掘和阐发,使中华民族最基本的文化基因与当代文化相适应、与现代社会相协调,把跨越时空、超越国界、富有永恒魅力、具有当代价值的文化精神弘扬起来。要推动中华文明创造性转化、创新性发展,激活其生命力,让中华文明同各国人民创造的多彩文明一道,为人类提供正确精神指引。"[①]

二是通过深入挖潜,在吸收优秀传统文化资源养分的基础上创造新的形态。就文化的民族性与世界性的关系而言,越是民族的,越是世界的。人类文化是世界各个国家和民族共同创造的,是全人类的共有精神财富。不同国家和民族因其自身独特的发展历程而呈现出独具特色的民族文化,正是这种独特性,丰富了人类文化大花园,使得百花齐放,竞相争艳。中华优秀传统文化为人类文化发展作出了重要贡献,是人类文化的重要组成部分,这是中华民族文化自信的根基,也是创造新的文化辉煌的丰富资源。推动优秀传统文化创造性转化、创新性发展,需要在深入学习、理解传统文化的基础上,吸收资源养分,结合实践需要进行新的创造。在这方面,鲁迅、周作人对魏晋和六朝文章资源的偏爱和挖潜,不仅成就了兄弟二人散文双峰并峙的地位,而且在接续传统的同时,为现代中国散文开出一条新路;放眼当代,陈平原从文学的角度探讨"千年文脉的接续与转化",他通过对"诗骚"传统对现代小说影响的探讨指出,引"诗骚"入小说,突出"情调"与"意境",强调"即兴"与"抒情",大大降低了情节在小说布局中的作用和地位,从而突破以情节为结构中心的传统小说模式,为中国小说的多样化发展开辟了广阔的前景。[②] 近年来,借助快速发展的科学技术特

---

[①] 《习近平谈治国理政》第 2 卷,第 340 页。
[②] 陈平原主编:《千年文脉的接续与转化》,上海:复旦大学出版社 2010 年版,第 86、27 页。

别是信息技术、数字技术,中华传统艺术瑰宝焕发出新的生机和活力,比如故宫博物院用数字科技对《千里江山图》进行创新性开发与创造性诠释,给观众以全新的文化艺术体验;通过对《韩熙载夜宴图》高清扫描放大,以 VR(虚拟现实)节目的形式使观众互动参与、沉浸式体验,感受"一画千面"的艺术魅力等。正是在对传统文化资源继承的基础上,才拓展出新的发展境界;也只有在继承中转化、在学习中超越,才能创造出具有鲜明中国特色、中国风格、中国气派的文化精品,贡献于世界。

三是挖掘优秀传统文化的思想观念、人文精神、道德规范,融入当代文化建设。习近平总书记指出:"中华优秀传统文化是中华民族的文化根脉,其蕴含的思想观念、人文精神、道德规范,不仅是我们中国人思想和精神的内核,对解决人类问题也有重要价值。"①以儒家文化来说,针对马克斯·韦伯关于资本主义的兴起源于新教伦理催生的资本主义精神,否认儒家文化现代价值的观点,余英时通过考察中国近世宗教伦理与商人精神的关系指出,宋明以后的新儒学,在吸收佛教成分特别是在新禅宗的影响下,区别于汉代以前的旧儒家呈现出新的精神风貌,比如重视心、性、理,强调"敬贯动静""以天下为己任"的入世苦行,肯定"经营""治生"日常人生等,不仅批判了韦伯对儒家文化的否定,而且指出中国社会在宋明新的儒学的影响下,也提升了商人地位,将传统的"士、农、工、商"四民社会的秩序转变为"士、商、农、工"新秩序,肯定了勤俭、诚信不欺、仁义等"商人的伦理",促进了中国商业经济的发展。② 在现代化建设进程中,越来越多的海外学者对于以儒家文化为中心的东方传统精神也有了新的认识。比如赫尔曼·康恩(Herman Kahn)认为,东亚社会所共有的儒家伦理是:工作勤奋,敬业乐群,人际关系和睦,尊敬长上,强调配合协调与合作,而不是突出个人或个人利益等。这些个人对组织的忠诚、奉献、责任的倡导,

---

① 《习近平谈治国理政》第 3 卷,北京:外文出版社 2020 年版,第 314 页。
② 参见余英时:《士与中国文化》,上海:上海人民出版社 2003 年版,第 395—513 页。

对现代社会和现代企业组织都大有裨益，比西方的新教伦理更加有益于经济增长。彼得·伯格（Peter Berger）认为，东亚的文化因素的作用与国际贸易中的"比较利益"相似，可为宏观经济发展提供一种"比较优势"。艾森斯塔德（Shmuel N. Eisenstadt）也认为，中国文明同基督教文明一样，具有高度的理性化倾向。① 这些价值因素，需要我们在当前文化建设中不断挖掘、对接和弘扬。

四是提炼优秀传统文化的精神标识，向世界展示中华优秀传统文化的生命活力。当今世界正经历百年未有之大变局，世界之变、时代之变、历史之变前所未有，不稳定性不确定性显著上升，人类社会面临的世界之治问题凸显。回答人类社会向何处去、世界怎么办的问题，需要中国智慧、中国方案。就文化层面来说，需要汲取中华优秀传统文化的智慧资源，助力世界和平发展。其中，"把优秀传统文化的精神标识提炼出来、展示出来，把优秀传统文化中具有当代价值、世界意义的文化精髓提炼出来、展示出来"②，就是需要着力开展的工作。有学者就从以《易经》为代表的六经，包括后来作为十三经组成部分的《论语》《孟子》《孝经》之中梳理抽绎出五组对当今世界治理有益的价值理念，即诚信、爱敬、忠恕、知耻、和同。③ 习近平总书记在党的二十大报告中讲到推动马克思主义同中华优秀传统文化相结合时，更为精辟地强调指出："中华优秀传统文化源远流长、博大精深，是中华文明的智慧结晶，其中蕴含的天下为公、民为邦本、为政以德、革故鼎新、任人唯贤、天人合一、自强不息、厚德载物、讲信修睦、亲仁善邻等，是中国人民在长期生产生活中积累的宇宙观、天下观、社会观、道德观的重要体现，同科学社会主义价值观主张具有高度契合性。"④

---

① 参见罗荣渠：《现代化新论——世界与中国的现代化进程》，第220—221页。
② 《习近平谈治国理政》第3卷，第314页。
③ 刘梦溪：《中国文化的张力：传统解故》，北京：中信出版社2019年版，第8页。
④ 习近平：《高举中国特色社会主义伟大旗帜　为全面建设社会主义现代化国家而团结奋斗——在中国共产党第二十次全国代表大会上的报告》，第18页。

"文化兴则国家兴,文化强则民族强。"推进中华优秀传统文化创造性转化、创新性发展,根本目的是推动中华文化大繁荣大发展,在全面建设社会主义现代化国家新征程上,供给文化产品、增强文化自信、提高文明素养,提升社会凝聚力和向心力,增强中华文明传播力影响力,担负起举旗帜、聚民心、育新人、兴文化、展形象的使命任务。

(原载《国家现代化建设研究》2023年第2期)

# 新时代立法的价值取向与实现路径*

杨春福**

立法是国家通过法定程序将国家意志法律化、制度化的重要政治活动。党的十八大以来,以习近平同志为核心的党中央高度重视立法工作,在全面依法治国的实践中,积极推进立法工作并取得了历史性成就。笔者认为,新时代立法工作的显著特征可以归纳为"一个价值取向"和"五个实现路径"。前者是指立法工作始终坚持"以人民为中心",后者体现为坚持党的领导,坚持全过程人民民主,坚持科学立法、民主立法、依法立法,坚持马克思主义中国化"两个结合"的立法方法论,坚持处理好改革和法治的辩证关系。

## 一、立法的价值取向:以人民为中心

党的十八届五中全会首次提出了以人民为中心的发展思想。2020年11月,习近平总书记在中央全面依法治国工作会议上发表重

---

\* 基金项目:国家社会科学基金重点项目"美好生活权利的证成与供给研究"(项目编号:20AFX005)。

\*\* 杨春福,东南大学法学院、人权研究院教授。

要讲话,强调法治工作要"坚持以人民为中心",深刻指出:"全面依法治国最广泛、最深厚的基础是人民,必须坚持为了人民、依靠人民。要把体现人民利益、反映人民愿望、维护人民权益、增进人民福祉落实到全面依法治国各领域全过程";"推进全面依法治国,根本目的是依法保障人民权益……要积极回应人民群众新要求新期待……系统研究谋划和解决法治领域人民群众反映强烈的突出问题,不断增强人民群众获得感、幸福感、安全感,用法治保障人民安居乐业"。① 毫无疑问,坚持以人民为中心,是党秉持人民立场的逻辑必然和不忘初心的题中之义,是党领导全面依法治国的本质体现,也是党提高执政能力和领导水平、推进国家治理体系和治理能力现代化的客观要求,是新时代立法工作的价值取向和工作重点。

### (一) 坚持"以人民为中心"是中国共产党的初心与使命

中国共产党从成立之日起,就坚持把为中国人民谋幸福、为中华民族谋复兴作为自己的初心与使命,团结带领中国人民为创造美好生活进行了长期艰辛奋斗。人民群众是中国共产党的力量源泉和立党之本,人民立场是中国共产党的根本政治立场,始终同人民在一起,为人民利益而奋斗,与中国人民生死与共、风雨同舟,是中国共产党作为马克思主义政党同其他政党的根本区别。② 中国共产党的根基在人民、血脉在人民。坚持以人民为中心的发展思想,体现了党的理想信念、性质宗旨、初心使命,也是对党的奋斗历程和实践经验的深刻总结。③ 2021年11月,党的十九届六中全会审议通过的《中共中央关于党的百年奋斗重大成就和历史经验的决议》,在系统总结中国共产党百年奋斗的历史经验时提出的第二条经验就是"坚持人民至上","人

---

① 习近平:《坚定不移走中国特色社会主义法治道路 为全面建设社会主义现代化国家提供有力法治保障》,《求是》2021年第5期,第6、8页。
② 《十八大以来重要文献选编》(下),北京:中央文献出版社2018年版,第352页。
③ 习近平:《坚持人民至上》,《求是》2022年第20期,第4页。

民是党执政兴国的最大底气。民心是最大的政治,正义是最强的力量。党的最大政治优势是密切联系群众,党执政后的最大危险是脱离群众",强调"党代表中国最广大人民根本利益……这是党立于不败之地的根本所在"。①

党的十八大以来,中国共产党秉持为中国人民谋幸福、为中华民族谋复兴的初心与使命,不断巩固和加强"以人民为中心"的价值理念,丰富和完善其价值内涵,并以此作为新时代立法必须遵循的核心价值取向。毫无疑问,以人民为中心是新时代全面依法治国的主旋律和根基,是中国式法治现代化的本质要求。新时代推进科学立法只有深刻体现人民性,始终坚持以人民为中心,才能确保法治中国建设的正确方向,体现中国共产党的宗旨与立场②,不忘中国共产党的初心与使命。

### (二)坚持"以人民为中心"是习近平法治思想的内容和要求

习近平法治思想内涵丰富、论述深刻、逻辑严密、系统完备,全面体现了习近平新时代中国特色社会主义思想在法治领域的创新性贡献,深刻回答了新时代为什么实行全面依法治国、怎样实行全面依法治国等一系列重大问题。坚持以人民为中心,是习近平法治思想的一个主要方面和重要内容。立法是法治的前提和基础。法治建设只有坚持立法先行,发挥立法的引领和推动作用,才能实现以良法促进发展、以良法保障善治。③ 因此,坚持以人民为中心,也是新时代立法工作的根本遵循和价值目标。

新时代立法工作坚持以人民为中心的发展思想,必须在立法过程

---

① 《中共中央关于党的百年奋斗重大成就和历史经验的决议》,北京:人民出版社2021年版,第66页。

② 贺洪波:《习近平法治思想的人民性及其理论价值》,《探索》2021年第6期,第1—15页。

③ 李店标:《党领导立法的百年发展:逻辑、特色和成就》,《黑龙江社会科学》2022年第1期,第46—52页。

中贯彻群众路线,体现人民意愿,充分发挥人大代表的作用,努力做到立法为了人民、依靠人民、造福人民、保护人民,把体现人民利益、反映人民愿望、维护人民权益、增进人民福祉落实到法治体系建设全过程[1],从而真正实现新时代立法工作坚守人民立场、坚持人民主体地位,体现以人民为中心理念,彰显人民属性,不断满足人民群众对民主、法治、公平、正义、安全、环境等方面的需要。这是立法的价值取向,也是社会主义法治的力量源泉。

笔者认为,要实现"以人民为中心"的价值取向,新时代立法工作必须坚持以下五大路径:坚持党的领导,坚持全过程人民民主,坚持科学立法、民主立法、依法立法,坚持把马克思主义基本原理同中国具体实际相结合、同中华优秀传统文化相结合的立法方法论,坚持处理好改革和法治的辩证关系。

## 二、坚持党的领导

党的二十大报告指出:"把党的领导落实到党和国家事业各领域各方面各环节。"[2]立法是全面依法治国以及建设法治国家、法治政府和法治社会的首要环节。坚持党对立法工作的领导是我国立法发展的一条根本道路[3],是我们党在革命、建设和改革长期实践中得出的宝贵经验[4]。党领导立法就是"把党的主张通过法定程序转变为国家意

---

[1] 习近平:《坚持走中国特色社会主义法治道路 更好推进中国特色社会主义法治体系建设》,《求是》2022年第4期,第6页。

[2] 习近平:《高举中国特色社会主义伟大旗帜 为全面建设社会主义现代化国家而团结奋斗——在中国共产党第二十次全国代表大会上的报告》,北京:人民出版社2022年版,第26页。

[3] 封丽霞:《中国共产党领导立法的历史进程与基本经验——十八大以来党领导立法的制度创新》,《中国法律评论》2021年第3期,第18—31页。

[4] 田侠:《党领导立法实证研究——以北京市人大及其常委会为例》,北京:中国社会科学出版社2016年版,第1页。

志,从制度上、法律上保证党的路线、方针、政策的贯彻实施"①。做好新时代立法工作,需要正确认识、全面理解党领导立法的重大意义和深刻内涵。②

### (一) 党领导立法是中国共产党依宪执政、依法执政的内在要求

我国宪法明确规定,"中国共产党领导是中国特色社会主义最本质的特征","中国各族人民将继续在中国共产党领导下……健全社会主义法治"。由此可知,党领导立法是一项基本的宪法原则,全党全国各族人民对此已形成广泛共识。党领导立法的原则也体现在其他法律中,如《中华人民共和国立法法》(以下简称《立法法》)规定"立法应当坚持中国共产党的领导","立法应当符合宪法的规定、原则和精神"。因此,新时代立法工作坚持党的领导具有合宪性与合法性。此外,宪法作为我们党长期执政的根本法律依据,不仅确认了中国共产党的执政地位,而且确认了党在国家政权结构中总揽全局、协调各方的核心地位,这是中国特色社会主义制度的最大优势,是社会主义法治最根本的保证。③"我们讲依宪治国、依宪执政,不是要否定和放弃党的领导,而是强调党领导人民制定宪法和法律,党领导人民执行宪法和法律,党自身必须在宪法和法律范围内活动"④,"真正做到党领导立法、保证执法、带头守法"⑤。中国特色社会主义进入新时代,要实现党领导立法的制度化、规范化、程序化,必须牢牢把握新时代立法

---

① 张文显:《习近平法治思想的理论体系》,《法制与社会发展》2021年第1期,第27页。
② 陈尚龙:《党领导立法的历史发展与时代担当》,《人民之声》2022年第1期,第55—56页。
③ 习近平:《毫不动摇坚持和加强党的全面领导》,《求是》2021年第18期,第9页。
④ 习近平:《中国共产党领导是中国特色社会主义最本质的特征》,《求是》2020年第14期,第6页。
⑤ 习近平:《在首都各界纪念现行宪法公布实施30周年大会上的讲话》,《人民日报》2012年12月5日第2版。

工作着力点,确保立法工作始终沿着正确方向前进①,将党的领导、人民当家作主、依法治国有机融入和全面贯彻到立法工作的全过程。可以说,坚持党的领导不仅是新时代立法工作的政治原则和法治原则,而且是做好立法工作的重要保障。

## (二) 党领导立法是实现"以人民为中心"价值目标的根本保证

如前所述,"以人民为中心"是新时代立法工作追求的核心价值目标,这一价值目标的实现,关键在于坚持党对立法工作的领导。《中共中央关于党的百年奋斗重大成就和历史经验的决议》指出,"党的领导是党和国家的根本所在、命脉所在,是全国各族人民的利益所系、命运所系","党的领导是全面的、系统的、整体的"。②

"中国共产党来自人民、植根人民,始终坚持一切为了人民、一切依靠人民,得到了最广大人民衷心拥护和坚定支持,这是中国共产党领导力和执政力的广大而深厚的基础。"③《中国共产党章程》明确规定:"党除了工人阶级和最广大人民群众的利益,没有自己特殊的利益。"这是中国共产党作为马克思主义政党区别于其他政党的显著标志。因此,只有坚持党领导立法,才能保证立法始终为人民服务,始终以实现人民群众对美好生活的向往为奋斗目标,始终把实现好、维护好、发展好最广大人民根本利益作为一切工作的出发点和落脚点,更加自觉地使改革发展成果更多更公平惠及全体人民。④ 这是中国共产党的根本宗旨和政治追求,也是党的政治使命。

---

① 冯玉军:《把握新时代立法工作着力点》,《人民日报》2018年3月27日第7版。
② 《中共中央关于党的百年奋斗重大成就和历史经验的决议》,第27、28页。
③ 习近平:《在全国抗击新冠肺炎疫情表彰大会上的讲话》,北京:人民出版社2020年版,第17页。
④ 习近平:《在全国脱贫攻坚总结表彰大会上的讲话》,北京:人民出版社2021年版,第14页。

### (三) 党领导立法是建设社会主义法治国家的重要内容

习近平总书记深刻指出:"坚持和加强党的全面领导,关系党和国家前途命运,我们的全部事业都建立在这个基础之上,都根植于这个最本质特征和最大优势。在这个问题上犯错误往往是灾难性的、颠覆性的。"①

把党的领导贯彻到依法治国全过程和各方面,是我国社会主义法治建设的一条基本经验。只有在党的领导下依法治国、厉行法治,人民当家作主才能充分实现,国家和社会生活法治化才能有序推进。②党的十九届六中全会以"十个坚持"系统总结了党百年伟大奋斗所积累的宝贵历史经验,并把"坚持党的领导"放在首位。

实践反复证明,党的领导是党和国家事业不断发展、全面依法治国实践取得重大进展的"定海神针"。我国社会主义法治建设之所以能够取得历史性成就、发生历史性变革,全面依法治国实践之所以能够取得重大进展,根本原因就在于坚持中国共产党的领导。离开了中国共产党的领导,中国特色社会主义法治体系、社会主义法治国家就建不起来。党领导我们全面推进依法治国,就是为了进一步巩固党的执政地位、改善党的执政方式、提高党的执政能力,保证党和国家长治久安。正如习近平总书记所指出的:"我们治国理政的根本,就是中国共产党领导和社会主义制度。"明确了这个根本问题,我们就能有效抵御"西方宪政""三权分立""司法独立""多党政治"等错误思潮,保证全面依法治国始终沿着正确的方向阔步前进。③

因此,新时代立法工作必须坚持党的全面领导。当然,"坚持党的领导,不是一句空的口号,必须具体体现在党领导立法、保证执法、支

---

① 习近平:《毫不动摇坚持和加强党的全面领导》,第 8 页。
② 《中共中央关于全面推进依法治国若干重大问题的决定》,北京:人民出版社 2014 年版,第 5 页。
③ 《习近平新时代中国特色社会主义思想三十讲》,北京:学习出版社 2018 年版,第 184 页。

持司法、带头守法上"①。全面依法治国在坚持立法先行的前提下,充分发挥立法的引领和推动作用;党领导立法构成全面推进依法治国的一个重要方面。党领导立法与全面推进依法治国相辅相成。全面推进依法治国必须坚持党领导立法,而党领导立法必须依靠全面推进依法治国,把党领导人民制定和实施宪法法律同党坚持在宪法法律范围内活动统一起来。

## 三、坚持全过程人民民主

2019年11月,习近平总书记考察上海市长宁区虹桥街道基层立法联系点时,第一次提出"人民民主是一种全过程的民主",并明确指出:"所有的重大立法决策都是依照程序、经过民主酝酿,通过科学决策、民主决策产生的。"②随后,在庆祝中国共产党成立100周年大会上,习近平总书记特别强调,要"尊重人民首创精神,践行以人民为中心的发展思想,发展全过程人民民主"③。《中共中央关于党的百年奋斗重大成就和历史经验的决议》指出,"必须坚持党的领导、人民当家作主、依法治国有机统一,积极发展全过程人民民主,健全全面、广泛、有机衔接的人民当家作主制度体系,构建多样、畅通、有序的民主渠道,丰富民主形式,从各层次各领域扩大人民有序政治参与"④。党的二十大报告强调:"全过程人民民主是社会主义民主政治的本质属性,是最广泛、最真实、最管用的民主……坚持人民主体地位,充分体现人民意志、保障人民权益、激发人民创造活力。"⑤由此可见,全过程人民

---

① 习近平:《加快建设社会主义法治国家》,《求是》2015年第1期,第4页。
② 《习近平关于尊重和保障人权论述摘编》,北京:中央文献出版社2021年版,第25页。
③ 习近平:《在庆祝中国共产党成立100周年大会上的讲话》,北京:人民出版社2021年版,第12页。
④ 《中共中央关于党的百年奋斗重大成就和历史经验的决议》,第39页。
⑤ 习近平:《高举中国特色社会主义伟大旗帜 为全面建设社会主义现代化国家而团结奋斗——在中国共产党第二十次全国代表大会上的报告》,第37页。

民主践行以人民为中心的发展思想,努力实现人民当家作主。全过程人民民主是中国共产党团结带领中国人民追求、发展和实现民主的伟大创造,是以习近平同志为核心的党中央不断推进社会主义民主理论、制度和实践创新的重大成果。全过程人民民主实现了过程民主和成果民主、程序民主和实质民主、直接民主和间接民主、人民民主和国家意志相统一,是全链条、全方位、全覆盖的民主。①

全过程人民民主是新时代立法工作的政治背景和基础。同时,正如习近平总书记强调的那样,"社会主义民主不仅需要完整的制度程序,而且需要完整的参与实践"②。《立法法》第六条也规定:"立法应当体现人民的意志,发扬社会主义民主,坚持立法公开,保障人民通过多种途径参与立法活动。"基于此,新时代立法工作坚持全过程人民民主,主要着力点在于坚持依靠制度体系保障人民当家作主、坚持实践创新体现全过程人民民主,这两者相辅相成,密不可分。

### (一) 坚持依靠制度体系保障人民当家作主

党的二十大报告指出:"我们要健全人民当家作主制度体系,扩大人民有序政治参与,保证人民依法实行民主选举、民主协商、民主决策、民主管理、民主监督,发挥人民群众积极性、主动性、创造性,巩固和发展生动活泼、安定团结的政治局面。"③当今世界正经历百年未有之大变局,制度竞争是综合国力竞争的重要方面,制度优势是一个国家赢得战略主动的重要优势。历史和现实都表明,"制度稳则国家稳,制度强则国家强"④。"发展社会主义民主政治就是要体现人民意志、

---

① 习近平:《在中央人大工作会议上的讲话(2021年10月13日)》,《求是》2022年第5期,第13页。
② 习近平:《在庆祝中国人民政治协商会议成立65周年大会上的讲话》,《人民日报》2014年9月22日第2版。
③ 习近平:《高举中国特色社会主义伟大旗帜 为全面建设社会主义现代化国家而团结奋斗——在中国共产党第二十次全国代表大会上的报告》,第37页。
④ 习近平:《在中央人大工作会议上的讲话(2021年10月13日)》,第6—7页。

保障人民权益、激发人民创造活力,用制度体系保证人民当家作主。"①人民当家作主制度体系中的各个要素,如人大制度、政协制度、民族区域自治制度、基层群众自治制度等,充分发挥功能互补与协同作用,形成合力,共同推动全过程人民民主在立法中的贯彻落实。在新时代,健全人民当家作主制度体系要"支持和保证人民通过人民代表大会行使国家权力""发挥社会主义协商民主重要作用""深化机构和行政体制改革"等②,尤其要发挥人民代表大会制度的支柱性支撑作用。人民代表大会制度是实现我国全过程人民民主的重要制度载体,它不仅为全过程人民民主的完整制度程序提供支撑,而且为全过程人民民主的完整参与实践提供平台。作为国家的根本政治制度,人民代表大会制度最大限度地保障人民当家作主,是体现以人民为中心,实现党的领导、人民当家作主、依法治国三者有机统一的最佳形式。它全面有效地保证人民通过各级人民代表大会掌握并行使国家权力,并通过制定、修改宪法和法律,实现好、维护好、发展好最广大人民的根本利益。因此,在全面建设社会主义现代化国家新征程上,我们要毫不动摇坚持、与时俱进完善人民代表大会制度,加强和改进新时代人大工作。③"协商民主是实践全过程人民民主的重要形式。完善协商民主体系,……健全各种制度化协商平台,推进协商民主广泛多层制度化发展"④。因此,必须进一步"发挥人民政协作为政治组织和民主形式的效能,……完善人民政协专门协商机构制度"⑤。立法协商制度是我国社会主义协商民主体系的重要组成部分。人民政协

---

① 习近平:《论坚持人民当家作主》,北京:中央文献出版社2021年版,第175页。

② 《中国共产党第十九次全国代表大会文件汇编》,北京:人民出版社2017年版,第28—32页。

③ 习近平:《在中央人大工作会议上的讲话(2021年10月13日)》,第7页。

④ 习近平:《高举中国特色社会主义伟大旗帜 为全面建设社会主义现代化国家而团结奋斗——在中国共产党第二十次全国代表大会上的报告》,第38页。

⑤ 《中共中央关于坚持和完善中国特色社会主义制度 推进国家治理体系和治理能力现代化若干重大问题的决定》,北京:人民出版社2019年版,第11页。

参与立法协商,既是中国特色多党合作与政治协商的重要内容,又是人民政协履行职能的具体表现形式。党中央出台加强社会主义协商民主建设的意见,系统谋划协商民主的发展路径,推进协商民主广泛多层制度化发展,极大丰富了民主形式,拓宽了民主渠道,加深了民主内涵,形成了中国特色协商民主体系。① 总之,我们需要不断完善制度体系,确保在立法过程中有效贯彻落实全过程人民民主,包括完善立法体制,健全法律监督机制,充分发挥人大代表参与立法的作用等。

### (二) 坚持实践创新体现全过程人民民主

习近平总书记多次强调:"民主不是装饰品,不是用来做摆设的,而是要用来解决人民需要解决的问题的。"② 新时代立法面临着各种新矛盾、新问题,要在立法中实现全过程人民民主,除了上述制度体系的规范化保障之外,还必须与时俱进,在具体立法实践中实现创新,进而有效解决实际问题,真正做到在新时代立法中有效贯彻落实全过程人民民主的理念、原则和要求。也就是说,在新时代的立法实践中,只有把全过程人民民主全方位落实到立项、起草、审议、论证、评估、监督和宣传等立法工作的全流程、全链条,才能使立法过程成为最广泛、最真实、最管用的民主典范。实际上,从立法项目立项到法律草案审议,从草案起草到评估论证,从广泛征求意见到备案审查,从立法公开到法治宣传教育,立法工作的全部流程、每个环节都是推进全过程人民民主的具体生动实践。具体言之,这些立法实践包括科学编制立法规划计划,增强立法调研、座谈、论证、评估功效,发挥好基层立法联系点"直通车"作用,持续推进法律草案向社会公开征求意见工作,充分发挥法规备案审查的监督功能,讲好立法故事、人大故事,宣传全过程人

---

① 舒启明:《发展全过程人民民主》,《经济日报》2021年12月29日第11版。
② 习近平:《在中央人大工作会议上的讲话(2021年10月13日)》,第12页。

民民主实践等。① 除此之外,整个立法实践过程还要确保全体人民依法通过各种形式和途径有序参与立法、表达意愿。具体方式不仅包括举行各种会议听取人民意见和建议,还包括广泛采取民主座谈会、网络议事厅、民意直通车、人大代表工作站、政协委员联络站、基层立法联系点等多种形式,充分发挥它们在立法中的作用,进而通过民主协商、民主决策、民主管理和民主监督,将科学有效的制度安排转化成丰富生动的民主实践。②

## 四、坚持科学立法、民主立法和依法立法

党的十八大以来,以习近平同志为核心的党中央就坚持科学立法、民主立法和依法立法作出一系列重要论述,为新时代立法工作提供了理论遵循和实践指导。2014年10月,党的十八届四中全会通过的《中共中央关于全面推进依法治国若干重大问题的决定》要求"深入推进科学立法、民主立法"③。2017年10月,党的十九大报告进一步提出"推进科学立法、民主立法、依法立法,以良法促进发展、保障善治"④。2018年8月,习近平总书记在中央全面依法治国委员会第一次会议上强调指出,良法是善治之前提,要"提高科学立法、民主立法、依法立法水平,不断完善中国特色社会主义法律体系"⑤。党的二十大报告强调:"推进科学立法、民主立法、依法立法,统筹立改废释纂,

---

① 全国人大常委会法制工作委员会:《坚持和践行全过程民主 推进新时代立法工作高质量发展》,《求是》2021年第13期,第53—55页。
② 许安标:《深刻认识、切实推进全过程人民民主》,《行政管理改革》2022年第6期,第4—14页。
③ 《中共中央关于全面推进依法治国若干重大问题的决定》,第10页。
④ 习近平:《决胜全面建成小康社会 夺取新时代中国特色社会主义伟大胜利——在中国共产党第十九次全国代表大会上的报告》,北京:人民出版社2017年版,第38—39页。
⑤ 习近平:《论坚持全面依法治国》,北京:中央文献出版社2020年版,第233页。

增强立法系统性、整体性、协同性、时效性。"①

### （一）科学立法

科学立法是立法法规定的一项基本原则。科学立法的内涵包括以下三个主要方面：首先，科学立法要求从实际出发，尊重和体现立法所调整社会关系的客观规律和立法活动的内在规律，尤其要遵循立法程序，提高立法技术。其次，经济社会发展和全面深化改革、全面推进依法治国对科学立法提出了更高要求，立法应该主动适应经济社会发展和全面深化改革的要求。最后，科学立法要科学合理地规定公民、法人和其他组织的权利与义务，国家机关的权力与责任。要实现科学立法，必须坚持以下要求：一是立法符合法治精神，实现良法善治；二是立法切实遵循不抵触原则，不违背宪法原则和精神，不违背上位法规定，自觉维护社会主义法制的统一性，提高法律权威；三是作为立法结果的法律规范必须明确、具体，且具有针对性与可执行性。推进科学立法，关键是完善立法体制、提高立法质量。②

### （二）民主立法

民主立法是现代民主原则在立法上的具体体现，也是我国新时代立法必须遵循的基本原则。民主立法的内涵与要求主要包括以下四个方面：首先，民主立法应当体现人民的意志。我国宪法明确规定："全国人民代表大会和地方各级人民代表大会都由民主选举产生，对人民负责，受人民监督。"这就意味着，立法作为全国人民代表大会和地方各级人民代表大会最为重要的职能活动，必须体现人民意志。实际上，在所有民主国家，立法都是表达和体现人民意志的活动。其次，民主立法应当发扬社会主义民主。人民当家作主是社会主义民主的

---

① 习近平：《高举中国特色社会主义伟大旗帜　为全面建设社会主义现代化国家而团结奋斗——在中国共产党第二十次全国代表大会上的报告》，第41页。
② 习近平：《加快建设社会主义法治国家》，第7页。

本质与核心,这是社会主义民主与资本主义民主的根本区别。在新时代,民主立法是践行全过程人民民主、实现人民当家作主的重要活动,要努力体现人民意志、保障人民权益、激发人民创造活力。[1] 再次,民主立法应当坚持立法公开。立法公开就是立法过程及相关信息以一定形式向公众公开。一方面,民主立法过程不仅仅是一个简单的民意征集过程,更是一个利益各方在公开透明的民主程序中进行利益表达与协调[2],进而实现利益合理化分配的过程。毫无疑问,立法作为涉及人民切身利益的分配过程必须公开,这是正义的基本要求。另一方面,公开的相关信息包括立法规划和立法计划,法律草案的起草、审议和征求意见的情况,立法文件和资料,以及人大代表作用的发挥情况等。最后,民主立法应当保障人民通过多种途径参与立法活动。中华人民共和国的一切权力属于人民。人民当家作主的一个重要体现就是人民通过各种途径参与国家立法活动,使法律真正体现人民意志。民主立法要求不断拓宽公民有序参与立法的途径和渠道,确保立法规划与计划的制定,法律草案的起草、审议、通过等各个环节都能体现人民的意志,聆听人民的声音,实现立法为了人民、依靠人民、造福人民和保护人民。

### (三) 依法立法

在科学立法与民主立法原则的基础上,党的十九大报告增加了依法立法这一新的理念与原则。依法立法的核心要义至少体现为两个方面:一是所依之"法"是什么? 二是如何"依"? 就所依之"法"而言,它的第一个层面体现为宪法,依法立法首先要求依宪立法。宪法是国家的根本大法,具有最高的法律效力,任何立法都不得与宪法的规定

---

[1] 中共贵州省人大常委会党组:《在依法履职中深入践行全过程人民民主》,《人民日报》2022年5月6日第9版。

[2] 代水平:《我国民主立法制度建设:成就、问题及对策》,《理论导刊》2013年第2期,第39页。

相冲突,所有的立法活动都必须符合宪法的原则和要求。第二个层面体现为法律、行政法规、地方性法规、规章等规范性法律文件,任何立法都不得与上位法相冲突,这是维护社会主义法制的统一与尊严的内在要求。第三个层面体现为执政党的方针政策。新时代立法所依之"法"不能仅仅局限于宪法和法律法规等"法",还应该遵循党的政策,体现新时代的公平正义观念,贯彻基本的法理精神和原则。①

另外,就如何"依"法立法而言,《立法法》的规定相当明确,即"依照法定的权限和程序"。因此,"依"法立法强调"依"照法定权限,也就是说,只有享有法定立法权的主体才能进行立法,不享有法定立法权的主体在任何情况下都不得立法。而且,立法主体只能在法定权限范围内开展立法,任何超越法定权限范围的立法都是无效的,不具有约束力。除此之外,"依"法立法要求"依"照法定程序。新时代立法在立法程序上不仅要求程序法定,而且要求程序公开透明。

在全面推进依法治国的实践中,科学立法、民主立法和依法立法是相互关联、相互依存且密不可分的统一体。其中,依法立法是立法具有合法性的前提,是全面推进依法治国的基本要求。如果立法缺失合法性支撑,其民主性与科学性就不复存在。依法立法的核心在于以宪法为根据,依照法定的权限和程序制定或修改法律法规。民主立法体现的是"以人民为中心"的价值追求,立法权源于人民,只有不断提升立法的民主性,才能使立法成果更好地满足人民的需求和愿望。民主立法的核心在于为了人民、依靠人民。② 科学立法是新时代立法的方法论要求,是提高立法质量、增进立法实效的衡量标准。科学立法的核心在于尊重和体现客观规律。③ 科学立法、民主立法和依法立法

---

① 孙波:《论依法立法原则的实现》,《社会科学战线》2018 年第 12 期,第 203 页。
② 《中国共产党第十八届中央委员会第四次全体会议文件汇编》,北京:人民出版社 2014 年版,第 84 页。
③ 习近平:《论坚持全面依法治国》,第 95 页。

统一于完善以宪法为核心的中国特色社会主义法治体系的立法实践①,共同服务于良法善治的根本目标。

## 五、坚持马克思主义中国化"两个结合"的立法方法论

在庆祝中国共产党成立 100 周年大会上的讲话中,习近平总书记指出:"以史为鉴、开创未来,必须继续推进马克思主义中国化……坚持把马克思主义基本原理同中国具体实际相结合、同中华优秀传统文化相结合,用马克思主义观察时代、把握时代、引领时代,继续发展当代中国马克思主义、21 世纪马克思主义!"②这是习近平总书记关于如何正确认识与践行马克思主义中国化的重要论述,也是中国共产党百年立法方法论的凝练。③ 党的二十大报告强调指出:"只有把马克思主义基本原理同中国具体实际相结合、同中华优秀传统文化相结合,坚持运用辩证唯物主义和历史唯物主义,才能正确回答时代和实践提出的重大问题,才能始终保持马克思主义的蓬勃生机和旺盛活力。"④毫无疑问,制定法律并形成中国特色社会主义法律体系,是中国共产党人对马克思主义中国化"两个结合"的生动诠释。

### (一) 坚持把马克思主义基本原理同中国具体实际相结合

"走什么样的法治道路、建设什么样的法治体系,是由一个国家的基本国情决定的。"⑤"我们党的历史,就是一部不断推进马克思主义

---

① 任才峰:《科学立法、民主立法、依法立法的理论与实践》,《人大研究》2019 年第 1 期,第 18 页。

② 习近平:《在庆祝中国共产党成立 100 周年大会上的讲话》,第 12—13 页。

③ 关于"两个结合"的立法方法论的阐述,可参见杨春福、缪听雨:《百年法治建设中的立法历程与宝贵经验》,《法治现代化研究》2022 年第 6 期,第 54—66 页。

④ 习近平:《高举中国特色社会主义伟大旗帜 为全面建设社会主义现代化国家而团结奋斗——在中国共产党第二十次全国代表大会上的报告》,第 17 页。

⑤ 《习近平谈治国理政》第 2 卷,北京:外文出版社 2017 年版,第 117 页。

中国化的历史,就是一部不断推进理论创新、进行理论创造的历史。"①自建党以来,中国共产党就把马克思主义法治理论与中国法治实践相结合,领导人民制定自己的法律,探寻自己的立法之路。在长期的实践中,坚持把马克思主义基本原理同中国具体实际与国情相结合,是中国共产党一贯倡导的立法工作的方法论要求。

在立法工作中坚持把马克思主义基本原理同中国具体实际相结合,必须正确认识中国的具体实际和中国的现实国情。毫无疑问,社会主义初级阶段仍是当代中国的最大国情和最大实际。同时,中国仍然是世界上最大的发展中国家,发展仍然是解决中国一切问题的关键。因此,新时代立法工作要以习近平新时代中国特色社会主义思想为指导,以全面客观认识和分析我国社会主义初级阶段不断变化的特点和趋势为前提,以巩固和发展中国特色社会主义事业为出发点,以推动人的全面发展和社会全面进步为目标。中国的国情与实际是立法的现实基础,立法者必须基于"坚持解放思想、实事求是、与时俱进、求真务实,一切从实际出发,着眼解决新时代改革开放和社会主义现代化建设的实际问题"②来制定法律。可以说,没有马克思主义基本原理同中国具体实际相结合,我们的立法活动就会失去前进方向。

**(二)坚持把马克思主义基本原理同中华优秀传统文化相结合**

始终坚持把马克思主义基本原理同中华优秀传统文化相结合是新时代立法工作的另一项方法论要求。一方面,"马克思主义是我们立党立国的根本指导思想。背离或放弃马克思主义,我们党就会失去

---

① 习近平:《在党史学习教育动员大会上的讲话》,《求是》2021年第7期,第9页。
② 习近平:《高举中国特色社会主义伟大旗帜 为全面建设社会主义现代化国家而团结奋斗——在中国共产党第二十次全国代表大会上的报告》,第17页。

灵魂、迷失方向"①。另一方面,中华优秀传统文化是中华民族的根与魂。"文化是一个国家、一个民族的灵魂。历史和现实都表明,一个抛弃了或者背叛了自己历史文化的民族,不仅不可能发展起来,而且很可能上演一幕幕历史悲剧"②,"中华优秀传统文化是中华民族的精神命脉,是涵养社会主义核心价值观的重要源泉,也是我们在世界文化激荡中站稳脚跟的坚实根基","没有中华文化繁荣兴盛,就没有中华民族伟大复兴"③。回顾党的百年历程,中国共产党人始终站在辩证唯物主义和历史唯物主义的高度审视中华传统文化,取其精华,去其糟粕,同时与时俱进,有扬弃地予以继承,有鉴别地加以对待,不断推动中华优秀传统文化创造性转化与创新性发展。实际上,中华优秀传统法律思想、治国思维、人民情怀、价值取向、道德情感等不仅是中国特色法治道路和法治体系的重要因素,而且是新时代立法必须充分尊重和利用的资源和力量。新时代立法必须立足自身国情与实践,从中华文明中汲取智慧,博采东西方各家之长,坚守但不僵化,借鉴但不照搬,在不断探索中形成自己的发展道路。④ 可以说,没有马克思主义基本原理同中华优秀传统文化相结合,新时代立法工作就会失去民族底色。

在新时代的立法实践中,要把"两个结合"有机贯通起来,正确处理好两者之间的关系。坚持"两个结合",要警惕教条主义、复古主义等错误倾向。正如习近平总书记强调指出的那样,"当代中国的伟大社会变革,不是简单延续我国历史文化的母版,不是简单套用马克思主义经典作家设想的模板,不是其他国家社会主义实践的再版,也不是国外现代化发展的翻版。社会主义并没有定于一尊、一成不变的套路,只有把科学社会主义基本原则同本国具体实际、历史文化传统、时

---

① 习近平:《在庆祝中国共产党成立95周年大会上的讲话》,《求是》2021年第8期,第9页。
② 习近平:《在中国文联十大、中国作协九大开幕式上的讲话》,《人民日报》2016年12月1日第2版。
③ 习近平:《在文艺工作座谈会上的讲话》,《人民日报》2015年10月15日第2版。
④ 习近平:《共担时代责任,共促全球发展》,《求是》2020年第24期,第10页。

代要求紧密结合起来,在实践中不断探索总结,才能把蓝图变为美好现实"①。

## 六、坚持处理好改革和法治的辩证关系

处理好改革与法治的关系,是贯穿我国法治建设全局的重大问题。改革要在法治轨道上进行,"既不允许随意突破法律红线,也不允许简单以现行法律没有依据为由迟滞改革"②。这是从新中国法治建设实践中得出的重要结论和宝贵经验,对新时代法治发展和立法工作具有长远意义。

我国改革开放的实践表明,做好改革与发展的各项工作离不开法治,而且,改革开放越深入,法治的地位与作用就越明显。在中国共产党领导下,改革和立法的目标是完全一致的,但两者的表现形式有所不同。一般来说,立法体现为立与定,而改革体现为破与变。在改革开放40多年的立法实践中,全国人大及其常委会一直努力处理好改革与立法的关系,确保重大改革于法有据。"在整个改革过程中,都要高度重视运用法治思维和法治方式,发挥法治的引领和推动作用,加强对相关立法工作的协调,确保在法治轨道上推进改革。"③而且,"加强重要领域立法,确保国家发展、重大改革于法有据,把发展改革决策同立法决策更好结合起来。要坚持问题导向,提高立法的针对性、及时性、系统性、可操作性,发挥立法引领和推动作用。要抓住提高立法质量这个关键,深入推进科学立法、民主立法,完善立法体制和程序,努力使每一项立法都符合宪法精神、反映人民意愿、得到人民拥护"④。

---

① 习近平:《在纪念马克思诞辰200周年大会上的讲话》,北京:人民出版社2018年版,第26—27页。
② 《习近平关于全面依法治国论述摘编》,北京:中央文献出版社2015年版,第52页。
③ 同上书,第46页。
④ 习近平:《在庆祝全国人民代表大会成立60周年大会上的讲话》,北京:人民出版社2014年版,第9—10页。

进入新时代,全面深化改革更加成为中国特色社会主义法治的发展动力。改革与法治如车之两轮、鸟之两翼,两者缺一不可。法治对于改革,具有引领、推动、规范和保障作用;而改革对于法治,则具有除去旧法、建立新法、完善机制和创新制度的推动作用。改革与法治相辅相成,要"在法治下推进改革,在改革中完善法治"①。

在新时代,"我国改革进入了攻坚期和深水区,改革和法治的关系需要破解一些新难题,也亟待纠正一些认识上的误区"②。对此,习近平总书记指出:"科学立法是处理改革和法治关系的重要环节。要实现立法和改革决策相衔接,做到重大改革于法有据、立法主动适应改革发展需要。"③"我们要坚持改革决策和立法决策相统一、相衔接,立法主动适应改革需要,积极发挥引导、推动、规范、保障改革的作用,做到重大改革于法有据,改革和法治同步推进,增强改革的穿透力。"④

进入新时代,立法机关更要高度重视法治思维和法治方式,进一步加强立法工作,及时做好涉及改革的相关法律的立改废释纂,坚持立法主动适应改革需要,充分发挥立法引导、推动、规范、保障改革的作用,以更加完善的法治建设推动更大力度的改革开放。实际上,重大改革都是与重大立法相伴而生、相向而行的。落实改革任务和举措需要立新法的,要及时推动制定法律或者作出相关决定,适时修改或废止不适应改革要求的法律;实践条件还不成熟、需要先行先试的,要及时按照法定程序作出授权决定。⑤

(原载《国家现代化建设研究》2023 年第 2 期)

---

① 习近平:《加强党对全面依法治国的领导》,《求是》2019 年第 4 期,第 11 页。
② 习近平:《论坚持全面依法治国》,第 38 页。
③ 同上书,第 37 页。
④ 同上书,第 38 页。
⑤ 陈一新:《习近平法治思想是全面依法治国的行动指南》,《学习时报》2021 年 3 月 31 日第 001 版。

# 共同富裕的理论逻辑与实践思路[*]

## 尹 俊 秦子忠[**]

## 一、引 言

14—15 世纪,欧洲一些国家出现了资本主义萌芽,此后,经过 15—16 世纪的资本主义原始积累,17 世纪中叶后的资产阶级革命,以及 18 世纪 60 年代开始的工业革命,资本主义制度得以确立。资本主义制度创造了巨大的生产力,但也带来了严重的社会两极分化。为什么会出现社会两极分化呢?马克思主义经典作家做了深刻详细的分析。在马克思和恩格斯看来,资产阶级私有制是不平等关系的原因,资本家凭借对生产资料的占有,在等价交换原则的掩盖下,雇佣工人从事劳动,无偿占有雇佣工人创造的剩余价值,形成了资本家对雇佣劳动的剥削,构成了资本主义的基本矛盾。也正因为如此,马克思和恩格斯在《共产党宣言》中写道,"共产主义的特征并不是要废除一般的所有制,而是要废除资产阶级的所有制。但是,现代的资产阶级私

---

[*] 基金项目:国家社会科学基金重大项目"习近平总书记关于贫困治理的思想和实践研究"(项目编号:19ZDA002)。

[**] 尹俊,北京大学习近平新时代中国特色社会主义思想研究院助理教授;秦子忠(通讯作者),海南大学马克思主义学院副教授,北京大学国家发展研究院访问副教授。

有制是建立在阶级对立上面、建立在一些人对另一些人的剥削上面的产品生产和占有的最后而又最完备的表现。从这个意义上说,共产党人可以把自己的理论概括为一句话:消灭私有制"①。事实上,这种不平等带来的两极分化不仅来源于资本主义制度本身与资本主义国家内部,还来源于资本主义世界体系。资本主义世界体系发育于16世纪前后的西欧,随后它向外扩张至美洲、东欧、印度次大陆、非洲、亚洲,并迫使后者作为其外部市场。至19世纪中叶,资本主义世界体系形成了以欧美国家为中心、其他国家为外围的中心—边缘关系。② 资本主义世界体系同样带来了全球社会的不平等极化发展,主要原因在于资本主义世界体系使资本主义的基本矛盾由一国扩展到全球,带来了不平等的世界分工体系。这种不平等的分工既存在于中心国家和边缘国家之间,也存在于边缘国家内部,主要表现为一部分地区转变为主要从事农业生产的地区,以服务于另一部分主要从事工业生产的地区,这种转变也带来了两极分化。概括而言,世界上贫富差距极化的问题,既来源于资本主义私有制内生的不平等关系,也来源于资本主义世界体系带来的不平等分工体系,实际上是两者综合作用的结果。在资本主义持续运动和综合作用下,当前世界贫富两极分化十分严重,发展援助组织乐施会(Oxfam)发布的2015年财富报告显示,全球最富有的1%人口的财富比余下99%人口的财富总和还要多。③

与资本主义社会的贫富悬殊、两极分化不同,社会主义社会的目标是走向全体劳动者共同富裕,共同富裕是社会主义的本质要求。马克思在《政治经济学批判(1857—1858年手稿)》中指出,在未来的社会主义社会中,"社会生产力的发展将如此迅速……生产将以所有的

---

① 《马克思恩格斯文集》第2卷,北京:人民出版社2009年版,第45页。
② 〔美〕伊曼纽尔·沃勒斯坦:《现代世界体系(第四卷)——16世纪的资本主义农业和欧洲世界经济的起源》,郭方等译,北京:社会科学文献出版社2013年版,第3—9页。
③ 《报告:全球62名富豪拥有相当于"半个世界"财富》,中国新闻网,2016年1月19日,http://www.xinhuanet.com/world/2016-01/19/c_128643767.htm,2022年3月28日访问。

人富裕为目的"①。社会主义的共同富裕是与社会主义基本经济制度相生相随的,它不仅是社会主义分配关系的要求,也是社会主义经济关系总体上的根本要求。具体而言,生产资料所有制是生产关系的核心,决定着社会的基本性质和发展方向;分配决定于生产,又反作用于生产,最能促进生产的是能使一切社会成员尽可能全面地发展、保持和施展自己能力的那种分配方式。② 正因为如此,在所有制上以公有制为主体,在收入分配上以按劳分配为主体,这是社会主义经济得以沿着以实现共同富裕为目的的道路前进的基本条件,因此可以说,只有在社会主义制度之下才能实现共同富裕这一目的。③ 列宁就此指出:"只有社会主义才可能广泛推行和真正支配根据科学原则进行的产品的社会生产和分配,以便使所有劳动者过最美好的、最幸福的生活。只有社会主义才能实现这一点。"④

什么是共同富裕?这是一个仍有待深入研究的问题。在本文中,笔者借助历史与逻辑相结合的分析方法逐步揭示其实质内涵,并在最后给出共同富裕的指标参数体系(它间接测度了共同富裕,或近似定义了共同富裕的基本内涵)。已有研究指出,需要注意的是,共同富裕的定义并不是均等富裕,走共同富裕道路和实现共同富裕目标也并不是同时完成的。习近平总书记深刻指出:"共同富裕是全体人民共同富裕,是人民群众物质生活和精神生活都富裕,不是少数人的富裕,也不是整齐划一的平均主义……共同富裕是一个长远目标,需要一个过程,不可能一蹴而就,对其长期性、艰巨性、复杂性要有充分估计,办好这件事,等不得,也急不得。"⑤这说明:首先,共同富裕是大家都有份的富裕,让发展成果惠及全体人民是一切工作的出发点和落脚点;其

---

① 《马克思恩格斯文集》第8卷,北京:人民出版社2009年版,第200页。
② 顾海良:《共同富裕是社会主义的本质要求》,《红旗文稿》2021年第20期,第5页。
③ 厉以宁:《论共同富裕的经济发展道路》,《北京大学学报(哲学社会科学版)》1991年第5期,第1页。
④ 《列宁选集》第3卷,北京:人民出版社2012年版,第546页。
⑤ 习近平:《扎实推动共同富裕》,《求是》2021年第20期,第4、6页。

次,共同富裕是生产力有较大发展条件下的产物,不可能与低生产力水平并存;再次,共同富裕并不等于同步均等富裕,事物发展的不平衡是普遍规律,只可能通过一部分地区、一部分人先富起来,先富带动后富、先富帮助后富的方式逐步实现。① 习近平总书记的重要论述是一个高度概括的表达,在其指导下,笔者运用具体指标参数对此作进一步阐述,本文在第五部分将实践中的共同富裕基准线界定为"能力性参数、资源性参数、效用性参数"三方面相结合的社会状态。

从实践来看,中国共产党自成立之日起,就矢志不渝为实现共同富裕而奋斗:党团结带领人民进行新民主主义革命,建立新中国,创造性完成社会主义改造,确立社会主义基本制度,推进社会主义建设,为摆脱贫困、改善人民生活创造了根本政治条件、打下了坚实基础。改革开放后,党深刻总结正反两方面历史经验,允许一部分人、一部分地区先富起来,推动解放和发展社会生产力。党的十八大以来,以习近平同志为核心的党中央把握发展阶段新变化,把逐步实现全体人民共同富裕摆在更加重要的位置,历史性地解决了绝对贫困问题,全面建成小康社会,开启了全面建设社会主义现代化国家的新征程。② 由此可见,共同富裕是中国式现代化的重要特征。当前,中国正在向第二个百年奋斗目标迈进,但发展不平衡不充分问题仍然突出,城乡区域发展和收入分配差距仍然较大,新一轮科技革命和产业变革有力推动了经济发展,也对就业和收入分配带来深刻影响,包括一些负面影响③,所有这些问题,都对我国扎实推动共同富裕带来了新的挑战。

笔者认为,正确回答如何实现全体人民共同富裕,必须深刻理解中国提出共同富裕的历史背景,准确把握中国走向共同富裕的理论逻

---

① 厉以宁:《论共同富裕的经济发展道路》,第1—2页。
② 《求是》杂志编辑部:《新发展阶段促进共同富裕的战略擘画》,《求是》2021年第20期,第9—16页。
③ 习近平:《扎实推动共同富裕》,第4页。

辑,深入分析中国贫富差距形成的多重原因,进而探讨中国走向共同富裕的实践思路。

## 二、中国提出共同富裕的历史背景

从历史来看,伴随着资本主义世界体系向外扩张及其中心—边缘关系的成熟,中国的旧社会制度自 1840 年以后日趋衰落,并在帝国主义殖民体系下衍生出特殊形态的资本主义经济,带来了中国社会的严重两极分化,同时,中国新生的资本主义经济形态作为资本主义世界体系外部市场的一部分,进一步加剧了国内的不平等。俄国十月革命是世界历史的一个转折点,列宁领导的布尔什维克党在帝国主义世界体系的薄弱环节建立起了第一个社会主义国家政权。随后,世界各国的无产阶级革命受到俄国十月革命的广泛影响。1921 年成立的中国共产党,作为中国现代化的主体力量,先后进行了艰苦卓绝的新民主主义革命和社会主义革命,带领中国人民建立起了社会主义制度,选择了资金密集型的重工业优先发展的路线,并通过社会主义改造实行了单一公有制。由于公有制的作用,当时中国人均财富收入差别甚微,基尼系数在 0.2 左右,没有两极分化。当时社会没有两极分化的另一个原因是,中国长期处在由冷战格局导致的分离世界之中,基本上隔绝于资本主义世界体系,因此没有受到不平等的世界分工体系影响。由于中国的国情是幅员辽阔,地区资源禀赋、生产力水平等方面差异较大,这种单一公有制的所有制形式抑制了不同资源禀赋地区和不同人的生产积极性,人民生活陷入贫穷的平均主义困境。虽然毛泽东同志在 1956 年就发表了《论十大关系》,强调要找到一条适合中国的发展路线①,但遗憾的是,以《论十大关系》为开端的探索符合中国国情的社会主义建设道路经历了许多曲折。在改革开放之前的传统

---

① 《毛泽东文集》第 7 卷,北京:人民出版社 1999 年版,第 23—49 页。

计划经济的单一公有制下,中国经济与西方国家的差距越来越大,自身发展的可持续性也遇到了严峻挑战。

在这一历史背景下,中国共产党深刻总结正反两方面历史经验,认识到贫穷不是社会主义,打破传统计划经济体制束缚,实现了改革开放的伟大历史转折。一方面,以邓小平为代表的中国共产党人从中国实际出发,提出有别于改革开放之前的发展理念,即用差别消灭差别,用暂时的不平衡追求最终的平衡,表现在理论上就是提出"先富"和"共富"思想。邓小平指出:"要承认不平衡,搞平均主义没有希望。一部分地区先富起来,国家才有余力帮助落后地区。不仅全国,一个省、一个社、一个队也是这样。百分之二十先富起来,会把其他的带动起来。"①在这一理念指引下,部分地区如东部沿海地区发展优先得到中央支持,一旦这些地区达到足够的发展水平,内陆地区会得到来自中央和沿海地区的支持。通过这种地区间变动优先发展权的逻辑,邓小平表明,中央政府将承担保障东西部协调发展的重任,而当沿海地区以较快的速度发展起来以后,会帮助和带动"后富"地区的发展,这可以看成 40 多年前国家和沿海地区对其他地区的一个承诺。正是在接受了这个承诺的基础上,其他地区承担了较大的改革成本,包括接受中央财政减少再分配等,从而使一部分地区先富起来成为可能。②同理,允许和鼓励一部分企业和一部分人依靠勤奋劳动先富起来,可以对大多数人产生强烈的吸引和鼓舞作用,同时通过国民收入分配使所有的人都受益,可以带动越来越多的人走向富裕。因此,中国开启了从非均衡发展而后再过渡到均衡发展的改革开放进程,中国经济体制改革也逐步深化。从始于安徽省凤阳县小岗村的农村家庭联产承包责任制、乡镇企业、特区经济,到民营经济发展、国有企业股份制改革,中国经济体制改革顺应社会发展需要,形成了公有制为主体、多种

---

① 《邓小平年谱(1975—1997)》(上),北京:中央文献出版社 2004 年版,第 657 页。
② 蒙慧:《从"先富"带动"后富"角度解析区域共同富裕困境》,《西南大学学报(社会科学版)》2013 年第 4 期,第 36 页。

所有制经济共同发展,按劳分配为主体、多种分配方式并存的社会主义市场经济的基本经济制度和分配制度。

另一方面,中国逐步开放与西方国家合作的领域,并且日渐融入经济全球化进程,成为世界产业链分工体系的一部分。当代世界产业链分工体系的实质是以西方国家为核心、其他发展中国家为外围的资本主义世界体系,中国参与了这一体系,经济发展也受到这一体系的影响。① 尽管随着自身综合实力逐渐提升,中国正在通过各种途径积极回应乃至改善这一体系,寻求更加平等与普惠的新国际秩序②,但这一体系影响力依然巨大,中国的不同地区参与世界产业链分工体系的定位和先后次序不同,也形成了不同地区的产业分工,一部分地区比如东部沿海地区先发展起来,但中西部地区却发展较慢,这也带来了中国不同地区的非均衡发展和贫富差距。

在从非均衡发展过渡到均衡发展的战略下,中国总体上逐步富裕起来,GDP 总量持续保持 40 余年的高速增长,自 2010 年以来稳居世界第二大经济体,并且有望在不远的将来成为世界第一大经济体。③ 然而,中国内部的贫富差距却逐步拉大,进入 21 世纪以来,中国的基尼系数达到警戒线 0.4 之上。④ 正因为如此,党的十九大报告指出,中国特色社会主义进入新时代,我国社会主要矛盾已经转化为人民日益增长的美好生活需要和不平衡不充分的发展之间的矛盾。主要表现在:一是中国的发展存在不平衡和不充分的问题,包括东中西区域发展差距、城乡发展差距、不同群体发展差距,以及发展质量而非发展速

---

① 唐晓阳:《中非经济外交及其对全球产业链的启示》,北京:世界知识出版社 2014 年版,第 342—347 页。
② 赵磊:《从世界格局与国际秩序看"百年未有之大变局"》,《中共中央党校(国家行政学院)学报》2019 年第 3 期,第 114—121 页。
③ 林毅夫:《中国改革开放 40 年与北大建校 120 年:反思与前瞻》,《北京大学学报(哲学社会科学版)》2018 年第 2 期,第 18 页。
④ 罗楚亮、李实、岳希明:《中国居民收入差距变动分析(2013—2018)》,《中国社会科学》2021 年第 1 期,第 33—54 页。

度方面的问题。二是随着社会生产力的提高,以及发展的不平衡不充分,人们的生活需要也呈现出多元化发展趋势。这个趋势不仅包括生活所必需的物质文化需要,还包括美好生活所蕴含的民主、法治、公平、正义、安全和美丽等多层次需要。因此,无论是改革开放后中国发展路径的战略安排,还是当前中国社会主要矛盾的变化,都要求中国加快从非均衡发展转向均衡发展,要求先富带动后富走向共同富裕。正如习近平总书记所说:"适应我国社会主要矛盾的变化,更好满足人民日益增长的美好生活需要,必须把促进全体人民共同富裕作为为人民谋幸福的着力点,不断夯实党长期执政基础。高质量发展需要高素质劳动者,只有促进共同富裕,提高城乡居民收入,提升人力资本,才能提高全要素生产率,夯实高质量发展的动力基础。"①党的十九大提出 21 世纪中叶基本实现"全体人民共同富裕"的目标;党的十九届五中全会进一步提出要求,到 2035 年"全体人民共同富裕取得更为明显的实质性进展"。2021 年 6 月,《中共中央 国务院关于支持浙江高质量发展建设共同富裕示范区的意见》发布,同年 8 月,中央财经委员会召开第十次会议研究扎实促进共同富裕。所有这些,皆可以视为中国共产党已将从非均衡发展转向均衡发展、缩小贫富差距、实现共同富裕置于当前治国理政的重要地位。为此,需要进一步深入分析中国走向共同富裕的理论逻辑。

## 三、中国走向共同富裕的理论逻辑

当前,学界关于共同富裕的研究与关于分配的研究密切关联。这些研究已经从道德、政治和经济等方面揭示了三次分配与实现共同富裕的关系。事实上,道德、政治、经济作为调节资源配置的三种方式和

---

① 习近平:《扎实推动共同富裕》,第 4 页。

效率的基础来源①,提供了阐明中国走向共同富裕的理论逻辑的途径。

## (一) 道德方面

在同一个社会,每个人都会从社会合作网络中获益,但存在多与少之分。因此,如果获益少者不能维持体面生活,或者他们的不利处境影响了社会整体效能,那么获益多者就有帮助获益少者的社会责任。问题在于这个社会责任蕴含着多大的财富转移要求。在这个问题上,古典自由主义、新自由主义和马克思主义的立场和观点截然不同。

古典自由主义认为,对财富转移的要求,必须取决于个人自愿,政府不能强制要求某人转移其部分财产份额给其他任何人,否则就是侵犯个人权利。② 由于个人自愿行为是不确定性的,捐赠数额也是不确定性的,因此,诉诸个人自愿的捐赠也许会缩小贫富差距,但不可能实现共同富裕。

新自由主义认为,对财富转移的要求,应当适合于最少获益者的最大收益③,由此社会中的最少获益者的处境会处在不断改善之中,从而会持续缩小贫富差距,使得共同富裕成为可能,但是,这种情况却是不可持续的,因为它不能处理个人在事态中的责任问题,会导致难以维持的高福利、高税收与高负债问题。

马克思主义主张,对财富转移的要求,主要基于社会主义的公平正义原则和共享原则。社会主义公平正义原则应该纠正所有非选择的不利条件,即当事人无需负责任的不利条件;而共享原则必须抑制社会的特定不平等,以免这些不平等把所有成员本应该共享的生活分

---

① 厉以宁:《论效率的双重基础》,《北京大学学报(哲学社会科学版)》1998年第6期,第5—11页。
② 〔美〕罗伯特·诺齐克:《无政府、国家和乌托邦》,姚大志译,北京:中国社会科学出版社2008年版,第219—320页。
③ 〔美〕约翰·罗尔斯:《正义论》,何怀宏等译,北京:中国社会科学出版社2009年版,第237页。

隔开来。① 基于这两个原则,社会主义社会是一个人际关系平等的共享的社会,因此,社会主义不仅可能实现共同富裕,而且可以持续实现共同富裕。就此而言,社会主义的共享原则,就其蕴含的社会成员之间的责任关系而言,构成了当下中国社会走向共同富裕的道德基础。

## (二) 政治方面

习近平总书记指出:"共同富裕,是马克思主义的一个基本目标,也是自古以来我国人民的一个基本理想。"② 中国共产党在完成了民族独立和人民解放的历史任务后,就开始了实现国家繁荣富强和人民共同富裕的历史任务。毛泽东最先明确了中国将建立的社会主义基本制度与共同富裕之间的内在联系,他在 1955 年 10 月对社会主义改造前景问题的探讨中指出:"现在我们实行这么一种制度,这么一种计划,是可以一年一年走向更富更强的,一年一年可以看到更富更强些。而这个富,是共同的富,这个强,是共同的强……这种共同富裕,是有把握的,不是什么今天不晓得明天的事。"③

改革开放后,邓小平再次提出共同富裕问题,并系统阐述了共同富裕是社会主义的本质要求,以及实现共同富裕的总路线。他说,"社会主义的目的就是要全国人民共同富裕,不是两极分化。如果我们的政策导致两极分化,我们就失败了;如果产生了什么新的资产阶级,那我们就真是走了邪路了。我们提倡一部分地区先富裕起来,是为了激励和带动其他地区也富裕起来,并且使先富裕起来的地区帮助落后的地区更好地发展。提倡人民中有一部分人先富裕起来,也是同样的道理。对一部分先富裕起来的个人,也要有一些限制,例如,征收所得

---

① 〔英〕G. A. 科恩:《为什么不要社会主义?》,段忠桥译,北京:人民出版社 2011 年版,第 27—42 页。

② 习近平:《在省部级主要领导干部学习贯彻党的十八届五中全会精神专题研讨班上的讲话》,《人民日报》2016 年 5 月 10 日第 2—3 版。

③ 《毛泽东文集》第 6 卷,北京:人民出版社 1999 年版,第 495—496 页。

税。还有,提倡有的人富裕起来以后,自愿拿出钱来办教育、修路。当然,决不能搞摊派,现在也不宜过多宣传这样的例子,但是应该鼓励","总之,一个公有制占主体,一个共同富裕,这是我们所必须坚持的社会主义的根本原则。我们就是要坚决执行和实现这些社会主义的原则"。① 这一论述把中国社会主义建设看作一个整体性过程,并要结合社会条件的变化,根据社会主要矛盾的发展变化,解决不同时期面临的时代问题,这就为非均衡发展提供了政治指引。按照这一思路,社会经济发展的两个阶段是辩证统一的。前一阶段的非均衡发展之所以具有政治正当性,除了解决先前面临的贫困等诸多问题之外,是因为它以承诺未来的共同富裕为前提;后一阶段的共同富裕之所以具有政治正当性,除了解决非均衡发展过程中产生的系列问题之外,是因为要坚持社会主义本质要求。这两个阶段的辩证统一构成了引向共同富裕的政治基础。

值得强调的是,伴随着邓小平理论写入党章、写入宪法,共同富裕便具有了法律效力。由于共同富裕成为中国的政治和法律安排,只要是有利于实现共同富裕的措施,都可加以运用,既可以包括初次分配,也可以包括再分配、第三次分配,抑或同时包括这三次分配,而不必面临西方资本主义国家采用三次分配建立福利社会时遭受的巨大争议,这也是社会主义国家共同富裕与西方福利社会之间的差异。

### (三) 经济方面

一些经济学家认为,市场竞争中的第一次分配是有效率的,第二次分配则是对自由市场的破坏。虽然过高的再分配会导致效率的损失,但问题是注重社会发展的公平性是不是必然导致社会发展的效率损失,从而削弱实现共同富裕的物质基础。对这个问题的回答,需要从经济理论和实践中寻找答案。从经济理论上看,一个社会的不平等

---

① 《邓小平文选》第3卷,北京:人民出版社1993年版,第110—111、195页。

发展到一定程度,就会损害效率:一方面,由于个体的有限理性和有限认知以及自然利益冲突,一些不存在帕累托改进(Pareto Improvement)的领域很难实现最大化的合作租金;另一方面,由于路径依赖效应以及马太效应,一些具有帕累托改进的情形实际上也无法有效推进。[1]

这种状况在经济实践中表现为,如果财富不断向富人集中,富人财富会实现超比例增长,穷人的财富不但会因此下降,而且下降的幅度要大于富人财富的增长,进而导致财富总量的下降,即存在结构性因素的放大效应。而从实际数据来看也是如此,陷入中等收入陷阱的国家大都是不平等程度很高的国家,如拉美国家在20世纪八九十年代的情况。[2] 因此,为了提升效率,国家需要对不平等进行持续纠正,即在公平与效率之间寻找最优的平衡点,由此缩小贫富差距,导向共同富裕。更广泛地看,对不平等的纠正,往往也伴随着穷人权利的扩展和能力的提升。由于能力缺失本身是没有效率的,消除导致能力缺失的条件就会释放出效率。因此,共同富裕并不会损失效率,相反会有利于经济效率的提升。

综上所述,本文认为,中国走向共同富裕的理论逻辑由道德、政治、经济三方面的基础组成,这三个方面相互关联并且存在一定交叠,但是并不等同。从根本上讲,道德方面是基于生活在一起的社会成员相互之间形成的社会责任,政治方面是基于占据主导地位的政治主体所信奉的政治目标,而经济方面是基于每个社会成员对自身处境帕累托改进的合理期望。这三个方面阐述了中国实现共同富裕的逻辑必然性,也建立了理论通往实践的桥梁。下面,本文将阐释中国贫富差距形成的多重原因,而后阐述中国走向共同富裕的实践思路。

---

[1] 朱富强:《收入再分配的理论基础:基于社会效率的原则》,《学术月刊》2013年第3期,第95—103页。

[2] 姚洋编著:《发展经济学(第二版)》,北京:北京大学出版社2018年版,第345、350页。

## 四、中国贫富差距形成的多重原因

关于中国贫富差距的原因,国内学者已有不少研究。这些研究成果在细节上分歧不少,但从研究成果来看,一般认为,中国贫富差距大体有以下五种原因:一是不同的家庭出身(如东部地区与西部地区的环境条件不同),以及不同的身份(如城市户口与农村户口),这是由原先城乡二元户籍制度造成的,而即便户籍制度已改革,其影响也不能立刻消除;二是不同的天赋(如健全者与残障者);三是不同的抱负和努力程度;四是不同的所有制经济(如国有企业与私营企业),包括不同的非公有制经济(如合资企业与独资企业);五是不同的财产性收入,它通常高于劳动力的工资性收入。① 实际上,这五种原因并不是孤立的,很多情形下是相互关联的。

那么,在以上原因中,哪些原因是主要的?在这个问题上,学者分歧最大。姚大志主张前三种原因,即不同的家庭出身、不同的天赋以及不同的抱负和努力程度是主要的。② 这三种原因确实比较普遍,它几乎与人类社会相伴随。但是这三种原因只有在一定社会条件下,才会导致很大的贫富差距。因此,将贫富差距的主要原因归结为不同的家庭出身、天赋、抱负和努力程度,是缺乏说服力的。陈学明和姜国敏认为是第四种,即不同的所有制经济。③ 与陈学明和姜国敏不同,段忠桥认为主要原因是第一、二种,即不同的家庭出身和不同的天赋④,并

---

① 参见姚大志:《分配正义:从弱势群体的观点看》,《哲学研究》2011年第3期,第109页;段忠桥:《当前中国的贫富差距为什么是不正义的?——基于马克思〈哥达纲领批判〉的相关论述》,《中国人民大学学报》2013年第1期,第9页;陈学明、姜国敏:《论政治经济学在马克思主义中的地位》,《江海学刊》2016年第2期,第9—10页。
② 姚大志:《分配正义:从弱势群体的观点看》,第109页。
③ 陈学明、姜国敏:《论政治经济学在马克思主义中的地位》,第9—10页。
④ 段忠桥:《当前中国的贫富差距为什么是不正义的?——基于马克思〈哥达纲领批判〉的相关论述》,第9页。

且否定了将私有制经济视为主要原因,相反,他认为,中国贫富两极分化问题是私营经济发展不够造成的①。

考虑到中国巨大的社会空间,陈学明等人和段忠桥的观点具有各自的视角。在东部沿海地区,如广东、上海、浙江等,非公有制经济得到了积极发展,由此出现拥有亿万财产的少数私营企业家与收入勉强维持生活的普通工人,在这里,人们看到了非公有制经济导致的贫富差距;而在中国中西部地区,贫困与非公有制经济欠发达关联在一起,而人与人之间的财富收入差距并非集中体现在私营企业主与普通工人之间,而是集中体现在城市居民与边远山区居民之间。在中西部地区,尤其是非公有制经济欠发展的地区,人们千方百计地挣脱原生的生活条件、家庭出身的束缚,数以亿计的农民远离家乡,涌入城市、大都市。在这个空间维度上,笔者认为,陈学明与段忠桥看似对立的观点具有各自的合理性,关键在于从哪个角度去看。

在考虑时间维度之后,笔者认为,中国贫富差距的主要原因是第四和第五种原因的联结,即不同的所有制经济与财产性收入的联结,而家庭出身、自然天赋、抱负和努力程度,则是这一原因的派生物。因为从时间累积来看,趋利性资本最终会渗透到资本稀薄的地区,在推动相应地区生产力发展的同时,也会使私营企业家与其工人之间的财富收入差距迅速拉大;而资产积累到一定程度,财产性收入就会高于基于劳动力的工资性收入。因为"从长期来看,资本收益率(特别是顶级资本的收益率)明显超过经济增长率。两者之差导致初始资本之间的差距一直延续下去(资本持有者只需将资本收入的一小部分用于保持自己的生活水平,而将大部分用于再投资),并且可能造成资本的高度集中"②。非公有制经济与财产性收入的联结,正如自近代以来资

---

① 段忠桥:《关于当今中国贫富两极分化的两个问题——与陈学明教授商榷》,《江海学刊》2016 年第 4 期,第 76—77 页。

② 〔法〕托马斯·皮凯蒂:《21 世纪资本论》,巴曙松等译,北京:中信出版社 2014 年版,第 XVIII 页。

本对人类生活环境、生产秩序、行为方式等诸多方面的改造一样,会打破中国落后地区人们的家庭出身、自然天赋等方面差距,并且在财富收入意义上造成新的家庭出身、自然天赋等方面的差距。

结合前面几节论述,中国贫富差距的远近因与主次因的关系,可以列表 1 如下。基于中国当前贫富差距的远因、近因、主因、次因,我们可以把握其主要矛盾,进而形成中国走向共同富裕的实践思路。

表 1 中国贫富差距的原因分析

| 维度 | 子维度 | 具体内容 |
| --- | --- | --- |
| 贫富差距的原因 | 远因（历史背景） | 资本主义世界体系的影响（外部）<br>非均衡发展累积的不平等效果（内部） |
| | 近因 | 不同的家庭出身、自然天赋、抱负和努力程度、所有制经济、财产性收入<br>主因:不同的所有制经济与财产性收入的联结<br>次因:不同的家庭出身、自然天赋、抱负和努力程度 |

## 五、共同富裕的参数体系及实践思路探讨

### （一）共同富裕的参数体系

正如上文所说,共同富裕不是少数人的富裕,也不是整齐划一的平均主义,那么首要问题是,我们如何界定共同富裕。在某种意义上,共同富裕就是要把社会中的处境差者识别出来,然后改善他们的处境,使得他们达到共同富裕的基准线。而要识别出处境差者这个目标群体,需要相应的指标参数,这些参数的体系构成了界定共同富裕的基准线。参数的选取本身具有巨大的切割力,"这既是因为它将一些有潜在价值的对象包括进来,也是因为它将把另外一些给排除出去"[①]。

---

[①] Amartya Sen, "Capability and Well-Being," in Amartya Sen and Martha Nussbaum (eds.), *The Quality of Life*, Oxford: Clarendon Press, 1993, p. 33.

相应地，依据不同的参数，目标群体的构成也不相同。

这一思路在中国脱贫攻坚的过程中已经得以实践，即"一收入、两不愁、三保障"的脱贫基准线参数体系。"一收入"是指农民人均年收入达到2010年不变价的2300元以上。"两不愁"是指不愁吃、不愁穿。"三保障"是指义务教育有保障、基本医疗有保障、住房安全有保障。

到目前为止，围绕共同富裕、收入公平、公平正义等问题，学术界提供了不同的参数体系。这些参数体系大多数是综合性的，但为了便于比较评估各个参数体系的优劣，我们需要先考察一下构成这些综合性参数体系的基本参数体系。大体而言，目前存在三种基本类型：一是效用性参数体系，二是资源性参数体系，三是能力性参数体系。对于这三种基本参数体系的得失，1998年诺贝尔经济学奖得主阿马蒂亚·森等人的相关研究值得我们重视。

当效用作为参数时，个人的快乐及其强度、偏好满足及其程度才是相关的信息，其他方面则被忽略掉。因此，以效用为尺度，快乐强度或偏好满足程度最低的那些人员才被识别为要加以补偿的目标群体。但是，效用参数的主要缺陷是它的信息束太窄。比如，它会把痛苦的富人纳入目标群体，而将具有开朗性格的残疾人排除在外。[①] 与效用不同，约翰·罗尔斯提倡的基本益品排除了个人的主观感受，它是一系列资源性参数（基本益品）的集合，该集合包括如下元素：机会、收入、财富、自尊的社会基础。这些元素都是个人在社会中实现其人生价值所必需的东西，因此，这些元素的有无以及量上的多寡，都会直接地影响一个人的生活质量。以基本益品为参数，机会、收入和财富较少的那些人员才会被识别为要加以补偿的目标群体。[②] 与效用参数相对照，依据基本益品，被列入目标群体的那些人，可以是快乐的穷人，

---

[①] Amartya Sen, "Equality of What?," in S. McMurrin (ed.), *The Tanner Lectures on Human Values*, Vol. 1, Cambridge: Cambridge University Press, 1980, pp. 217-218.

[②] 〔美〕约翰·罗尔斯：《正义论》，第93页。

但不可以是痛苦的富人。不过,以基本益品为参数会忽视对生理缺陷的补偿问题,因为它允许一部分残疾人被排除在目标群体之外。① 森提倡以可行能力(Capability)作为参数,依据这个参数,营养不良者、体弱多病者、能力缺失者都会被识别出来并被列入目标群体。② 而基本益品的不足、效用的不足,都会给个人的可行能力带来负面影响(比如无财富、无收入致使某些人挨饿和营养不良,无受教育机会致使某些人丧失参与共同体生活的部分能力,长期精神抑郁致使某些人身体素质较差,等等),因此依据可行能力参数识别出来的目标群体,其范围要大于由效用或由基本益品参数识别出来的目标群体的范围。另外,可行能力参数很好地处理了针对生理缺陷的补偿问题。③

依据以上分析,在识别处境差者这个目标群体上,能力性参数体系优于效用性参数体系,也优于资源性参数体系。此外,由于能力缺失比资源缺失在影响人的生活质量上更加根本,而且从发展视角来看,消除能力缺失比消除效用缺失或资源缺失更具有效率,因此,提升能力本身的"能力指向的平等",更具有基础性意义。在综合考虑效率与公平的前提下,可以优先以能力性参数作为共同富裕基准线的参数。当然,现实社会是复杂的,因此在实践层面制定的综合性参数体系之中,笔者主张以能力性参数体系为核心,效用性参数体系和资源性参数体系为辅助。

在参考森和玛莎·努斯鲍姆的能力理论、联合国每年发布的《人类发展报告》、国内的相关研究④,以及结合中国实际的基础上,笔者提出共同富裕基准线的综合性参数体系,包括作为核心参数体系的能

---

① Ronald M.Dworkin, *Sovereign Virtue: The Theory and Practice of Equality*, Cambridge: Harvard University Press, 2000, p. 2.
② Amartya Sen, "Equality of What?," p. 218.
③ 秦子忠:《如何更好地对待弱势群体?》,《西南大学学报(社会科学版)》2015 年第 5 期,第 32—39 页。
④ 刘培林、钱滔、黄先海、董雪兵:《共同富裕的内涵、实现路径与测度方法》,《管理世界》2021 年第 8 期,第 117—127 页。

力性参数体系与作为辅助参数体系的效用性体系和资源性参数体系。

#### 1. 能力性参数体系

能力性参数体系,其核心内涵由十项能力来界定。① 这十项能力见表2。本文认为,在理论上,如果一个社会中的所有成员都拥有这十项能力,那么它就是一个共同富裕的社会。当然,在现实社会中,由于一些成员存在先天性能力缺失,或由各种原因导致的能力缺失或能力不足,事实上不可能所有成员都具有这十项能力。这些反映在实践上,还需要引入相应的具体指标。此外,由于前文论及的原因以及社会的复杂性,还需要其他参数体系作为辅助。

表 2　共同富裕基准线的参数体系

| 内涵 | 参数体系 | | 参数范围 |
| --- | --- | --- | --- |
| 共同富裕社会 | 核心体系 | 能力性参数 | 1.过完整人生的能力;2.保持健康的能力;3.避免不必要痛苦和快乐的能力;4.使用五种感官以及想象、思考、推理的能力;5.关爱我们自身之外的事物和人的能力;6.形成善恶观念和进行批判性思考的能力;7.参与共同体活动的能力;8.与动植物、大自然和睦相处的能力;9.笑、玩和从互动中享受的能力;10.过个性的生活,在自己的环境和背景下过自己生活的能力 |
| | 辅助体系 | 效用性参数 | 依系于个体的教育程度偏好、工作收入偏好、医疗服务偏好等各种合理偏好的满足 |
| | | 资源性参数 | 依系于社会制度的权利、自由、机会、财富、收入、自尊的社会基础 |

#### 2. 效用性参数体系和资源性参数体系

效用性参数体系是由依系于个体的教育程度偏好、工作收入偏好、医疗服务偏好等各种合理偏好的满足来界定的。它主要是精神性的,涉及共同富裕社会的精神富裕维度。资源性参数体系是由依系于

---

① Martha Nussbaum, "Social Justice and Universalism: In Defense of an Aristotelian Account of Human Functioning," *Modern Philology*, Vol. 90, No. S1, 1993, pp. S46–S73.

社会制度的权利、自由、机会、财富、收入、自尊的社会基础等资源来界定的。它主要是物质性的,涉及共同富裕社会的物质富裕维度。具体的参数体系见表2。

### (二) 走向共同富裕的实践思路

基于前文中国贫富差距形成的多重原因以及对共同富裕基准线参数体系的探讨,我们可以从中探索提炼出中国走向共同富裕的实践思路。

在前文分析中,笔者提出私有制是不平等关系自身的生成逻辑。正如习近平总书记所说:"事实说明,资本主义固有的生产社会化和生产资料私人占有之间的矛盾依然存在,但表现形式、存在特点有所不同……法国学者托马斯·皮凯蒂撰写的《21世纪资本论》,在国际学术界引发了广泛讨论。他用翔实的数据证明,美国等西方国家的不平等程度已经达到或超过了历史最高水平,认为不加制约的资本主义加剧了财富不平等现象,而且将继续恶化下去。他的分析主要是从分配领域进行的,没有过多涉及更根本的所有制问题,但得出的结论值得我们深思。"①因此,中国解决贫富差距、走向共同富裕,也要把关注重点放在所有制和分配制度上,也即上文中所说的中国贫富差距的主因——不同所有制经济与财产性收入的联结。

那么,中国是在坚持公有制为主体、多种所有制共同发展的所有制结构前提下,理清、更正公有制、私有制各自的范围及其应当承担的社会责任,还是积极促使当前的混合所有制结构朝向纯粹的公有制方向发展和转变?现代科学证明,即便生产力能继续发展,地球的资源也并非无穷尽的,当前普遍实现公有制所需要的一般条件面临着自然资源不足的客观瓶颈。当然,现代科学虽然揭示了自然承载力的限度,以及社会不可能实现无限增长,但是它忽视了对许多社会条件的

---

① 习近平:《不断开拓当代中国马克思主义政治经济学新境界》,《求是》2020年第16期,第4—5页。

历史考察,例如人口问题,如果随着社会的发展,世界人口不是递增,而是递减并最终维持在一个与自然资源承载力相适应的数量,那么,上述科学结论的力量就会弱化。事实上,当前世界各个国家的社会发展都以不同的方式在其社会内部扶持、发展公有制因素。这说明公有制作为一种制度成分的社会结构,在处理社会的不平等问题上,至少优于单纯私有制的社会结构所发挥的功能。①

综合而言,当前,资源约束和生产力水平限制,使得中国走向共同富裕的实践思路在于,坚持公有制为主体、多种所有制经济共同发展,大力发挥公有制经济在促进共同富裕中的重要作用,同时要促进非公有制经济健康发展、非公有制经济人士健康成长。要允许一部分人先富起来,同时要强调先富带后富、帮后富。② 换言之,首先要坚持当前的基本经济制度,通过全国人民共同奋斗把"蛋糕"做大做好,在继续坚持公有制的主体地位基础上,逐步强化公有制经济体的全民性,强化私有制经济体的公共性。这意味着在利改税之后国有企业具有和民营企业一样的趋利行为,并且也会产生相应的利润,利润并非全部由国有企业集团独享和支配,至少其中的一部分需要用作缩小社会贫富差距的全民性福利基金。这样,不仅有利于培育社会主义共享的社会风尚,也在一定程度上缓解人工智能时代大量失业者的生存压力。至于民营企业,由于其生产经营活动总是以这样或那样的方式得益于社会公共资源,以及考虑到维护社会共享价值,因此,对其过高收入需要予以一定限制。由此,不仅在公有制方面涉及税收与利润分成的限度问题,在私有制方面也涉及税收与限制过高收入的限度问题,而限度问题的解决,则要求我们与时俱进发展社会主义正义理论并且付诸相应的社会实践。

财产性收入与劳动性收入问题的核心是分配制度,即通过合理的

---

① 秦子忠:《劳动整体性与分配正义》,北京:中国社会科学出版社2021年版,第151—152页。

② 习近平:《扎实推动共同富裕》,第6页。

制度安排把"蛋糕"切好分好。改革开放后,我国从实际出发确立了按劳分配为主体、多种分配方式并存的分配制度。实践证明,这一制度安排有利于调动各方面积极性,有利于实现效率和公平的有机统一。①实现共同富裕必须继续坚持这一分配制度,并针对目前收入分配中存在的一些突出问题进行调整,比如努力推动居民收入增长和经济增长同步、劳动报酬提高和劳动生产率提高同步,大力鼓励勤劳创新致富等,不断提高劳动性收入在国民收入分配中的比重。

从中国贫富差距的次因,以及共同富裕基准线的参数体系来看,共同富裕不仅包括收入分配的公平,还包括能力、资源等多个维度的公平。因此,在推进共同富裕的实践中,既要加快构建初次分配、再分配、第三次分配协调配套的基础性制度安排,加大税收、社保、转移支付等调节力度并提高精准性,扩大中等收入群体比重,增加低收入群体收入,合理调节高收入,取缔非法收入,形成中间大、两头小的橄榄型分配结构;又要高度重视促进社会公平正义,畅通人民向上流动通道,给更多人创造致富机会,形成人人参与的发展环境,不断促进人的全面发展,不断满足人民群众多样化、多层次、多方面的物质和精神层面的需求,使全体人民朝着多维参数体系下的共同富裕目标扎实迈进。

(原载《国家现代化建设研究》2022 年第 3 期)

---

① 习近平:《不断开拓当代中国马克思主义政治经济学新境界》,第 8 页。

# 缩小居民收入差距 扎实推进共同富裕[*]

龚六堂[**]

随着中国特色社会主义进入新时代,我国社会主要矛盾已经转化为人民日益增长的美好生活需要和不平衡不充分的发展之间的矛盾。从当前我国经济社会发展状况看,持续优化居民收入分配是解决发展不平衡、不充分的重要抓手,是维护社会公平、正义的重要着力点,是进一步实现我国共同富裕的重要路径措施。当前,我国仍然存在一定程度上的居民收入差距问题,这一问题体现在国民经济与社会发展的各个领域,与产业结构升级、新技术促进经济增长等宏观经济相关问题交织在一起,成为当前进一步实现均衡、可持续发展迫切需要解决的重点问题。《中共中央关于制定国民经济和社会发展第十四个五年规划和二〇三五年远景目标的建议》明确指出,"到二〇三五年……人均国内生产总值达到中等发达国家水平,中等收入群体显著扩大,基本公共服务实现均等化,城乡区域发展差距和居民生活水平差距显著缩小;平安中国建设达到更高水平,基本实现国防和军队现代化;人民

---

[*] 基金项目:国家社会科学基金重大项目"实质性减税降费与经济高质量发展研究"(项目编号:19ZDA069)。

[**] 龚六堂,北京工商大学副校长,北京大学光华管理学院教授、数量经济与数理金融教育部重点实验室主任。

生活更加美好,人的全面发展、全体人民共同富裕取得更为明显的实质性进展"①。这段论述指明了我国全面建成小康社会、迈向美好生活的方向,是新形势下我国缩小居民收入差距、扎实推进共同富裕的指引。

本文立足梳理我国居民收入增长的现状,深度挖掘我国居民收入分配存在的问题,分析我国居民收入分配问题背后的具体原因,兼论我国居民收入分化带来的不利影响,从认识论和方法论的角度,系统展现对当前我国居民收入分配的多维度思考,研究提出新时代缩小居民收入差距、实现共同富裕的路径措施,以期对实现社会收入分配公平、提升经济发展质量、增强广大人民群众的获得感具有参考价值。

从欧美等发达国家的发展路径看,根据库兹涅茨曲线②理论,经济发展到一定程度之后,不同群体之间的收入差距呈现先扩大后减少的趋势,并且呈现地区之间、产业之间等多方面的分化③,而中国在改革开放40多年之后,也呈现收入差距扩大、经济发展取得一定成果的趋势特征,需要通过持续优化收入分配机制有效缩小不同群体之间的收入差距。从政策设计角度看,经济社会发展带来社会发展方式的变迁,进而带来收入分配制度设计层面的挑战。当前,我国经济社会发展正迈向高质量发展阶段,收入分配领域的制度设计亟待从实质性减

---

① 《中共中央关于制定国民经济和社会发展第十四个五年规划和二〇三五年远景目标的建议》,中国政府网,2020年11月3日,http://www.gov.cn/zhengce/2020-11/03/content_5556991.htm,2022年2月10日访问。

② Simon Kuznets, "Economic Growth and Income Inequality," *The American Economic Review*, Vol. 45, No. 1, 1955, pp. 1–28.

③ Jeffrey G. Williamson, "Regional Inequality and the Process of National Development: A Description of the Patterns," *Economic Development and Cultural Change*, Vol. 13, No. 4, 1965, pp. 1–84; Oded Galor and Daniel Tsiddon, "The Distribution of Human Capital and Economic Growth," *Journal of Economic Growth*, Vol. 2, No. 1, 1997, pp. 93–124; 厉以宁:《缩小城乡收入差距 促进社会安定和谐》,《北京大学学报(哲学社会科学版)》2013年第1期,第7—10页;李实、赵人伟、张平:《中国经济转型与收入分配变动》,《经济研究》1998年第4期,第42—51页。

税降费、社会公共服务均等化①等新的符合发展实情的制度视角出发，有效匹配新的收入分配形式下的制度设计需要。基于此，新时代我国收入分配的体制机制应当着力提升人民群众的获得感，扎实推进共同富裕，通过更加有效的政策手段，缩小居民收入差距。②

## 一、当前我国居民收入增长的主要趋势

随着我国"十四五"时期的各项工作稳步推进，经济社会发展保持平稳态势，宏观经济的总量规模与经济质量持续提升，进一步推动我国居民收入水平迈向新的台阶。总体来看，当前我国居民收入增长呈现如下特征：

从总体的收入水平看，2021年我国的国内生产总值（GDP）迈上了110万亿元人民币的新台阶，总量规模水平持续提升带动人均GDP持续提升，2021年超过了8万元人民币，人均GDP按照年均汇率折算已经超过1.2万美元。总体收入水平上升到一定的水平线上具有重大的现实意义：一方面，在整体趋势上体现出我国经济社会发展长期稳健的特征，总体宏观经济形势的稳健良好态势带动居民收入保持平稳增长，形成了广大人民群众对收入增长和获得感提升的良好心理预期，有助于经济社会的平稳发展与市场预期的良性互动，形成"预期+市场"的有利循环。另一方面，居民收入水平的提升进一步夯实了建设国内强大市场、构建国内国际双循环的基础。具体来看，收入的提升有效提升了居民消费的预期，收入的增加叠加边际消费倾向的增强带动消费市场进一步提质扩容，为构建强大国内市场打下了良好的内需基础；收入的提升也促进国内经济循环向高质量发展迈进，市场的循

---

① 葛玉御、安体富：《税收如何影响收入分配：文献述评》，《经济研究参考》2014年第56期，第56—68页；李青：《我国个人所得税对收入分配的影响：不同来源数据与角度的考察》，《财贸经济》2012年第5期，第37—44页。

② 龚六堂：《缩小居民收入差距推进共同富裕的若干政策建议》，《国家治理》2020年第46期，第33—38页。

环体量进一步扩大带动产品质量的提升,新技术、新市场等因素持续优化消费结构、产业结构,实现消费升级,促进经济持续迈向高质量发展阶段。

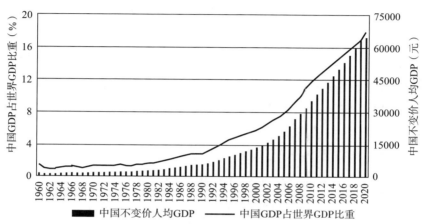

图 1　1960—2020 年我国不变价人均 GDP 和我国 GDP 占世界 GDP 的比重
资料来源:世界银行。

从疫情下的收入增长看,新冠疫情以来,我国统筹经济社会发展与新冠疫情防控,人民收入仍然取得了一定程度的增长。2020 年,面对新冠疫情的暴发,我国居民人均可支配收入仍然达到了 3.2 万元,实际增长率达到了 2.1%,与欧美等发达国家经济社会发展出现衰退、呈现负增长的态势形成鲜明的对比,充分体现了我国在疫情影响下坚持保障民生、以人民为中心的发展思路,坚持"六稳六保"兜底民生底线,实现了居民收入的稳步增长。进入 2021 年,面对多点散发疫情和国内外经济环境的不稳定,我国居民收入仍然呈现稳步回升、较快增长的态势。截至 2021 年底,我国居民人均可支配收入超过了 3.5 万元,同比增速达到了 9.1%,充分体现了中国共产党领导下的经济工作始终保障民生福祉,中国经济发展和居民收入在疫情常态化防控的过程中更加体现出韧性,在国内外多重宏观因素叠加的情形下仍然保持了居民收入的恢复性增长。

从脱贫攻坚的角度看,贫困问题一直是古往今来世界各国收入分配问题的最大挑战。面对脱贫攻坚这一空前艰巨的历史性任务,中国共产党领导下的脱贫攻坚工作始终初心如磐、迎难而上。在新时代，随着一系列精准扶贫政策的出台，我国的脱贫攻坚事业取得了全面胜利。截至 2020 年底的数据显示，在现行标准下，我国现有 9899 万农村贫困人口已经全部脱贫，832 个贫困县全部摘帽，12.8 万个贫困村全部出列。党领导下的脱贫攻坚事业取得胜利，一方面体现出我国收入分配政策惠及最广大人民群众的理念。消除贫困，在收入分配政策的顶层设计，是将中低收入群体中的较低水平群体纳入集中提升收入的政策目标，提升了改善难度相对较大的群体的生活水平，覆盖了广大农村居民，是一项影响深远的收入提升政策。另一方面体现出党的为民情怀与使命担当。收入分配政策需要更加广泛、细致的执行力，这项收入分配政策的背后是无数奋战在脱贫攻坚一线的基层党员、第一书记和驻村党员多年的艰辛努力和付出。党和政府通过援智扶贫、信息化支撑、设立教育基金、消费扶贫等多重政策"组合拳"，提升了该项宏观政策的实施效果。因此，从整体效果上看，该项政策既有顶层设计的系统性，也兼具实施的精准性，取得了独具中国特色、具有历史性意义的政策效果，真实提高了广大群众的收入水平。

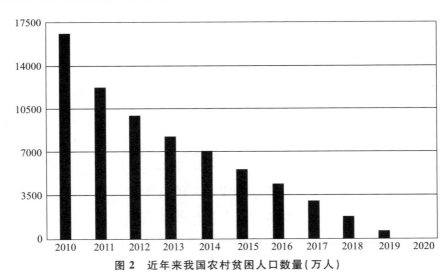

图 2　近年来我国农村贫困人口数量（万人）

资料来源：国家统计局。

## 二、当前我国居民收入分配的重点难点问题

当前,我国的居民收入增长虽然取得了一定的成绩,但是仍然存在区域收入水平不均衡、城乡居民收入差距较大、不同群体间的居民收入差距加大等问题,这些问题是一种代表性的发展不均衡、不协调的特征性问题,需要重点研究判断。

### (一)我国不同区域之间的收入水平不均衡

当前,我国不同区域之间仍然存在一定的居民收入差距。从人均GDP的角度看,我国在2019年人均GDP突破了1万美元的关口,2021年达到12551美元,按照世界银行2015年制定的人均GDP达到12735美元就进入高收入国家行列的标准线,我国已经接近高收入国家的水平。但是,我国区域之间的收入存在一定鸿沟,相对于总体标准线的达标,我国居民收入的发展质量仍然与高收入国家有着较大的差距。2021年人均GDP超过全国平均水平的省份只有11个,其余都低于全国的平均水平。

从区域层面来看,我国东部和西部的收入差异较大。从极值情况看,以2021年的统计数据为例,2021年北京市的人均GDP高达18.39万元人民币,而我国人均GDP最低的甘肃省仅为4.09万元人民币,北京地区的人均GDP是甘肃省的近4.5倍。两地区作为我国居民收入水平较高的地区代表与人均收入水平较低的地区代表,相互之间存在较大的差距,这也是我国东部地区与中西部地区的收入水平存在较大差距的一个缩影。

### (二)我国城市居民与农村居民之间的收入差距显著

长期以来,由于我国独特的城乡二元结构,城乡居民之间收入差距较大。从图3的发展趋势中可以看出,我国城镇居民的人均收入与农村居民的人均收入比,从1985年的1.86上升到2009年的3.33,之

后开始下降,到 2021 年降到 2.5,但是下降的幅度从 2014 年开始有所减缓。从数据指标可以看出,在我国经济高速增长的过程中,宏观经济增长更多地惠及城市居民,而农村居民在经济增长中的分享收益相对较少,这种剪刀差加剧了城乡之间居民收入的不平等。此外,2009 年以后,随着我国经济开始调整结构,经济持续迈向高质量发展阶段,城市与农村之间的居民收入差距有所减少,但减少幅度有所减缓,仍然保持一种相对波动的状态。一方面,调结构、保就业等政策逐步保障了相对弱势的农村群体增加收入;另一方面,中小企业的发展难题、经济增速的换挡升级也提升了缩小两类群体收入差距的难度。不同的经济效应相互叠加,形成了两者差距来回波动的态势。城乡二元结构的背后是我国深层次的发展不均衡问题,需要通过更加深刻的制度变迁改变收入分配的二元结构,弥合城乡之间的收入鸿沟、技术鸿沟和发展鸿沟。

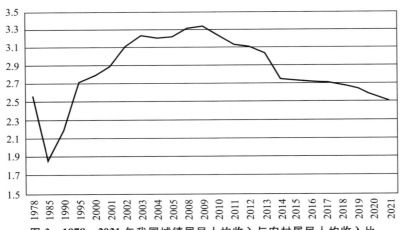

**图 3　1978—2021 年我国城镇居民人均收入与农村居民人均收入比**

资料来源:国家统计局。

## (三) 我国不同收入群体之间的收入差距较大

改革开放以来,随着我国社会主义市场经济体制改革向纵深推进,不同群体的收入增长总体上保持平稳态势。但与此同时,不同群体之间的收入差距存在一定的扩大趋势。从结构上看,从图 4 中可以看出,长期以来,我国中等收入群体的收入份额保持相对稳定的趋势,但是高收入群体的收入份额保持稳步增长的态势,这也就降低了低收入群体的收入份额,且从较长时间序列的趋势上看,这种高收入群体与低收入群体收入份额的差距扩大趋势呈现一定的惯性,在未来一个时期需要更多的政策措施干预,以阻止这种趋势惯性的发展。

与此同时,我国不同收入群体的收入增速呈现分化态势。虽然低收入群体的收入保持一定的增长态势,但是增速远不及高收入群体。两者增速之间的差距带来的是高收入群体的收入增幅逐年大于低收入群体的收入增幅。从长期的趋势来看,我国的不同收入群体之间的收入差距存在进一步扩大的风险。我国不同群体之间的收入差距代表了非地域性特征、非人口结构特征下的收入水平分层,具有全局意义的典型性,对我国收入分配体制机制和政策设计的宏观考虑,具有重要的借鉴意义。从总体趋势看,不同群体之间的分层具有复杂深刻的经济、社会背景因素,亟须通过收入分配政策的组合拳有效进行干预,有力缩小不同群体间的收入差距。

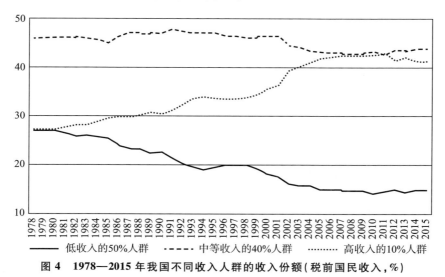

**图 4　1978—2015 年我国不同收入人群的收入份额(税前国民收入,%)**

数据来源:Thomas Piketty, Li Yang and Gabriel Zucman, "Capital Accumulation Private Property and Rising Inequality in China 1978-2015," *American Economic Review*, Vol. 109, No. 7, 2019, pp. 2469-2496。

## （四）我国工资性收入与财产性收入占比呈现分化趋势

长期以来，我国居民的收入主要来自由社会劳动生产所获得的工资性收入以及财产性收入。从近年来我国工资性收入和财产性收入的变化趋势可以看出，工资性收入占比与财产性收入占比呈现显著的分化趋势。在财产性收入方面，受到全球量化宽松的政策环境、我国房地产等资产价格的上升、居民家庭资产存量的累积提升等多重因素影响，我国的人均财产性收入占人均可支配收入的比重从2013年的7.8%上升至2021年的8.8%，呈现稳定的上升态势。但与此同时，从图5中显示的趋势也可以看出，近年来，我国工资性收入受到产业结构升级、新一代信息技术革命冲击、就业市场供需结构性调整等多重因素影响，呈现下降的趋势。劳动者报酬占GDP比重从1992年的54.59%下降到2016年的51.99%（2011年低至47.01%）。工资性收入是中低收入群体的主要收入来源，这类群体主要通过劳动收益获取报酬，房产、存款、投资等财产类存量资源相对较少。我国居民人均工资收入占总可支配收入比重的下降将进一步降低中低收入群体的整体

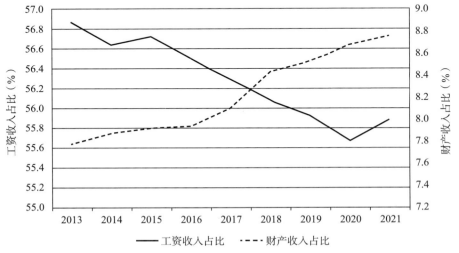

图5　2013—2021年我国居民人均工资收入、财产收入占人均可支配收入比重

数据来源：国家统计局。

工资水平，拉大其与高收入群体的收入差距。而与之相对应，高收入群体拥有更多的存款、房产，在投资选择、投资回收期、投资风险把控方面具有更多的选择空间，财产与收入的防风险能力更强，居民人均财产收入占总可支配收入比重的提升将进一步提高高收入群体的收入水平，加大不同群体间的收入差距。

## 三、造成当前我国居民收入差距的原因分析

随着我国经济迈向高质量发展阶段，发展改革的深层次问题开始逐步显现，宏观经济改革领域的多重因素叠加传导至我国的居民收入分配领域，进一步加大了我国居民的收入分配差距。具体来看，主要有以下几方面因素。

### （一）我国的区域发展存在不平衡

我国的区域发展不平衡造成了区域之间居民的收入不平等。近年来，我国区域发展的不平衡主要体现在东南沿海和中西部地区的发展差异、城市与农村之间的二元结构差异等方面。从东南沿海与中西部地区的经济发展差异的传导效应来看，区域的经济增长直接影响到地区居民的收入水平，东南沿海的居民收入水平显著高于中西部地区居民的收入水平。从城乡二元结构的差异来看，城镇居民享受更好的公共服务保障，相比于农村居民具有更多获取高收入工作的机会。城乡之间的二元结构，自然形成了城镇居民与农村居民之间的收入差距。当前，我国仍然处在进行新型城镇化的发展阶段，大量农民工人口涌入城市成为我国新型城镇化的主力军，也成为缩小农村居民与城镇居民之间收入差距的重要路径。从当前的实际发展情况看，该类农民工群体在城市中的归属感相对较低，子女入学、医疗保障等社会公共服务均等化措施的覆盖面仍然有待扩大，亟需通过多维度的政策措施提升农民工在城市中的收入水平、社会保障水平，有效缩小城乡居

民之间的收入差距。

### （二）过早过快去工业化背景下的产业结构

从全球经济发展的经验路径来看，第二产业占 GDP 的比重与基尼系数呈现负相关关系，而第三产业占比与基尼系数呈现正相关关系，如果盲目追求产业结构升级和提升第三产业的占比，将进一步加大不同群体之间的收入差距。具体来说，从传导机制上看，第二产业尤其是制造业当中的中小企业，是中国经济的重要微观组成。它们的发展，一方面夯实了我国就业的基本面，能够吸纳更多群体尤其是中低收入群体就业，提升中低收入群体的工资水平；另一方面，可以激发更多民间投资的活力，有效降低政府投资的比重，优化政府的投资结构，提升投资拉动宏观经济有效需求的政策效能。而从第三产业的发展特点来看，服务业尤其是银行、信托等金融服务业，可以更多地吸纳更高知识阶层的群体就业。从我国目前的产业发展趋势看，我国产业存在一定程度的过早过快去工业化的问题①，其背后是我国产业结构发展的深层次体制机制问题，而这种产业间的收入分化，将随着我国第二产业占比的稳定与提升产生可观的改善效果。

### （三）我国公共资本的比例有所下降

适当比例的公共资本将使国家更有能力在初次分配和再分配领域调节不同群体的收入，通过转移支付、提供公共物品、提高社会保障水平来改善低收入家庭的福利水平，改善不同群体的收入分配水平，缩小收入差距。从我国公共资本发展的总体趋势上看，我国公共资本的占比总体水平仍然高于西方发达国家，但是总量上的下降趋势显著（见图 6）。值得注意的是，作为世界上收入分配相对均衡的国家，挪威近年来的公共资本占比呈现一定程度的上升态势。我国作为人口

---

① 黄群慧：《"十四五"时期深化中国工业化进程的重大挑战与战略选择》，《中共中央党校（国家行政学院）学报》2020 年第 2 期，第 8—9 页。

大国,更需要较大体量的公共资本来提升国家对不同群体间收入分配的调节能力,而公共资本占比的逐年下降,一定程度上削弱了这种调节能力。从长期的居民收入发展来看,公共资本往往改变群体的教育投入资金、基础设施资金,具有长期的积累效应,公共资本占比的下降将造成不同群体收入提升能力的长期缺失,具有一定程度的政策惯性。因此,保持合适的公共资本比例不仅具有短期意义,而且长期来看,对不同群体的人力资本提升、收入提升的可持续性等方面都具有重要影响。

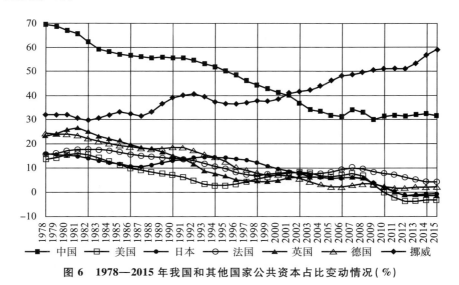

**图6　1978—2015年我国和其他国家公共资本占比变动情况(%)**

数据来源:世界不平等数据库(World Inequality Database)。

## (四)新冠疫情冲击及后疫情时代收入分配格局的深刻演化

新冠疫情对我国的低收入群体尤其是农民工群体的收入产生较大影响。从2020年新冠疫情暴发的时间节点来看,我国人均工资性收入增长率从2019年的8.6%下降至2020年一季度的1.2%,下降7.4个百分点(之后在国家政策的支持下,提高至2021年底的9.6%)。2021年,我国居民人均工资性收入约占居民人均可支配收入的55.9%,工资性收入受到巨大冲击将对居民的可支配收入产生重大影响。一方面,中低收入群体主要收入来源是工资性收入,工资性收入的下降使中低收入群体受到的冲击更大;另一方面,在新冠疫情期间,农民工群体返岗复工面临更多阻碍,使得他们不得不重新寻找工作或从事比先前收入相对更低的工作,农民工群体的整体收入由此降低。此外,从新冠疫情暴发的时间节点来看,2020年一季度城镇工资收入增长从2019年的7.5%下降到1.3%,下降6.2个百分点;农村居民工资增长从2019年的9.8%下降到-0.6%,下降了10.4个百分点;而农民工月均收入增长率下降了14.4个百分点,下降幅度是城镇居民的两倍多。新冠疫情等公共卫生事件的延伸影响一定程度上加大了城乡居民的收入差距。后疫情时代我国产业链升级加速,收入分配格局不断演化。从长期来看,产业链的变迁将改变地区的生产分配格局。随着产业链总体向高端价值链迈进,农民工等中低技能水平的劳动力可能受到冲击,从而进一步加大中低收入群体与高收入高技能群体的收入差距。

### (五)税收对不同群体的调节效果不足

当前,我国现有的税收制度对不同群体的调控效果不足,二次分配的调控效果仍然有一定的提升空间。在个人所得税层面,我国目前的个人所得税实行的是分类分项征收的制度,在不同类型的个体之间,由于不同群体的收入来源不同,所需要缴纳的税额存在一定的差异。个人所得税征缴的差异性导致二次分配的效果有所降低,不利于群体之间收入的合理分配。在消费税层面,随着新一代信息技术革命的兴起,消费领域的新技术特征进一步凸显:一方面,直播带货、平台经济的兴起形成了各种新型的消费业态;另一方面,现有的消费税征收项目的调整速度滞后于这类新型消费业态的发展速度。从2021年的数据看,我国的社会消费品零售总额高达44.1万亿元,网上零售额更是超过了13万亿元,同比增速高达14.1%。① 线上消费体量的扩容和税收征缴项目的设计滞后导致大量税收流失,造成不同群体收入分配的不公平。在财产税方面,我国财富水平的不断提升和财富种类的不断丰富也对财产税的制度设计提出了更多的要求。现有的财产税制度体系难以适应日趋复杂的财产类型结构,不能有效发挥收入分配的作用,亟待出台更多财产税,尤其是涉及互联网特征、金融特征的财产税收制度,有效防止资本无序扩张,保障更多群体的收入分配公平。

### (六) 新一代信息技术革命的负面影响

当今世界正在经历5G、人工智能、区块链、大数据等新一代技术的快速演进,新技术渗透到我国制造业、服务业等各个领域,给我国的工业生产、人民的生活方式以及消费方式带来深刻的变化。

在新一代信息科学技术的应用过程中,以下效应带来了不同群体间收入差距的变化:新一代信息技术将大幅度提升企业的生产效率,更多单一、重复的简单劳动被人工智能机器人等技术产品所替代,冲击了低技能劳动者就业,而这类群体本身就是容易受到失业冲击、劳动报酬相对较少的群体,新技术将导致这类群体的收入下降,加大低技能群体与高技能群体的收入差距。与此同时,在新技术的使用过程中,技术研发、技术应用的科技人才需求进一步增加,企业对这类人才的重视程度也较以往进一步提升,导致高技能人才的就业形势更加良好,工资水平提升更高,进一步拉大与低技能群体的收入差距。根据第四次全国经济普查数据,到2018年末,我国高技术和装备制造业从业人员占规模以上制造业的比重比2013年提高了3—5个百分点,资产总计占比提高了6—7个百分点②,制造业中高技能产业占比的不断

---

① 《商务部:2021年社零总额44.1万亿元 消费市场呈现四大亮点》,中国网财经,2022年1月25日,https://finance.china.com.cn/news/20220125/5735472.shtml?from=ydzx,2022年2月10日访问。

② 《"十三五"时期我国经济社会发展成就显著》,新华网,2020年10月29日,http://www.xinhuanet.com/politics/2020-10/29/c_1126671055.htm,2022年2月10日访问。

提高,提升了行业中高技能群体的收入水平,加大了收入不平等。此外,新一代信息科学技术逐步渗透到互联网金融、区块链等领域,掌握低技能的群体不能享受到技术红利,而高技能的群体将利用技术红利获取更多收益,呈现强者愈强的"马太效应"。例如,有相当一部分年长的农民工没有掌握网络购买火车票的技能,还需要依赖年轻工友才能完成购票;部分农民工仍不具备深度使用支付宝、网上购物、网上销售等技能。因此,新技术的红利往往流向具有更高知识水平的群体,叠加诸多负面衍生效应,进一步扩大了不同群体之间的收入差距。

## 四、居民收入差距加大的不利影响

居民收入差距的扩大,将降低社会的有效需求,滋生社会的不满情绪,对我国的社会和谐稳定、经济持续增长、实现国内外双循环战略、实施新时代发展战略带来负面影响。

### (一)影响我国社会的和谐稳定

收入分配差距的扩大将降低社会的劳动积极性,制约消费潜力的释放,同时滋生社会的不满情绪,影响社会稳定。[①] 一方面,高收入群体将充分利用现有的资源优势,在教育资源、市场竞争、技术共享方面获得更多资源,将收入差距逐步渗透到经济社会的更多领域,放大收入不平等效应。以教育内卷为例,收入分配的不公平将进一步增加家庭教育投入的不公平,而教育的不公平将在更深远的层次影响代际不公与社会不公平。另一方面,长期的收入差距将在社会引起不满心态,部分觉得显失公平的低收入群体或将通过非理性的方式表达诉求,影响社会的和谐稳定。从民众幸福水平的测度来看,收入差距是

---

① 龚六堂:《警惕疫情对收入增长和不平等的影响》,《国家治理》2020年第18期,第40—45页。

一种心理上的社会比较,收入差距的扩大会使社会单元在社会群体生活中的比较上产生心理落差,这种落差将进一步体现在个体的价值观、行为层面,因此,收入差距将增加社会的不公平感,造成社会群体幸福感总体降低。

### (二) 影响宏观经济的持续增长

当前,我国经济持续迈向高质量发展阶段,居民消费已经成为中国经济稳定运行的"压舱石",对经济的贡献率已经超过60%,在国民经济当中占据重要地位。而居民消费的根源是有稳定的收入来源,收入差距缩小才能保障广大居民敢消费、能消费。在一般的条件设定情况下,高收入阶层的边际消费倾向要低于低收入家庭,且低收入家庭的群体规模相比于高收入家庭规模更大,这是当前我国消费市场的重要基石。因此,收入差距的扩大将降低社会整体的消费需求,且如果中低收入群体的改善效果不及预期,家电下乡、消费券等消费激励政策效果也将下降,消费政策的实施效果很大程度上也与收入水平高度相关。与此同时,在整体的经济循环当中,收入差距的扩大抑制了消费的提升,需求端的下行将传导至供给端,生产企业被迫压缩生产投资规模,企业对未来销售的预期进一步下降,将减少扩大再生产的投入,从而使得企业裁员、员工失业,进一步导致收入分配和消费进入非良性的循环状态当中。因此,收入差距的扩大将在消费和生产领域产生负面效应,通过经济循环的累积效应影响宏观经济总体的平稳持续增长。

### (三) 影响国内国际双循环的发展

在中美经贸摩擦和新冠疫情叠加的背景下,构建以国内大循环为主体、国内国际双循环相互促进的新发展格局,是我国实现经济平稳持续健康发展的必由路径。在新发展格局下,缩小不同群体间的收入差距将有效促进经济循环的畅通。一方面,当前我国房地产价格大幅攀升的窗口期已经结束,住房的财富效益逐步消失,产业结构进入深度调整阶段,国内国际双循环的需求驱动将更加依赖于居民的收入水平,只有收入水平的提升才能够进一步夯实建立国内强大市场的基础,因此,我国居民的收入差距是影响实现国内国际双循环的重要因素,缩小居民收入差距将以点带面,取得良好的经济循环发展成效。另一方面,缩小居民收入差距带来的消费升级与国内市场扩容,将进一步降低我国对外贸出口的依赖性,提升我国宏观经济的稳定性;同时,国内市场的扩容将提升我国对外合作与外资引进的空间,提升我国参与区域性经济贸易合作组织的市场空间,在经贸交流中,外资将更加看好中国大体量的市场空间,进一步增强外资投资预期。因此,提升居民收入水平是畅通国内大循环、通过构建国内强大的内需市场带动实现国内国际双循环发展的关键举措。

**(四)影响新时代发展战略的稳步实施**

党的十九大明确了全面建设社会主义现代化强国的战略安排,明确了在 2020 年全面建成小康社会的基础上,到 2035 年基本实现社会主义现代化,到 2050 年建成富强民主文明和谐美丽的社会主义现代化强国。新时代"两步走"战略安排,完整地勾勒出我国社会主义现代化建设的时间表和路线图,而缩小居民的收入差距,就是在新时代发展战略实施过程中实现社会主义现代化的有力举措。首先,缩小居民的收入差距能够显著增进人民生活福祉,践行以人民为中心的发展理念,让最广大的人民群众分享我国经济发展改革的成果。其次,缩小居民收入差距将进一步提升我国的综合国力,因为从各国经济发展的历史经验来看,只有稳步提升居民的收入水平,才能真正实现国家综合实力水平的提升。最后,缩小居民收入差距是我国经济社会协调发展的有力体现。随着我国推进京津冀协同发展、粤港澳大湾区建设、长三角一体化发展等战略,我国区域协同发展取得了一定的成绩,居民收入状况也伴随着经济的协调发展得到改善。居民收入水平的提升和差距的缩小,将与协同发展的改革成果相呼应,综合体现我国区域协调发展的改革成果。

## 五、缩小收入差距、实现共同富裕的政策路径

"十四五"时期,我国在全面建成小康社会的基础上,开启全面建设社会主义现代化国家的新征程。缩小居民收入差距、实现共同富裕,是我国在"十四五"乃至更长一个时期的国家发展目标。因此,亟待构建新的政策体系,缩小收入差距,增强广大人民群众的获得感,共享发展改革的丰硕成果。

### (一)把增加居民收入作为重要的经济发展目标

以收入增长作为宏观经济发展的目标,以良性的目标信号导向提升各级政府对居民收入调节的政策意识,让中低收入群体共享发展改革红利,锚定提升居民可支配收入占GDP的比重、实现居民可支配收入增长与GDP增长同步这类统计特征指标,持续缩小居民之间的收入差距。从当前我国居民收入的结构组成来看,保障工资性收入、优化财产性收入结构是缩小居民收入差距的抓手。中低收入群体尤其是农村居民的收入方面,需要进一步提升工资性收入水平,同时缩小这类群体与高收入群体之间的财产性收入差距。从2020年的数据来看,我国财产净收入占人均可支配收入的比重为8.7%,但是农村居民的财产性收入占比仅为2.4%,与欧美的20%左右的水平线相比有较大差距。因此,提升中低收入群体尤其是农村居民的财产性收入占人均可支配收入的比重,将是缩小我国居民收入差距的重要锚定指标。另一方面,要进一步完善所得税税制,考虑到新技术、新发展格局下我国资本所得税起到的调整资本积累、改变相对工资分布的重要作用,应当降低企业所得税和资本所得税,持续改善企业员工的收入水平,为企业减负的同时也将税收减负传导到企业员工;应当渐进式推动财

产税、遗产税的制度改革,通过税制改革阻断收入不平等的代际传递。通过多种宏观经济政策的组合拳,使经济增长更多地惠及中低收入群体,实现社会的共同富裕。

### (二) 深入推动社会保障建设,增进中低收入群体福祉

社会保障是兜住兜牢民生底线的重要举措,也是进一步提升不同收入群体真实收入水平的重要举措。一方面,社会保障措施能够使中低收入群体将更多收入用于资产配置、消费升级、生活水平改善,大病医疗、子女教育等支出更多地由社会保障支出,降低中低收入群体的支出总量,优化中低收入群体的支出结构,提升中低收入群体的整体福利。另一方面,居民收入中的重要部分来自工资收入,社会保障尤其是就业保障实现了中低收入群体稳定的工资收入,让该类群体的收入可持续化。因此,应当通过优化就业途径、创新就业选择、改善就业环境等方式,有效加强应届毕业生、农民工等重点群体就业,保障这类群体快速匹配就业岗位,提升就业岗位的工资和福利水平;要以教育、医疗、养老等社会保障领域为突破口,缩小城乡之间、区域之间的社会保障水平差异[①],扩大失业保险参保范围,尤其是提升农民工失业保险参保比例。构建多层次的社会养老保障体系,持续优化第一支柱、第二支柱、第三支柱养老金结构,有效规避我国养老金账户可持续性风险。进一步推动医疗保险异地结算与区域统筹,实现农民工等重点流动群体病有所医。提高农民工子女城镇入学学位配额,加大农村教育经费投入,改善中低收入群体子女入学条件。

### (三) 提升第二产业占比,持续推动产业结构升级

在我国产业结构变迁过程中,第二产业占比仍然会面临下降的压力。当前,第二产业保障了我国中低收入群体的就业安全,结合新冠

---

① 厉以宁:《缩小城乡收入差距 促进社会安定和谐》,第7—10页。

疫情冲击、服务业劳动生产率低于第二产业等多方面因素考虑,保持第二产业特别是制造业的合理规模、稳步推进产业结构优化升级势在必行。因此,应当使第二产业占比维持在一定的区间范围内,各地区因地制宜,在精确测算、综合研判的基础上,提升中低收入群体的就业水平和工资水平。此外,通过产业结构升级提升我国产品的附加值,扩大品牌影响力提升企业营收,进而改善企业员工福利。我国在1998年和2008年经历了两轮扩大内需政策之后,与之匹配的产业升级推进政策相对滞后,应当充分利用本轮第三次扩大内需窗口期,全面提升我国各行业的劳动生产率水平,促进产业结构调整和产业内部升级,以产业的良性健康发展实现企业和员工增收。一方面,要增加基础科研经费投入,集中优势力量攻关"卡脖子"关键技术,掌握核心制造技术并生产高质量的产品,提升其产品附加值;另一方面,推进传统制造业优化升级,打造一批有国际竞争力的先进制造业集群,形成一批有国际影响力的企业品牌,推动生产性服务业向专业化和价值链高端延伸,形成更具国际品牌的生产企业,以企业国际声誉的提升促进企业员工福利的提升。

**(四)构建现代化应急管理体系,兜住民生保障底线**

受新冠疫情的影响,我国就业尤其是中低收入群体就业的不确定性有所增加。重大公共卫生事件以其突发性强、影响范围广的特点,对我国经济领域的各个方面尤其是就业增收方面产生了重要影响。为了解决在应对危机过程中兜住民生保障底线的重要问题,不仅需要提升应对重大公共卫生问题的危机意识、构建监测预测体系、提升快速反应处置能力,还需增强应对公共突发事件的经济"体质",加强应对危机的经济政策储备,保障我国产业链、金融市场等重要领域的稳定安全,使我国在应对危机冲击过程中经济所受影响最小化,进而保障中低收入等弱势群体在危机中收入稳定。① 应进一步完善公共卫生基础设施,夯实我国应急管理体系与治理能力现代化建设;加强在重大公共卫生事件下就业政策研究判断和保就业的各项政策储备,加强各类应急层级下对应的应急就业保障政策;加强在重大公共卫生事件下消费券、失业补贴、低保补贴发放手段和发放金额政策设计,使中低收入群体能够第一时间获得重要的生活补助,有效缓解其受到重大公共卫生事件影响后的生活困境。

### (五) 多措并举,应对新技术带来的收入不平等效应

随着新一代信息技术的普及应用,信息技术大幅度地提升了企业生产效率和人们的通信效率,但同时也带来了更大的信息鸿沟。一方面,信息鸿沟体现在城市与农村之间信息化应用能力的差异上。例如,掌握更多知识的群体利用互联网平台经济大幅提高收入水平,随着平台经济在我国经济发展中的地位逐步提升,不同群体之间的收入分配逐步形成强者愈强的马太效应。另一方面,信息鸿沟体现在新技术带来的劳动力选择的变化上。新技术逐步淘汰低技能的劳动人群,降低了对这类人群的劳动力需求,中低收入群体的劳动力收入也出现一定程度的下滑,形成了新技术下劳动力淘汰和重新选择的问题。因此,需要进一步提升5G、人工智能、大数据等新一代信息技术的普惠性功能②,加大政策宣传和政策引导力度,在互联网金融、电子商务贸易、直播电商平台等领域让更多中低收入群体获益,通过互联网金融下乡、提升农业信息化水平、农产品直播带货等一系列手段,让更多中低收入群体获益,努力实现新时代技术惠民的目标。例如,通过互联网金融下乡支持农民扩大农业生产,提升现代农业发展水平,实现农业增产、农民增收。通过增强新技术的普惠性功能降低技术使用门槛,努力实现新技术惠民的新发展理念。提升中低收入群体的再学习

---

① 龚六堂:《警惕疫情对收入增长和不平等的影响》,第40—45页。
② 龚六堂:《缩小居民收入差距推进共同富裕的若干政策建议》,第38页。

与培训支持政策力度,让更多中低收入群体的学习技能匹配新技术带来的新要求,同时增加人力资本存量,提升企业的用工匹配度和企业的生产经营效率,有效改善中低收入群体就业和工资水平。

### (六)提升区域生产要素的流动性,推动要素市场改革

长期以来,我国要素市场特别是土地市场在城市与农村之间、不同地区之间存在一定程度的分割问题,人力资本受到公共资源服务、户籍等政策限制,土地资源受到城乡之间产权制度不同的限制。要素流动的阻碍导致没有形成资源的有效配置,降低了生产经营效率,成为构建强大国内市场、实现国内国际双循环发展格局的重要堵点。因此,需要建立城乡统一的建设用地市场,推动土地红利在农村释放,以农村土地要素的制度性松绑增加农民财产性收入,释放消费潜力。应对标对表《中共中央 国务院关于构建更加完善的要素市场化配置体制机制的意见》的具体要求,通过制度创新解决要素市场和土地市场分割问题[①],在土地制度改革方面取得实质性的进展,促进农村土地资源高效流转,通过提升土地的财产性收益提升农村居民的财产性收入占比。应当进一步推动实现公共服务均等化,提升向农民工尤其是新农民工群体在城市的公共服务资源倾斜水平,通过医疗保障异地结算、养老保险异地缴纳等多种方式在社会保障制度层面实现劳动力要素流动,同时探索户籍制度松绑,实现更深程度的劳动力流动与优化配置。

### (七)提升公共资本占比,审慎管理我国资本市场秩序

改革开放以来,我国的公共资本占国家总财富的比例从1978年的69%下降到2015年的31%,公共资本占比的下降不利于提升政府应对居民收入差距扩大等问题的能力。应当保持适当的公共资本比

---

① 龚六堂:《缩小居民收入差距推进共同富裕的若干政策建议》,第37页。

例,保持公共资本占比在一定的合理区间范围内,从而强化政府部门调整收入分配的职能作用,努力营造收入分配公平的制度环境。在资本市场的管理方面,后疫情时代中美加息周期错配和世界金融市场的不确定性,使得中国的资本市场受到扰动的风险进一步加大。应进一步审慎管理我国的资本市场秩序,既要高效利用境外资本发展经济,又要审慎监管境外资金流入,降低热钱涌入带来的金融风险。

(原载《国家现代化建设研究》2022 年第 1 期)

# 中国农业现代化：时代背景、目标定位与策略选择

## 罗必良[*]

中国共产党领导的社会主义现代化，既有各国现代化的共同特征，更有基于自己国情的中国特色。党的二十大报告对中国式现代化的特征进行了深刻分析和阐释，提出中国式现代化是人口规模巨大的现代化，是全体人民共同富裕的现代化，是物质文明和精神文明相协调的现代化，是人与自然和谐共生的现代化，是走和平发展道路的现代化。[①] 现阶段，在人口规模方面，2021 年，我国乡村常住人口为 4.98 亿人，占全国总人口（14.13 亿人）的 35.24%；在物质条件方面，2021 年农村居民人均可支配收入为 18931 元，仅占城镇居民人均可支配收入（47412 元）的 39.93%；在精神条件方面，2019 年农村拥有本科学历的初中专任教师数量为 45.49 万人，仅占城市本科学历初中专任教师人数（125.31 万人）的 36.30%。[②] 可见，中国式现代化的人口规模压力

---

[*] 罗必良，华南农业大学文科资深教授、国家农业制度与发展研究院教授。

[①] 习近平：《高举中国特色社会主义伟大旗帜 为全面建设社会主义现代化国家而团结奋斗——在中国共产党第二十次全国代表大会上的报告》，北京：人民出版社 2022 年版，第 22—23 页。

[②] 根据历年《中国统计年鉴》《中国教育统计年鉴》相关数据计算得到。

主要源于物质和精神条件均相对落后的农村。农业是国民经济的基础,推进农业现代化,是更好满足农村居民物质和精神需求、促进全体人民共同富裕的重要路径。农业本身所具有的生态属性,使得农业生产同自然资源与环境的联系极为紧密,所以,推进农业现代化既是中国式现代化的重要内容,也是人与自然和谐共生的内在要求。

## 一、中国农业现代化的时代背景

中国用约占全球9%的耕地,生产了占世界近四分之一的粮食,养活占世界约五分之一的人口,这显示中国农业现代化已取得卓越成就。但与此同时,中国也面临着资源禀赋、产业格局和国际贸易三方面的突出矛盾和挑战。面向2050年全面实现农业现代化的新时代目标,耕地资源约束仍然是阻碍现代生产要素采纳与农业生产效率改进的突出短板,人多地少的资源禀赋现状是农业现代化进程的突出约束条件。家庭联产承包责任制下的家庭经营模式仍然占据我国农业生产的主导地位,小农经营为主的产业格局将作为我国基本国情而长期存在。中国拥有巨大的农产品进出口贸易规模,但当前复杂多变的国际局势给我国的农业对外开放以及利用"两种资源、两个市场"带来了不确定性风险。

### (一)资源禀赋:人多地少

人多地少是我国农业资源禀赋约束的突出表现。中国的人口规模从2000年的12.67亿人增至2021年的14.13亿人。然而,在人口增长的同时,耕地面积却在减少。第三次全国国土调查数据显示,我国耕地总面积为19.18亿亩,相较于第二次全国国土调查数据20.31亿亩减少1.13亿亩。相应地,人均耕地面积逐年下降,由前两次全国国土调查的1.59亩/人和1.52亩/人,下降至第三次调查的1.36亩/人。目前我国人均耕地面积已不足世界平均水平的40%。2020年种植业人均耕地面积仅为12.5亩,难以满足现代农业规模生产的门槛要求。①

中国人多地少引发的矛盾与问题集中体现在三方面,即人口总量与耕地存量之间的矛盾,耕地存量与非农用地之间的矛盾,以及粮食稳产保丰与耕地质量退化的矛盾。第一,中国14亿人口规模与现有耕地资源存量明显不匹配,依然存在粮食供应、储备、贸易等方面的诸多不确定性与风险。第二,受国土空间布局的总量约束,林地、草地等非农用地需求向耕地存量扩张,造成"非农化"和"非粮化"现象。2020年中国耕地、林地、草地、园地面积分别为127.9万平方千米、284.1万平方千米、264.5万平方千米、20.2万平方千米,其中耕地面积仅占国土面积的13.3%。不仅如此,耕地分别净流向林地和园地1.12亿亩、0.63亿亩,耕地存量不足的问题愈发凸显。② 第三,耕地质量退化已成趋势。2015年以来,尽管我国粮食产量连续7年超过1.3万亿斤,但化肥、农药、农膜等要素的高密度、高强度使用,导致农业面源污染、土壤退化、土地板结等问题日益严重。

**(二)产业格局:小农经营**

长期以来,小农一直是传承农耕文明以及维护社会稳定的基础力量。他们通过劳作积累的技艺与经验具有深刻的社会人文价值。③ 中国自战国时期开始,逐步发展形成精耕细作、自给自足的小农传统,这种传统具有一脉相承的历史继承性。鉴于小农经营在中国农业中的历史传承和现实国情,国家不断强化以家庭为载体的小农经营模式。1978年以来,家庭联产承包责任制从制度上明确了小农家庭经营的

---

① 黄季焜:《加快农村经济转型,促进农民增收和实现共同富裕》,《农业经济问题》2022年第7期,第10页。
② 《中国统计年鉴(2021)》,国家统计局网站,http://www.stats.gov.cn/tjsj/ndsj/2021/indexch.htm,2023年1月9日访问。
③ 罗必良、胡新艳、张露:《为小农户服务:中国现代农业发展的"第三条道路"》,《农村经济》2021年第1期,第1—10页。

主体地位,并在一定时期内促进了中国农业的快速增长。党的十八届三中全会后,国家逐步推行农地"三权分置"改革,基本确立了集体所有权、农户承包权和土地经营权分置并行的农村土地制度,由此一方面进一步发挥家庭经营的优势和潜力,另一方面发展多种形式适度规模经营,推动小农户与现代农业发展有机衔接。[①]

小规模的家庭经营是我国发展现代农业必须长期面对的一个基本现实,这一现实对我国的农业现代化发展构成了特定制约。数据显示,我国小农户数量占农业经营主体的98%以上,小农户从业人员占农业从业人员的90%,超过70%的耕地由小规模生产的农户经营。考虑到数量与质量公平的土地分配,不仅造成户均耕地面积狭小,而且造成地块细碎分散,不利于开展大规模农业生产,因此难以显著提升产出效率。不仅如此,由于中国农民固有的乡土情结和风险规避偏好,通过培育农地交易市场、促进农地经营权流转集中以解除小农户禀赋约束的努力成效并不显著。数据显示,经营土地规模在10亩以下的农户占家庭承包户总数的比例从1996年的76.0%增至2018年的85.2%。[②]可见,小农经营的农业产业格局存在严重的规模不经济问题。

### (三)国际贸易:局势动荡

中国是农产品生产大国,也是农产品进口大国,统筹好国内和国际两个市场,一直以来都是我国农业发展和保障粮食安全的应有之策。一方面,我国坚持"谷物基本自给,口粮绝对安全"的基本思路,以高质量的农业现代化保障粮食等重要农产品供给,实现"饭碗里主要装中国粮"的目标;另一方面,我国主张通过国际贸易平衡国内食物供给,满足国内多样化的消费需求。

---

① 刘守英:《农村土地制度改革:从家庭联产承包责任制到三权分置》,《经济研究》2022年第2期,第18—26页。

② 参见《中国农村经营管理统计年报(2018年)》,北京:中国农业出版社2019年版。

然而,国际地缘政治格局加速演变和贸易保护主义明显抬头,给世界粮食安全和我国粮食安全带来了不确定性风险和严峻挑战。地缘政治格局方面,2018年以来中美贸易摩擦频繁,两国间复杂的经贸关系使我国农业生产和粮食安全面临考验。而2022年爆发的俄乌冲突则对世界以及中国的粮食安全造成直接影响。[①] 近年来,俄乌两国对农业的支持,尤其是鼓励农产品出口,促进了中国与两国农产品贸易的快速发展,俄乌成为中国部分大宗农产品进口的重要来源国。但随着俄乌冲突的爆发,俄乌国内粮食等重要农产品生产可能有所下降,加上国际政治格局的深刻变化,容易引发国际粮食贸易的不稳定风险,中国也将不可避免地受到影响。贸易保护主义方面,新冠疫情引发的全球公共卫生危机,使世界各国深刻认识到农业作为基础产业的重要性,纷纷实施一系列贸易保护主义措施以规避国际粮食市场波动造成的不利影响。[②] 这些无疑会扰乱正常的国际贸易秩序,影响全球经济发展。疫情叠加地缘政治紧张局势带来的不确定性,使得全球粮食供应体系面临挑战,其稳定性不容乐观。

## 二、中国农业现代化的目标定位

明确中国农业现代化的目标要求,是推动农业高质量发展的重要前提。人多地少的资源禀赋限制了农业规模经济性的改善,而通过培育农地交易市场、促进农地经营权流转集中,并未有效改变小农经营的基本格局。形势动荡的国际贸易更是制约着通过外循环调控国内农产品供需失衡的选择空间。多重制约表明,中国农业必须走现代化道路,立足自己的国情农情,利用国际局势变化带来的机会,寻找中国

---

[①] 王明利、鄢朝辉:《俄乌冲突对世界及我国食物安全的影响与应对策略》,《经济纵横》2022年第7期,第97—106页。

[②] 程国强、朱满德:《新冠肺炎疫情冲击粮食安全:趋势、影响与应对》,《中国农村经济》2020年第5期,第13—20页。

农业现代化的可能性空间及目标定位。具体来说,中国农业现代化的目标要求主要是:

## (一) 保供给

中国农业现代化的首要目标是保供给。保供给是指保障粮食等重要农产品的有效供给。习近平总书记指出,粮食安全是"国之大者",要牢牢把握"立足国内基本解决我国人民吃饭问题"的战略方针。《"十四五"推进农业农村现代化规划》也明确提出,把保障粮食等重要农产品供给安全作为头等大事,既保数量,又保多样、保质量,以国内稳产保供的确定性来应对外部环境的不确定性,牢牢守住国家粮食安全底线。

随着我国居民收入水平提升以及农产品消费提档升级,主要农产品特别是优质农产品供需仍处于紧平衡状况,食物消费向更多量、更多样和更安全的需求转变。习近平总书记就此指出,"要树立大食物观,从更好满足人民美好生活需要出发,掌握人民群众食物结构变化趋势,在确保粮食供给的同时,保障肉类、蔬菜、水果、水产品等各类食物有效供给"[①]。因此,必须牢牢守住十八亿亩耕地红线,切实贯彻"藏粮于地""藏粮于技"战略,不断拓宽食物来源,构建多元化的食物供给体系,全方位夯实粮食安全根基。一是在生产空间上以耕地为主向草原、森林、海洋拓展;二是在食物来源上从传统农业资源向广泛的植物、动物、微生物资源拓展;三是在产业上开发新型食物产业,发展食品新业态;四是强化国内供给韧性,不断提升在农资、产品、加工、物流、贸易等全产业链布局的能力,强化粮食储备、调控、减损、节约能力,不断完善粮食储备应急体系;五是增强我国粮食等重要农产品全球供应链的安全性、稳定性和可持续性,提高国际市场议价能力,确保进口粮食和重要农产品的稳定性和可靠性。只有全方位夯实粮食安

---

① 《把提高农业综合生产能力放在更加突出的位置 在推动社会保障事业高质量发展上持续用力》,《人民日报》2022年3月7日第1版。

全根基,确保中国人的饭碗牢牢端在自己手中,才能从容应对各类风险挑战和考验,把全面建成社会主义现代化强国的根本和支撑夯牢夯实。

## (二)提质量

中国农业现代化的本质规定是提质量。提质量的核心在于稳步提高农业质量效益和竞争力。中国现代化最艰巨最繁重的任务在于农业,农业现代化的水平和质量决定了国家现代化的质量和成色。[①] 传统经济增长理论认为,农业对经济增长主要有产品、市场、要素与外汇四大贡献,对于支撑国民经济和其他产业发展发挥着不可替代的基础性作用。改革开放至今,中国已经实现从单一种植业为主的传统农业向农林牧副渔多种产业全面发展的现代农业转变,农业发展由增产导向转向提质导向。

面向全面建成社会主义现代化强国的远景目标,中国农业发展的质量效益和竞争力还有待进一步提升。随着现代经济发展和需求结构的转变,中国农业现代化的内涵不再局限于产品、要素、市场和外汇的传统贡献。农业生态、康养、人文与社会功能的发挥,意味着高质量的农业现代化应该着眼于从产品性农业向功能性农业转型。[②] 针对提质量的薄弱环节,首先应立足粮食安全的底线要求,进一步优化农业生产结构和区域布局,通过改善物质技术装备条件,提高规模化、集约化、标准化和数字化水平,不断夯实农业发展的硬件和软件基础。其次要进一步强化农业的功能定位,因地制宜发挥农业特有的生态、人文、康养与社会价值功能,提升农业综合竞争力。以高质量的供给、高质量的需求、高质量的配置、高质量的投入产出、高质量的收入分配和高质量的经济循环,实现高质量的农业现代化。

---

[①] 魏后凯、崔凯:《建设农业强国的中国道路:基本逻辑、进程研判与战略支撑》,《中国农村经济》2022 年第 1 期,第 2—23 页。

[②] 张露、罗必良:《中国农业的高质量发展:本质规定与策略选择》,《天津社会科学》2020 年第 5 期,第 84—92 页。

## （三）促增收

中国农业现代化的核心要义是促增收。促增收表现为农民增收能力提升且收入稳步增长，同时还应考虑到相对收入差距的缩小。党的二十大报告指出：中国式现代化是人口规模巨大的现代化，是全体人民共同富裕的现代化。① 农民作为社会低收入群体，是实现共同富裕最薄弱的环节。"十三五"时期，我国举全国之力打赢了脱贫攻坚战，农村贫困人口全部脱贫，消除了绝对贫困和区域整体贫困。但不可忽视的是，尽管农村居民人均可支配收入在不断提高，城乡居民以及农村居民间的相对收入差距仍然十分显著。

促增收的关键在于拓宽农民增收渠道，提升农民持续增收能力。一方面，随着城镇化和工业化发展，农民收入来源由单一农业种养所得拓展至工资性、经营性、财产性和转移性四大板块，收入渠道和来源不断增多。当前应致力于拓宽农民增收渠道，创造更多非农就业机会以增加农民工资性收入，提升土地生产率和劳动生产率以稳定农民经营性收入，盘活农村资产要素以强化农民财产性收入，建立健全农业支持保护体系以保障农民转移性收入。另一方面，人力资本是农业经济增长的重要源泉，因此，培养高素质的现代农民也是实现农业现代化的重要路径。提升农民增收能力、实现农民收入持续增长必须加大农业人力资本的投入。因此，可以通过农民教育培训把劳动力优势转化为人力资本优势，培育壮大农民企业家群体，推动农业劳动生产效率、土地市场效率和资源配置效率提高，进而促进农民走向共同富裕。

## （四）强科技

中国农业现代化的内在驱动力是强科技。科技是第一生产力，是农业现代化的动力源，也是实现高质量发展的着力点。囿于水土资源

---

① 习近平：《高举中国特色社会主义伟大旗帜 为全面建设社会主义现代化国家而团结奋斗——在中国共产党第二十次全国代表大会上的报告》，第22页。

等要素禀赋的有限性，要实现粮食等重要农产品供给有效保障、农业质量效益和竞争力稳步提高以及农民增收能力提升且收入稳步增长，有赖于先进的现代农业科技和物质装备，并以此为支撑提升农业全要素生产率。传统经济增长理论将技术视为外生变量，而诱发性技术创新理论则将技术视为经济系统的内生变量，受到诸如要素投入、产品需求等变化的诱发。无论外生还是内生，技术都是现代农业发展的决定性力量。对比农业发达的国家，从能源农业、生物农业、绿色农业再到智慧农业，每一次科技进步都直接导致了农业的巨大变革。[①]

农村改革40多年来，以机械装备为代表的科技手段运用于农业生产，使中国农业实现了跨越式发展。农业物质技术装备能力的提升，带来了年均2%的技术进步贡献率，极大提升了农业综合生产能力。尽管农业科技赋能农业现代化已取得阶段性成就，但在农业科技基础研究、前沿核心技术方面，我国与世界先进水平还有一定差距：其一，农业科技的基础研究不够，如生物育种、农机装备、智能农业、生态环保等领域的重要技术还存在诸多短板；其二，在一些关键性技术方面自给能力较为欠缺，如现代种业的育繁推一体化、优质畜禽品种的遗传改良还有很大的改进空间；其三，数字经济等新经济要素与农业的结合还不够深入，主要是以物联网、云计算、大数据、移动互联网等现代信息技术为依托的智慧农业，尚处于起步阶段。概而言之，中国已有农业发展成就离不开农业科技的进步，未来中国农业现代化的水平和质量也将取决于农业科技的含量，因此，必须把科学技术作为农业现代化的内在驱动力。

### （五）增绿色

中国农业现代化的外在要求是增绿色。增绿色在于推进农业绿色化以实现可持续发展，这也是农业供给侧改革与高质量发展的核心

---

① 张红宇、张海阳、李伟毅、李冠佑：《中国特色农业现代化：目标定位与改革创新》，《中国农村经济》2015年第1期，第4—13页。

内容。党的二十大报告指出,中国式现代化是人与自然和谐共生的现代化。① 因此,探索绿色化发展是推动农业现代化的必然要求。农业作为生态系统的重要组成部分和人类赖以生存的基础,具有明显的外部性特征。过量施用化学品和农业废弃物导致的土地、空气和水资源污染会直接危害生态环境,也会通过自然循环、生理摄入等多种渠道损害人类健康。不仅如此,由于农业对水土等自然资源的高度依赖,粗放式的生产行为将会使生产成本上升和农产品质量下降,不利于农业的可持续发展。

中国是一个人口大国,农产品供给压力巨大。在增产压力下,以有限的耕地和水资源实现粮食连年增长,离不开化肥、农药、农膜等现代农业生产资料的投入。而过量和不合理地使用农业化学品,会引发土壤板结、水体富营养化、农业面源污染等环境问题,由此造成的耕地质量退化成为影响粮食增产目标的隐患。从国外的经验看,欧盟、北美、亚洲、中东部分发达国家的化肥与农药施用量都呈现先快速增长、达到峰值后保持稳中有降或持续下降的趋势,这些国家逐步走上了减肥增效、高产高效的可持续发展之路。近年来,中国积极探索绿色农业生产之路,化肥施用量在 2015 年达到峰值后呈现下降趋势,但仍然存在化肥施用强度高、利用效率低等问题。因此,中国的农业现代化要以绿色为发展底色,兼顾生态环境安全和农产品质量安全双重目标,推进农业绿色化,以实现可持续发展。

## 三、中国农业现代化的主张与探索

小农是中国农业经营的核心主体。如何让小农户融入现代农业,是中国农业现代化发展历史进程中的重要议题。首先,围绕小农改造

---

① 习近平:《高举中国特色社会主义伟大旗帜 为全面建设社会主义现代化国家而团结奋斗——在中国共产党第二十次全国代表大会上的报告》,第 23 页。

与存续问题,不同理论维度的深刻剖析与探讨为理解农业现代化的中国道路奠定了理论基础。其次,强化农业的分工深化,发展以服务托管为核心的农业服务规模经营,为破解我国农业的规模约束提供了基要性变革线索。最后,农业现代化实践路径的诸多探索与发展态势,为小农户融入现代农业发展拓展了可能的选择空间。

### (一) 小农改造:若干理论的评述

小农改造和存续问题,受到马克思主义、实体主义、新古典/新制度经济学、生计框架以及后结构/后现代主义等不同理论多维度的广泛讨论。[1] 马克思主义者主张"小农必然消亡论",认为小农落后的生产方式必然会被社会化大生产取缔,小农与现代农业在生产力与生产关系上处于根本对立。[2] 以恰亚诺夫(Chayanov)为代表的学者则坚持"小农稳固存续论",认为小农经济能够凭借其自身的生产方式抵御资本主义的渗透,有效应对外部力量的干预。显然,前者的论断是基于社会发展规律的,而后者的看法则是违背社会发展规律的。

在农业现代化意义上,值得关注的有西奥多·舒尔茨(Theodore William Schultz)的"改造传统农业理论"和张培刚的"农业国工业化理论"。舒尔茨指出,传统农业之所以落后,是因为缺乏新要素的引入,由于生产要素和技术长期保持不变,受限于较低的投资收益率,小农户难以产生对农业投资的动力。[3] 由此,舒尔茨将新生产要素的引入视作改造传统农业的关键,认为只有从外部引入新生产要素,才能打破原有均衡状况,从而改造传统农业。然而,这一理论可能存在静态思维、破坏均衡和忽视分工三个方面的缺陷。实践证明,改造传统农业理论尽管在发展中国家普遍被寄予厚望,但实际上未能取得预

---

[1] 叶敬忠、张明皓:《小农户为主体的现代农业发展:理论转向、实践探索与路径构建》,《农业经济问题》2020年第1期,第48—58页。

[2] 参见马克思:《资本论》第2卷,北京:人民出版社2004版。

[3] 〔美〕西奥多·W.舒尔茨:《改造传统农业》,梁小民译,北京:商务印书馆2006年版,第30页。

期成效。

张培刚在其著作《农业与工业化》中,将"工业化"定义为"一系列基要的'生产函数'连续发生变化的过程",而"基要的"生产函数的变化能够诱导其他生产函数的变化。① 在国家从农业走向工业化的进程中,农业不仅保留其不可替代的基础性作用,而且自身也蕴含着类似工业化的现代化转型,即农业本身的"工业化"。因此,农业也会受到基要生产函数的影响。工业化的过程是通过报酬递增的形式促进经济增长。不同于农业规模报酬递减不利于农业改造的一般观点,张培刚认为农业也能通过生产函数的变动得到报酬递增。这也表明,工业发展是农业改造(农业现代化)的必要条件。不仅如此,张培刚的"农业国工业化理论"也蕴含着古典经济学的分工理论思想,通过工业的分工经济与迂回生产,实现对传统农业的改造。如果说工业化是一系列基要的生产函数发生变化的过程,那么改造传统农业就可理解为由分工经济和迂回生产所决定的基要性变革。② 由此,基要性变革可以视为农业现代化的理论基石,从而成为寻求中国农业转型发展与现代化变革的核心线索。

### (二) 基要性变革:规模约束与分工深化

让小农户融入现代农业,是实现中国农业现代化的先决条件和内在要求。规模化、专业化是现代农业发展的典型特征。然而,美国式的大规模经营及其自我服务和日本式的小规模经营及其投资内卷化,并不适用于中国的国情农情。受制于小规模、细碎化农业生产格局下的规模,以及无法跨越现代生产方式门槛的能力,我国小农户面临难以融入农业现代化发展的现实难题。中国为破解这一难题作出了持续性努力,其中尤为重视的是农地规模经营,即通过土地流转和集中,

---

① 参见张培刚:《农业与工业化》,北京:中国人民大学出版社 2014 版,第 108 页。
② 罗必良:《基要性变革:理解农业现代化的中国道路》,《华中农业大学学报(社会科学版)》2022 年第 4 期,第 1—9 页。

扩大农业经营规模,从而为现代要素引进和资源配置效率改善创造条件。然而,尽管家庭承包经营的土地流转率有所提高,但经营规模达到 30 亩及以上的农户占比仅为 3.78%,50 亩及以上的规模经营农户甚至仅占 1.48%。① 需要认识到,在人地关系紧张的现实情境下,农地经营规模向来不是决定农业增长绩效的最关键要素。致力于通过扩大农地经营规模以谋求规模经济性的努力,均未能在广大发展中国家取得预期成绩。对于有着独特国情农情的中国而言,以扩大农地经营规模实现规模经济性可能是一个较为漫长的过程。

专业化分工为小农户融入现代农业发展提供了思路。亚当·斯密最早提出分工与专业化是经济增长的源泉,指出"劳动生产力最大的改良,以及在任何处指导劳动或应用劳动时所用的熟练技巧和判断力的大部分,都是分工的结果"②,而农业劳动生产力之所以总是滞后于制造业,原因在于农业不能完全采用分工制度,由此强调认为,农业生产领域的分工深化有着天然的内生性障碍,因此,农业并不能成为一个存在显著分工经济空间的产业。

但是,人们应该认识到,无论是企业还是行业,都能够形成和存在两类情形的分工:一是内部分工,如企业内部的产品细分与多元化经营;二是外部分工,如企业通过社会分工网络走向专业化经营。显然,从内部来说,无论是从土地经营规模、生产季节性还是动植物生长的生命节律来说,农业的专业化分工必然面临高昂的交易成本与时间成本,资产专用性导致的机械装备使用严重不足,也会显著降低分工的经济性。所以,通过外部的社会化分工,让农业融入迂回经济与分工经济,将是恰当的选择。对小农户来说更是如此。由此,通过农业社会化服务为小农户提供部分或全部生产环节的生产要素支持或托管服务,能够促进小农户与现代农业发展的有机衔接。可以认为,效率源于分工,而农业分工的本质是专业化与服务经济。为此,我们主张,

---

① 参见《2020 年中国农村政策与改革统计年报》,北京:中国农业出版社 2021 年版。
② 〔英〕亚当·斯密:《国富论》,郭大力、王亚南译,北京:商务印书馆 2011 年版,第 1 页。

大国小农格局下的农业现代化,必须走不同于美国与日本的"第三条道路",即通过生产托管与外包服务引入技术资金、企业家能力以及交易组织方式,由此将小农户卷入分工经济。① 所以,农业社会化服务市场发育以及由此诱导的迂回投资、迂回交易与组织演变,都可以视为农业一系列"基要的生产函数变化"的核心。走中国特色的"服务型农业"道路,为破解我国小农户难题及其规模约束提供了基要性变革的线索。

### (三)实践路径的探索

近年来,家庭农场、农业合作社、农业公司、社会化服务组织等新型农业经营主体不断涌现,为加快推进中国农业现代化作出了突出贡献。然而,何种主体能够成为中国农业现代化最有效率的微观主体至今仍然没有定论。基于理论研究和实践探索,学界主要有小农主体论、农业合作论和农业公司论三种观点:

一是小农主体论。这一观点认为,小农占主体的家庭经营模式仍将长期存在。随着劳动力资源退出农业,发展多种形式的农业生产经营应该成为现代农业的前进方向。"小农主体论"既受到中国现实国情的制约,又受到舒尔茨"改造传统农业理论"的影响。以舒尔茨为代表的学者认为,可以通过改造将小农引入现代轨道,关键是要引入新的生产要素并向农民投资人力资本。尽管小农生产效率低下,但只要通过发展多种形式生产经营和社会化服务就能实现农业现代化。但是,事实上,中国在培养和发展土地流转与社会化服务市场方面作出了持续性努力,而以小农户为主体的农业并没有完全走向现代化。随着中国农业农村发展步入新阶段,出现新的发展理念和发展战略,需要培育新的生产经营主体,如此才能带动小农户发展并实现他们与现代农业的有机衔接。

---

① 罗必良、胡新艳、张露:《为小农户服务:中国现代农业发展的"第三条道路"》,第1—10页。

二是农业合作论。这一观点认为,分散的小农户经营难以实现规模经济,根本出路在于通过农业合作社将众多小农户组织起来,间接推动小农户与现代农业的有机衔接。马克思的合作化理论认为,合作社不仅是改造小农户的形式,而且是改造资本主义制度下农业的主要组织形式。① 农民专业合作社是一种自愿联合的互助性经济组织,其"合作"的本质是市场机制下的劳动分工与合作,使得市场经济制度下每个人都能参与并获得收益。将农民专业合作社培育成为现代农业的主体,可以在保护小农户基本利益的基础上推动农业的现代化、高质量发展。截至2022年5月底,依法登记的中国农民专业合作社数量达到222.5万家,成为与公司、企业法人、个体工商户并列的市场主体。这里的问题在于,小农户往往缺乏主动加入合作社的动力,农民专业合作社需要政策上的支持与保护,但是,政府政策性支持在实践中有时会导致"假""空""弱"等问题。

三是农业公司论。这一观点认为,公司和企业家应该是农业现代化的主体。作为经济现代化的一部分,现代农业发展的基本逻辑包括两大驱动力:一是市场机制,二是科技进步。在市场机制下,政府部门不能完全按照市场经济规则行事,有时需要进行干预和调控;而农民自发组织不能超出有限的市场范围,因此要素转化效率不高。据此,农业公司论者主张,能够有效率地将要素和产品转化为商品的市场组织只有公司。一方面,生产性农业公司能够依托现代工业基础生产出高质量的农业要素服务于农户;另一方面,经营性农业公司能够将农业的产前、产中、产后环节相连接,农户成为产业链环节的参与者和受益者,工商资本和企业家进入农业有助于提高农业竞争力和实现规模经营。② 农业公司论为小农户与现代农业发展的有机衔接提供了一种重要思路,但也隐含着土地要素流转、企业资金和企业家来源、农村剩

---

① 参见马克思《资本论》第2卷。
② 李静、陈亚坤:《农业公司化是农业现代化必由之路》,《中国农村经济》2022第8期,第52—69页。

余劳动力出路等潜在问题。

综上,在三类主张中,小农主体论和农业合作论强调保护小农利益而非以市场机制驱动现代农业发展,而农业公司论将小农户纳入农业产业化链条,强调以市场机制和科技进步引领现代农业发展。这三类主张的基本共识是强调以小农融入现代农业为核心出发点,从而为中国农业现代化的路径选择提供了实践参考。

**(四)未来态势及可选择空间**

长期以来,人们普遍将农业现代化等同于农业发达国家的现代化,即两种典型模式,一是以美国为代表的农场制,二是以日本为代表的合作社制,并试图通过借鉴其发展经验以推进中国农业现代化。但是,这一观点显然忽视了中国国情的特殊性。基于人口规模、资源禀赋、工业化城镇化水平等基本国情,中国的农业现代化不可能照搬美国、日本等发达国家模式,而是要走出一条具有中国特色的现代化农业发展道路。

在我国"农地集体所有,农户承包经营"的制度框架下,地权分离为所有权、承包权、经营权三大权能。从理论上来说,通过农地经营权的流转与集中,如果能形成一个规模"足够大"的农场,是可以形成内部分工与专业化的。但问题是,由于土地具有空间不可移动性以及产权地理垄断性等特征,加之中国特殊的人地关系,农地流转并不是一个简单的要素市场,也不是一个能够独立运作的产权市场,农地流转必然内生出高昂的交易费用。因此,通过大规模的土地流转来推进规模农场发展及其分工拓展,实际上是受到限制的。

随着现代农业科技的进步,农业生产经营活动的可分性增强。农户的农业生产活动可以从纵向上划分为不同的生产环节,即在保障农户对承包土地既定控制权的前提下,农业生产经营中的多数农艺与活动环节是可以分离的。例如,由农户购买机械转换为由市场提供中间品服务,则可能将家庭经营卷入社会化分工并扩展其效率边界;水稻的育秧活动是可以独立分离的,能够由专业化的育秧服务组织提供;整地、栽插、病虫害防治、收割等生产环节亦可由专业化的服务组织外包托管。

因此,经营权细分,为不同主体进入农业提供了可能性空间。培育多样化的生产性服务主体,开展代耕代种、联耕联种、土地托管、产业补链延链强链等各种专业化规模化服务,均能够从不同层面扩展农业经营中迂回交易与分工深化的空间。有鉴于此,中国应当突破传统规模经营思路,以农业分工与专业化发展为农业现代化开拓空间,发展农业社会化服务,由社会化引入现代生产要素、企业家才能和组织方式,推动农业现代化发生基要性变革。通过农业的服务化带动小农户的组织化,利用迂回投资,将农业家庭经营卷入分工经济,发展生产性服务的规模经营,是现阶段顺应中国农业经营方式转型、实现农业现代化发展的重要路径。

## 四、在新发展格局下推进中国农业现代化

中国的农业现代化并非独立事件,它既是中国式现代化的重要组成部分,又是坚持农业农村优先发展、全面推进乡村振兴的核心内容。同样,乡村振兴也并非独立事件,必须跳出乡村来谋划乡村振兴。因此,强化乡村"镇"兴,在赋权强能的基础上打开村门,在村庄开放的格局下盘活资源,在城乡融合的进程中推进农业现代化,由此引入现代生产要素、企业家能力与组织方式,促进"大国小农"现代农业转型的基要性变革,应该是重要的策略选择。

### (一)在县域城乡融合发展中促进要素流动

《"十四五"推进农业农村现代化规划》将"推动城乡融合发展"作为农业农村现代化的重要战略导向,提出"将县域作为城乡融合发展的重要切入点,以保障和改善农村民生为优先方向,强化以工补农、以

城带乡,加快建立健全城乡融合发展体制机制,推动公共资源县域统筹,促进城乡协调发展、共同繁荣"①。推进县域城乡融合发展的重心在于促进城乡要素的自由流动与平等交换。以大城市为导向的传统发展思路形成城市对农村资源的虹吸效应,造成要素由农村向城市的单向流动;同时,农村集体所有制生成的地权排他性与土地用途强制性,又形成阻滞现代要素进入农业农村的制度壁垒,造成城市增长极的涓流效应难以发挥。因此,一方面需要改变以大城市为主导的传统城镇化发展思路,推进以县城为载体的新型城镇化,以县城为龙头有效沟通农产品供给与消费市场需求信息,充分衔接农业生产与消费市场,并开展组织化的农业生产经营活动,带动县域所辖的乡镇和村庄发展;另一方面需要以农村土地制度变革为突破口,在坚持土地集体所有、尊重农户承包经营权的基础上,通过建立健全城乡相对统一的土地市场,改善农村土地产权的开放性,继而吸引有能力的市场主体参与农业现代化建设,拓宽农村土地产权的实施空间并提升其产出效率。

### (二)在新型经营主体培育中完善组织机制

中国农业现代化要求加快构建现代农业经营体系。现代农业经营体系是指通过大力培育新型农业经营主体,逐步形成以家庭承包经营为基础,专业大户、家庭农场、农民合作社、农业产业化龙头企业为骨干,其他组织形式为补充的农业经营体系。构建新型农业经营体系,强调大力培育专业大户、家庭农场、专业合作社等新型农业经营主体,发展多种形式的农业规模经营(如农地规模经营、服务规模经营)和社会化服务(如农业生产性服务、生产托管)。加快构建现代农业经营体系,需要以培育市场适应能力强、政府政策转化快的新型生产主

---

① 《"十四五"推进农业农村现代化规划》,中国政府网,2022年2月11日,http://www.gov.cn/zhengce/zhengceku/2022-02/11/content_5673082.htm,2023年1月17日访问。

体为核心,从而提升粮食等重要农产品的供给保障能力。[①] 中国农业现代化建立在各类农业经营主体有序开展生产经营活动的基础上,因此必须重视各类新型农业经营主体的培育和发展,充分发挥好不同主体的家庭经营优势和组织联合优势。在推进多种形式规模经营的同时,重视"服务型农业"发展,通过完善农业社会化服务市场机制,鼓励农户采用以农业生产性服务和生产托管为代表的农业经营模式,即由专业化的服务供应商为小农户提供部分或全部生产环节的生产要素支持或生产托管服务,以此弥补小农户的要素禀赋局限,从而实现小农户与现代农业的有机衔接。

### (三)在强化政策支持体系中形成保障策略

推进中国农业现代化应当着眼于现代化的策略选择。具体包括:第一,不断完善健全政策支持体系,为小农发展提供制度保障。巩固完善农村基本经营制度,坚持农村土地农民集体所有、家庭承包经营基础性地位不动摇,保持农村土地承包关系稳定并长久不变,处理好农民和土地的关系,尊重农民意愿,维护农民权益。第二,加快培育各类新型农业经营主体,创新带动小农户发展。培育壮大新型农业经营主体,支持农户发展家庭农场、组建农民合作社。引导各类新型农业经营主体融合发展,推动组建规模大、竞争力强的大型农业经营组织。创新组织形式和利益联结机制,充分发挥农业产业化龙头企业引领带动小农户的功能作用。第三,加快发展农业社会化服务,健全专业化社会化服务体系。注重培育农业社会化服务组织,加快形成组织结构合理、专业水平较高、服务能力较强、服务行为规范、全产业链覆盖的农业社会化服务体系。引导各类服务组织以资金、技术、服务要素为纽带,组建农业生产性服务行业联盟,聚焦服务小农户,着力解决小农

---

① 李周、温铁军、魏后凯、杜志雄、李成贵、金文成:《加快推进农业农村现代化:"三农"专家深度解读中共中央一号文件精神》,《中国农村经济》2021年第4期,第2—20页。

户生产关键薄弱环节的现代化难题。第四,构建区域性、多种类、多中心的具有适度交易范围的生产性服务交易平台,围绕农业全产业链,提供集农资供应、技术集成、农机作业、仓储物流、农产品营销等服务于一体的农业生产经营综合解决方案,推动生产性服务业规范化、标准化发展。五是加快数字乡村建设,发展数字化的现代农业。建立和推广应用农业农村大数据体系,推动物联网、大数据、人工智能、区块链等新一代信息技术与农业生产经营深度融合。加强农业农村数字化服务,推进城乡公共服务资源开放共享,缩小城乡"数字鸿沟"。

(原载《国家现代化建设研究》2023年第1期)

# 美好生活与国家现代化建设论[*]

项久雨[**]

我国小康社会全面建成后,现代化建设的第一个百年奋斗目标得以实现。随着我国向现代化建设第二个百年奋斗目标进军的征程全面开启,我国进入新的发展阶段,美好生活与国家现代化建设日益成为人们热议的话题。美好生活与国家现代化建设作为21世纪马克思主义的独特命题,成为中国道路发展进程中的两个标志性概念,代表着中华民族伟大复兴的重要指向。在马克思主义的整体视域中,人类社会历史划分为五个阶段,具有相对应的五种社会形态。社会形态之间的更替,推动着人类社会不断向着光明、崭新和高层次部分发展。人类社会历史阶段的这种发展逻辑,既表现为社会整体形态变更,也表现为整体内部各部分的更迭进步。美好生活与国家现代化建设的命题,代表了中国道路更高阶段的特征,证明了中国道路合乎马克思主义发展逻辑的时空双重规定,契合了中国社会实际和人民群众的现实诉求,完成了"到实践中去"的价值复归。

---

[*] 基金项目:国家社会科学基金重大项目"建立不忘初心、牢记使命制度研究"(项目编号:20ZDA020);新疆中华民族多元一体格局历史与文化研究基地重大项目"中华民族命运共同体的文化建构研究"(项目编号:KDJDA01)。

[**] 项久雨,武汉大学马克思主义学院教授,喀什大学马克思主义学院讲座教授。

## 一、美好生活与国家现代化建设的命题阐释

美好生活与国家现代化建设,既不是从天而降,又不是凭空想象出来的。它是中国共产党人在走好、走牢、走稳中国道路的历史过程中,在对共产党执政规律、社会主义建设规律、人类社会发展规律的深刻认识基础上形成的,是对于国家未来发展的必然性的认识。中国共产党提出美好生活与国家现代化建设的重大命题,经历了漫长的历史探索,包含着对过往走过的行程的经验总结、对当下正在走的路程的现实思考、对未来要走的征程的战略擘画。进言之,美好生活与国家现代化建设的合题,为我们理解美好生活与国家现代化建设的辩证关系提供了更为丰富更为广阔的论域与视野。

纵观人类社会的发展史,美好生活一直是人们孜孜以求的美好愿景。在中国传统农业社会中,儒家道德伦理思想被时代推为中华民族的支配性思想。在儒家传统思想观念中,对美好生活的理解和看法,离不开道德层面的铺陈展开,"忠恕"之道的一贯主张,便是强调以"仁"为核心协调自我与他人关系的伦理道德。儒家将道德作为评测人类生活的重要指标,以道德来衡量人们的生活水平。在孔子看来,只有在高尚的道德生活中,个人才能实现物质与精神生活的双重满足与幸福,社会才能达到稳定与和谐的向好状态。孔子的这种观点,传递出对美好生活的预设。同时,这种以"德"致"福"、以"德"致"好"的致思取向,成为儒家美好生活的价值追求。儒家"德"的内涵,有仁爱之德、孝悌之德、修身之德的丰富意蕴,基于此提倡"己所不欲,勿施于人"[1]、"己欲立而立人,己欲达而达人"[2]的仁者爱人、博施济众的生活,"弟子入则孝,出则悌,谨而信,泛爱众而亲仁"[3]的家庭美满、人际

---

[1] 罗安宪主编:《论语》,北京:人民出版社2017年版,第79页。
[2] 同上书,第39页。
[3] 同上书,第2页。

和睦的生活,"博学而笃志,切问而近思,仁在其中矣""刚毅木讷"①的品德崇高、精神富裕的生活。先秦儒家围绕"德"来构建美好生活的伦理主张,蕴含着关于美好生活的宝贵精神资源和理论意蕴。

在人类发展史上,马克思主义对理想生活的理论发现,占据了科学和道德两大高地。在西方工业社会的历史环境下,面对劳苦群众悲惨的生活境遇,马克思和恩格斯从人的劳动实践入手,分析认为只有通过劳动,人类才能在物质和精神层面实现共同富足、双重美好,才能过上真正的理想生活。同时,马克思、恩格斯特别强调理想生活的社会道德禀赋。恩格斯指出,"一切以往的道德论归根到底都是当时的社会经济状况的产物。而社会直到现在是在阶级对立中运动的,所以道德始终是阶级的道德"②。由此可见,资本主义私有制导致的道德对立性,造成的利益纷争、价值分歧和阶级冲突,难以为美好生活创造相应的现实条件,更谈不上为美好生活的实现创造未来条件。因此,只有"随着阶级差别的消灭,一切由这些差别产生的社会的和政治的不平等也自行消失"③,也就是说,在彻底消灭私有制的前提下,社会生活才趋于道德合理性的美好状态。马克思主义理论的主题就是回到现实的人本身,致力于实现人的全面发展。马克思认为,"在个人全面发展和他们共同的、社会的生产能力成为从属于他们的社会财富这一基础上"④,人的"自由个性"的生活理想状态方可实现。

伴随着人类文明的演进,中国特色社会主义进入新时代,中国共产党走自己的路,将中国的发展道路与人的发展进程结合起来。⑤ 坚持把马克思主义基本原理同中国具体实际相结合、同中华优秀传统文化相结合,在此基础上,通过对儒家传统伦理思想的创造性转化和创

---

① 《中国哲学史》编写组:《中国哲学史》(上),北京:人民出版社2012年版,第42页。
② 《马克思恩格斯选集》第3卷,北京:人民出版社2012年版,第471页。
③ 同上书,第371页。
④ 《马克思恩格斯文集》第8卷,北京:人民出版社2009年版,第52页。
⑤ 项久雨:《论美好生活的马克思主义逻辑》,《马克思主义研究》2020年第7期,第5—14页。

新性发展,继承和发展了马克思主义生活观,提出了"美好生活"这一具有时代特征的标志性概念,并对美好生活有着许多精深的论述,形成了系统的美好生活叙事话语体系。这一叙事话语体系,内含美好生活主体、美好生活形态、美好生活价值三个基本表征,彰显了中国道路的实践性。

美好生活主体表征指向中国人民。习近平总书记多次强调"人民对美好生活的向往,就是我们的奋斗目标"①。美好生活是惠及全体中国人民的美好生活。人民在美好生活中是主体性的存在,是创造者和享受者的统一体。人民通过自身的奋斗,创造出和谐的生活环境、生活条件、生活水平,从而满足自身对于经济、政治、文化、社会和生态多方面、深层次的需要,如此,美好生活方能达成。

美好生活形态表征指向个人美好生活、社会美好生活、国家美好生活的统一。中华优秀传统文化中的美好生活观念与马克思主义美好生活观念在理念上具有契合性,均倡导个人、社会、国家三个层次美好生活的统一。个人、社会、国家三个层次美好生活实际上指向美好生活的近期、中期、长期目标。其中,个人美好生活、社会美好生活与国家美好生活同构,个人美好生活是社会美好生活实现的前提和条件,社会美好生活亦需要通过个人美好生活来实现,由此才能进阶到国家美好生活。

美好生活价值表征体现为命运与共和世界大同。无论是中国传统儒家"天下大同"的至善社会、马克思"全人类解放"的"自由人联合体",还是当今中国的"人类命运共同体"等,都彰显了倡导全人类共同理想生活的文明智慧。

中国的国家现代化建设体现着国家治理的新的文明特质。党的十八届三中全会提出"全面深化改革的总目标,就是完善和发展中国特色社会主义制度,推进国家治理体系和治理能力现代化"②,从而将

---

① 《习近平谈治国理政》第 1 卷,北京:外文出版社 2018 年版,第 4 页。
② 同上书,第 104 页。

国家治理体系和治理能力与国家现代化建设密切相连,现代化成为国家治理的题中应有之义。在中国道路发展进程中,将国家治理纳入现代化的文明视野,是新时代中国特色社会主义实践创新的文明成果。

2021年,中国全面建成小康社会之后,开启了全面建设社会主义现代化国家的新征程。这一征程,也是推进国家治理现代化的新征程。西方学者德隆·阿西莫格鲁与詹姆斯·罗宾逊认为,国家治理文明是包容性经济和政治制度综合作用的成果,是经济和政治共同推动的产物。①齐格蒙特·鲍曼认为,国家治理文明是一种社会秩序。②虽然关于国家治理文明,西方学界有不同的理解,但是,这些理解都是立足于资本逻辑展开的,本质上是对西方国家治理的描摹和维护。马克思主义关于国家治理文明思想的立足点是对资本的批判和实现劳动解放的逻辑。在马克思和恩格斯看来,资本主义国家治理有明显的弊病,即"现代的国家政权不过是管理整个资产阶级的共同事务的委员会罢了"③。资产阶级把国家政权当作镇压劳动人民和实施暴政的工具,这决定了劳动者必须解放自己的双手,掌握生产资料,才能架构起未来国家治理的桥梁。马克思主义关于国家治理的丰富思想,构成了国家治理的科学文明观,提供了一条不同于西方现代化模式和"零和"思维的国家治理和政治发展道路。习近平总书记指出:"一切成功发展振兴的民族,都是找到了适合自己实际的道路的民族。"④中国式现代化道路在实现中国人民美好生活的基础上,将为世界其他发展中国家探索符合本国国情的现代化道路提供治理文明借鉴。

中国的国家现代化建设体现着党的领导特质。"中国特色社会主

---

① 〔美〕德隆·阿西莫格鲁、詹姆斯·A.罗宾逊:《国家为什么会失败》,李增刚译,长沙:湖南科学技术出版社2015年版,第314—315页。

② 〔英〕鲍曼:《现代性与大屠杀》,杨渝东、史建华译,南京:译林出版社2011年版,第37—40页。

③ 《马克思恩格斯选集》第1卷,北京:人民出版社2012年版,第402页。

④ 习近平:《在纪念孙中山先生诞辰150周年大会上的讲话》,北京:人民出版社2016年版,第5页。

义有很多特点和特征,但最本质的特征是坚持中国共产党领导。"①中国的现代化是中国特色社会主义的现代化,是中国共产党领导下的现代化。可以说,中国共产党的百年历史,也是一部探索现代化的历史。其中,有探索成功的经验,也曾遭遇诸多挫折和挑战,但总体而言是非常成功的。中国现代化取得进步与成功的根本原因,归为一点,就是中国共产党百年来对于中国现代化的强有力的领导。党的领导"是党和国家的根本所在、命脉所在"②。党的十九届四中全会着眼于党的长期执政和国家长治久安,对推进国家治理体系和治理能力现代化作出了总体擘画。"党政军民学,东西南北中,党是领导一切的。"③值得强调的是,在国家现代化建设进程中,国家治理并不是孤立的概念,也不是单一推进的因素,除政治要素外,还涉及经济政策、精神文化、生态和谐以及外交国防等诸多领域,是一个复杂的系统工程,涉及国家治理各个领域间的相互关系。如果国家治理各领域间关系不顺、协调不畅,国家治理系统势必陷入分崩离析。为此,必须由党整合社会各方力量,总揽全局、协调各方、整体推进。

中国的国家现代化建设体现社会主义特质。中国国家现代化建设与西方国家有着不同的目标。邓小平在改革开放初期就强调,中国的现代化一定要有"社会主义"这一限定词④。坚持社会主义是中国现代化过程中始终不变的大方向,也是现代化建设沿着中国道路前进的题中应有之义。在新中国成立初期,中国共产党就强调指出,中国的现代化是社会主义的现代化,"要在不太长的历史时期内,把我国建设成为一个具有现代农业、现代工业、现代国防和现代科学技术的社

---

① 《习近平关于社会主义经济建设论述摘编》,北京:中央文献出版社 2017 年版,第 318 页。
② 习近平:《在庆祝中国共产党成立 100 周年大会上的讲话》,北京:人民出版社 2021 年版,第 11 页。
③ 《习近平谈治国理政》第 3 卷,北京:外文出版社 2020 年版,第 181 页。
④ 《邓小平文选》第 3 卷,北京:人民出版社 1993 年版,第 110 页。

会主义强国"①,这里就已经着重突出现代化的社会主义属性。党的十一届三中全会以后,建设富强、民主、文明的社会主义现代化国家,成为中国共产党在社会主义初级阶段的宏伟目标。在世纪之交的历史时刻,建设有中国特色的社会主义现代化,成为 21 世纪的重要战略部署。在建党百年的历史交汇期,在全面建成小康社会的基础上,党要团结带领人民到 21 世纪中叶把我国建设成为社会主义现代化强国。长期以来,中国的现代化建设在中国共产党的坚强领导下,始终沿着围绕社会主义、坚持社会主义、服务社会主义的方向发展。

中国的国家现代化建设体现阶段性特质。国家现代化建设不是短时间内就可以完成的,而必须经历长期的历史过程。在社会主义革命和建设时期,中国共产党开始了国家工业化、现代化的进程。在党的七届二中全会上,毛泽东提到"迅速地恢复和发展生产,对付国外的帝国主义,使中国稳步地由农业国转变为工业国"②的现代化任务。在第三次全国人民代表大会上,周恩来在《政府工作报告》中进一步提出了分两步走、在 20 世纪末实现"四个现代化"的目标。在改革开放和社会主义现代化建设新时期,邓小平提出"三步走"的发展战略,对国家现代化建设的步骤进行了深入的思考和明确的规划,向人们展示了新时期中国特色社会主义现代化建设的历史进程表。进入新时代,在"两个一百年"奋斗目标的交汇期,党的十九大对实现第二个百年奋斗目标作出了分两个阶段推进的战略安排,清晰擘画了全面建成社会主义现代化强国的时间表、路线图。所以,中国共产党在每个历史时期,都有追求现代化的特定阶段、特定步骤、特定要求,并且随着现实的社会基础而不断调整。值得强调的是,国家现代化建设的各个阶段并不是孤立的,而是呈现出接续发展的鲜明特征。

中国的国家现代化建设体现中国特质。随着时代的发展,国家现

---

① 《建国以来重要文献选编》第 20 册,北京:中央文献出版社 1998 年版,第 438—439 页。
② 《建党以来重要文献选编(1921—1949)》第 26 册,北京:中央文献出版社 2011 年版,第 169 页。

代化建设的中国特色日益凸显。一是国家现代化建设从以往的工业、农业、国防、科技的现代化,到今天将国家治理纳入现代化,表明中国共产党人对现代化的理解在思想观念上有了新的飞跃,形成了中国特色社会主义现代化建设的中国方案。二是中国的现代化打破了原有单线式的目标,站在"五位一体"的总体布局高度。中国现代化建设的总体布局落脚到经济、政治、文化、社会、生态五个层面,将国家各方面的现代化建设都包含其中,形成了中国特色社会主义现代化建设的总体格局和中国经验。三是中国现代化建设需要对各方因素统筹协调,把其整合为推动现代化的强大力量。现代化涉及背景、主体、道路、方法、内容等多因素,各因素休戚相关,失去其中一个要素的支撑,现代化便难以推进和实现。为此,需要处理好现代化中各因素的关系,形成现代化力量的集成效应。习近平总书记指出:"我国的实践向世界说明了一个道理:治理一个国家,推动一个国家实现现代化,并不只有西方制度模式这一条道,各国完全可以走出自己的道路来。"①中国特色社会主义现代化建设向人民交出了"走出"自己的现代化之路的优异答卷。

美好生活与国家现代化建设,均是要在各自所在的领域完成对资本主义的"纠偏"。美好生活旨在从根本上改变人之生活异化的图景。② 在美好生活中,人不再作为片面的、物化的、偶然的存在,而是以一种全新的主体性存在活跃在美好生活各个角落。作为中国道路结出的不同文明成果,美好生活与国家现代化建设有着相同的成长土壤。美好生活能否反映国家现代化建设?国家现代化建设又如何反映美好生活?双方是一种什么样的关系?对这些问题的回应,关涉正确认识和处理美好生活与国家现代化建设的辩证关系。美好生活是国家现代化建设的至善目的,是衡量国家现代化的重要依据。国家现代化建设是一个关涉美好生活的命题,其最终目标是建成富强、民主、

---

① 《习近平关于社会主义政治建设论述摘编》,北京:中央文献出版社 2017 年版,第 7 页。
② 项久雨:《新时代美好生活的样态变革及价值引领》,《中国社会科学》2019 年第 11 期,第 4—24 页。

文明、和谐、美丽的社会主义现代化强国。这个最终目标与美好生活紧密相连。美好生活的实现体现在经济、政治、文化、社会、生态五个方面的生活样态,是满足人民在民主、法治、公平、正义、安全和环境等方面的需要。国家现代化建设通过美好生活得以清晰地呈现,或者说,国家现代化建设好不好、行不行、能不能,最终是由国家生活面貌来体现的。对国家现代化建设的评价,最直观、最直接、最首要的也落脚在国家生活、社会生活、个人生活与之前的样态的比较上。通俗地讲,国家现代化建设成果惠及人民,就是实现他们对美好生活的向往,增强他们的幸福感、获得感和安全感。

国家现代化建设是美好生活的重要实现方式。从某种意义上讲,国家现代化建设是宏观的顶层设计,美好生活则更贴近国家现代化建设微观层面的具体内容和实际目标。中国从过去一穷二白到今天小康社会的全面建成,再到未来社会主义现代化强国的实现,国家现代化建设一直秉持发展为了人民的理念,坚守"为中国人民谋幸福,为中华民族谋复兴"[①]的初心使命。新时代人民幸福和民族复兴,只能通过美好生活形象化、生动化来体现。我国社会主义现代化建设,无论是物质层面的工业现代化、农业现代化、国防现代化、科学技术现代化,还是精神层面的人的观念现代化,抑或是制度层面的国家治理现代化,都指向了人民的美好生活,并且保障美好生活制度规划、物质基础、精神资源、发展力量上的供给,守正美好生活的高质量发展方向。国家现代化建设将美好生活由不可能变为可能,再由可能变为现实,是实现美好生活的至善手段。

## 二、美好生活与国家现代化建设的价值尺度

美好生活与国家现代化建设作为中国道路发展生成的特有概念,是在坚持和发展马克思主义基础上对中国特色社会主义理论命题的

---

① 《习近平谈治国理政》第3卷,第1页。

丰富发展,它们生动阐释了无产阶级的价值主张。因此,它们根本不同于西方自由、民主、人权、博爱等形式假象蒙蔽之下实际上不平等的价值理念。美好生活与国家现代化建设从理论与现实双重层面阐明了双方共同的出发点、方向和追求,给出双方为了谁出发、向哪里出发、要到哪里去的清晰答案。

以人民为中心,增进人民福祉和汲取人民智慧。"践行以人民为中心的发展思想"①,是中国共产党在美好生活与国家现代化建设中奉行的一贯主张。以人民为中心的发展思想"体现在经济社会发展各个环节。要坚持人民主体地位,顺应人民群众对美好生活的向往,不断实现好、维护好、发展好最广大人民根本利益,做到发展为了人民、发展依靠人民、发展成果由人民共享"②。

人民性是马克思主义最鲜明的品格。美好生活和国家现代化建设命题的提出,标志着马克思主义人民性的新时代出场,二者也是中国共产党以人民为中心发展理念的落实、落细、落好。一方面,这种理念体现为美好生活旨在增进人民福祉。增进人民福祉,必须努力满足人的多层次的需要。这种需要不仅是纵向递进的,而且也是横向展开的。美好生活在个体层面主体的生活样态、社会层面整体的社会风貌、国家层面总体的宏观布局,以及三个层面围绕人的物质生活需要、精神文化需要和自我实现需要的部署安排,形成了立体式的美好生活网,体现在基于满足新时代人民多层次需要的获得感、幸福感和安全感上。

另一方面,这种理念体现为国家现代化建设注重汲取人民智慧和以人民为力量来源。国家现代化建设是涉及建设理念、建设内容、建设主体、建设途径等多因素的系统化实践活动,各个因素缺一不可。其中,国家现代化建设的主体能够很好地将其他因素串联起来,使国家现代化建设的系统更加连贯。正如习近平总书记指出的那样,"无

---

① 《习近平谈治国理政》第 3 卷,第 173 页。
② 《习近平谈治国理政》第 2 卷,北京:外文出版社 2017 年版,第 214 页。

论遇到任何困难和挑战,只要有人民支持和参与,就没有克服不了的困难,就没有越不过的坎"①。国家现代化建设需要依靠人民的智慧,这样方能使现代化不断推进。"中国要飞得高、跑得快,就得依靠13亿人民的力量。"②由此可见,主体在现代化进程中具有中心和关键地位。中国国家现代化的本质是"人"的现代化,注重突显"人"的主体身份和作用、突出人的中心位置是其硬核。因此,无论是现代化的组织者、发动者、实施者,还是现代化的接受者、受益者、反馈者,皆是现代化的主体——中国人民。人民为国家现代化建设提供丰富的人才资源、人力保障和自身力量。

美好生活增进人民福祉的价值理念,国家现代化建设汲取人民智慧的发展力量,双方的契合点在于,始终把人民放在现代化建设的最高位置。习近平总书记反复强调要以人民利益为重,心系人民、牵挂人民,始终"把人民拥护不拥护、赞成不赞成、高兴不高兴、答应不答应作为衡量一切工作得失的根本标准"③。以人民为中心的价值追求,将美好生活确立为党治国理政的目标,推动在改善民生、推进社会治理等领域贯彻美好生活的要求,把美好生活的小事当作治国理政的大事。④

以目标为导向,促进人的全面发展和实现共同富裕。美好生活与国家现代化建设以"现实的人"为逻辑起点,通过人的实践活动,最终完成向"人的现实"的归属。"人的现实"是人生活样态的总结和概括,也是与国家现代化休戚相关的重要概念。在美好生活与国家现代化建设的动态过程中,"人的现实"作为落脚点,指向未来发生的状态,是一种目标性的存在。在社会主义条件下,人的自主性、能动性得到

---

① 《习近平谈治国理政》第 1 卷,第 97 页。
② 同上书,第 98 页。
③ 习近平:《在第十三届全国人民代表大会第一次会议上的讲话》,北京:人民出版社 2018 年版,第 6 页。
④ 项久雨:《新发展理念与美好生活》,《马克思主义研究》2021 年第 10 期,第 39—47 页。

了前所未有的提高。人在国家和社会各项事业中以更积极的姿态出现。以人民为中心的美好生活理念随着国家现代化建设的步伐而持续深入推进,传递出越发清晰的目标取向。美好生活的实现和中国特色社会主义现代化强国的建成,只有在人的自由全面发展和共同富裕的条件下才会变为现实,这便集中彰显了促进人的全面发展和共同富裕的目标追求。

人的全面发展和共同富裕是美好生活与国家现代化建设的目标导向,它们构成了美好生活与社会主义现代化强国的重要标志。一方面,人的全面发展,既体现在人的经济实力、综合素质、思想觉悟、政治素养、价值观念、道德品质和社会责任感的提高与增强上,也体现在德智体美劳的全面发展上。在人的全面发展推动下,营造人人共建、人人参与、人人享有的良好生活氛围,接近并推动美好生活价值的实现。而且,人的全面发展促进公民政治参与感的增强、责任意识的提高,使其自觉参与国家现代化建设的实践,为建成社会主义现代化强国建言献策、贡献智慧和力量。

另一方面,共同富裕是美好生活的样态呈现,彰显了社会主义的本质特征。中国特色社会主义新时代是逐步实现全体人民共同富裕的时代。共同富裕带给各地经济社会发展更加平衡、城乡区域发展和生活水平差距显著缩小、人民物质和精神生活共同丰富、公共服务和医疗体系更加健全、收入分配更加公平合理、人与自然相处更加和谐等国家方方面面的一系列巨变,是美好生活和国家现代化建设的目标追寻。

以"和合"理念为追求,秉承和谐发展理念和坚持胸怀天下经验。在唯物史观视域下,"各个相互影响的活动范围在这个发展进程中越是扩大,各民族的原始封闭状态由于日益完善的生产方式、交往以及因交往而自然形成的不同民族之间的分工消灭得越是彻底,历史也就越是成为世界历史"①。在马克思和恩格斯眼中,历史不再是单个人或单个国家的历史,而是"世界历史",是人类社会的发展史。人类的生存与发展呈现出命运与共的局面。由此可见,从人类文明史的整体视野来看,历史发展的必然性逻辑为美好生活提供了特定的发生空间。美好生活合乎人类社会发展的基本规律,逐渐深入人类整体。"党领导人民成功走出中国式现代化道路,创造了人类文明新形态,拓展了发展中国家走向现代化的途径,给世界上那些既希望加快发展又希望保持自身独立性的国家和民族提供了全新选择。"②这就深刻阐明了中国共产党天下为公的博大胸怀,彰显了美好生活与国家现代化建设的世界意义。

中国秉持和谐的发展理念,展现和平、文明、可亲的大国形象,这既是源于中华民族温和的精神气节和精神基因,也源自对时代发展趋势的顺应与把握。美好生活与国家现代化建设,既传承和弘扬了中华优秀传统文化以和为贵、克己奉公的价值理念,又顺应了"和平与发展"的时代主题。中国式现代化道路是和平的发展道路,美好生活诠释了和平发展的价值理念。中国道路蕴含的价值理念和发展进程是辩证统一的,在维护和平的过程中实现自身的发展,又通过自身的发展不断维护和平。美好生活与国家现代化建设是中国道路遵循和平与发展理念的辩证统一。

## 三、美好生活与国家现代化建设的必由之路

在新的历史条件下,美好生活与国家现代化建设如何继续推进,成为时代向中国发展提出的一大历史命题。充满自信的中国共产党,从未向困难妥协,而是以伟大的历史主动精神、巨大的政治勇气、强烈

---

① 《马克思恩格斯选集》第1卷,第168页。
② 《中共中央关于党的百年奋斗重大成就和历史经验的决议》,《人民日报》2021年11月17日第1版。

的责任担当,坚持从中国国情出发,探索进一步发展的路径。习近平总书记指出:"中国特色社会主义道路,是实现我国社会主义现代化的必由之路,是创造人民美好生活的必由之路。"①方向决定道路,在奔向中华民族伟大复兴的光明前景中,实践给出了答案,只要我们坚定不移走中国道路,就一定能够实现社会主义现代化强国的宏伟目标,就一定能够实现人民群众对美好生活的向往;道路决定命运,只要坚定不移走中国道路,我们比历史上任何时期都更有信心和能力实现中华民族伟大复兴。

### (一) 中国道路是国家现代化建设的必由之路

中国道路是全面建成社会主义现代化强国的必由之路。在系统论视域下,中国道路是由多领域、多方面系统构成的道路。我们推进社会主义现代化建设,建成富强、民主、文明、和谐、美丽的社会主义现代化强国,一定要正确认识和把握好中国道路的核心和关键要素。

党的领导是国家现代化建设的根本保障。"中国特色社会主义最本质的特征是中国共产党领导。"②党的领导直接关系着中国特色社会主义的性质、方向和命运。坚持走中国道路,推进国家现代化建设,必然需要四梁八柱来支撑,中国共产党是贯穿其中的最核心的支柱。中国的现代化是社会主义的现代化,是为全体人民谋利益的现代化,这决定了它必须沿着社会主义方向前进。中国共产党作为最高的政治领导力量,为社会主义现代化建设提供根本的政治保证。因此,我们进行现代化建设、推进现代化进程,必须始终毫不动摇地坚持和完善党的领导。

道路自信是国家现代化建设的内在根基。进行国家现代化建设,必须坚定中国道路自信。习近平总书记讲到,中国的道路"具有无比

---

① 《习近平谈治国理政》第1卷,第9页。
② 《习近平谈治国理政》第3卷,第94页。

广阔的舞台,具有无比深厚的历史底蕴,具有无比强大的前进定力"①,这便是中国道路自信的底气所在。中国道路自信,源自吸吮灿烂的中华文明养分、与时俱进的中国人民实践、习近平新时代中国特色社会主义思想的科学理论体系,所有这些,汇聚为道路自信的精神资源和精神力量,成为国家现代化建设的精神之基,成为国家现代化建设强大的内在力量源泉。

"五位一体"总体布局和"四个全面"战略布局,是国家现代化建设的整体格局。进行国家现代化建设,必须明确并服从现代化建设全局的安排和部署。"五位一体"总体布局描绘了社会主义现代化的总体框架,为我们建设一个什么样的现代化指明了方向,明确了建设社会主义现代化强国的总体性和结构性问题。"四个全面"战略布局,突出了国家现代化建设的实施路径,帮助我们理清全面建设社会主义现代化国家与其他三者的关系,推动国家现代化建设在关键环节、重点领域、主攻方向上下大力气。

### (二) 中国道路是美好生活实现的必由之路

美好生活的实现,不是空喊口号喊来的,也不是原地等待等来的,它必然是中国共产党领导中国人民在走中国道路的基础上"干"出来、"闯"出来的。中国道路是实现美好生活的必由之路,它的必要性在于以美好生活为道路前进的目标,凝聚并彰显共产党人的初心和使命,能激励人民为之不懈奋斗。

中国道路是以美好生活为目的的道路。美好生活是中国道路的内在目的。中国道路的内涵本身就蕴藏着人民美好生活的内容。"以经济建设为中心""坚持改革开放,解放和发展社会生产力""建设社会主义市场经济""逐步实现全体人民共同富裕"体现了建设物质上美好生活的设想和举措;"坚持四项基本原则""发展社会主义民主政

---

① 《习近平谈治国理政》第1卷,第29页。

治""保证人民当家作主"等体现了建设政治上美好生活的主张;"社会主义先进文化"体现了建设文化上美好生活的观念;"促进人的全面发展和社会全面进步"体现了促进全体人民全面发展的观念。所有这些,都是美好生活的应有之义。

中国道路是一条凝聚中国共产党人初心和使命的道路。百年来,中国共产党以勇于自我革命的精神品格践行初心使命。改革开放后,中国共产党开辟出中国特色社会主义道路。中国道路是中国共产党初心和使命的生动彰显、形象表达与精神积聚。中国共产党的初心和使命,决定了共产党人必然将人民对美好生活的向往作为自己的奋斗目标。因此,承载着党初心和使命的中国道路,必然是一条通向人民美好生活的道路。在中国道路实践过程中,中国共产党、中国人民和美好生活实现了主体力量的有机统一。

今天,中国道路作为中国人民建设社会主义现代化的必由之路,是中国共产党团结带领人民长期不懈奋斗开拓的道路。它凝聚了中国共产党和中国人民的集体智慧。中国人民勤劳的双手开拓出的中国道路为实现美好生活提供了依托和支撑。中国共产党领导中国人民沿着中国道路不懈奋斗,美好生活方能从可能变为现实。

### (三)中国道路是民族复兴的必由之路

中国道路是实现民族复兴的必由之路,因为它是一条符合中国国情和人民需要的发展道路。这是中国道路内在的本质规律。随着现代化建设的深入推进,中国道路日益显现出这种本质性联系。美好生活和社会主义现代化建设,是中国道路符合中国国情和人民需要的鲜明体现。创造美好生活和建设社会主义现代化,都是发展的动态过程。在各自所处的发展阶段,结合中国国情和人民的实际需求,对中国道路的内容、目标、策略、标准等不断地调整,总体趋向更好、更容易接近美好生活和社会主义现代化的发展状态。历史和现实都表明,只有坚持中国道路的发展规律,紧密结合实践持续推进现代化建设,中华民族伟大复兴方可实现。

美好生活与社会主义现代化的目标和内容,在国家社会领域和人民生活领域呈现交互叠加的态势,体现为人民对中国道路的经济发展、政治稳定、文化繁荣、社会进步和生态和谐等全方位、多领域、全过程的自信和诉求。一言以蔽之,中国道路是实现民族复兴的必由之路,必将为中华民族伟大复兴打下坚实的物质基础,汇聚磅礴的精神力量,强化显著的制度优势,达成人民的共同发展和全面发展。

(原载《国家现代化建设研究》2022 年第 2 期)

# 后　　记

　　现代化是贯穿中华民族伟大复兴历史进程的重要主题。中国式现代化实践及其成功经验蕴含着深厚的理论价值、历史价值和实践价值，具有巨大的发掘空间。习近平总书记指出："中国式现代化新道路越走越宽广，将更好发展自身、造福世界"，"为人类对现代化道路的探索作出新贡献"。深入研究、提炼和构建中国式现代化理论是一项复杂而艰巨的事业。正确深刻地认识、解读和阐明中国式现代化的哲学意蕴、实践意涵和世界意义，为中国式现代化深入持续发展提供智力支持，向世界呈现和传播中国式现代化的学理与实践成果，是摆在中国学界面前的重大理论命题，也是中国学界义不容辞的重要学术使命。正是在这样的背景下，由教育部主管、北京大学主办的哲学社会科学综合性学术期刊《国家现代化建设研究》（双月刊）于2021年12月获批，2022年3月正式创刊。

　　期刊以习近平新时代中国特色社会主义思想为指导，刊载新时代中国特色社会主义现代化国家建设的重大理论和实践问题研究成果，探索构建中国式现代化的主体性和原创性理论，从理论与实践相结合的视角，深入研究国家现代化的经济建设、政治建设、文化建设、社会建设和生态文明建设，促进学术交流，为研究不同国家、来自不同学科、关注不同议题的作者提供成果展示、观点交流与思想争鸣的学术平台，推动成果应用，服务我国现代化国家建设和发展。

《现代国家建设研究》一书就是这些成果的精华荟萃。本书围绕"现代化的中国道路"这一具有强烈的时代性和发展性的主题，汇集了《国家现代化建设研究》期刊2022年与2023年刊发的相关文章，分为上、下编两部分：上编聚焦中国式现代化的理论问题，关注从中国特色社会主义现代化建设的实践中提炼新命题、新观点、新思想，构造新概念、新范式，构建富有解释力和影响力的主体性、原创性中国式现代化理论、知识和方法体系；下编侧重中国式现代化的实践进程，关注国家现代化建设中的关键领域、重大问题，如共同富裕、经济转型、城市化、环境保护、社会公平正义等，回应时代召唤、引领实践发展、服务建设需求。部分文章在收入本书时有一定的修改，与在期刊上发表时略有不同。

由衷感谢收入文章作者的大力支持和共同参与，使本书的出版得以实现。特别感谢北京大学出版社社长马建钧，社科室主任徐少燕，责任编辑贺怡敏、陈相宜的专业精神，使本书得以高质量出版。

《国家现代化建设研究》期刊自创刊以来，得到有志于从事现代化研究、服务现代化建设的同道学友的不吝赐稿和鼎力支持，在此衷心感谢！

《国家现代化建设研究》编辑部
2024 年 9 月 10 日